나의 아버지 박형룡

아들이 본 한국 교회 지도자 박형룡의 모든 것

나의 아버지 박형룡

박아론 지음

대한예수교장로회총회

발간사

안명환 목사
(제98회 총회장, 수원명성교회)

귀한 책이 발간됨을 성삼위 하나님께 감사와 영광을 올립니다.

한국교회의 성장과 놀라운 발전을 돌이켜볼 때 하나님의 전적인 은혜였다고 고백할 수밖에 없을 것입니다. 일제의 탄압과 6·25 동란을 비롯하여 수많은 질곡의 역사를 헤치며 이루어낸 것이라 더욱 기적이라고 말할 수 있습니다. 그 가운데 한국교회 안에서 우리 장로교가 중요한 역할과 지도력을 발휘했다는 것은 참으로 감사한 일입니다.

이제 대한예수교장로회 총회가 100주년을 넘어서 새로운 도약을 기대하는 시점에 와 있습니다. 이러한 시점에서 우리 교단이 한국교회의 견인차 역할을 어떻게 감당했는지를 묻는 것이 중요합니다. 그것은 바로 다름 아니라 성경적이며 보수적인 칼빈주의 신학 때문입니다. 지나간 100년을 회고하며 앞으로의 미래를 꿈꾸는 시점에서 성경적인 개혁파 신학을 붙잡고 우리의 근본 신앙을 확고히 세워야 할 이유가 여기 있습니다.

이러한 때에 우리의 현재를 이끌어준 옛 신앙(잠 23:10)이 무엇이었으며 신학의 뿌리는 어떤 것인지를 되돌아볼 필요가 있습니다. 우리에게 있어서 신앙과 신학의 토대를 마련하여 준 분이 바로 고 박형룡 박사님이십니다. 바른 교훈과 교리로, 좌로는 자유주의 신학을 경계하게 하고, 우로는 신비주의 신학을 따르지 않게 함으로 오늘의 한국교회가 있도록 하였던 것입니다. 그런데 우리는 이러한 근본을 분명하게 세워주신 박형룡 박사님을 오랫 동안 잊어온 듯 했습니다. 이러한 반성 가운데 총회는 「박형룡박사기념사업추진위원회」를 발족하였고, 그 가시적인 첫 열매가 바로 본서 「나의 아버지 박형룡」입니다.

본서의 저자인 박아론 박사님은 박형룡 박사님의 장남인 동시에 신학적인 후계자로서 본서를 쓰기에 가장 적합한 분으로 여겨집니다. 저자 역시 한국교회의 보수주의 신학을 그 누구보다도 수호하는 데 평생을 바쳐온 분이기에 뜻 깊다고 하겠습니다. 박아론 박사님이 밝히듯이 본서가 발간되는 것은 단순히 개인을 기리는 회고록이 아니라 한국교회를 새롭게 하는 하나님이 주신 기회라고 생각됩니다.

이 책을 통해서 독자들은 신학자인 박형룡 박사뿐 아니라 가정에서는 아버지로서, 교계에서는 지도력을 발휘한 교정가로서 새롭게 이해할 수 있을 것입니다. 특히 박형룡 박사님을 일생 동안 붙들었던 근본이 얼마나 뿌리 깊은 것인지 새삼 느끼며 앞으로 그 신앙과 신학을 계승하며 발전하는 일에 조국교회의 사활이 달려 있음을 가슴 깊이 깨닫게 될 것입니다. 본서를 통해 한 인물의 위대한 신앙과 인생을 회고하며 칭송하는 데 그치지 말고, 우리의 신앙과 신학의 도약의 밑거름으로 삼는다면, 하나님 나라의 귀한 열매를 기쁘게 맺게 될 것입니다.

아무쪼록 본서를 발판 삼아, 하나님의 위대하시고 큰 일을 함께 목도하는 은혜가 넘치시기를 바랍니다.

오직 하나님 홀로 영광을 받으소서.

발간사

서기행 목사
(박형룡박사기념사업추진위원회 위원장, 증경총회장)

죽산 박형룡 박사님을 논외로 한다면 우리 교단은 물론 한국교회 자체의 역사도 제대로 운위(云謂)하기가 어렵다고 볼 것이다. 한국 개신교의 역사적 궤적을 온당히 그려 내려면 먼저 죽산의 생애와 사상을 올바로 살피는 일부터 수행해야 한다.

죽산은 에스겔과 같은 복음의 파수꾼이었으며, 에스라와 같은 교단의 신학을 지로(指路)한 진정한 학사였다. 또한 난세의 다니엘과 같이 교계의 다사다난한 일들을 헤쳐 나가는 지혜와 용력도 남달랐다.

이번에 상재(上梓)되는 「나의 아버지 박형룡」에서 죽산의 영식(令息) 박아론 박사는 단지 아버지에 대한 개인적인 회상이나 반추에 머물지 않고 그가 지근에서 혈육으로서 지켜본 우리 스승의 삶과 신학과 신앙을 어떤 가식이나 꾸밈도 없이 아주 정제된 문체로 진솔하게 전달해 주고 있다.

본서는 죽산을 '위대한 신학자'요 '위대한 교회정치가'며 '위대한 아버지'로 나누어 각각 분야별로 조명하고 있다. 그러나 죽산이 성경의 전적이며 축자적인 영감을 믿는 믿음 가운데서 비타협적 보수신학을 일생 동안 어김없이 견지해 왔다는 논지는 시종 본서를 변함없이 관통하고 있다. 본서는 죽산이 자신의 입장을 '청교도적 개혁주의 정통신학'이라고 칭했으며 이를 '칼빈 개혁주의와 영미의 청교도 사상을 가미하여 웨스트민스터 표준에 구현된 신학'이라고 여겼다는 점을 지속적으로 부각시키고 있다.

죽산의 저술은 일곱 권으로 이루어진 필생의 역작 「조직신학」에만 머물지 않으며 「신학난제선평」을 위시한 많은 변증적인 글들과 신학적 단상과 설교집 등 가히 한 일가를 이룰 만하다. 다만 죽산은 겸손하고 자신을 알리기를 꺼려하여 신변에 관한 글들은 별로 남기지 않았던 편인데 이번 「나의 아버지 박형룡」은 이러한 부분을 채우고도 남음이 있는 옥고를 담고 있는 것이다.

사조도 흘러가고 이론도 사라지지만 하나님의 진리는 영원하다. 죽산이 살았던 시기는 한국교회의 격동기였으며, 죽산이 그 중심부에서 겪은 외풍도 만만치 않았다. 그러나 어떤 경우에도 죽산은 하나님이 기뻐하시는 자리에 서서 진리의 좁은 길을 벗어나지 않았다. 이러한 죽산의 가르침이 없었더라면 성경에 대한 일점일획의 가감이라도 불허하는 우리의 신학과 신앙이 오늘날과 같이 지켜지기가 쉽지 않았을 것이다.

스승의 그림자조차 밟을 수 없는 제자로서 죽산의 귀한 가르침을 새기면서 발간사를 쓰고 있는 부족한 종은 옷깃을 여미는 마음으로 이 시대 우리가 하나님 앞에서 진정 간구해야 할 것이 무엇인지를 다시금 자문(自問)해 본다. 하나님은 부족한 종에게 지난 10월 말부터 있었던 WCC부산총회를 반대하는 총회 산하 대책위원회를 약 삼년 이상 위원장으로 섬길 기회를 주셨다. 감사하게도 우리 교단은 이러한 미혹에도 불구하고 일체의 미동도 없이 오히려 신학적 결속을 더욱 공고하게 다져가는 성숙한 모습을 보여주었다. 이러한 일련의 과정을 통하여 우리는 WCC 가입문제로 말미암아 통합측의 이탈이 있었던 1959년 당시에 WCC를 비성경적인 에큐메니칼 운동을 지향하는 세속적 단체라고 분명히 규정했던 죽산의 사자후가 여전히 이 시대에도 메아리치고 있다는 사실을 깨닫게 되었다.

죽산 박형룡의 신학은 우리가 뛰어넘어서야 할 어느 한 시대의 유물이 아니라 잘 계승하고 심화시켜가야 할 귀중한 유산이다. 이러하므로 아버지의 대를 이어 교의신학을 전공하고 총신대학교 강단에서 제자들을 가르쳐 오신 박아론 박사께서 다년간 씨줄과 날줄로 옷을 짜듯 한 올 한 올 세심하게 저술한 본서가 총회 '박형룡박사기념사업위원회'의 염원에 따라 출판되게 되었음을 더더욱 감사하는 것이다. 부디 본서가 널리 읽혀 하나님의 말씀을 절대적이며 유일한 진리로 믿고 사는 청교도 개혁주의 보수신앙의 연원을 되돌아보고 이 시대에 이를 깊이 새기고 전파하는 역사가 나타나기를 바랄 뿐이다. 영원히 오직 하나님께만 영광을 올려드린다.

추천사

황규철 목사
(총회 총무)

한국교회의 보수적 장로교 신학의 정립에 지대한 공헌을 한 박형룡 박사님의 생애를 살펴볼 수 있는 귀한 책이 발간됨을 진심으로 축하드립니다.

박형룡 박사님이 우리에게 유산으로 남겨준 신학은 다름 아닌 선교 초기 장로교 선교사들이 전해준 신학이며, 박형룡 박사님은 이 신학을 끝까지 보수하는 것을 사명으로 여기셨습니다. 특히 웨스트민스터 신앙고백서에 기초한 영미 장로교회의 청교도 개혁주의 신학이 한국의 신학적 전통으로 뿌리를 내려 자유주의 신학의 도전을 막는 일에 크게 기여하셨습니다. 좋은 목회자가 되기 위해서는 바른 신학과 신앙을 통해 변화된 삶을 살아야 합니다. 우리는 개혁주의 신학의 후예로서 우리가 배운 대로 목회를 해야 하며 개혁주의 전통에 서 있는 신앙의 선배들의 삶을 본받아야 합니다. 교회가 부흥되고 국가와 사회가 개혁될 때는 하나님의 절대주권을 인정하고 말씀을 소중히 여기는 시기였음을 우리는 교회사를 통해 잘 알고 있습니다.

이 책을 통해 우리의 소중한 개혁주의 신학과 신앙을 돌아보는 계기가 되기를 바라며, 귀한 책을 발간하기 위해 물심양면으로 수고하신 많은 분들께 감사드립니다. 이 책이 우리 교단은 물론 전국 교회와 성도들에게 널리 읽혀지길 바랍니다.

추천사

신복윤 교수
(합동신학대학원대학교 명예총장)

박형룡 박사님의 생애에 관한 글이 그분의 아들인 박아론 박사에 의해 한 권의 책으로 만들어져서 읽어볼 수 있게 된 것을 매우 기쁘게 생각합니다.

저는 그분 밑에서 조직신학을 배웠고 그분으로부터 건전한 신앙과 그의 고귀한 인격의 가르침을 받았습니다. 박형룡 박사님은 한국교회 최고의 신학자요 가장 존경할 만한 인격자라고 저는 믿고 있습니다.

그는 해방 전후 한국교회의 신학적 혼란기에 성경적 개혁주의 신학의 입장에서 우리에게 신앙의 바른길을 안내해 주셨습니다. 그리하여 오늘날 대부분의 한국교회가 성경을 바로 해석할 수 있게 되었습니다.

성경을 하나님이 영감하신 정확무오한 하나님의 말씀으로 믿지 못하는 교회는 신앙의 방향을 잃고 방황하게 됩니다. 그런 교회는 곧 세속화에 빠지게 되고 하나님을 믿는다고 하면서 하나님 없는 세상과 다름없는 교회로 몰락하게 될 것입니다.

한국교회가 순수한 신앙과 고결한 인격을 갖추신 성경적 개혁주의 신학자 박형룡 박사님을 바로 알고 스승으로 모신다면 예수님을 따라가는 데 더욱 즐겁고 감사한 삶이 될 것이라고 생각합니다.

이 책이 많이 읽혀져서 교회와 개인의 신앙생활에 큰 진전이 있기를 기원하면서 추천합니다.

편집인의 글

홍정이 목사
(안디옥교회 원로목사, 증경총회장)

금번 「나의 아버지 박형룡」이라는 제목의 책의 원고를 아드님이신 박아론 박사님께서 2년여 기간 심혈을 기울여 쓰셨다. 나는 이 책 출판을 위해 저자를 십수 차례 만나 많은 대화를 나누었고 필요한 자료들도 구해 보내드리곤 했다.

내가 이 책 출판을 위해 이렇게 정성과 수고를 하게 된 데는 그 이유가 있다. 박형룡 박사님은 하나님께서 한국교회를 사랑하셔서 한국교회 보수신학을 위해 선물로 보내 주신 아주 귀한 분이라고 생각했기 때문이다. 어떤 분은 박형룡 박사님에 대해 말하기를 "세계 3대 칼빈주의 신학자는 아브라함 카이퍼, 헤르만 바빙크, B.B. 워필드라 하나 박형룡 박사님 한 분을 추가하여 4대 칼빈주의 신학자라고 해야 한다."고 말하였다. 박형룡 박사님은 실로 아시아에서는 물론 세계적으로 인정받는 칼빈주의 개혁주의 신학자이시다.

박형룡 박사님은 우리 교단뿐 아니라 한국교회 보수신학의 아버지이시다. 박 박사님은 한국 최초의 신학교인 평양장로회신학교 교수로 또 남산장로회신학교 교장과 우리 총신대 초대 총장을 역임하시며 많은 후학들에게 개혁주의 신학을 전수해 주셨다.

그러므로 이렇게 귀한 박형룡 박사님의 일대기가 책으로 나오는 것은 한국 교회사적인 면에서나 우리 교단 역사에 꼭 필요하다고 생각했기 때문에 나는 이 책 출판을 위해 온 정성을 쏟게 된 것이다.

그리고 내가 이 책 출판을 위해 열정을 쏟은 또 다른 이유 한 가지는 내가 박형룡 박사님 댁에서 3년여를 지내면서 박형룡 박사님의 조직신학 책 출판을 도운 일이 있었기 때문이다. 나는 이 때 박 박사님과 박순도 사모님을 통해 많은 사랑과 아울러 많은 것을 배웠다. 특히 평소에는 저녁 때 한 번, 방학 때는 오전 오후 두 차례의 가정예배를 통해 박형룡 박사님의 짧고 귀한 설교말씀을 듣고 많은 은혜를 받은 바 있었다. 가정예배 때 찬송은 꼭 10장씩 불렀다. 나는 박 박사님께서 가정예배 때 하신 설교 말씀을 박순도 사모님이 깨알 같은 글씨로 받아 적은 노트를 30여 년 동안 가지고 있다가 지난 2003년 「박형룡 박사 가정예배 365일」(쿰란출판사 발행) 이라는 제목으로 책을 출판한 일도 있었다.

이러한 이유 때문에 나는 사명감을 가지고 이 책 출판을 위해 심혈을 기울이게 된 것이다. 그러나 이 책이 나오기까지 그 과정은 결코 순탄하지만은 않았다. 참으로 어려운 고비고비가 많이 있었다. 그러나 너무나 귀한 책이어서 기도하고 인내하면서 여기까지 오게 된 것이다. 주위에서 나를 아는 분들이 나에게 수고 많이 한다고 말할 때면 "하나님께서 아시지요" 라고 말할 뿐이었다. 결국 이 책이 이렇게 빛을 보게 되어 한없이 기쁘고 감사하게 생각한다. 하나님께서 순간순간 도와주셨다.

이 책을 읽으시는 분들께서는 그동안 박형룡 박사님에 관해 세상에 알려지지 않았던 부분, 한국 교회사의 이야기, 우리 교단의 태생 역사, 그리고 박형룡 박사님의 개혁주의 보수신학 지킴과 전파 등 박형룡 박사님의 생애와 역사를 통해 많은 감동을 받을 것이라고 생각하며 교단 산하 교역자는 반드시 읽고 서재에 꽂히는 책이 되기를 기대한다. 왜냐면 박형룡 박사님께서 우리 교단과 한국교회에 보수신앙을 물려 준 일생이 너무나 귀하기 때문이다. 그리고 우리 교단뿐만 아니라 개혁주의의 정통보수 신학을 사랑하는 한국 교회 여러 교단의 목회자들께서도 꼭 한 번 이 책을 읽어 주시기를 바란다. 그러면 박형룡 박사님의 귀한 개혁주의 보수신앙을 계승해 나가야겠다고 다짐하는 열정이 있게 될 줄로 확신한다.

특별히 아버지 박형룡 박사의 일대기를 쓰시느라 연로하신 중에도 불철주야로 수고하신 박아론 박사님께 거듭 감사드린다. 또한 바쁘신 가운데서도 「내가 만난 박형룡 박사」의 원고를 써주신 여러분들과 이 책 원고를 읽고 조언해 주신 총신대 문병호 교수님, 광신대 정준기 교수님께 감사드린다. 그리고 이 책 출판을 적극 후원해 주신 총회 총무 황규철 목사님과 '박형룡박사기념사업추진위원회' 제97회기 위원장 서기행 목사님과 위원들께 감사드린다. 그리고 마지막으로 이 책 출판을 위해 많은 수고를 해주신 총회출판국장님과 직원분들께 감사드린다.

앞으로 '박형룡박사기념사업추진위원회'가 이 책 출판을 시작으로 고마우신 박형룡 박사님의 개혁주의 보수신학이 더욱 잘 계승되고 활성화될 수 있기를 기도드린다.

오직 하나님께 영광 돌리며…

저자 서문

못 나올 것 같았던 이 책(「나의 아버지 박형룡 : 아들이 본 한국교회의 지도자 박형룡의 모든 것」)이 드디어 출판에 부쳐져서 나오게 되니 참으로 감개무량하다.

이 책을 쓰면서 저자가 겪었다고 말하고 싶은 어려움은 무엇보다도 아버님에 관하여 무엇을 어떻게 써야 할 것인가였다. 처음에 이 책을 쓰기 시작하였을 때에는 정말 오리무중이었다.

그런데 놀랍게도 간절히 하나님께 기도하면서 썼더니 하나님께서 이 책의 나아갈 길을 저자에게 보여주기 시작하였다. 그리고 믿어지지 않지만 믿어야 할 사실은 이 책의 나아가는 중요한 길목, 길목에서 천국에 가 계신 아버님을 생각할 때마다 성령님의 도우심이 있었다는 것이다. 지금 저자가 저자의 마음의 일단을 말한다면 그렇게 위대했던 아버지 박형룡에 대하여, 그의 삶과 신학과 신앙, 인격에 관하여 이렇게도 못나고 못난 아들인 박아론이 감히 글을 쓰며 책을 만드는 일을 어떻게 감당할 수가 있겠는가 하는 두려움과 황송함이 저자의 마음을 사로잡고 있었다는 것이다. 그러므로 나는 이 책을 쓰면서 한없이 많이 울었다. 계속 하여 울었다. 책을 쓰다가 책을 쓰던 손길을 멈추고서 울었다. 책을 쓰던 도중에도 순식간에 참지 못하고 울었다. 마치 나의 이 많은 눈물이 아버지 박형룡의 위대함에 반비례하는 그의 아들인 나의 이 못나고 못났음을 속량할 줄로 생각이나 한 듯이 말이다.

아무쪼록 본서가 출판되어 세상과 교계에 나옴으로 말미암아 본서를 읽는 많은 독자들에게 복음의 빛을 발하며 큰 감동과 교훈을 주어서 하나님께 영광을 돌릴 수 있기를 바란다.

그리고 끝으로 본서의 저자가 마음속으로 한 가지 특별히 소원하는 바가 있다. 본서를 읽는 모든 독자들에게 아버지 박형룡의 그 위대하였음이 알려지고 확인되어서 세계적인 신학자요 교정가요 성자로서의 박형룡을 더욱 흠모하고 그 모범을 본받고자 하는 한국교회의 교역자들과 평신도들의 행렬이 길게 이어지기를 바라마지 않는다. 또한 이 사실이 원동력이 되어서 한국교회에서뿐만 아니라 세계적으로 그리스도의 복음진리의 참된 교훈이 영속하고 이와 더불어 이 지구촌에서 하나님 나라 건설의 망치소리가 더욱 힘 있고 우렁차게 울려 퍼지기를 소원하는 바이다.

본서의 출판을 위하여 많은 수고와 애쓰심을 아끼지 아니하였던 대한예수교장로회총회 출판국장님을 비롯한 직원 여러분들과 특히 본서의 편집 실무를 맡아서 노심초사하신 분들에게 심심한 감사의 말씀을 드린다. 또한 비상한 관심과 애정을 갖고 본서의 출판을 지도해주신 '박형룡박사기념사업추진위원회'의 위원장 서기행 목사님과 고명하신 위원들 제위께 정중하게 감사의 말씀을 드리는 바이다.

그리고 그 누구보다도 본서의 편집과 출판을 추진하면서 헌신적인 노력을 경주하셨던 본서의 편집인 홍정이 목사님에게 감사드린다.

주님 오신 이후 2013년 12월

초겨울의 어느날 오전, 서울 원효로 1가 오피스텔에서.

불초 박아론 식

>>> 차례

01 아버지 박형룡은 위대한 신학자였다

02 아버지 박형룡은 위대한 교회정치가였다

03 아버지 박형룡은 위대한 아버지였다

내가 만난 박형룡

■ 부록

>>> 시작하는 글

내가 「나의 아버지 박형룡(이하 아버지 박형룡)」이라는 제목이 붙은 이 책을 쓰게 된 이유는, 한국 교회 유수의 큰 교회인 S교회의 담임목사였던 목사님의 아들이 아버지에 관한 회고록 모양의 책을 펴내면서 많은 독자들의 공감과 관심을 모으고 있다는 소식을 들었을 때 아들로서 부끄러움과 아버지에 대한 죄송한 마음을 가졌기 때문이 아니다. 그리고 내가 나의 한 평생 신학을 연구하는 신학자로 살면서 꽤 많은 신학 서적들을 저술하였고 많은 신학 논문들을 써서 발표하였음에도 불구하고 아버님 박형룡 박사를 주제로 하여 글을 써 많은 독자들에게 감동을 주는 책을 여태껏 써보지 못하였으므로 이번에 그런 일을 한번 해보고 싶은 마음이 새삼 생겼기 때문도 아니다.[1)]

오직 한 가지 중대한 이유가 있다면 그것은 우리 한국 교회가 한국 장로교회 설립 100주년을 지난 2012년에 맞이하여 대대적으로 기념하는 사업을 벌였는데, 아버지 박형룡 박사도 한국 장로교회의 성장과 발전에 기여한 인물로 인식되어 그의 생애와 신학 사상과 특히 신학교육자로서의 그의 사역과 역할에 관한 심도 있는 평가와 뚜렷한 조명이 시급히 요청되어 왔다는 사실 때문인 것이다.

그러나 본서 「아버지 박형룡」을 쓰면서 저자는 선친 박형룡 박사에 관하여 한국 교회사적으로 중요한 자료들을 새로운 사료들로 제공하여 한국 교회의 역사학자들로 하여금 그에 대한 보다 정확하고 원만한 인식과 기록을 할 수 있도록 하는 일도 중요하지만, 그보다도 교회사적인 객관성을 떠나서 선친 박형룡 박사가 한국교계에서 잘못 알려져 있는 여러 가지 일들과 한국 교회의 일반 교역자들과 성도들로부터 오해받고 있는 많은 것들을 바로잡고, 그가 한평생을 이 땅에서 신학자로서, 크리스천으로서 살아왔던 삶의 참모습을 한국 교회에 전달하여 그들로 하여금 감동받고 교훈으로 삼고자 하는 마음이 생겨날 수 있기를 바라는 생각 때문이다.

물론 아들이 아버지의 삶과 업적 또는 행적을 쓸 때에 '팔은 안으로 굽는다'는 말과 같이 아들인 저자가 아버지 박형룡에 대하여 혈육의 정을 느끼면서 평가하고, 또 그를 '실수와 나무랄 곳이 전혀 없었던 완벽한 사람'이었던 것으로 신격화하는 위험성을 범하기 쉽다는 것은 우리 모두 시인하지 않을 수 없는 사실이다.

그럼에도 불구하고 「아버지 박형룡」이라는 제하의 본서를 써 내려가면서 오직 일편단심은 박형룡 박사가 이 땅에서 살았던 82년의 파란만장한 삶 가운데에서 신학자로서, 크리스천으로서 그리고 인간으로서 그가 보여주었던 삶의 참모습을 독자 여러분들에게 공개하며 전달하고자 하는 마음뿐임을 알아주시면 고맙겠다.

또 한편으로는 아들인 저자가 아버지 박형룡 박사를 자신의 어린시절에서부터 총신대 교수시절, 그리고 아버님이 돌아가실 때까지 44년이라는 긴 세월 동안 옆에서 지켜보면서 그의 삶과 신학과 인격으로부터 받은 감동과 은혜를 본서를 읽는 독자들에게 과장한다고 할 만큼 의욕적으로 전달하고자 하는 마음이 왜 없겠는가 하는 것이다.[2)]

그러므로 「아버지 박형룡」이라는 이 책을 아들이 저술할 때에 아버지 박형룡 박사의 삶과 인격과 신학으로부터 받은 바 은혜와 감동이 너무나 컸기 때문에 그 은혜와 감동을 보다 역동적으로, 보다 의욕적으로 전달하려고 하다 보니 '아버지 예찬'이 '신격화'의 경지에 접근하고 있지 않는가 하는 독자 여러분들의 우려를 자아낼 만한 순간들이 있을 수 있음을 솔직히 시인하는 바이다.

그러나 만일 여러분들께서 그와 같은 '아버지 예찬'을 발견하게 된다면 그것은 결코 저자의 본의가 아니라 의욕이 지나쳐서 범하는 실수로 여기고 관대하게 이해하고 심한 꾸지람은 거두어 주시기 바란다.

이제 저자가 더 할 말이 있다면 '시작은 짧게 진행은 착실하게'라는 표어처럼 본서의 이 시작하는 말이 더 이상 길어서는 안 되겠다는 말을 하는 것뿐일 것이다.

다만 본서의 독자들이 저자에 대하여 가질 수 있는 저술 방법론에 관한 궁금증을 풀어드리기 위하여 다음과 같은 한 가지 말씀은 꼭 드려야겠다고 생각된다.

「아버지 박형룡」이라는 제목의 본서를 써 내려감에 있어서 사용하게 될 저술의 방법은 '아버지 박형룡'을 주제로 하는 객관적이며 연대기적인 방법이 아니라, '아버지 박형룡'에 관한 아들의 주관적인 평가가 허용되는 회고록적이며 문학적인 방법이 될 수도 있을 것이라고 말하고 싶다.

왜냐하면 아들이 「아버지 박형룡」을 쓴다는 것은 그 사실 자체가 본서의 '엄격한 객관성'을 기대하기가 어렵다는 것을 말해 주며, 저자가 아버지 박형룡 박사에 대한 지극한 존경심과 애정이 흘러넘쳐서 객관성, 공정성을 지키려고 애를 쓰되 때로는 아버님에 대한 '주관적 예찬론'이 저술의 분위기를 '낭만적이며 문학적으로' 이끌어 주는 회고록적 작품으로 그 모습을 나타낼 것을 예상하는 것이 오히려 자연스러울 것 같다.

앞으로 아버지 박형룡 박사에 관한 객관적이며 연대기적인 성격을 띤 전기 형식의 책은 아버지 박형룡 박사로부터 친히 가르침을 받은 바

박형룡 박사와 저자인 아들 박아론 박사, 1953년 여름.

있는 수많은 제자 목사들 중 한 분에 의하여 저술될 것이며 그리하여 교계에서 빛을 보게 될 것이다.

그러면 이제 거두절미하고 오래도록 가슴 졸이며 기다리던 독자 여러분들을 본서 「아버지 박형룡」의 파란만장하고 굽이굽이마다 드라마가 있고 서스펜스가 넘쳐서 어떤 기존의 '대하소설'이나 '회고록'과도 견주어볼 만한 본서의 그 풍성한 내용 가운데로 곧바로 초대하는 바이다. 아무쪼록 감동하고 울고, 웃고 또는 숙연히 옷깃을 여미시기를 바란다.

>>> 한눈으로 보는 아버지 박형룡의 일생

생애

한국이 낳은 세계적인 신학자 박형룡 박사는 1897년 3월 28일(음) 산 높고 경관이 수려한 압록강변 평안북도 벽동에서 박기수 씨의 4남 중 장남으로 출생하였다. 일찍이 소년 시절에 김익두 목사의 설교에 감동되어 예수를 믿기로 결심하고 벽동교회에서 '예수 천당의 종' 최봉석(최권능) 목사에게서 세례를 받았다.

박형룡 소년은 평북 선천에 있는 신성중학교에 입학하여 1916년에 동교(同校)를 우수한 성적으로 졸업하였고, 그 뒤에 평양시 소재 숭실전문학교에 입학, 4년 후인 1920년에 동(同)전문학교를 우등생으로 졸업하였다. '청운의 뜻'을 품은 박형룡 청년은 중국 남경에 있는 금능대학교로 가서 3년 후인 1923년에 동대학교를 졸업하는 영예를 누렸다.

박형룡 문학사는 태평양의 출렁거리는 파도를 헤치고 미국 유학의 장도에 올랐다. 대망하던 미국에 도착하여 뉴저지 주에 있는 북장로교회 직영 신학교인 프린스턴 신학교에 입학하여 3년간 수학한 뒤 1926년 5월에 동교를 졸업하면서 신학사 학위를 받았고, 계속 동교 대학원에서 신학을 연구하여 그 다음 해인 1927년 5월에 동교 대학원으로부터 신학석사 학위를 수여받았다. 프린스턴 신학교와 대학원 시절에 박형룡 신학생은 찰스 핫지(C. Hodge)와 워필드(B.B. Warfield)의 장로교 정통신학을 깊이 연구하였고 특히 그 당시 프린스턴에서 직접 가르침을 받은 그레샴 메이첸 박사에게서 지대한 사상적이며 인격적인 감화를 받았다.

신학석사 박형룡은 1927년 9월에 켄터키 주 루이빌 시에 있는 남침례교신학교대학원에 입학하여 변증신학 분야를 연구하였다. 1929년 1월까지 박사학위 과정을 모두 마치고 박사학위 논문만을 남겨놓고 동년 봄에 조선 평양으로 금의환향하였다.

처음에는 평양 시내에 있는 모교 숭실전문학교 강사로 나가며 산정현교회 전도사 일을 보기도 하였다. 다음 해인 1930년 3월부터 그 당시 한국 장로교회의 유일한 목사 양성기관인 평양장로회신학교에서 임시교수로 재직하였고, 1년 후인 1931년 4월부터 동신학교의 전임교수로 승진, 봉직하게 되었다. 평양장로회신학교의 교장은 라부열 선교사였고 다수의 선교사 교수들 외에 한인 교수로서는 남궁혁 박사와 이성휘 목사가 있었다.

박형룡 교수가 담당한 분야는 그가 전공한 변증신학 분야였다. 박형룡 신학석사가 평양장로회신학교에서 전임교수가 된 지 1년 후인 1932년 봄에 미국 루이빌 소재 남침례교신학교대학원에 제출한 학위논문이 통과되어 고대하던 철학박사 학위가 수여되었고, 박사학위 증서가 우편으로 도착하였다.

그동안 박형룡 박사는 평안남도 대동군 군수를 지낸 부호 박기석 씨의 4녀 중 3녀인 박순도 양과 결혼하여 가정을 이루었고 두 아들을 낳아 아론과 모세로 이름을 지었다. 당시 최권능 목사의 '예수천당'을 방불케 하듯 '정통보수'를 부르짖은 박형룡 전도사는 1931년에 산정현교회에서 평양노회로부터 목사안수를 받고 동교회에서 부목사의 일을 맡아보고 있었다.

한편 평양장로회신학교에서 '변증학, 신학사상, 기독교 윤리' 등을 가르치던 박형룡 박사는 1935년에 「기독교근대신학난제선평」이라는 책을 저술, 출판하여 학계에 큰 공헌을 하였다. 그는 당시 평양신학교의 학술지였던 「신학지남」에 '성경무오설'을 반대하는 입장의 김재준 교수의 글을 기재하지 못하도록 하였다. 또 그 무렵 「아빙돈 단권 성경주석」이 자유주의 사상 때문에 교계에서 물의를 일으키게 되자 제24회 총회에서 그것을 '이단'으로 규명하였고, '정통신학'의 입장에서 바른 성경주석의 필요성을 역설하여 조선예수교장로회의 표준성경주석위원회가 구성되도록 하였으며, 박형룡 박사는 그 위원장직을 맡게 되었다. 1937년부터 「표준성경주석」이 나오기 시작하여 그후 모두 8권의 책이 나오기에 이르렀다.

산정현교회의 위임목사로 있던 강규찬 목사가 사임한 후 미국 유학에서 돌아온 송창근 목사가 후임자로 들어갔으나, 박형룡 박사는 그 당시 경남 마산 문창교회에서 시무 중이던 주기철 목사를 모셔다가 산정현교회의 위임목사가 되도록 협력하였다.

그때에 일본 제국주의는 조선 기독교계에 대하여 그들의 선조신(先祖神)인 '천조대신'을 모신 신사에 가서 참배할 것을 강요하였다. 주기철 목사는 신사참배에 대하여 '일사각오'의 정신으로 반대하였고 박형룡 박사는 신학적으로 신사참배의 부당성을 역설하면서 반대하였다.

그러나 조선예수교장로회 제27회 총회(1938년)에서 신사참배는 가결되었고 이를 반대하던 숭실·숭의전문학교는 폐교하게 되었으며, 평양장로회신학교도 문을 닫게 되었다. 박형룡 박사는 하나님께서 예비하신 '남은 때'가 있음을 생각하고 가족과 함께 평양을 떠나 일본 도쿄로 망명의 길을 떠났다. 주기철 목사는 박형룡 박사를 환송한 후 1938년 봄에 투옥되어 7년간의 긴 옥고를 치르고 1944년 4월 21일 평양 형무소에서 순교의 제물이 되었다.

일본 도쿄에서 박형룡 박사는 미국에서 신학연구를 마치고 갓 돌아온 박윤선 신학석사의 도움을 받으면서 「표준성경주석」을 저술하는 일에 힘을 기울였다. 이미 그때는 일본 제국주의가 중일전쟁을 확대하여 미일전쟁을 일으켜 전 세계는 제2차 대전으로 들어가고 있었다.

박형룡 박사는 1943년 여름에 만주 봉천에 가서 교수 생활을 하게 되었다. 봉천신학교는 박윤선 목사도 함께 초빙하여 교수로 동역하였다. 그러다가 1945년 8월 15일 '감격의 해방'을 맞게 되었고, 해방 후 2년 동안 박형룡 박사는 계속 만주 봉천시에 머무르면서 개명된 동북신학교의 교장과 교수로서 신학교육에 전념하였다. 그러던 중 한상동 목사의 초청과 송상석 목사의 인도를 받아 해방된 조국으로 가족과 함께 돌아와 고려신학교의 교장으로 취임하였다. 그것이 1947년이었다. 그러나 서울 남산에서 평양장로회신학교 졸업생 목사들의 '계승적 의지'에 입각하여 장로회신학교가 개교되자 박형룡 박사는 동교의 교장으로 추대되어 1948년 6월에 취임하였다.

1950년 6월 25일 '민족상잔의 비극'인 한국동란이 발발하자 피난길에 오른 박형룡 박사와 가족은 대구, 부산, 제주도까지 피난민의 긴 행렬에 섞여서 피난길을 떠났다. 그러나 하나님의 각별하신 은혜가 다시 한번 작용하여, 1953년부터 대구 대신동 소재 임시교사에서 대한예수교장로회총회가 직영하기로 결의한 총회신학교가 서울 남산에 있던 장로회신학교의 계속으로서 개교하게 되자 박형룡 박사는 교수로서 다시 봉직하게 되었다. 이미 그때에는 기장측 장로교회와 고신측 장로교회가 분립하여 따로 총회를 구성하고 각기 신학교를 운영하고 있었다. 한국동란이 휴전조약으로 종결(終結)을 보고 환도 후에 총회신학교는 서울 남산으로 돌아와서 운영되었고, 박형룡 박사는 장로회 총회신학교의 교장으로 다시 추대되었다.

그러나 1959년 제44회 총회에서 통합측 교회가 이탈하면서 장로회 총회신학교에도 분열이 왔다. 그때 분열의 이유로서 '3,000만 환 사건'

이 있었으나 실상은 신학사상의 차이 때문이었다. 그리하여 이탈해 나간 통합측 교회는 박형룡 박사의 정통신학의 리더십을 마다하고 WCC에 가입하였으며, 에큐메니칼(Ecumenical) 신학노선을 걸어가게 되었다. 1959년 '분열의 깊은 상처'를 안았으나 총회신학교와 합동측 교회는 장족의 부흥과 발전을 하기에 이르렀다. 총회신학교는 서울 시내 용산 소재 임시교사에서 사당동 산 31-3번지에 1만 8천여 평의 대지를 확보하고 이전하였다. 그때가 1965년 8월이었다. 그후에 계속하여 캠퍼스를 확장하였고, 1969년에는 문교부로부터 정식으로 신학대학의 인가를 받았다.

그동안 박형룡 박사는 총회신학교의 교장과 총신대학원의 원장, 그리고 총신대학의 초대 학장직까지 맡아 일하다가 1972년 2월에 은퇴하기에 이르렀다. 그리고 은퇴한 후 7년을 관악구 봉천동 자택에서 저술과 명상으로 보내시다가 1978년 10월 25일 하나님의 부르심을 받아 파란만장한 82년의 생애를 끝마치고 주님의 품에 안기셨다.

박형룡 박사는 진정으로 한국 교회가 낳은 위대한 신학자요, '진리보수'의 기수였다. 그의 '진리보수'의 부르짖음은 최권능 목사의 '예수천당'의 부르짖음과 주기철 목사의 '일사각오'의 외침과 더불어 한국 교회사에 길이 남을 것이다. 박형룡 박사는 시대적이며 환경적인 제한성 속에 살다 간 신학자요, 한국 교회의 지도자였음이 사실이다. 그러나 그가 가르친 제자 목사들이 오늘날 한국 장로교회의 주역들로서 헌신하고 있음은 또한 엄연한 사실이며, 한국 교회 내의 보수·자유진영을 막론하고 그의 '보수신앙의 열정'과 '고결한 인격적 감화력'에 대하여 고개를 숙이지 않을 분이 별로 없는 줄 안다.

박형룡 박사는 조직신학자이다. 우리가 그의 저술들을 읽어볼 때 대다수가 조직신학의 분야에 속한 것들임을 알 수 있다. 박형룡 박사가 「교의신학」이라는 제하(題下)에 7권으로 된 조직신학 저술을 완성한 것은 오늘날 한국 신학계에서 널리 알려져 있는 사실이다. 그러나 조직신학의 분야로 깊숙이 들어가기 이전에 박형룡 박사는 '기독교 변증학'을 전공분야로 삼고 연구하였다. 그가 미국 유학시절에 남침례교신학교대학원에서 박사학위를 위하여 제출한 논문의 제목과 내용도 기독교 변증학적 성격의 것이었다.

그리고 그가 미국 유학을 마치고 귀국하여 평양장로회신학교에서 교수로 봉직할 때에도 맡아 가르친 학과목들은 변증학 계열의 것들이었다. 일제 말기에 신사참배 거부로 말미암아 평양신학교가 문을 닫게 된 후, 만주로 가서 망명생활을 할 때에 그는 비로소 '조직신학'을 가르치기 시작했다. 그후 변증학과 아울러 조직신학 과목들을 계속 가르치면서 조직신학적 연구를 깊이 하게 되었다.

그러므로 박형룡 박사는 '변증학자로 시작하여 조직신학자가 된 분'이라고 하겠다. 우리가 7권으로 된 그의 「교의신학」을 읽어나갈 때 거기에 기독교 변증학 및 험증학적 지식과 연구가 개재함을 볼 수가 있고, 또 그의 변증학과 험증학에 관한 저술들을 읽어보면 조직신학적인 방향을 예상하게 하는 사상 내용들을 많이 찾아볼 수 있다.[3)]

그러나 또 한편 박형룡 박사는 '변증학자로 시작하여 조직신학자'가 된 분이라고 하여 신약신학과 구약신학 및 역사신학 등의 분야에 대하여 무관심하지는 않았다. 오히려 그 반대로 이들 분야에 관한 큰 관심과 전문적 지식들이 박형룡 박사에게 결여되지 않았다는 것을 우리는 안다. 그것은 그가 교의신학과 성경신학 또는 역사신학 간에 존재하는 긴밀한 관계성을 잘 인식했기 때문이다. 박형룡 박사는 이렇게 말했다. "조직신학 혹은 교의신학은 석의신학과 역사신학이 제공한 재료들을 취하여 그것들을 신학 연구의 대 제목들 아래 논리적 순서로 배열한다. 조직신학은 엄밀히 말하면 교회의 신조들에 표현된 교리들의 체계화와 변호이다."[4)]

이렇게 기독교 변증학을 서론격으로 하여 시작한 박형룡 박사의 교의신학은 '석의신학(신구약신학)'과 '역사신학'을 기초로 하고 있으면서 거기서 그치지 않고 목회학, 교회정치, 예배학, 기독교 교육학, 선교학 등을 상층 구조물로 가지고 있는 거대하고 웅장한 건물과도 같다. 그의 저술들 중 특히 「교의신학」을 읽어볼 때 우리는 그 범위의 광대함과 조직 및 진행의 질서정연함에 놀라지 않을 수 없고, 그 웅장한 스케일과 신학적 깊이와 박식에 탄복하지 않을 수 없다. 마치 잘 다듬어진 대리석으로 쌓아올린 거대하고 웅장한 건물을 낮은 곳에 서서 올려다보는 심정이 박형룡 박사의 「교의신학」을 읽는 자들에게 공통적인 것이 아닌가 생각한다.

이와 같이 잘 다듬어진 대리석으로 된 거대하고 웅장한 건물과도 같은 그의 신학은 그 내용을 우리가 검토할 때에 오히려 그 단순함과 굽힐 줄 모르는 강직성에 놀라지 않을 수 없다. 저자는 그의 신학의 단순성과 강직성을 '청교도적 개혁주의 정통신학'이라는 이념의 구현으로 집약되어 있는 것으로 인식한다.

박형룡 박사는 1976년 가을호 「신학지남」에 기고한 "한국 장로교회의 신학적 전통"이라는 글에서 한국 장로교회의 신학적 전통을 '청교도적 개혁주의 신학'이라고 밝히고 있다. 그리고 한국 장로교회의 신학적 전통이 되는 '청교도적 개혁주의 신학'은 박형룡 박사 자신의 신학사상이며, 이것을 우리 교회가 끝까지 보수해야 한다는 강력한 발언을 우리는 읽게 된다.[5)]

그러면 '청교도적 개혁주의 신학'이란 어떤 신학인가? 그는 이것을 다음과 같이 정의한다. "구주 대륙의 칼빈 개혁주의에 영미의 청교도 사상을 가미하여 웨스트민스터 표준에 구현된 신학"이다.[6)] 또 이렇게 정의하기도 한다. "청교도적인 영미 장로교 선교사들의 선교를

받아 출발하고 웨스트민스터 표준문서들을 교의와 규례의 표준으로 채용하여 수행하는 신학"이다.[7)]

그리고 이 청교도적 개혁주의 신학의 특징은 첫째로 성경의 신성한 권위를 믿는 신념이고, 둘째로 하나님의 주권과 유효소명(구원에 이르게 하는 하나님의 사역)에 대한 확신이다.[8)] 셋째로 안식일의 성수와 경건생활에 치중함이요, 넷째로 복음전도의 중요성을 모든 신도들에게 강조하는 '직접전도주의'요, '걸으면서 외치는 신학'이다.[9)] 마지막으로 평양신학교에서 청교도적 신앙을 가진 미국인 선교사 교수들에 의하여 가르친 바 된, 그리스도의 재림을 천년왕국 전에 있는 것으로 해석하는 '천년기 전 재림설' 또는 전천년설이다.[10)]

이와 같은 제 특징을 가진 '청교도적 개혁주의 신학'은 "구주 대륙의 칼빈 개혁주의 신학에 영미의 청교도적 특징을 가미한 신학"이다.[11)]

박형룡 박사는 한국 교회의 신학적 전통이 바로 이 '청교도적 개혁주의 신학'이라고 갈파하고 유럽 대륙에서 발전한 개혁주의 신학을 한국교회가 새삼스럽게 수입해 올 필요는 없다고 보았다. "우리는 이미 소유하고 있는 청교도적 개혁주의 장로교회의 신학적 전통을 확고히 보수하면서 그것의 해석에 필요한 보완을 행할 것 뿐이다."[12)]

우리는 여기서 한국 교회, 특히 한국 장로교회의 신학적 전통이 청교도적 개혁주의 신학이 되도록 하는 데 크게 공헌한 분이 박형룡 박사였다는 사실에 유의해야 하겠다. 다시 말해서 박형룡 박사의 신학이 '청교도적 개혁주의 신학'이라는 사실로부터 한국 장로교회의 신학적 전통이 크게 영향을 받았다는 것이다.

저자가 앞서 인용한 바 있는 「신학지남」지의 권두언에서 한국 교회의 신학적 전통을 거론하면서 그것이 '청교도적 개혁주의 정통신학'이라고 한 것은 박형룡 박사의 신학사상을 염두에 두고 한 말이다. 저자는 박형룡 박사의 신학사상을 표준하여 한국 교회의 신학적 전통이 되는 청교도적 개혁주의 신학에 대하여 이렇게 개설했다. "그것(청교도적 개혁주의 신학)은 위대한 종교개혁자 존 칼빈의 개혁주의 신학의 충실한 계속인 동시에 특히 17세기 영국인 청교도 신학자들로 말미암아 작성된 웨스트민스터 신앙고백서와 대소요리문답서 등에 나타난 교리적 입장과 신학사상을 정확히 추종하는 신학이며, 좌로는 성경영감을 부인하는 인본주의적 자유주의에 치우치지 아니하고, 우로는 방언, 묵시, 입신 등을 일삼는 기도원적 신비주의에 치우치지 아니하는, 성경적인 진리의 정도를 걸어가는 바른 신학(정통신학)이라고 할 수 있을 것이다."[13)]

박형룡 신학의 특색

박형룡 박사의 신학사상의 특색은 관찰하는 각도와 입장에 따라 여러 가지 여러 모양으로 논술될 수 있을 것이다. 그러나 저자는 그의 신학의 특색을 다음과 같은 표현을 하면서 논술하고 싶다. 즉 성경 무오사상에 입각하는 비타협적 보수주의 신학이다. 하나님의 초자연적 계시의 말씀으로서 성경의 무오함을 믿는 신앙이야말로 그의 신학의 기초요, 본질적 요소이다.

박형룡 박사는 말하기를, "한국 장로교회는 성경을 과연 무오한 하나님의 말씀으로 믿고 신학교와 각종 사경회와 성경학교와 주일 오전 공부 등을 통하여 열심히 공부하였다"라고 했다.[14)] 박형룡 박사는 성경을 초자연적 영감으로 기록된 정확무오한 하나님의 말씀으로 생각하고 그것을 열심히 연구하며 신앙과 생활의 법칙으로 삼아온 한국 장로교회의 전통적 신앙을 가장 잘 대변하는 신학자였고, 또 그와 같은 한국 장로교회의 성경의 권위에 대한 신념을 조성하는 데 그 누구보다도 크게 공헌한 신학자였다.

일찍이 평양신학교 교수 시절에 박형룡 박사는 김재준 교수가 「신학지남」에 게재한 "이사야의 임마누엘 예언연구"라는 논문에서 성경의 '완전 축자영감 사상'을 고루한 것으로 비판한 데 대하여 분개하여 정면으로 그와 대결하였고, 1935년 이후로는 하나님의 말씀으로서 성경의 무오함을 불신하는 김재준 교수의 글이 「신학지남」에 실리지 못하도록 하였던 것이다. 민경배 교수의 말을 빌린다면, "그는 한국 교회의 신학이라는 것은 우리 나름의 신학의 창작이 아니라 사도적 전통의 정신앙(正信仰)을 그대로 보수하는 신학이라고 믿고 있었다. 그래서 성경무오설과 축자무오설에 든든히 섰다"[15]는 것이다.

그후에 박형룡 박사는 성경을 고등비평으로 해석했다는 이유로 「아빙돈 단권 성경주석」의 번역을 한국 장로교회가 받아들여서는 안 된다고 역설하며 장로회 총회에 가서 그 책의 구매를 금지시켰고 번역자들을 공개 사과하게 한 일도 있었다. 그리고 해방 후 그가 한국 교회에서 신정통주의 신학과 대결한 것도 성경 무오사상 및 신앙을 지키기 위함이었고, 1970년대에 접어들어서 '신복음주의 노선'을 비판한 것도 그것이 무엇보다도 성경무오에 대한 신앙을 약화시킨다는 이유에서였다.[16]

더욱이 1967년에 미국 연합장로교회가 '새신앙고백서'를 채택했을 때 그는 합동측 장로회 총회 산하의 전국 교역자 하기수양회에서 "보충설과 무관설은 타당한가?"라는 제하(題下)의 신학강연을 하면서 '1967년 신앙고백'이 근본적으로 잘못된 것은 하나님의 말씀인 성경의 영감과 무오를 믿지 않기 때문이라고 하였다.[17]

박형룡 박사는 이렇게 성경의 영감과 무오를 믿는 신앙과 신학을 비상한 열의를 가지고 가르쳤고, 그것을 변증하며 수호하는 과정에서 어느덧 그와 같은 영감적 성경관을 추호도 타협하지 않는 것이 그의 신학을 일관하는 특색으로 되어버린 것 같다.

박형룡 박사는 그의 「교의신학」 제1권인 "서론"에서 '성경의 영감'이라는 독립된 장을 특별히 마련하고 성경의 유기적이고 완전축자적인 영감론을 강조하였다. 성경의 영감의 방식은 유기적 영감이다. 유기적 영감이라 함은 성경이 그 기록의 과정에 있어서 그것을 기록한 저자들의 인격과 신앙과 지식과 재능과 언어와 문장 등이 무시당하지 않고 오히려 활용되면서도 오류가 없도록 기록되었다는 사상이다.[18]

그리고 성경의 영감은 한도(限度)에 있어서는 완전 축자영감이다. 완전영감(完全靈感)은 '성령의 충분하고 충족한 감화'가 성경의 모든 부분에 완전히 미쳐서 비록 성경이 인간의 마음과 의지 및 언어를 통하여 기록되었으나 오히려 하나님의 말씀이라는 것을 말함이다.[19] 축자영감(逐字靈感)은 하나님의 영적 감화가 성경 저자들의 사상에만 작용한 것이 아니라 그들이 사용한 언어와 문자들에까지도 확대되어 하나님이 의도하신 사상을 '정확무오하게 전달'하게 했음을 말함이다. 마태복음 5장 18절을 생각하면 될 것이다. "진실로 너희에게 이르노니 천지가 없어지기 전에는 율법의 일점일획도 결코 없어지지 아니하고 다 이루리라."[20]

그런데 전자는 후자보다 신학자들 간에 먼저 사용된 명칭이기도 하나 옛날에도 '완전영감'이라는 개념 속에 '축자영감'의 사상이 포함되어 있었던 것은 사실이다. 따라서 전자와 후자는 동의미적 개념들로서 성경의 영감의 범위와 한도를 사상에서 문자들에까지 확대시켜 생각하는 영감론의 입장을 의미한다.[21]

이와 같은 성경의 유기적이며 완전축자적 영감사상을 조금이라도 수정하거나 양보하는 것은 사도적 전통의 정신앙(正信仰)을 그대로 보수하는 것이 못된다고 그는 굳게 믿어, 성경의 영감 및 무오를 비타협적으로 견지하는 신학의 보급에 전력을 기울였던 것이다.

박형룡 박사의 신학적 의식구조 속에는 성경 무오사상을 지키면서 일보도 양보하지 않는 것이 '보수주의'라고 하는 인식이 깊이 뿌리를 박고 있었다. 따라서 성경은 하나님의 초자연적 계시의 말씀으로서 그 기록에 있어서 영감되었기 때문에 정확무오하다는 것을 주장하는 모든 신학적 입장들을 우선 '보수주의 신학'이라는 큰 테두리 안에 묶어 놓으려고 했다고 볼 수 있는 것이다. 그러므로 우리는 박형룡 박사의 신학의 특색을 '성경 무오사상에 입각한 비타협적 보수주의 신학'이라는 말로 표현할 수 있을 것이다.

박형룡 신학의 역할

죽산(竹山) 박형룡 박사 신학의 한국 교회사적 역할을 저자는 '다양 중에 통일성이 있는 지로적 신학'이라고 표현하고 싶다. 만일 그가 그의 저서들 중에서 가장 애용한 두 가지 낱말이 있다면 '표준(標準)'과 '지로(指路)'라는 낱말이다. 그는 '표준서'니 '표준주석'이니 또는 '표준신학'이라는 말들을 즐겨 사용했고, '지로하였다'와 '지로한다' 등의 표현은 그의 교의신학적 저술에 필수적인 문구들로 되어 있다.[22]

앞서 지적한 바와 같이 박형룡 박사의 신학은 본래가 창작을 목적으로 하는 신학은 아니다. 그의 신학은 한국 교회에 대하여 신앙적이며 특히 교리적인 지도를 그 목적으로 하는 신학이다. 그가 애용한 '표준(標準)'과 '지로(指路)'라는 낱말들이 갖는 의미성을 보아도 알 수 있지 않겠는가? 그 자신도 그의 신학이 '창작적 활동'이 아님을 시인하고 독자들의 양해를 구한 바도 있었다.[23]

박형룡 박사는 또 한편 이렇게 말했다. "이것은 물론 필자의 아는 것이 적은 탓이지만 또한 본의에 맞는 일이기도 하다. 필자의 본의는 칼빈주의 개혁파 정통신학을 그대로 받아서 전달하는 데 있고 감히 무엇을 창작하려는 것이 아니다. 이것은 옛 사람이 말한 바 술이부작(述而不

作)의 태도라 할 것이다. 80년 전 이 땅에 선교사들이 와서 전하여 준 그대로의 바른 신학을 새 세대에게 전달하는 것이 필자의 염원이기 때문이다."[24)]

즉 박형룡 박사의 신학활동의 목적은 어떤 새로운 신학을 창작하여 소개하고자 하는 데 있지 않고 오직 한국 교회의 성도들을 '성경을 무오한 하나님의 말씀으로 믿는 바른 신앙'으로 이끌어 가기 위하여 서양의 선진 정통신학자들의 사상을 되도록 정확하게 소개하는 데 있었다.[25)] 따라서 그의 신학사상이 창의성을 결여하고 있다고 평하는 분들은 그의 신학활동의 의도와 목적을 충분히 살펴보지 못했음이 분명하다.

박형룡 박사의 신학사상을 우리가 얼핏 볼 때 서양의 선진 정통신학자 몇몇 사람의 사상을 모방하여 종합한 것으로 단순히 생각하기가 쉽다. 그러나 그는 그의 신학이 한국 교회와 특히 한국 장로교회를 위하여 '지로적 신학(指路的 神學)'이 되기 위하여 '다양 중에 통일이 있는' 신학으로 정립하려고 노력했고, 또 그렇게 하는 일에 성공했다고 본다. 그는 성경이 하나님의 말씀이라는 것을 증명하는 내면적 논증으로서 성경의 내용이 갖고 있는 '다양 중에 통일'에 관하여 그것을 관현악단의 연주로 비유하면서 다음과 같이 말하였다. "이 관현악단의 여러 가지 많은 악기들이 하나의 완전한 곡조를 취주(吹奏)한다. 이러므로 우리는 그것들이 한 선생과 작곡가의 지도를 받는다고 느낀다."[26)]

이와 같은 박형룡 박사의 성경의 내면적 통일성에 관한 관현악단적 비유는 박형룡 박사 자신의 신학을 이해하는 데 도움이 되는 비유이기도 하다. 어떤 분은 말하기를 박형룡 박사의 신학사상은 따로 없고, 미국 개혁파 정통신학자 루이스 벌코프 박사(Dr. Louis Berkhof)의 신학을 복사한 것이라고 한다. 또 다른 분들은 주장하기를, 찰스 핫지(Charles Hodge)와 에이 에이 핫지(A.A. Hodge), 그리고 벌코프(L. Berkhof)와 바빙크(H. Bavinck) 등 서양의 장로교 및 개혁파 교회의 몇몇 신학자들을 적당히 배합해 놓은 것이 그의 신학사상이라고 한다.

물론 일리가 전혀 없는 말은 아니다. 박형룡 박사의 교의신학은 루이스 벌코프의 명저 「조직신학(Systematic Theology, 1941)」으로부터 큰 영향을 받은 것이 사실이다. 뿐만 아니라 벌코프의 조직신학을 그대로 옮겨 놓은 부분들도 「교의신학」 가운데서 찾아볼 수 있다. 또 그의 「교의신학」 각 권 내용의 대부분이 벌코프, 찰스 핫지, 워필드, 뎁니, 스트롱, 쉐드, 카이퍼, 바빙크 등 서양의 선진 정통신학자들의 글을 인용하거나 참조한 것이라는 것도 명백한 사실이다. 그러나 우리에게 놀라운 사실은 이 박형룡 박사의 교의신학이라고 하는 관현악단의 '여러 가지 악기들'이 하나의 완전한 곡조를 취주하고 있다는 것이다.

놀랍게도 벌코프, 찰스 핫지, 워필드, 쉐드, 스트롱, 뎁니, 카이퍼, 바빙크, 그레샴 메이첸, 보스 등 서양의 선진 정통신학자들이 그들 사이에 존재하는 신학적 특징들과 관점적 차이에도 불구하고 그의 손에서 하나의 아름답고 장엄한 협화음(協和音)을 이루고 있다는 것이다. 이것이 바로 박형룡 박사가 끼친 신학적 공헌이며, 그의 신학을 가리켜 '다양 중에서 통일'이 있는 '지로적 신학'이라고 말할 만한 충분한 이유가 되는 것이다.

박형룡 박사는 그의 "저작전집 출간에 즈음하여"라는 글에서 이렇게 말하였다. "저자로서 최선을 다하지 못한 자취가 각 권에서 보일 것입니다만, 이 모든 문서들에서 한국 장로교회의 전통적 정통신학을 보수 전달하려는 일편단심이 움직이고 있다는 것만은 전국 교계가 알아주시면 합니다."[27]

또 박형룡 박사는 「저작전집」의 "서문"에서 다음과 같이 말하기도 하였다. "우리 교회의 전통적 신앙이란 청교도 개혁주의 신앙이라는 것을 본서의 말단에서 특별히 지적하였다. 우리의 사상적 환경은 변화무

쌍할지라도 우리 교회는 이 신앙을 영구히 지켜서 변치 말기를 성심으로 축원한다."[28)]

그러므로 박형룡 박사의 신학은 무엇보다도 '한국 교회사적'으로 지대한 의의가 있다. 박형룡 박사의 신학은 '다양 중에 통일성'이 있는 '지로적 신학'으로 지금까지 한국 교회와 특히 한국 장로교회 안에서 그 역할을 계속해 왔고, 현재에도 계속하고 있다.

回顧錄

追憶

아름다운 내 古鄕

박형룡 박사의 친필 회고록

물론 그의 신학의 역할을 이렇게 보는 데 있어서는 의견의 차이가 있을 수 있다. 가령 한국의 에큐메니칼계 신학자들 중에는 서양의 정통신학자들의 신학이 한국 교회를 지로(指路)할 때는 이미 지났다고 보는 분들이 많이 있다. 신학의 목적과 역할은 역사적 기독교의 교리와 신앙을 보수하는 데 있지 않고 기독교가 전파되는 오늘날의 시대적이며 문화적인 현실에 부응하는 새로운 신학사상을 창조하는 데 있다고 보기 때문이다.[29)]

그러나 박형룡 박사의 '정통보수신학'이 일제 말기의 평양신학교 시절로부터 시작하여 해방 후 기십 년 동안을 한국 교회와 특히 한국 장로교회 안에 있는 평신도들과 교역자들(신학자들은 제외한다 하더라도)을 위하여 지로적 역할을 담당해 왔다는 사실을 부인하기는 어려울 것이다. 현금 한국 장로교회 안에서 보수신앙이 계속 확대되어 나아가고 있다는 사실이라든가 정통보수신학이 많은 평신도들로부터 계속 존경을 받고 있다는 사실 등은 박형룡 박사의 신학이 '지로적 신학'으로서의 역할을 수행해 왔기 때문이라고 어찌 생각지 않을 수 있겠는가?

저자는 지금까지 한국 교회가 낳은 위대한 신학자 박형룡 박사의 신학사상에 대하여 살펴보았다.

첫째로, 그 내용과 범위에 있어서 그의 신학의 범위는 '기독교 변증학으로 시작하여 교의신학으로 끝나는 신학'이라는 표현으로 설명될 수 있겠고, 그 내용은 구주 대륙의 칼빈주의에 영미의 청교도 사상을 가미하여 웨스트민스터 표준문서에 구현된 바 청교도적 개혁주의 정통신학이라고 할 수 있겠다.

둘째로, 그의 신학사상의 특색은 '성경 무오사상에 입각하는 비타협적 보수주의 신학'이라는 표현을 가지고 묘사될 수 있다고 하였다. 성경의 완전 축자영감을 믿는 모든 신학적 입장들을 우선 보수주의 신학이라는 큰 테두리 안에 묶어 놓으려고 한 것이 그의 신학의 특색이라고 할 수 있겠다.

셋째로, 박형룡 신학의 한국 교회사적 역할을 거론하면서 그것을 '다양 중에 통일성' 있는 '지로적 신학'이라는 말로 표현해 봤다. 박형룡 신학의 목적은 창작에 있지 않고 '사도적 정(正)신앙'으로 교회를 지도하는 데 있다고 하였다.

박형룡 박사는 진실로 한국 교회가 낳은 위대한 신학자였다. 한국 교회를 우리 믿음의 조상들이 서양 선교사들에서 전수받은 '정통보수신앙' 그대로 이끌어 가고자 하는 그 열의와 굽힐 줄 모르는 신념, 그리고 서양의 선진 정통신학자들을 깊이 연구하였고 스스로가 정통신학자로 대성한 분이면서도 자신의 신학을 "다른 사람들의 화원에서 꺾어 모은 꽃다발"로 비유하면서 자신을 낮추는 그의 겸손, 그의 겸허한 인격은 자유와 보수라는 신학사상과 입장의 차이를 초월하여 한국의 많은 크리스천들에게 존경과 예찬의 대상이 될 만하다.

박형룡 신학, 그것은 한 평북 벽동 산골 사람이 이루어 놓은 신학치고는 너무나도 장엄하며 숭고한 신학이다. 한 평북 산골 사람이 정통보수의 일편단심으로 이루어 놓은 이 신학은 오늘날 한국 교회사의 강(江)의 흐름을 지로하고 있다. 물론 박형룡 박사도 시대적이며 사회 문화적인 제한성 속에서 살다가 간 한국의 신학자이다.

오늘날 언어학적 구사와 백과사전적 박식에 있어서는 박형룡 박사를 능가하는 신학자들이 한국에 적지 않다. 그러나 저자는 묻나니 한국 교회사적인 의의와 중요성에 있어서 박형룡 박사를 능가하거나 필적할 만한 신학자가 어디 있단 말인가?

끝으로 한마디 말을 더 해두자. 박형룡 박사는 진정으로 진리수호의 선구자적 보수신학자로 세계적으로 알려져 있다.[30] 그러나 그의 '한국 교회에 대한 사명'이 수호자로 그치는 것은 결코 아니다.[31] 그는 조직신학이라는 수단을 통하여 개혁주의적 진리의 보화를 캐내는 일에 있어서 지도자적인 위치를 견지해 왔다.[32]

박형룡 박사는 성경에 계시된 하나님의 초자연적 구원진리를 수호하려는 불굴의 의지를 가지고 성경이 정해 주는 테두리 안에서 겸손히 한국 교회를, 특히 한국 장로교회를 진리의 길로, 생명과 구원의 길로 이끌어 가려고 의도하는 '지로적 신학'의 공로자로서 살다가 가셨다. 그러나 그가 공로자라는 말에는 시작이지 완성이 아니라는 뜻이 내포되어 있다. 그의 '지로적 신학'은 이제부터 그 완성을 보기 위하여 나아가야 할 것이다. 그러므로 이와 같은 일을 하는 데 '박형룡 후시대'의 우리 정통개혁주의 신학자들이 열심을 내야 할 것이다.

"그리스도의 복음진리의 참된 교훈이 이 땅에서 영속하시기를 하나님께 비는 나의 기도는 생명이 끝날 때까지 계속할 것입니다. 밤나무, 상수리 나무가 베임을 당하여도 그 그루터기는 남아 있는 것같이 거룩한 씨가 전 땅의 그루터기가 되기를 바랍니다."[33]

Chapter 01

아버지 박형룡은 위대한 신학자였다

지금도 아련한 옛 추억 속에 떠오르는 것은 6·25 동란 중
'대구 피난총신 시절'에 신학생들을 가르칠 강의를 준비하고
신학 학술지에 발표할 논문을 쓰느라고
밤늦게까지 책상 앞에 앉아 계시던 아버님의 모습이다.

Chapter 01
아버지 박형룡은 위대한 신학자였다

아버지 박형룡 박사를 회고하면서 새삼 느끼는 것은 그는 위대한 신학자였다는 사실이다. 다음과 같은 여러 이유로 아버지 박형룡 박사가 위대한 신학자였음을 말하고 강조하고 싶다.

노력형 신학자 (일생을 부지런히 학문 연구)

아버지 박형룡 박사를 생각하고 회고할 때마다 머리에 떠오르는 것은 그는 한국이 낳은 위대한 기독교 신학자였다는 사실과 동시에 그는 다른 신학자들 이상으로 비상한 노력형의 신학자였다는 사실이다. 지금도 아련한 옛 추억 속에 떠오르는 것은 6·25 동란 중 경북 대구시에서 개교하였던 '대구 피난총신 시절'에 신학생들을 가르칠 강의를 준비하고 신학 학술지에 발표할 논문을 쓰느라고 밤늦게까지 책상 앞에 앉아 계시던 아버님의 모습이다.

그때에 경북 대구시 소재 '피난총회신학교' 경내에 있던 교수 사택은 요사이 우리의 눈으로 볼 때에는 교회 구내에 있는 '사찰집사의 집' 정도로 보이는 작고 초라한 건물이었다. 집의 현관이라는 것은 아예 존재하지 않았고, 작은 마루방을 거쳐서 들어가는 온돌방 한 칸과 또 방 한 칸과 그 옆에 달려 있는 움푹 빠진 바닥이 흙 그대로인 옛날 한국 농촌의 부엌과 똑같은 부엌이 있는 것이 그 집의 전부였다.

아버님은 이와 같이 작고 초라한 집에서 가족과 함께 기거하면서 봄과 여름에는 작은 마루방에서 그리고 공기가 차가운 가을과 엄동설한에는 온돌방에 들어오셔서 책을 읽고 신학 연구를 하셨다. 그 온돌방은 우리 온 가족 네 식구의 침실이기도 했기에 밤에 저자의 동생(박은춘 또는 박모세라고 부르기도 하였음) 옆에서 자리를 펴고 잠을 청하면서 아버님께서 그 방의 한 귀퉁이에 작은 책상을 놓고 쭈그리고 앉아서 늦은 밤 시간인데도 책을 읽거나 글을 쓰시는 일에 몰두하고 계신 것을 똑똑히 볼 수 있었던 것이다.

그리고 더욱 인상 깊었던 것은 우리가 침실로 쓰던 그 온돌방에서 아버님께서 밤늦게까지 앉아서 신학 연구를 하시던 책상은 빈 사과상자를 엎어 놓은 대용품 책상이었다. 그런데 한국전쟁 당시와 그때를 전후하여 한국에서 사과를 담아 운반하기 위하여 사용한 사과상자라는 것은 오늘날과 같이 작고 보기 좋은 종이상자가 아니라 크고 조잡스럽게 생긴 나무상자였다. 가구를 장만하기가 어려웠던 피난생활 중이라 손쉽게 대용품 책상으로 쓸 수 있었던 것이 바로 사과를 넣어서 운반하던 얇고 나무판자로 만들어진 상자였던 것이다.

아버지 박형룡 박사도 한국전쟁 중에 피난생활을 하면서 어쩔 수가 없었다. 비록 그가 중국 남경에 있던 금릉대학교를 졸업하는 영예를 누렸고, 북미합중국 뉴저지 주 소재 명문 프린스턴 신학교에서 목회학석사와 동교 대학원에서 신학석사를 수여 받았으며, 또 켄터키 주 루이빌 시에 있었던 명문 미국 남침례교신학교 대학원에서 철학박사를 수여받는 영광을 누렸다고 할지라도, 한국 땅에서 '동족상잔의 비극'인 6·25 동란을 맞이하여 한 사람의 '초라한 피난민 신학자'가 되지 않을 수 없었다. 한국 교회의 교역자 양성과 신학교육을 위하여 추운 겨울밤에 가족들이 잠을 자는 온돌방 한 귀퉁이에서 빈 사과상자를 책상으로 삼아 그 앞에 앉아서 희미한 전등불 아래서 강의를 준비하고 신학연구를 하던 박형룡 박사의 너무나도 감동적인 모습은 아들인 저자에게만 아련한 옛 추억으로 떠오르는 것이 아니라 아버지 박형룡 박사에게 가르침을 받은 한국 교회의 수백 명, 수천 명의 교역자들과 한국 교회 자체가 영구히 간직해야 할 숭고한 한국 교회사적인 추억의 한 장면이라고 할 수 있다.

더욱이 박형룡 박사의 아들인 저자가 현재 본서를 집필하면서 아련한 옛 추억 속에서 떠올리고 있는 바, 아버지 박형룡 박사가 한국전쟁의 와중에서도 '빈 사과상자를 책상으로 삼고 그 앞에 앉아서 밤늦게까지 한국 교회의 선지교육을 준비하고 한국 교회의 신학발전을 위하여 신학을 연구하던 가슴 뭉클한 그 모습'은 그가 한평생을 근면과 성실함으로 신학을 연구한 비상한 노력형의 신학자였다는 사실을 우리에게 단적으로 보여주는 것으로서 우리 모두가 잊어서는 안 될 중요하고 감동적인 '영상'이라고 저자는 힘주어 말하고 싶다.

'피난민 신학자 박형룡'은 그와 같은 근면과 성실함이 넘치는 한국 신학자로서의 삶을 그의 아득히 먼 평양신학교 교수 시절부터 시작하여 총신대학교 총장직에서 물러나 서울 관악구 봉천동 자택에서 생애의 말년을 보내던 그의 노년 은퇴기시절에 이르기까지 꾸준히 변함없이 뚜벅뚜벅 살아갔다. 더 이상 강조하지 않는다 할지라도 그가 한국에서뿐만 아니라 세계적으로 그 유례를 찾기가 쉽지 않은, 그 얼마나 크고 비상한 노력형의 신학자였는가 하는 것을 우리 모두가 깨닫고 정말 감탄하지 않을 수 없다.

저자의 모친 박순도 여사(박형룡 박사의 아내)는 옛날 평양신학교의 교수 시절의 박형룡 박사에 대하여 이렇게 술회하였다.

"평양신학교 교수 시절에 우리는 평양신학교 구내에 있는 교수 사택에서 살았는데 그때는 우리가 신혼부부였단다. 그런데 네 아버지는 신학교 교실에서 학생들을 가르치는 시간을 빼고는 늘 신학교에 있는 교수 연구실에서 연구하고 책을 쓰시느라 바빠서 밤늦은 시간에 귀가했었지. 그래서 어떤 날은 내가 늦은 밤에 식모 아이와 함께 집에 있기가 무서웠단다."[34)]

아버지 박형룡 박사가 이렇게 결혼한 지 얼마 안 되는 신혼생활 시절에도 높은 학문성(a high scholarship)을 갖고서 신학생들을 가르치고 신학적인 저술을 하기 위하여 평양신학교 교수 연구실에 파묻혀 있었다는 사실과 그것 때문에 아내인 박순도 여사로 하여금 늦은 밤에 독수공방하도록 만들었다는 사실은 그가 그 당시에 많은 사람들에게 책벌레, 공부벌레라는 소리를 당연하게 들었던 노력형의 청년 신학자였다는 것을 우리에게 여실히 보여주고 있다고 생각된다.

아버지 박형룡 박사가 평양신학교 교수연구실에서 매일같이 신학연구를 한 결과 얻은 큰 열매는 1935년에 인쇄되어 출판한 「기독교근대신학난제선평」이라는 학문성 있고 격조 높은 현대신학 비판서적이다. 본 저자는 1934년에 아버지 박형룡 박사가 어머니 박순도 여사와 더불어 신혼살림을 꾸려나가던 평양신학교 교수 사택에서 출생하였으므로 「기독교근대신학난제선평」이 나온 것은 저자가 출생한 그 다음해였다. 본 저자가 알기로는 이 책은 그 제목이 시사하듯이 19세기 후반과 20세기 초에 존재하였던 자유주의적 사상 경향을 가진 다양한 기독교신학의

평양신학교에서 변증학을 가르치던 교수 시절의 박형룡 박사와 자리를 같이한 평신 교수 일동. 앞줄 좌측 라부열 교장, 우측 박형룡 박사, 뒷줄 우측에서 두번째 권세열 교수, 맨 좌측은 남궁혁 박사, 1936년

유형들을 '정통개혁주의 신학'의 입장에서 예리하게 비판하였고 특히 그 당시에 겨우 반세기의 역사를 갖게 되었던 한국 교회의 순진무구한 기독교 신앙인들에게 번뇌의 바람을 불러일으켰고 회의주의의 먹구름이 끼게 하였던 국제 자유주의 기독교 신학자들로 말미암아 제기되었던 바 여러 가지 기독교 교리와 신학의 난문제들을 명쾌하게 그리고 설득력 있게 풀어나간 명저 중의 명저였던 것이다.

미국 유학을 마치고 일제치하의 조선에 돌아와서 평양장로회신학교의 전임교수가 된 1931년 이후 4년이 경과한 청년 신학교수가 어떻게 이처럼 신학적으로 중요한 대작이요, 명저를 쓸 수 있었던가 하면서 일제강점기의 조선의 기독교계와 신학계가 경악하며 감동하였음은 물론이요, 그 당시 조선에서 선교하며 신학을 가르치며 활동하던 외국인 선교사들까지 예상하지 못한 놀라움에 눈들이 휘둥그레하였다.

한국 선교의 시조격인 미국인 마포삼열(Samuel A. Moffet) 선교사는 「기독교근대신학난제선평」의 서문을 쓰면서 다음과 같이 말하였다.

> "금일의 목사, 선생 제위는 본서를 영접함으로 금일 청년들의 마음에 일어나는 신앙상 난제들에 대한 답안을 제시할 수 있을 것이다. 박 박사의 「기독교근대신학난제선평」은 주석가들의 비상한 관심을 불러일으킬 것이며 그들은 금번의 본서의 출판을 크게 환영하며 감사할 것이다."[35]

이 책은 1930년대 일제통치하에서 존재하였던 조선교회를 기독교 근대 신학사상에 관하여 계몽하는 일과 박형룡 박사와 거의 같은 시기에 김재준 씨와 그 계열의 인사들로 말미암아 조선교회에 처음으로 알려지게 되었던 바 자유주의 신학 중에서도 특히 칼 바르트(Karl Barth, 1886~1968)의 「신정통주의 신학(Neo-Orthodox Theology)」을 강력히 비판함으로써 그것이 한국 교회 내에 더 이상 침투와 확장을 하지 못하도록 방지하는 일, 이 두 가지를 성공적으로 수행하였다. 이 책은 진실로 한국 교회를 위하여 두 마리 토끼를 한꺼번에 잡은 박형룡 박사의 신학적 출세작이자 명저였던 것이다.

오늘날 21세기를 살아가는 우리 한국의 기독교 신학도들과 신학자들이 이 책을 새삼스럽게 읽어볼 기회가 있다면 틀림없이 박형룡 박사의 한학적인 문장 표현에도 불구하고 그 높은 학문성과 광대한 신학적 내용 전개와 확고하고 강력한 비판정신의 존재에 놀라고 감동하지 않을 수 없을 것이다. 물론 한국 신학계에서는 이 책이 출판되어 나온 지 40년이 지난 1970년대에 현대신학 비판서로서 간하배 교수(Dr. Harvie Conn)의 「현대신학해설」(1973년)과 본 저자의 「현대신학은 어디로?」(1970년)가 저술되어 나오기는 하였다.

그러나 「현대신학해설」과 「현대신학은 어디로?」[36)]라는 두 권의 책이 똑같이 아버지 박형룡 박사의 「기독교근대신학난제선평」과 비교할 때에 후자가 옥(玉)이라면 전자는 석(石)이라고 할까. 그 서술내용의 심오함과 카리스마적인 비판정신에 있어서 전자 두 권의 책이 후자인 한 권의 책 「기독교근대신학난제선평」을 도저히 따라갈 수 없음을 우리가 시인하지 않을 수 없을 것이다.

간하배 박사의 「현대신학해설」은 현대 신학자들에 대한 저자의 해박한 지식을 보여주며 현대 신학자들의 신학사상을 일목요연하게 정리하는 능숙한 솜씨를 우리로 하여금 엿볼 수 있도록 하는 것이 매우 좋다. 하지만 책의 내용이 짧고 문장이 너무 간결하며 주제들에 대한 나열진술이 평면적이고 현대신학사상과 싸워서 그것을 물리치고자 하는 카라스마적인 투지가 독자들에게 전달이 잘 안 되는 것이 그 결함이라면 결함이라고 할 수 있겠다.

그리고 본 저자가 저술한 바 있는 「현대신학은 어디로?」는 분량이 꽤 되고 몇몇 현대 신학자들과 현대 신학사상의 몇 가지 유형들에 대하여 심도 있는 연구가 이루어져 있는 것은 좋으나 중요한 현대 신학자들과 현대 신학의 유형들을 총망라하지 못하였고 너무 선별적이며 현대 신학사상과 싸우고자 하는 투지는 불태우고 있으나 현대 신학사상에 대한 이해와 내용 설명과 해석학적인 표현에 있어서 반복적이고 엉성함과 어설픔이 있는 것이 큰 흠이라고 할 수 있지 않겠는가 사료된다.

어쨌든 아버지 박형룡 박사의 현대 신학 비판서로서 거의 한 세기가 지나가는 긴 세월 동안 현대신학 분야에서 다른 저술들을 제압하고 타의 추종을 불허하는 대역작이요, 명저가 되어 있는 「기독교근대신학난제선평」도, 이를테면 빈 사과상자를 책상으로 하고 그 앞에 앉아서 밤늦게까지 신학을 연구하시던 아버님의 모습에서 나타난 바와 같은 그

의 비상한 신학연구의 노력과 근면과 성실성의 결정체라고 평가하지 않을 수 없을 것이다.[37)]

아버지 박형룡 박사가 한평생을 근면과 성실함으로 신학을 연구한 비상한 노력형의 신학자였다는 사실은 그의 평양신학교 청년 교수시절에 있었던 「기독교근대신학난제선평」의 저작에서만 나타나고 증명되었다고 할 것이 아니라 그 외에 그가 행한 많은 일들과 발생한 사건들 중에서 나타났으며 충분히 증명이 되었다고 하여야 할 것이다.

가령 아버지 박형룡 박사의 미국 남침례교신학교 대학원에서 철학박사 학위를 취득한 사건만 해도 그렇다. 아버지 박형룡 박사가 미국 켄터키 주에 있는 남침례교신학교 대학원에서 철학박사 학위 과정을 마친 것은 1929년 1월이었다. 그런데 그는 할 일 많은 조선장로교회에 돌아와서 신학생들에게 바른 신학을 가르쳐 목사 양성을 하는 일을 하여야 하겠다고 생각하고 박사학위 논문은 미국 남침례교신학교 대학원 당국으로 보내기로 마음먹고 1929년 봄에 귀국하였다.

그러나 박형룡 유학생이 미국 남침례교신학교 대학원을 졸업하고 조선으로 돌아와 보니 그가 해야 할 일들이 너무 많아서 눈코 뜰 새 없이 바쁘게 다녀야만 했었다. 그는 평양 산정현교회에서 전도사 일을 보면서 모교 숭실전문학교에 강사로 나가서 가르쳤고, 1930년에는 평양장로회신학교 임시 교수로 가르치게 되었고, 또 그 다음해인 1931년에는 동교의 전임교수가 되어 재직하게 되었으니 교회에서는 담임 목사를 도와서 설교하며 목회를 해야 했었고 신학교에서는 장래가 촉망되는 교수로서 강의를 잘 준비하여 신학생들을 가르쳐야 했었다. 또 신학교 학술지에는 신학 논문을 써서 발표해야 했으며, 평양시를 넘어 전국적으로 열리는 학술집회와 신앙강좌에서 강연하는 일과 토론하고 토의하는 일 등 꽉 짜인 시간표에 따라서 동분서주하면서 식사를 제때에 하기도 어려웠고 밤잠도 제대로 잘 수 없었다. 얼마나 피곤하고 바빠서 견딜 수 없는 상황 가운데 박형룡 교수가 놓여 있었겠는가 하는 것은 독자 제위께서 가히 짐작할 수 있는 일이라고 사료된다.

또 그 시절은 앞서 저자가 언급했듯이 아버지 박형룡 박사가 어머니 박순도 여사와 결혼하여 신방을 꾸몄던 신혼시절이었으므로, 신랑으로서 신부인 아내에 대하여 배려하고 다정스러운 분위기를 만들어야 하는 의무감을 느꼈을 터이니, 마음은 더욱 바쁘기만 했을 것이라고 말하지 않을 수 없겠다.

그러나 이 모든 바쁘고 심신이 매우 피곤할 수밖에 없는 그 무렵의 하루하루의 삶의 일정들 속에서도 박형룡 청년 교수는 자신을 채찍질하면서 최대한으로 많은 시간을 내서 박사학위 논문을 쓰는 일에 바쳤고 그 결과로서 조선 평양에 금의환향한 지 꼭 3년 만에 박사학위 논문 작성을 모두 끝마치고 미국 남침례교신학교 대학원 당국으로 보낼 수 있었다. 그리고 동교 대학원 학위 심사위원들의 심사를 통과하여 드디어 3개월 후인 1932년 늦은 봄에 고대하던 철학박사 학위를 수여받았으며, 학위증서가 국제우편으로 오는 기적을 낳았으니 이 사건이야말로 아버지 박형룡 박사가 오직 근면과 성실함으로 신학을 연구하는 비상한 노력형의 신학자였다는 사실을 가시화하여 우리에게 보여 주는

미국 남침례교신학교 현재 전경

박형룡 박사의 박사 논문집

사례였다고 우리가 인정하지 않을 수 없고 우리 모두가 이 사건 앞에서 존경심을 갖고 고개를 숙이지 않을 수가 없다.

오늘날 많은 한국인 유학생들이 미국의 대학교와 신학교의 대학원에서 박사학위 과정과 과목들을 다 이수하고 학위 논문은 한국에 돌아와서 써서 보내겠다고 마음은 먹었으나 돌아온 후에 한국에서 근무하게 되는 학교와 교회와 직장에서 바쁘게 일하다가 보니까 학위 논문을 자꾸 뒤로 미루게 되어 5~6년이 지나도록 학위 논문을 쓰지 못해 결국은 미국이나 유럽에서 박사학위 과정을 이수한 학교 대학원으로부터 박사학위를 수여받지 못하는 불행을 자초하는 경우가 많이 있다.

이 같은 일은 미국에 있는 한인 교포사회에서도 마찬가지이다. 남이 부러워하는 미국으로 이민 간 가정의 가장들이 미국 유학을 목적으로 가기는 갔지만 식구들을 먹여 살리고 자녀들의 학교 공부도 시켜야 하는 고로 가장인 자신들이 미국의 신학교나 대학교에서 대학원 공부를 시작하기는 했으나 미국 직장(특히 목사님들은 한인 이민교회)에서 바쁘게 일하느라고 대학원 공부를 잘 할 수가 없어서 공부를 중단하게 되고 박사학위 취득은 '산 넘어 무지개'처럼 언제나 바라만 보는 것으로 만족해야 하는 경우가 없지않아 많이 있다.

저자인 본인도 젊은 시절 미국 유학을 마쳤고 유학 중에 해당 대학교 대학원에서 철학박사 학위과정 이수를 끝냈으나 학위논문이 계속 심사위원 교수들의 완벽주의와 진보주의 성향 때문에 심사에 불합격하여 일단 박사학위 취득을 포기하고 한국으로 돌아와서 서울 총신(총신대학교 신학대학원)에서 교수로서 가르치다가 수년 후에 미국에 있는 다른 신학교 대학원으로 다시 가서 과목 이수를 하고 제출한 학위 논문이 통과되어, 제2차로 한국으로 금의환향하는 시큰 달콤한 경험(a bitter sweet experience)을 맛보고 누린 적이 있었던 것을 회고한다.[38]

이와 같이 한국에서 미국 신학교나 대학교 대학원으로 유학을 가는 한국인 유학생들이 미국 대학원을 졸업하면서 한국으로 귀국한 뒤에 박사학위 논문을 써보내서 박사 학위를 받겠다고 결심하고서도 그대로 실천하지 못하여 자주 실패하는 이 일을 아버지 박형룡 박사는 성공적으로 거뜬히 해내셨다. 또 그의 박사학위 논문이 박사학위 논문치고도 꽤 어려운 주제를 다룬 기독교 신학과 자연과학의 두 분야에 걸쳐서 심오한 지식을 겸비해야 하는 내용의 것이었음에도 불구하고[39] 미국 남침례교신학교 대학원에서 박사학위 과정을 마친 뒤에는 귀국하여 평양장로회신학교에서 교수생활을 하면서 매우 바쁜 가운데서도 3년 내에 논문을 써서 동신학교 대학원으로 보낼 수 있었고, 보낸 후 그것도 3개월 만에 동신학교 대학원의 심사 교수들의 합격 판결을 받아서 철학박사 학위증서가 미국에서 한국으로 우송되어 왔다. 이러한 사실은 그가 얼마나 신학연구에 있어서 '근면하고 성실한 신학자'였으며 얼마나 '비상한 노력형의 신학자'였는가 하는 것을 여실히 보여 주는 것으로서 우리 모두에게 잔잔한 감동이 물결치게 한다.

아버지 박형룡 박사가 얼마나 한 평생을 근면과 성실함으로 신학을 연구한 비상한 노력형의 신학자였는가 하는 것은 이미 기술한 바 그가 미국 켄터키 주 소재 남침례교신학교 대학원을 졸업하고 박사학위 논문은 조선 평양에 돌아와서 평양장로회신학교에서 교수로 재직하면서 매우 바쁜 가운데 3년 만에 집필을 완료하고 미국으로 우송하여 동교 대학원으로부터 철학박사 학위를 받을 수 있었다는 사실과, 또 그가 미국 유학을 마치고 조선 평양으로 돌아와서 평양장로회신학교 전임교수가 되면서 매우 바빠서 어쩔 줄을 몰라했던 교수생활이었음에도 불구하고 늦은 밤 시간까지 불을 밝히고 연구하여 1935년에 「기독교근대신학난제선평」이라는 대작이자 명작을 저술하여 내놓음으로써 그 당시의 조선기독교계와 학계를 깜짝 놀라게 했다는 사실 외에 또 한 가지 중요한 사실이 우리에게 그 좋은 사례요, 증명이 되어서 설득력을 더하여 준다. 이제 그 중요한 또 다른 사실 한 가지를 말한다면 그것은 아버지 박형룡 박사가 그의 40년 이상의 오랜 교수 연구생활의 결정체로서 저술된 7권으로 된 「교의신학」의 간행 후 1978년에 이 「교의신학」 7권을 포함하여 「박형룡박사저작전집」 총 20권을 집필하여 출판하게 된 일대 쾌거를 지적하고 싶으며, 이 사실은 아무리 강조하여도 정말로 지나침이 없다고 생각한다. 아버지 박형룡 박사는 이 「저작전집」을 그가 세상을 떠나던 해인 1978년 5월에 집필을 완료하고 출판에 들어가도록 하였으니 그때가 그가 하나님의 품에 안기시기 5개월 전이었다.

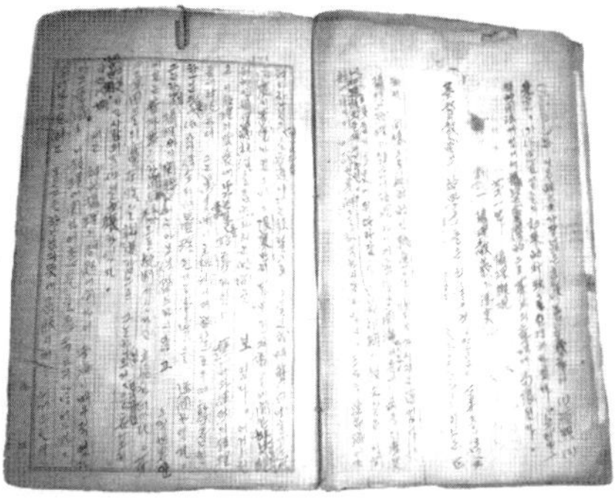

교의신학 초고, 1940년대

아버지 박형룡 박사가 성인이 된 이후로 평생을 신학을 공부하고 연구하면서 신학을 가르치고 짧은 세월 동안 목회도 하면서 설교를 하신 것은 물론, 평생을 한국 교회의 신학의 지도자로서 한국 방방곡곡을 다니면서 수없이 많은 집회를 인도하고 헤아릴 수 없이 많은 설교를 하였으며 신학 강좌와 강연을 베풀고 행하였던 것은 특별한 하나님의 은혜였다.

그뿐이랴! 아버지 박형룡 박사는 평생을 한국 교회의 신학적 지도자로서 그가 부르짖은 보수신학, 즉 정통개혁주의 신학을 가르치고 수호하기 위하여 선한 의미에서 교회정치를 평생 동안 할 수밖에 없었던 것이다. 그는 신학자이면서 또한 교회정치가로서 한국 교회의 많은 교회 지도자들과 신학자들과 목회자들 또는 교역자들을 만났으며 총회, 노회 교역자회와 교역자수양회에 수없이 많이 참석하여 발언하고 설교하고 강의를 하였다.

그리고 나중에는 국제적으로 한국 교회의 정통개혁주의 신학을 홍보하고 이 신학의 존속과 발전을 위하여 후원과 원조를 요청하는 목적으로 세계일주여행을 떠나게 되었다. 그는 지구촌을 한 바퀴 돌면서 많은 세계 교회 지도자들과 만났고 세계 각국에 산재하는 많은 유명 신학교들과 기독교 대학교들을 방문하였으며, 세계 굴지의 저명 신학자들을 만나서 면담을 하였다.

그런데 이와 같이 아버지 박형룡 박사가 평생 동안 쉴 새 없이 그리고 꾸준히 신학자로서, 교육자로서 또는 교회정치가로서 실천 궁행하여 이루어 놓았던 그 많은 일들이 그의 20권으로 된 「저작전집」에 글로 반영되어 있고 그것도 역사적으로 그리고 논리적으로 질서정연하게 정리되어서 우리에게 큰 감동과 영감을 던져 주는 글들이 되어서 나타나 있으니, 우리들 모두의 놀라움과 존경의 대상이 될 만하다.

그런데 더욱이 놀랍고 존경스러운 사실은 이처럼 내용이 방대하면서도 사상적으로 심오한 「박형룡박사저작전집」을 총신대학교 총장직에서 퇴임하는 해로부터 시작하여 하나님의 부르심을 받은 때까지 7년이라는 비교적 짧은 기간(1972~1978년) 동안에 거의 완벽하게 써 놓았다는 것이다. 물론 「박형룡박사저작전집」 중 처음 7권을 차지하는 그의 「교의신학」은 그가 평생을 신학교에서 가르친 내용이었으므로 7년 은퇴 기간에 신학교에서 오랜 세월 동안 가르쳤었던 교재로서의 책자들과 팸플릿들을 정리하고 개선, 보완한 것이었을 것이고 「기독교근대신학난제선평」(전집 8, 9권)과 「비교종교학」(전집 10권)과 「변증학」(전집 11권)과 「험증학」(전집 12권), 「주석 : 목회서신과 전도서」(전집 16권)도 기존의 책들과 원고들을 내용적으로 수정, 보완하여 정리한 것이고, 「학위논문」(전집 15권)은 그의 영문으로 된 박사 학위논문 전문을 그대로 옮겨놓은 것이고 나머지 「논문집」(전집 13, 14권)과 「설교집」(전집 18, 19, 20권)은 신학자와 설교자로서 평생 동안 써서 발표한 논문들과 교회강단에서 설교한 원고들을 모두 모아서 정리, 편집한 것이었다. 그러고 보면 「박형룡박사저작전집」 20권 중에서 「세계견문록」(전집 17권)만이 총신에서 퇴임한 후 7년 동안의 은퇴 기간에 그가 1954년에 서울 남산에 위치한 장로회 총회신학교 학장으로 있으면서 지구촌교회와 지구촌 신학교 시찰과 국제 저명 신학자들의 탐방을 위하여 6개월 동안 세계일주여행을 다녀온 여행의 기사와 소감들을 일기 형식으로 기술한 창작적인 저서였다고 할 수 있겠다.

그러나 「박형룡박사저작전집」 20권 중에서 제17권인 「세계견문록」만이 창작적인 저술이요 나머지 19권은 이미 써놓은 기존 저서들과 논문들과 설교 원고들을 보완, 편찬한 내용의 책들이라고 할지라도, 총 8,000페이지에 육박하는 방대한 분량뿐만 아니라 심오한 신학적 지식과 경건한 영성이 한 권 한 권의 각 페이지마다 골고루 흘러넘치는 「박형룡박사저작선집」 20권을 그가 그의 생애의 마지막 시기인 은퇴기 7년 동안에 편찬, 저술하여 출판에 부쳤다는 것은 한국 교회사적인 기적이요, 세계 7대 불가사의에 하나를 더 추가하여 여덟 번째 세계적인 불가사의라고 호칭할 만한 사건이 아니라고 어찌 우리가 말할 수가 있겠는가 하는 것이다.[40)]

그런데 여기서 우리 모두가 눈을 감고 곰곰이 생각해본다면 아버지 박형룡 박사가 그의 「저작전집」 20권을 은퇴기 7년 동안에 집필을 완료하고 출판하여 책들이 되어 나오게 한 한국 교회사적 기적이요, 또 세계적인 불가사의라고 호칭할 만한 이 사실의 배후에는, 그가 근면과 성실함으로 신학을 연구하였던 비상한 노력형의 신학자였다는 사실이 그 발생 원인 또는 이유 설명으로 존재하고 있음을 우리는 깨닫고 감동하지 않을 수 없다.

본서의 저자는 총신대학교에서 정년 퇴임하고 「나의 아버지 박형룡」

이라고 하는 아버님에 대한 회고록인 본서를 쓰고 있는 지금, 현재까지도 아버님 하면 머리에 떠오르는 것은 책상 앞에 앉아 책을 읽거나 글을 쓰시면서 신학연구와 학문연마에 몰두하시던 모습이다. 아주 어린 유년 시절부터 시작하여 미국 유학을 마치고 귀국하여 서울 사당동에 건립되어 새롭게 출발한 총신대학교 신학대학원에서, 외람된 이야기이지만 아버지 박형룡 박사와 신학교수로서 동역하였던 1960년대의 그 시절과 그후 서울 봉천동 자택에서 아버님이 소천하시던 그해 그날 1978년 10월 25일까지의 기간 중에 본 저자가 아버님을 옆에서 지켜보았기 때문에 회상할 수 있는 것은, 그 무엇보다도 책상머리에 앉아서 신학연구를 하시던 아버님의 근면하고 성실하신 그 모습인 것이다.

지면관계상 책상 앞에 앉아서 부지런히 신학을 연구하시던 아버님의 모습과 관련지어서 특별히 두 시절을 선택하여 이야기한다면, 첫째로는 본 저자가 20세가량의 청년으로서 미국 유학을 준비하면서 부모님과 함께 피난민가족으로서 대구 피난총신 시절 구내 임시 교수사택에서 기거했던 때일 것이요, 다음으로는 본서의 저자가 미국 유학을 끝내고 한국으로 돌아와서 서울 사당동에 위치한 총신대학교 신학대학원에서 아버지 박형룡 박사의 지도를 받으면서 신학교수로 봉직하였던 "1960년대와 1970년대의 서울 사당동 초창기 총신교수 시절" 중에서도 특별히 아버님이 총신대학교에서 영구 은퇴하신 다음에 서울 봉천동 자택에서 「박형룡박사저작전집」 20권을 쓰고 계셨고, 본서의 저자는 총신대 신대원 교수로서 총신대학교에서 귀가하는 퇴근길에 거의 격일로 아버님을 찾아뵙던 그 시절, 그 시기일 것이다.

이제부터 이 두 시절에 아버님이 책상 앞에 앉아서 부지런히 신학을 연구하시던 모습에서 받았던 감회와 감동을 묘사하고 기술할 때에 아무쪼록 그 감회와 감동이 그대로 독자 여러분들에게 전달되기를 바라마지 않는다.

사과상자 책상의 신학자 (피난 중에도 진리 탐구)

아버지 박형룡 박사가 빈 사과상자 책상 앞에 앉아서 밤늦은 시간까지 희미한 전등불 아래서 신학연구를 하고 있었던 모습은, 그의 근면성과 성실성을 보여주는 것으로서 그의 인격과 삶에 대한 기본적 이미지라고 생각한다.

그 당시는 한국전쟁 중이어서 제대로 된 가구들을 장만하기가 어려웠다는 이유도 가능하겠고, 거기에 곁들여서 전쟁 피난민 신학자 박형룡의 가난하고 소박한 삶의 일단을 우리에게 보여주는 파토스(Pathos) 또는 정념(情念)이 있어서 감동을 준다. 그리고 이에 더하여 '밤늦은 시간까지 아버지 박형룡이 희미한 전등불 아래 앉아서 신학을 연구한다'는 표현 또는 묘사는, 전쟁의 영향으로 전력 공급이 잘 안 되는 불안하고 열악한 생활환경 가운데서도 학문 탐구에 몰두했던 피난민 신학자 박형룡은 정말 비상한 노력형의 학자요, 인간이었다는 사실을 우리에게 알게 함으로 감동적이다.

그 당시 아들인 본서의 저자는 아버지 박형룡 박사가 '대구 피난 총회신학교'에서 교수일을 하시느라고 기거하시던 교수사택에 머물렀을 때에 나는 20세 나이의 청년으로서 미국 유학을 떠날 준비를 하고 있었고, 또 한편 한국전쟁 중에 미군 부대에 들어가서 하우스 보이 일을 1년간 한 경험으로 영어회화 실력을 인정받아서 대구시 교외에 위치한 미 제5공군 본부 부속실에서 통역관으로 근무하면서 임시 교수사택에서 출퇴근을 하고 있었다. 미 5공군 본부 사무실에서 통역관으로 근무하다가 귀가하는 시간은 오후 6시였고 집에 와보면 아버님은 학교에서 가르치는 일을 마치고 집에 와 계셨다. 그리하여 우리 네 식구(아버지과 어머니와 본인과 그때에 고등학교 학생이었던 동생 박모세)가 함께 거실 겸 침실로 사용한 소위 안방에서 저녁식사를 함께 한 다음에 하루의 근무로 인하여 피곤하여 잠시 휴식 후에는 몸을 씻고 저녁식사를 하였던 그 안방에서 침구를 펴놓고 잠자리에 들곤 했다. 동생 박모세는 고등학생으로서 숙제를 많이 해야 했기 때문에 밤 10시경에 잠자리를 펴고 누웠고, 어머니도 설거지와 가계부 적는 일과 뜨개질 등 집안일들을 마치고 역시 10시쯤 되어 잠자리에 드셔서 밤잠을 청하였다. 그런데 아버지 박형룡 박사는 어떠했는가? 아버님은 가족들이 안방에서 침구를 펴놓고 잠자리에 든 다음에도 방 한구석에 놓여 있었던 간이용 책상이었던 빈 사과상자 앞에 앉아서 책을 읽고 글을 쓰시면서 잠자리에 드실 생각을 하지 않았던 것이다.

어머니의 말씀에 따르면 아버님은 밤 12시나 새벽 1시가 되어서야 주무시곤 했다는 것이다. 그것을 어머니가 아셨던 것은 잠자리에 들어서 주무시다가 아버님이 부스럭거리는 소리에 깨어서 책상 앞에 앉아 계신 아버님을 보고서, "여보! 지금 몇 시인지 아세요? 밤 12시인 걸 몰라요?" 하면서 주무시도록 강권적으로 권고했었기 때문이다.

본 저자는 1953년 여름 어느 비 오는 날 오후에 부산 수영비행장에서 초라한 4발 프로펠러 비행기에 올랐고, 도쿄를 거쳐 미국으로 유학가는 먼 길을 떠났다. 그 당시 한국전쟁은 호전되어서 지금의 휴전선 부근에서 유엔군과 중공군(중국공산군)이 '밀렸다, 밀었다' 하면서 줄다리기 경기와 같은 전투를 하고 있던 상황 가운데서 '정전협정의 체결'을 향해 나아가고 있었다.

대구 피난총신 시절 박형룡 가족 네 식구가 대구 대신동에 위치하였던 장로회총회신학교의 캠퍼스 내에 있었던 임시 교수사택에 기거하면서 하나님께 특별히 감사해야 할 일이 두 가지가 있었다.

첫째는 전쟁 중이었는데도 하나님께서 박형룡과 가족 모두를 정말 눈동자처럼 보호하시고 암탉이 병아리를 품듯이 품어주셔서 전쟁의 포화 속에서도 신체적인 부상을 입지 않고 건강하게 살 수 있었고 먹을 것과 입을 것을 주셨으며 특별히 초라한 임시 교수사택이었다 할지라도 제대로 된 주택에서 기거할 수 있게 하셨다는 것이 하나님께 특별히 감사해야 할 일이었다고 할 수 있겠다.

둘째로는 아버님께서 밤늦은 시간까지 사과상자 책상 앞에 앉아서 책을 읽고 신학을 연구하시던 모습을 같은 방(거실 겸 침실)에서 밤마다 자리를 펴놓고 누워서 잠을 청하면서 목격하였던 우리 가족 모두가 큰 감동을 받았던 것이 하나님이 주셨던 큰 은혜라고 생각하여 하나님께 특별히 감사하는 바이다. 아버님이 밤늦게까지 책상 앞에서 신학을 연구하시던 그 모습이 우리 기억 속에 정착되어 있는 한 아버님의 신학자로서의 근면성과 성실성을 의심할 수가 없었으며 그 결과는 아버님은 한국 교회가 낳은 큰 신학자로서 세계적인 신학자라고 불릴 만한 분인 것을 굳게 믿게 되었으니 이것이 어떻게 하나님의 큰 은혜였다고 말하지 않을 수가 있었겠는가.

그때 그 시절에 책상 앞에 앉아서 늦은 밤까지 신학연구를 하면서 불을 밝혔던 아버지의 모습을 목격하였고 영구히 기억 속에 간직하고 있었기 때문에 박형룡의 가족은 누가 뭐라고 해도 신학자로서의 박형룡에 대한 거의 절대적인 신뢰성을 고백하며 살아왔던 것이다.

따라서 아버지 박형룡은 자기 자신을 신학자로 세우는 일을 먼저 하였고(수신) 다음으로 가족들로부터 그의 신학자 됨을 인정받고 존경받았으며(제가) 그 다음에 일평생을 한국 장로교회에서 정통보수신학자로 활동하였고(치국) 나아가서는 한국 기독교계에서 또 세계적으로 정통보수신학의 목소리를 높이는 일을 하였으므로(평천하) 그는 동양 윤리사상을 따른다 할지라도 그의 삶과 업적이 순리적이고 질서있는 진행과 진보를 하였다고 평가받을 만하였다고 할 수 있겠다. 이 모든 일들 배후에 하나님의 주권적인 은혜와 섭리가 있어서 이 모든 일들이 이루어졌던 것을 깨달아 하나님께 천만번 감사하여도 지나침이 없을 것으로 생각한다.

이 시절에 사과상자 책상 앞에 앉아 신학을 연구하는 모습을 목격한 박형룡 가족의 추억과 관련이 있다고 생각되는 사건 한 가지를 이야기하고자 한다.

그것은 1960년대 말 서울 사당동 초창기 총신 시절에 있었던 일로서 그 당시 학생 중 일부가 총신 교수진 중에서 교수 몇 분을 지목하여 무능교수라고 비판하고 배척하는 운동을 일으킨 일이 있었다.

소위 무능교수 배척을 외치는 학생운동에 어처구니없게도 아버님이 대상자들 중의 1인으로 연루되었다. 우리 총신의 여태까지의 역사를 보면 무능교수를 배척하는 학생들의 봉기가 전혀 없었던 때가 없었고, 학생들의 예리한 관찰과 실력평가 앞에 걸려들지 않은 교수가 많지 않았다. 총신대학교의 초창기가 그랬고 총신대학교의 발전기가 그랬으니 총신대학교의 성숙기(본 저자가 총신에서 정년퇴임한 후부터 현재에 이르는 시기) 역시 그럴 것이라고 생각된다.

서울 사당동 초창기 총신시절이라는 것은 총회신학교가 용산 임시 교사로부터 서울 사당동에 새로 건설 중이던 총신캠퍼스로 이전한 1965년부터 시작하여 박형룡 박사가 영구 은퇴하고 김희보 목사가 총신대학교 학장으로 취임하여 임기를 마칠 때까지의 그 기간을 가리킨다. 그 기간에 본 저자는 총신대학교 신학대학원의 초창기 교수진의 말석을 차지하면서 부교수도 아니고 조교수라고 하는 신분이었지만 미국 유학에서 배웠던 신지식과 학문의 열정을 학생들을 향하여 쏟아놓았기 때문에 학생들로부터 '구태의연하다든가 강의 준비가 부족하다'든가 또는 '학문전달을 잘 못한다'든가 하는 비평은 다행스럽게도 듣지는 않았던 것으로 기억한다.

그런데 본 저자가 기억하기로는 초창기 총신 교수진 가운데 몇 분 교수를 지칭하여 어떤 교수는 '가르침이 구태의연하여 하품이 난다', 또 어떤 교수는 '강의 준비가 별로 없어서 들을 것이 없다. 그럴 바에는 차라리 혼자서 교재를 읽는 것이 낫겠다.' 등의 부정적인 반응의 평가를 받기도 하였다.

그와 같은 상황 속에서 초창기 총신 교수진의 최고 권위자 교수였던 아버지 박형룡 박사가 학생들의 '바람직스럽지 못한 교수 평가'에 잠시 끼어들게 되었던 것이다.

어떻게 '한국이 낳은 세계적인 신학자' 박형룡 박사가 총신의 초창기 교수로서 신학생들을 가르쳤을 때에 실력 없는 무능교수니, 미국 신학자를 그대로 모방하여 가르치는 모방교수니 하면서 일부 경솔한 신학생들의 비평하는 소리를 들어야 했으며 그들에게 배척을 당해야 했었는가? 현재의 우리로서는 이해가 잘 안 간다고 할 수 있겠다.

그러나 곰곰이 생각해보면 불가능하였던 일은 아닐 것이라고 할 수 있으니 성경에도 기록되기를 "선지자가 고향에서는 환영을 받는 자가 없느니라"(눅 4:24)라고 하지 않았는가. 일부 경솔한 총신 신학생들의 아버지 박형룡 박사에 대한 무능교수 또는 모방교수 비판의 이유는 그의 교수법이 학생들 앞에서 교재를 읽어 나가는 서당식 또는 낭독식 교수법이었다는 것에 대한 불만에 있었다고 말할 수 있겠다. 아버지 박형룡 박사의 설교를 수없이 많이 들었고, 그의 신학 강의도 꽤 많이 경청했기 때문에 이 이야기를 할 수가 있는 것이다.

아버지 박형룡 박사가 신학교 교실에서 학생들에게 신학 강의를 할 때에는 교탁 앞에 앉아서 하였고, 강의 시간이 시작할 때부터 끝날 때까지 교탁 위에 놓여 있는 프린트물의 교재 또는 책으로 된 교재를 한 장 한 장 뒤지면서 읽어나가셨고, 학생들로부터 질문이 있을 때에는 그 질문을 받아서 성의껏 대답하신 다음에는 또 교재를 계속 읽어 나가다가 시간이 되어 강의를 마치셨던 것으로 알고 있다.

그러므로 일부 경솔한 초창기 총신의 신학생들은 박형룡 박사의 강의가 너무나 단조롭고 지루하게 여겨졌던 모양이었다. 물론 신학 강의 도중에 학생들 중에서 질문을 하면 박형룡 박사는 교재 읽기를 마치고 잠시 동안 생각하신 다음에 학생의 질문에 대해 무게 있고 학문적이며 깊이 있는 대답을 번번이 하였던 것도 사실이다. 따라서 질문한 학생은 만족함을 얻었을 것이고 나머지 학구파 학생들도 도전을 받고 그의 신학 강의를 듣는 보람을 느꼈을 것이다.

반면 일부 경솔한 학생들은 깊이 있는 개혁주의 신학 지식을 소유하고자 하는 욕망은 별로 없었고 그 시간에 일선 목회에 유익한 강조도 하고 재미있는 이야기도 하면서 또 칠판에 낙서 같은 글들을 많이 적어 놓고 자문자답하면서 그 시간의 강의 결론을 찾아가는 능숙한 쇼맨십이 있는 강의를 박형룡 박사에게 기대했었기에 실망하였고 불평을 털어 놓았다는 것은 충분히 이해가 가는 일이다.

박형룡 박사는 어떤 다른 교수들처럼 교재 내용을 몽땅 외워놓은 듯 강단에서 왔다 갔다 하면서 강의하는 일을 하지는 않았고, 조용히 교탁 앞에 앉아서 교재로 삼은 책이나 책자를 한 장 한 장 넘기면서 읽어가는 식의 강의를 하였기에, 그 당시 총신의 일부 지혜롭지 못한 학생들은 박형룡 박사를 무능교수로, 실력이 없고 무성의한 교수로 여기고 무능교수의 명단에 넣었다는 것은 그렇게 이상한 일도 아니었을 것이다. 그러나 이것은 그들의 심각한 역사적 오판이었고 한국 기독교 교회사에 기록될 만한 참변이었다.

이와 같은 일은 잠깐 있었던 일이었으므로 우리 한국 교계에서 기억하는 분들이 많지 않지만 있었던 일인 것은 분명하다. 그러나 잠깐이라 할지라도 어떻게 이런 일이 있을 수가 있었으며 이 사건이 말해주듯이 박형룡 박사가 무실력, 무능교수라는 오해를 그가 가르쳤던 일부 초창기 총신의 재학생들로부터 받을 수가 있었겠는가 하는 의문이 독자들에게 있을 것으로 생각한다.

본서의 저자는 초창기 총신 시절에 박형룡 박사가 무실력, 무능교수라는 이유로 당시 일부 총신 재학생들의 부정적인 평가의 대상이 되었다는 이야기를 들었을 때에, 자신뿐만 아니라 어머니 박순도 여사와 동생 박은춘까지도 모두가 경악과 실망스러움으로 말미암아 허탈감에 빠졌고 허탈감이 변하여 마음에 걷잡을 수 없는 분노가 솟구치는 것을 느꼈던 것을 기억한다.

어떻게 한국에서 '정통개혁주의신학'의 상징적인 신학자로 존재해왔고 한국 교회를 '성경적인 보수신앙'으로 이끌어가는 일에 평생을 헌신한 한국 교회의 원로교수를 총신의 재학생들이 소수라고 할지라도 무실력, 무능력 교수라고 배척할 수가 있었겠는가?

이는 마치 어떤 무명의 초등학교 과학 교사가 알베르트 아인슈타인(Albert Einstein, 1879~1955)을 가리켜서 무능한 물리학자라고 말하는 것과 같을 것이요, 또 어떤 대학교 대학원에서 철학전공을 하는 학생이 임마누엘 칸트(Immanuel Kant, 1724~1804)에 대해 그의 저술 「순수이성비판(Critique of Pure Reason, 1781)」을 그가 실력이 없는 철학자였기 때문에 쓸 수가 없었을 것이며 다른 철학자가 써준 것이라고 주장하는 것과 마찬가지가 아니었겠는가?

그런데 이와 같은 상상조차 할 수 없었던 어처구니없는 사건에 직면하여 본서 저자의 머릿속에 떠오른 것은 아버지 박형룡의 대구 피난총신 시절에 사과상자를 책상으로 하고 그 앞에 앉아서 밤늦게까지 신학서적을 읽으면서 연구하시던 감동적인 아버님의 추억 속의 모습이었다. 그런데 한국전쟁의 와중에서 피난길에 올라 고생하며 유리곤고하던 대구 피난총신 시절에도 그렇게 근면하며 희미한 불빛 아래에서도 성실하게 신학을 연구하셨던 아버님이 무실력, 무능교수가 될 수 있겠는가? 이것은 아니다. 절대로 아니다!

이것은 그 당시에 경솔한 일부 총신의 학생들이 저지른 역사적 오판이었고 언젠가는 그들도 잘못을 깨닫고 신학교수로서의 아버님을 재평가하고 세계적인 신학자로서의 아버님을 존경하게 될 것이라고 하는 생각이 본 저자의 머리를 압도하면서 여태껏 느꼈던 바 경악심과 실망감, 그리고 심지어 복받치던 큰 분노의 감정이 춘설이 녹듯이 마음 가운데서 몽땅 녹아서 없어지는 것을 경험하였음을 지금도 똑똑히 기억하고 고백하는 바이다.

모친 박순도 여사와 동생 박은춘도 이 사건에 대해 동일한 인식을 함으로써 무겁고 섭섭하고 유감스럽던 마음이 확 풀려 오히려 명랑해졌다. 이 사건에 대한 박형룡 박사 가족의 대처에서 나타나듯이 옛 추억 속에 존재하는 박형룡 박사의 대구피난 총신시절에 사과상자 책상 앞에서 신학 연구를 열심히 하시던 그 모습이 영상화되고 큰 위력을 발휘하여 신학자 박형룡 박사의 학문성에 대한 가족들의 높은 신뢰도를 항상 보존하여 주곤 하였던 것이다.

다만 우리가 짚고 넘어가야 할 중요한 한 가지 문제가 있다. 그것은 문제라고 하기보다는 우리가 대답을 얻어내야 할 한 가지 물음이 있다고 하여야 할 것이다. 이야기를 하자면 왜 박형룡 박사는 교실에서 신학생들을 가르치고 강의할 때에 좀 예화도 들고 유머도 하면서 또 때로는 강조하기 위하여 언성도 높이고 주먹을 불끈 쥐는 제스처도 하면서 재미있고도 박진감이 넘치는 강의를 하지 않으시고, 항상 단상에 있는 의자에 앉아서 책상 위에 놓인 교재를 또박또박 읽어가는 것으로 신학교 교실에서의 신학강의를 시종일관하였을까? 그가 그렇게 하여야 할 특별한 이유라도 있었을까? 하는 물음이 우리에게 당연히 있을 수가 있는 것이다. 그리고 이에 대한 납득할 만한 대답 또는 설명이 없을 경우에는 이 물음이 우리에게 문제의식이 될 수도 있다는 사실을 간과하지 말아야 할 것이다.

아들인 본서의 저자는 초창기 총신시절에 일부 경솔한 총신 학생들이 '왜 박형룡 박사를 무실력, 무능교수라고 했을까?'에 대한 올바른 대답을 얻지 못하고 고민하다가 드디어 이런 대답을 얻었다. 대답은 박형룡 박사가 신학교 교실에서 책상 앞에 앉아서 교재를 시종 읽어가는 것으로 신학생들을 위한 신학강의를 대신한 것은 그가 교재의 내용을 기억 못해서가 아니었으며 또 교재의 내용을 요약하고 설명하고 강조하는 일을 잘 할 수가 없어서도 아니었을 것이다. 그에게 언변, 즉 말솜씨가 없어서 그랬다는 것은 더더욱 아니었을 것이다. 아버지 박형룡은 청년 학생 시절 평양에서 숭실전문학교를 다녔을 때에 애국학생운동의 리더가 되어서 활동하다가 목포학생만세운동의 가담자로 일경에 구속되어 10개월 동안 전라남도 목포형무소에서 옥고를 치렀다. 그것을 보더라도 그가 그 당시 조선에서 애국학생들의 심금을 울릴 정도의 학생웅변가였음을 알 수가 있다.

또 아버님은 그가 집필, 저술한 7권으로 된 「교의신학」의 어느 부분을 물어보아도 바로 설명하고 대답을 줄 수 있을 정도로 거의 완벽한 지식을 소유하고 있었다. 그처럼 방대한 「교의신학」(약 3,000페이지) 7권의 내용에 대한 분류와 조직을 머릿속에 모두 기억하고 있으면서 학생들이 질문하면 자연스럽게 대답하였고 설명을 잘하셨다고 하는 이야기를 직접 박형룡의 신학강의를 들은 바 있는 총신 졸업생 목사 여러분들로부터 많이 들은 적이 있다.

그렇다면 아버지 박형룡은 초창기 총신 시절에 교실에서 학생들에게 신학강의를 할 때에, 강의 내용에 대한 파악이 부족했던 까닭에, 또는 머리가 안 좋고 기억력과 사고력이 빈약했기 때문에 책상 앞에 앉아서 그 시간에 가르칠 교재를 계속 읽어 나감으로 강의를 진행하였고 끝마쳤던 것은 결코 아니었을 것이다. 아버님인들 그 당시 한국에서 학생들에게 인기가 많았던 유명대학교 또는 신학대학교의 몇몇 교수들처럼 분필 한 개만 손에 들고서, 교실에 들어와서 교재는 이따금 펴보든가 아예 보지도 않고서 교단에서 자유자재로 오고 가면서 웅변을 토하는 식의 열강을 하여 학생들에게 자신의 학자로서의 실력과 탁월한 커뮤니케이션 능력을 과시하고자 하는 생각이 왜 없었겠는가 하는 것이다.

그러나 박형룡 박사는 오직 한 가지 이유 때문에 그와 같은 생각을 억제하고 교탁 앞에 앉아서 꾸준히 교재를 읽어가면서 이따금 필요에 따라 내용 설명을 하는 강의 스타일을 선택하셨을 것이라고 말하고 싶다.

이유는 무엇이었을까? 박형룡은 그의 하루하루의 삶을 살아가는 철학이 철저주의요, 완벽주의였던 것처럼 신학교 교실에서 학생들을 가르칠 때에도 그 가르침의 스타일 또는 방식이 그의 인생철학인 철저주의 또는 완벽주의를 반영하지 않을 수 없었기 때문이었다. 평생을 곁에서 모시면서 관찰하고 크게 감동을 받은 것은 정말 그는 근면과 성실함으로 최선을 다하여 인생을 사신 분이었다는 사실이다. 그가 세계적인 신학자라고 불릴 만큼 위대한 신학자였던 것도 신학을 연구하는 일에 근면과 성실함으로 최선을 다하면서 평생 동안 그 일에 자신을 바쳤기 때문이었다.

그렇다면 우리가 이제 주목해야 할 또 한 가지 중요한 사실은 근면과 성실함으로 최선을 다하는 철저주의와 완벽주의가 박형룡의 일평생을 살아가는 인생철학이 되었고, 또 그의 종신토록 헌신한 바 있는 신학연구에서도 추진력이 되었던 것처럼, 그가 신학교 교실에서 학생들에게 신학강의를 할 때에도 자연스럽게 철저주의와 완벽주의가 교육철학으로서 그 역할을 하게 되었음이 틀림없다는 사실이다.

박형룡 박사가 신학교 강의시간에 학생들 앞에서 교재나 교과서를 또박또박 읽어간 것은 다른 데 이유가 있었던 것이 아니라 학생들이 그 시간에 해당 교재나 교과서의 내용들을 모두 다 하나도 빠짐없이 알기를 원하셨고, 또 자신이 읽는 것을 듣는 가운데 기억하고 깨달음이 생겨서 교재의 내용들이 모두 다 신학적 지식으로 그들에게 인상 깊게 영구히 남기를 원하는 마음에서 그랬던 것이라고 생각된다.

우리가 동감하는 바는 사실상 3년이라는 기간 동안에 앞으로 가까운 미래의 교역자 또는 목회자들이 될 신학생들에게 올바른 신학의 원리 하에서 교역하고 목회를 할 수 있도록 정통개혁주의 신학을 가르쳐서 내보낸다는 것은 쉬운 일이 아니다. 3년이라는 기간의 시간이 너무 짧기 때문이다. 그러므로 미래의 목회자들인 신학생들에게 올바른 신학, 곧 정통개혁주의 신학에 관한 많은 지식을 몽땅 가르치는 일을 하기에는 3년이라는 세월이 턱없이 부족하겠거늘 어느 겨를에 강의 도중 우스운 이야기를 하여 그들을 웃기고, 주먹을 불끈 쥐고 큰 소리로 강조할 바를 강조한다는 명분으로 떠들면서 시간을 소모하겠는가. 그렇지 않아도 부족한 강의시간을 더 이상 부족하게 할 수 없었기 때문에 아버지 박형룡은 교실에서 강의 시간에 교탁 앞에 앉아서 해당 과목의 교재 또는 교과서를 시종여일하게 읽고 또 학생들과 함께 읽어 나감으로써 그 시간에 배정된 강의 분량을 모두 채우고 그들로 하여금 배워야 할 신학적 지식 중에서 한 문장, 한 글자라도 놓치지 않고 배울 수 있도록 할 수 있기를 원하였던 것이라고 말하고 싶다.

아버지 박형룡은 신학교 교실에서 강의 시간에 책을 펴놓고 그대로 읽어가는 강의를 한 것처럼 교회에서 예배시간에 설교자로서 설교할 때에도 낭독설교, 즉 그가 애써서 정성스럽게 작성한 설교 원고를 그대로 읽어가는 설교를 하였다. 거기에는 특히 오늘날 우리가 살고 있는 커뮤니케이션 시대에 있어서 설교자의 설교가 설교를 듣는 회중에게 정서적으로 전달이 잘 안 될 수 있는 약점이 있었던 것은 사실이다. 하지만 설교 중에 설교자가 만담과 유머를 하지 않고 정치담과 세상 이야기를 하지 않으며, 작성한 설교 본문에 집착한 결과 경청하는 회중들의 심령의 회개와 삶의 결의와 결단을 정확하게 그리고 순수하게 촉구하는 일을 할 수 있다는 장점이 있었음을 우리 모두가 시인하지 않을 수 없을 것이다.

박형룡은 교실에서 신학 강의를 할 때에나 교회 예배시 목회적인 설교를 할 때에 오랜 세월 동안 신학을 연구하여 저술한 교재나 책을 학생들 앞에서 그대로 읽어가는 낭독강의를 하였다는 사실이라든가, 며칠 동안 성경본문 연구와 기도와 묵상 후에 정성스럽게 작성한 설교원고를 교회 회중 앞에서 그대로 읽는 것처럼 보이는 낭독설교를 하였다는 사실은 진실로 그가 한평생을 근면과 성실함으로 신학을 연구하여 신학생들을 가르쳤고 교회에서는 교인들에게 영적 양식을 공급하기 위하여 설교하는 일에 전심전력하였던 비상한 노력형의 신학자요, 목회자요, 설교자였다는 보다 큰 사실로 말미암아 조명을 받아야 하겠고, 올바르게 이해되어야 할 것이라고 주장하는 바이다.[41]

그러면 이제 여기서 박형룡 박사의 아들로서 평생 아버지를 모시면서 살아온 그 시절들 중에서 그리운 추억 속에서 강렬하게 떠오르는 박형룡 박사의 모습은, 그가 책상 앞에 앉아서 신학을 연구하고 책을 쓰시던 모습이라고 앞에서 수차 이미 언급한 것을 독자 여러분들에게 환기시키는 바이다.

그리고 박형룡 박사가 책상 앞에 앉아서 신학을 연구하고 저술을 하시던 그의 강렬하게 인상적인 그 모습과 관련하여 과거에 지나간 두 시절이 있었다고 말하면서 그 첫 번째 시절, 즉 아들인 저자가 아버지 박형룡 박사의 가족의 일원으로서 임시로 마련된 피난 교수사택에서 살었던, 대구 피난총신 시절이었다는 것을 언급하고 강조하였다.

다음으로 본 저자가 미국 유학을 마치고 귀국하여 서울 사당동에 건설된 총신의 '새 캠퍼스'에서 아버님과 더불어 교수로서 동역하던 시기를 포함하여 총신대학교에서 아버님께서 영구 은퇴하고 서울 봉천동 자택에서 1978년에 소천하실 때까지의 시기, 즉 서울 사당동 초창기 총신 시절을 회상하면서 본서의 저자는 특별히 그 시기 그 시절에 빅뉴스였던 총신 무능교수 배척 학생 데모 사건과 관련하여 신학자로서 그리고 목회자로, 설교자로서의 박형룡을 잠시 동안 거론하는 일을 끝마쳤음을 독자 여러분들에게 말씀드리는 바이다.

그런데 현재 이야기 중에 두 번째 시절, 즉 서울 사당동 초창기 총신 시절에 본 저자의 머리에 영구히 새겨진 박형룡 박사의 책상 앞에 앉아서 신학을 부지런히 연구하였던 그 감동적인 모습과 관련하여 하나의 큰 사건이 있었으니 그것은 박형룡 박사가 「박형룡박사저작전집」 20권을 그의 사당동 총신대학교로부터 영구 은퇴 후 소천하기까지 7년 기간에 저술하였고, 그것이 간행되는 것을 보고 난 뒤 곧바로 세상을 떠나게 되었던 것이다.

이제부터 이 사건을 기술하고 이야기하면서 박형룡 박사가 책상 앞에 앉아서 신학을 연구하고 저술하던 그 모습, 아들인 본 저자의 머릿속에 영구히 사라지지 않고 남아 있는 그 모습과 관련하여 이야기를 할 때에 독자 여러분들의 각별한 관심과 경청을 기대하는 바이다.

「저작전집」 20권을 저술한 신학자 (영원 속에 남아있을 진리의 등불)

아버지 박형룡의 「박형룡박사저작전집」 20권은 아버님이 총신대학교에서 영구 은퇴하고 하나님의 부르심을 받아 가실 때까지, 서울 봉천동 자택에서 기거하시던 7년 기간에 심혈을 쏟아서 저술하여 출판에 부쳤던 그의 생애에 있어서 마지막이요, 또 대표적인 작품이며 업적이었다.

앞서 한두 번 언급한 바 있었거니와 20권으로 된 「박형룡박사저작전집」은 그 원고가 박형룡 박사가 영구은퇴기(1971~1978) 이전에 쓰셨던 많은 저술들 속에서 존재하여 왔으므로 그것들을 모두 모아서 수정, 보

박형룡저작전집 20권

완함과 동시에 새롭게 저술한 것을 추가하여(전집 제17권 「세계견문록」 등) 집대성한 대작품이다.

그러므로 그가 필요에 따라서는 새롭게 저술한 책을 추가하면서 「저작전집」 20권을 수정, 보완, 편집, 저술하여 정말 대하적인 신학저작으로 한국 기독교계와 신학계에 내놓았다는 것과 소천하기 직전 7년 동안에 그 일을 하였다는 것은 이미 지적한 대로 한국 교회사적인 기적이요, 세계의 여덟 번째 불가사의라고 일컬음을 받아야 마땅하지 않겠는가 하는 것이다.

그렇다면 박형룡 박사가 7년이라는 짧은 영구 은퇴기 동안에 한국 교회사적 기적이요, 세계 7대 불가사의에 추가할 수 있을 만한 「박형룡 박사저작전집」을 저술함에 있어서 얼마나 노심초사하며 혼신의 힘과 정력을 기울였겠는가 하는 것은 상상을 초월하는 것이다.

본 저자가 11년의 긴 미국 유학의 학창생활을 마치고 귀국하여 총신대학교의 전임강사로 교역을 시작하던 그해, 그때부터 아버님이 소천하시던 1978년 그해까지 약 14년 기간 동안에 그리고 특별히 1년간 미국 연구 휴가를 마치고 귀국하던 1971년(아버님이 은퇴한 해)부터 시작하여 박형룡 박사가 하나님의 품으로 가시던 1978년까지의 7년 기간 동안에 어렴풋한 기억 속에 아득하게 떠오르는 아버지 모습은 역시 책상 앞에 앉아서 신학을 연구하고 책을 쓰시던 모습이었다.

그런데 이번에 떠오르는 아버님의 모습은 그때보다도 오래전이었던 옛날 대구 피난총신 시절에 대구 대신동 피난총신 임시 교수사택에서 가족과 함께 기거하면서 사과상자를 책상으로 하고 그 앞에 앉아서 신학을 연구하고 글을 쓰시던 아버님의 모습과 매우 유사하면서도 다른 점이 몇 가지 있었다. 양자 간의 매우 유사한 점은 박형룡 박사가 사과상자를 책상으로 하든지 또는 화려하지는 않으나 제대로 된 책상다운 책상이든지 불문하고 그 앞에 앉아서 신학연구와 저술에 몰두하셨던 그 모습은 학문적인 분위기를 넘어서서 신학(하나님의 학문)의 발전을 위하여 헌신하는 진리탐구의 경건한 분위기를 우리 목격자들에게 전달해 주었다는 사실이다.

그리고 비록 우리가 직접적인 목격자들이 아니라고 할지라도 춘하추동, 주야를 가리지 않고 책상 앞에 앉아서 신학을 연구하고 책을 쓰시는 그의 모습을 직접 목격자로부터 전해 듣기만 하더라도, 경건한 분위기에 젖어 옷깃을 여미게 된다는 이 놀라운 사실이 양자간의 공통점임을 본 저자는 힘주어 말하고 싶다.

그러면서도 옛날 대구 피난총신 시절에 사과상자를 책상으로 하고 그 앞에 앉아서 신학 연구와 저술을 하시던 박형룡 박사의 모습과 그때부터 15년 후에 서울 사당동 총신 신축교사에서 교수, 그리고 학장으로 학생을 가르치며 일하셨던 그 시절과 그후에 7년 동안 서울 봉천동 자택에서 기거하면서 하루하루를 생활하셨던 그의 영구 은퇴기 시절에 책상 앞에 앉아서 신학을 연구하고 저술하시던 그의 모습과는 몇 가지 뚜렷한 차이점이 있음을 이야기하고자 한다.

첫째는 은퇴 전과 영구은퇴 후 시절 양자 간(대구 총신 시절과 그리고 사당동 총신에서 가르치셨던 시기를 포함하는 은퇴 후 시절)의 차이점은 그 역사적인 시기로 보아서 전자는 박형룡 박사가 비록 한국전쟁의 와중에 있기는 하였으나 대구 대신동에서 개교한 피난 총회신학교의 교수로 사역하면서 한국 보수교회(장로교회)의 지도자요, 보수신학의 대표자로서 존재하였던 때였다. 그런고로 그때는 한국 장로교회를 보수신학의 노선으로 이끌고 세계적인 보수신학과 보수신앙의 보루로 세우기를 원하셨다. 한국 장로교회로 하여금 세계기독교회의 신학적 좌경과 신앙의 세속주의화를 방지하는 20세기의 엘리야적 사명자로 역할을 할 수 있도록 하고자 하는 크고 놀라운 비전을 가지고 있었던 때에 그러니까 그의 생애의 갈멜산적인 정상을 향하여 나아가던 박진력과 감동이 넘쳤던 시기에 비상한 노력으로 신학을 연구하는 신학자로서의 자신의 모습을 보여 주었던 것이다.

그러나 후자는 반세기가 넘도록 하나였던 한국 장로교회가 3차 분열을 통하여 '고신측장로교회'(1951년), '기독교장로교회'(1953년), '합동측장로교회'(1959년)와 '통합측장로교회'(1959년)로 갈라서게 되었을 뿐 아니라 이제는 아버지 박형룡이 신학적인 입장에서나, 교회정치적인 입장에서 리더로서 이끌어왔던 '합동장로교회'와 사랑하는 총신대와 총신신대원이 정말 앞으로 세계적인 보수신학과 보수신앙의 마지막 보루가 되는 사명을 끝까지 잘 감당해 나갈 수 있을까 염려해야 했다. 그러나 그는 황혼기에도 변함없이 끝까지 근면과 성실함으로 책을 쓰고 신학을 연구하던 신학자로서의 시종일관하는 모습을 보여주었던 것이라고 할 수 있겠다.

그러므로 양자시절의 차이점은 책상 앞에 앉아서 부지런히 신학을 연구하는 것은 같되 전자의 경우는 아버지 박형룡에게 원대한 꿈과 비전이 있었던 시절이었으나 후자의 경우는 아버지 박형룡이 일사각오 정신으로 한국 땅에서 정통보수의 불꽃이 되고자 하였던 최후 결전의 시절이었다는 점이다. 즉 양자시절의 차이점은 아버지 박형룡에게 펼쳐졌었던 양시절의 시대적인 상황적 특징적 성격의 차이점이었던 것이다.

둘째로 양자시절 간의 차이점을 말한다면 박형룡이 신학자로서 신학을 연구하던 그 당시 주변 환경과 생활적인 상황에서 양자 간의 큰 차이점이 있었다고 저자는 지적하고 싶다. 대구 총신 시절은 한국전쟁 중이었으므로 빈 사과상자를 엎어 놓고 그것을 책상으로 삼고 아버님께서 그 앞에 앉아서 신학을 연구하셨다는 표현이 현실성이 있고 리얼하게 독자 여러분들의 귀에 들렸으리라고 믿는다.

한국전쟁 당시의 이야기를 좀 더 한다면 박형룡과 그의 가족은 1950년 6월 25일 새벽에 당시 38선에서 총성이 울리고 북한 공산군의 남침이 일제히 시작되었으며 이틀 후인 6월 27일 아침에 대한민국 수도 서울이 공산군에 의해 완전히 점령되었을 때에, 아직도 서울 용산구 청파동에 있었던 장로회신학교 학장 사택에 머물고 있었다. 그러다가 3일 후인 6월 30일이 되어서야 모든 가재도구를 학장 사택에 버려두고 아버님과 어머님 그리고 우리 두 형제의 갈아입을 옷들을 챙겨 넣은 옷 보따리 몇 개만을 걸머지고 북한 공산군 병사들의 경계망을 피해 광나루 쪽 한강에서 조각배를 타고서 도강하는 일에 성공하였다. 그때까지만 하더라도 한강 남쪽 남서울 지역에 방어선을 구축하고 있었던 대한민국 국군 병사들의 환영을 받았으며 드디어 도보로 서울 남쪽의 도시, 수원으로 내려가는 긴 피난민의 행렬에 가담하게 되었다.

따라서 서울 용산 청파동에 있었던 학장 사택에 가재도구를 모두 놓아둔 채 옷 보따리 몇 개를 갖고서 서울 남쪽으로 피난길을 돌연히 떠나야 했던 '피난민 박형룡'과 가족에게는 이전에 전혀 경험하지 못하였던 가난과 결핍의 생활이 시작되었던 것이다.

그러므로 빈 사과상자를 책상으로 하고 책을 읽고 글을 쓴다든가 또는 빈 복숭아 궤짝을 식탁으로 삼고 그 위에 밥과 반찬을 차려놓고 식사를 한다든가 하는 일이 피난민 박형룡과 가족에게는 서글프게 느껴지지 않았고 오히려 자연스러운 일로 느껴졌다. 수원에서 잠시 있다가 남하하여 충남 대전으로 갔고, 한국전쟁이 악화되어 다시 대전에서 경북 대구로, 그리고 경남 부산으로, 드디어는 한반도의 최남단인 제주도까지 내려갔었다. 박형룡과 가족은 제주 피난민 캠프에서 하나님께 간절한 구국구족의 기도를 드리지 않을 수 없게 되었던 것이다.

그러나 그 다음해에는 하나님의 특별한 은혜 가운데 우리들 모두의 기도의 응답이 있어서 UN연합군의 인천 상륙이 주효하였고 한국전쟁이 크게 호전되었다. 그런데 열세에 몰린 북한을 돕는 중공군의 개입으로 말미암아 중국 공산군과 UN연합군과의 일진일퇴의 전쟁이 있게 되었고 이 때문에 한반도 중앙부에 휴전선이 형성되어 가고 있었다. 이 무렵에 제주도에서 경북 대구로 돌아와 환도 직전 2년 동안(1952~1953) 아버님께서 대구 피난 총신의 수석 교수로 일하면서 아버님과 가족이 대구 대신동 소재 피난 총신의 교수 사택에 머물면서 살아갔던 나날들이 있게 되었던 것이다.

현재 떠올리고 있는 박형룡 박사의 사과상자 앞에 앉아 신학을 연구하고 글을 쓰시던 신학자로서의 모습은 생활 환경적인 상황이 열악하고 원시적이었던 가난과 결핍의 시절에 피난민 박형룡이 보여주었고 아들인 본 저자가 직접 목격한 바 한 폭의 그림과 같았던 신학자로서의 박형룡의 근면하고 검소한 삶의 모습 또는 영상이었다고 할 수 있을 것이다.

다음으로 후자는 박형룡의 아들인 본 저자가 미국 유학에서 돌아와서 서울 사당동 총신 신축교사에서 박형룡 박사의 지도하에 신학교 교수로 가르치기를 시작했었던 그때부터 시작해서 박형룡이 소천한 1978년까지의 기간 중에서도 특별히 아버님이 총신대학교로부터 영구은퇴하신 다음에 봉천동 자택에서 「박형룡박사저작전집」 20권을 집필하고 계셨던 7년간의 기간까지를 두고 하는 이야기이다.

이 둘째 기간에 아버님이 책상 앞에 앉아서 신학을 연구하고 저술하시던 그 모습은 첫째 시절과는 사뭇 다른 바가 있었다. 그 모습 자체가 달랐던 것이다.

두 번째 시절, 즉 서울 봉천동 자택에서 「저작전집」을 쓰시면서 책상 앞에 앉아 계셨던 박형룡 박사의 영상에는 사과상자가 없었고 희미한 전등불도 없었다. 그 대신 서울 봉천동 일대가 한눈에 들어오는 양옥풍의 집과 서재와 서재 안에 놓여 있던 우아하게 보였던 아버지의 집무상이 있었다. 희미한 전등불이 아니라 강력한 불빛을 공급하는 3단계 형광등 스탠드가 책상 위에 놓여 있었던 것이다. 이는 옛날 대구 피난총신 시절보다 훨씬 좋아진 거주환경과 생활수준을 말해주는 것이었다.

물론 대구 피난총신 시절은 전시하의 시절이었고 서울 봉천동 자택에서 「박형룡박사저작전집」을 쓰시던 시기는 한국전쟁이 끝나고 서울 환도 후에 대한민국의 평화와 번영이 막 시작하던 시기였었다. 그러나 더 중요한 사실은 본 저자의 어머니가 대구 피난총신 시절부터 서울 남산 장로회 총회신학교 시절까지 아버님이 받았던 신학교수로서의 박봉에서 절약하여 푼푼이 모아둔 돈으로 사놓으셨던, 서울 외각 지대의 땅 한 자락이 급등함으로써 주택 건축자금이 형성되었던 것이다. 어머니는 그 돈을 가지고서 봉천동 언덕의 양지바른 주택가에 100평의 정원이 있는 품위 있는 주택을 건축하고 아버님을 모시고 입주하셨던 것이다. 우스운 이야기이지만 만일 그 당시 대통령이었던 박정희 대통령이 어머니를 경제 장관을 시켰더라면 대한민국의 경제발전이 더욱 빨리 이루어졌으리라고 믿는다는 조크 아닌 조크를 우리가 할 수 있을 것 같다.

어쨌든 두 번째 시기 또는 시절에 아버님이 봉천동 자택에서 「박형룡박사저작전집」을 쓰시면서 앉아 계셨던 자리는 사과상자 책상이 아니었고 모양이 좋고 품위가 있는 고급 집무상과 같은 책상 앞이었으며 희미한 전등불이 아니라 고급 형광 스탠드가 책상 위에 놓여 있었다는 것이 그 차이점이다.

그러나 그것은 형식적이고 실내 인테리어적인 차이점이다. 아버님은 어떤 책상이든 간에 책상 앞에 앉아서 두 시절을 불문하고 동일하게 진지하고 심각하였고 근면 그것 자체로 보이는 자세로 신학을 연구하고 글 또는 책을 쓰는 모습을 보여주셨던 것을 말하고자 한다.

아버님은 책상이 빈 사과상자 책상이었든지 고급스러운 집무상과 같은 책상이었든지 개의치 않으셨다. 아버님은 전시 하에서 전력 공급이 부족하여 촉수가 적은 전구의 희미한 불빛 아래서든지 평화 시에 좋은 책상 위에 놓여 있는 고급스러운 스탠드 불빛을 이용할 수 있는 편리함이 었었든지에 대해서도 별로 관심이 없으신 것 같았다. 오직 박형룡 박사의 일편단심은 한국 교회와 한국 장로교회 안에서 정통보수신학을 가르치고 전파하는 일에 있었던 것이다. 그리고 더욱이 정통보수신학을 「박형룡박사저작전집」 20권의 저술을 통하여 교계와 세상에 남기고자 하는 일념이 있으셨던 것 같았다.

아버님께서 두 번째 시절에, 서울 봉천동 자택에서 「박형룡박사저작전집」 20권을 쓰시면서 서재의 책상 앞에 앉아 계셨던 모습은 첫 번째 시절, 즉 대구 피난총신 시절에 임시 교수 사택의 안방의 온돌바닥 위에 대용품 책상 사과상자를 놓고 그 앞에서 책을 읽고 신학을 연구하셨던 모습보다 훨씬 더 의젓하고 어른스러워 보이는 모습이었다.

서울 봉천동 자택에서 「박형룡박사저작전집」 20권을 쓰시면서 서재의 책상 앞에 앉아 계셨던 아버님의 모습을 회상할 때에, 마치 그 모습이 20세기 초에 러시아의 문호 톨스토이(Leo Tolstoy, 1828~1910)가 모스크바 근교의 야스나야 폴라냐에 있었던 그의 영지 내 저택의 서재에서 「전쟁과 평화」를 쓰면서 책상 앞에 앉아 있었던 모습과 흡사하다고 아들인 본 저자에게 느껴졌던 것은 정말 우연한 일이었을까?

톨스토이는 푸른 숲이 우거져 있는 아름다운 땅 야스나야 폴라냐에서 세계 인류에게 큰 감화를 주었던 그의 문학작품을 썼다면, 아버지 박형룡은 앞에 관악산이 솟아 있고 뒤로는 한강이 흐르는 절경의 봉천동 언덕집에서 한국 교회사적으로 유례가 없고 세계 신학계에서도 주목할 만한 「박형룡박사저작전집」 20권을 저술함으로써 한국 교회에서 정통보수신학의 금자탑을 쌓았던 것이다.

이제 세 번째로 만일 본 저자가 두 시절의 차이점 하나를 더 말하라고 요청을 받는다면 그것은 주저하거나 오래 생각할 것도 없이 목적의식의 차이점이라고 말할 수 있을 것이다.

대국적으로 생각할 때에는 피난민 신학자 박형룡이 사과상자 책상 앞에 앉아서 신학을 연구하셨던 대구 피난총신 시절이나 피난민을 벗어난 신학자 박형룡이 서울 봉천동 자택의 서재에서 반듯하고 고급스럽기까지 한 책상 앞에서 신학을 연구하고 「박형룡박사저작전집」을 저술하셨던 그의 생애 마지막 7년 기간 사이에는 큰 공통점이 있었으니, 그것은 보수신학(정통개혁주의 신학)을 한국 교회를 위하여 확고히 세우고, 자기 자신은 보수신학의 마지막 보루로서 한국 장로교회 안에 남고자 하는 목적의식이었을 것이다.

그러나 우리는 역사적인 현실로서 목적의식의 큰 차이점을 양자 간에 발견할 수가 있다. 전자의 경우에는 보수신학을 대구 피난총신 시절에서 열심히 가르침으로써 한국 장로교회의 지로적(指路的) 신학이 되도록 하고, 나아가서는 그것이 세계 기독교와 세계 교회의 신학적 좌경을 방지하는 갈멜산 상의 엘리야적 사명(왕상 18장)을 수행하게 하도록 하고자 하는 크고 원대한 목적의식에 신학자 박형룡이 사로잡혀 있음이 분명하였다. 그러나 후자의 경우에는 1959년에 통합측의 탈퇴로 통합과 합동이 나뉘게 되었고, 그 분열 직후에 박형룡 자신이 정신적 지주요 지도자로서 출범시켰던 합동측 장로회총회와 그 자신이 그 '설립자'로서 개교케 했던 '사당동 총회신학교'(총신대학교의 전신)로부터 영구 은퇴하여 서울 봉천동 자택에서 외로이 은거 중에 있었던 기간이었으므로, 아쉬워하며 남겨놓고 떠나 온 총신과 총신대학교의 신학적 좌경(신정통주의화)의 가능성을 막아내고 평생을 가르쳤던 정통보수신학의 노선이 총신과 총신대학교, 그리고 합동장로교회 내에서 영구히 지켜질 수 있도록 하고자 하는 것이 아버지 박형룡의 마지막 소원이자 목적의식이 되었던 것이라는 데 있어서 변화가 있었음을 우리가 목격하게 되었던 것이다.

그리하여 아버지 박형룡은 그와 같은 목적의식을 성취하는 방법으로 「박형룡박사저작전집」 20권의 저술을 선택하였던 것이다. 물론 다른 방법도 있을 수 있었을 것이다. 가령 이미 총신대학교 신학대학원에서 교수로서 교역을 하고 있었던 아들인 본 저자를 후계자로 키우는 일을 하실 수 있었을 것이다. 아버님께서 돌아가셨던 해가 1978년이었는데 저자는 1965년 그러니까 총회신학교의 신캠퍼스가 서울 사당동에 세워지는 그 첫해부터 교수진의 멤버가 되어 있었음에도 불구하고(아버님과 함께 본서의 저자는 서울 사당동 초창기 총신에서 6년을 가르쳤고, 아버님이 영구 은퇴하신 후에 소천하실 때까지 미국 연구 휴가를 갔다 온 1년을 빼더라도 7년을 더 가르쳐서 모두 13년을 가르치고 있었던 셈이었다), 아버님이 보셨을 때에는 아들인 본 저자가 너무 어리고 미숙해 보였던지 아버님의 보수신학(정통개혁주의 신학)의 후계자로서 별로 큰 기대를 걸지 않으셨던 것 같다.

만일 아버님이 아들에 대한 큰 기대를 갖고 계셨다면 세상을 떠나기 전에 당시 생존해 계셨던 분들 가운데 아버님과 가깝게 교제하였던 원로목사, 장로 몇 분들에게 부탁하여 '박형룡 신학연구소'의 설립을 위한 기금을 마련하고 연구소를 설립하여 자신이 그 초대 소장으로 일 보시다가 세상을 떠날 때에 아들을 제2대 소장으로 영입하여, 한국에서 그리고 한국 장로교회 안에서 아버님의 정통보수신학의 보존과 진흥을 위하여 일하도록 하실 수가 있었을 것이 아니겠는가 하는 생각을 해보는 것이다. 이 점이 아버님 박형룡 박사에 대한 불만을 아들인 본 저자가 갖고 있었다면 갖고 있다고 할 수 있는 그 무엇이다.

그러나 이것도 이해 못하는 바는 아니다. 아마도 아버님은 그 당시 우리 합동 교단 안의 여건들이 그런 일을 할 수 있도록 되어 있지 못하였음을 느끼셨기 때문일 수도 있었겠고 또는 「박형룡박사저작전집」이 완간된 다음에 그 일을 곧바로 하시려고 생각을 했었는지도 모를 일이다. 어쨌든 서울 사당동 초창기 총신 시절의 끝에 가서 총신대학교 초대학장을 그만두고 영구 은퇴하신 다음에 7년 동안은, 옛적 대구 피난 총신 시절과는 달리 반듯하고 우아한 비교적 큰 책상 앞에 톨스토이처럼 경건하게 앉아서 「박형룡박사저작전집」 20권을 썼을 때에 아버지 박형룡은, 정통보수신학을 그의 저작전집 20권의 저술을 통하여 한국 교회와 특별히 한국 장로교회 안에 널리 알리며 특별히 총신대학교와 총신대 신학대학원의 교수들과 그들로부터 신학을 배우고 졸업하는 후학, 후배 목사들의 사상 속에 「정통보수신학」을 뿌리내리도록 하고자 하는 오직 일편단심적인 목적의식이 작용하고 있었던 것을 우리는 명심해야 할 것이다.

아버지 박형룡은 이렇게 총신대학교와 총신대 신학대학원의 신학적 좌경을 예방하며 한국 장로교회를 전체적으로 그러니까 한국 중심적 보수교단뿐만 아니라 수백에 달하는 보수주의적인 군소장로교단들에 이르기까지 그의 정통보수신학을 확고히 심어놓고자 하는 투철한 목적론의 방편으로 그의 교의신학 7권을 포함하여 20권에 달하는 방대한

「박형룡박사저작전집」을 봉천동 자택의 서재에서 저술하셨다는 이야기인 것이다. 본 저자는 아버님의 그때 그 심경을 좀 어색하게 느껴지지만 나타내기 위하여 찬송가 488장(이 몸의 소망 무엔가)의 후렴을 곡조에 맞추어 새롭게 작사해 보았다.

"이 몸의 소망 무엔가 우리 주 예수뿐일세
우리 주 예수 밖에는 믿을 것 아주 없도다.
(후렴) **저작전집 20권** 그 위에 **정통신학**이 서리라
그 위에 **정통신학**이 서리라"

아버지 박형룡은 1971년에 총신대학교에서 영구 은퇴한 후 서울 봉천동 자택에서 7년 동안 「박형룡박사저작전집」 20권을 집필, 저술하면서 그 일에 집중하기 위하여 그가 하여야 했던 다른 일들은 넉넉히 살펴보지 못했던 것을 알고 있다. 본 저자는 '좋은 사례'로서 두 가지 이야기를 하고자 한다.

첫째로는 아버님이 손녀의 생일을 축하하신다고 하면서 예고 없이 생일 선물을 사들고 1976년경 7월 어느 날 저자의 가족이 살고 있던 서울 남현동 집을 방문하고 귀가하셨던 일에 관한 이야기이다. 저자의 장녀의 이름은 박안나인데 할아버지가 생일 축하를 하려고 우리 집에 오셨던 그 해에 손녀는 사당초등학교 3학년생이었다.

이 일로 인해 특별히 우리 가족이 놀랐던 것은 두 가지였는데 첫째로, 그 당시 아버님과 어머님께서 사시던 서울 봉천동 자택은 우리 가족이 살던 서울 남현동 집과 버스를 타면 10분이 걸렸지만 버스를 기다리고 또 버스에서 내려 우리 집까지 걸어오는 시간을 합치면 30분이 소요되었던 거리였다. 그런데 그 당시에 많이 있었던 '새마을 택시'도 타지 않으시고 '벙거지 모자'를 쓰시고 여름철이라 따가운 햇볕을 얼굴

에 쪼이면서 선물을 들고 버스와 도보로 80세의 고령에도 불구하고 우리 가족이 살던 집까지 찾아오셨다는 것이다.

둘째로, 우리 가족을 놀라게 한 사실은 아버님께서 손녀 안나의 생일을 정확하게 기억하고 계셨고 또 기억할 뿐만 아니라 선물을 주시려고 한다면 아들인 저자의 가족이 일주일에 한 번은 꼭 아버님과 어머니를 서울 봉천동 자택으로 찾아가 뵈었기 때문에 그때에 전달하면 되었음에도 불구하고 손녀 안나의 생일 당일에 선물을 전달하실 생각으로 그 날 오셨다는 사실이다.

아버지 박형룡은 손녀 박안나(현재 미국 뉴저지 주에서 치과 수술의로 개업하고 있음)의 생일을 맞이하여 그날 오후에 80세 노구를 이끌고 선물을 갖고 버스를 타고 아들인 저자가 살던 집으로 찾아왔다가 가셨다는 것이다. 손녀 안나를 무릎 위에 앉히고 기도해주시고 선물을 손녀에게 직접 전달하신 다음에는 저자의 처(박형룡 박사의 며느리 : 김성혜 사모)가 대접하는 차 한 잔을 드시고 곧바로 서울 봉천동 자택으로 돌아가신 것을 저자와 저자의 가족 식구들(아버님의 방문 시에 있었던 그의 며느리와 손녀와 손자)은 지금도 '그리운 추억'으로 생생하게 기억하고 있다.

아버님께서는 방문을 마치고 우리 가족의 집을 떠나시면서 우리(박형룡의 아들과 며느리)에게 두 가지 말씀을 남기고 가셨다. 첫째는 "너희들은 내가 오늘 왔다 간 것을 너희 어머니에게 이야기하지 말라" 하는 당부의 말씀이었다. 그때 아버님이 그와 같이 당부하신 것은 우리가 직감적으로 느끼기에 손녀 박안나의 생일 선물은 우리 가족이 주례적으로 아버님과 어머니를 찾아뵙고 저녁식사를 함께하는 날에 전달하면 될 것이므로 아버님께서 고령의 피곤한 몸으로 무더운 여름 일부러 선물을 전달하려고 버스를 타고 손녀 안나가 사는 집으로 찾아가는 것을 어머니가 아셨더라면 가시지 못하도록 말렸을 것이라는 이유 때문이었을 것이다. 그러나 우리(아들인 저자와 며느리인 저자의 처)는 조금도 어머니의 생각을 섭섭하게 생각지 않았으며 오히려 어머니 박순도 여사의 그와 같은 생각과 판단이 자연스럽고 당연하다고 여겼다. 다만 상식과 일반적인 생각을 뛰어넘어서 손녀를 사랑하는 '그윽한 마음'으로 말미암아 선물을 들고 생일을 축하하려고 손녀가 살던 집으로 찾아오신 할아버지 박형룡 박사의 그 '사랑스럽고 후덕한 모습'이 너무나 감동적이었고 감격스러웠을 따름이었다.

그리고 두 번째로 하신 말씀은 "미안하다. 내가 책 쓰는 일이 있어서 빨리 집으로 가봐야 하겠다. 오래 앉아 있지 못해서 미안하다."라는 말씀이셨다. 아버님이 이렇게 손녀의 생일을 축하하기 위하여 선물을 가지고 우리 집을 방문하고 떠나시면서 두 번째로 하신 말씀으로 말미암아 우리 가족들은 그 당시 아버님께서 「박형룡박사저작전집」 20권의 저술과 편찬을 위하여 밤낮없이 바쁜 일정임에도 불구하고 특별히 만들기 어려운 시간을 만들어서 손녀 생일 축하를 위해 우리 집을 방문하셨다는 사실을 깨닫고 눈시울이 한없이 뜨거워지는 것을 느끼지 않을 수 없었던 것이다.

그런데 아버님의 두 번째 하신 말씀 가운데 "미안하다"라는 말씀을 반복적으로 하셨는데 그것은 모처럼 어려운 발걸음을 옮겨놓아 손녀딸의 생일을 축하하러 왔음에도 불구하고 책(박형룡박사저작전집) 쓰는 일로 인하여 오래 머물지 못하고 곧바로 돌아가야 하는 것을 아쉬워하고 유감스러워하는 아버님의 손녀 안나에 대한 사랑과 애정을 나타내 보여준 '언어적 표현'이었다. 동시에 역설적으로 생각한다면 사랑하는 손녀딸 안나의 생일을 축하하면서도 책 쓰는 일을 성공시키기 위해서라면 손녀딸의 생일을 축하하는 일에 보내는 시간이라 할지라도 절약하여 오직 책 쓰는 일에 집중하여야 하겠다는 '지상과제적 강박관념'에 사로잡혔던 한국이 낳은 한 위대한 신학자의 '정신상태'를 유감없이 보여주는 '한마디 말'이었다고 아들인 본 저자는 생각하는 바이다. 이 무렵 즉 아버님이 손녀의 생일을 축하하기 위하여 우리 집을 다녀가시는 일이 있었던 1976년 그해를 전후하여 우리 가족이 아버님과 어머님을 찾아뵙는 정한 날 하루 외에도 저자는 총신대학교 신학대학원의 강의를 마치고 1주일에 두세 번씩 집으로 돌아가는 길에 아버님이 사시던 봉천동 자택에 들러서 인사를 드리고 가는 일이 습관처럼 되어 있었다.

그런데 그때마다 아버님께서 책상 앞에 앉아서 신학서적들을 참고하면서 책 쓰시는 일로 바빠하시는 모습을 거의 어김없이 발견하고 아버지 박형룡 박사의 신학자로서의 근면성과 성실함에 크게 한 번 놀랐었다. 그리고 특별히 「박형룡박사저작전집」 20권의 저술과 편집을 위하여 식사도 덜 하시고 잠도 덜 주무시고 가족들과의 대화에서도 말씀이 많이 줄어드는 등 아버님의 일상생활에 '변화'가 오는 것을 알 수 있었던 것이다. 오직 그 자신의 '보수 신학' 즉 '정통개혁주의신학'이 총망라되어 있는 「저작전집」 20권의 저술과 출간을 통하여 한국 교회의 신학적 좌경과 신앙적 세속화를 방지하고 '그리스도의 복음 진리의 참된 교훈이 이 땅에서 하나님의 가호하심 하에 영속하도록[42] 하고자 하는 목적의식'에 전적으로 매어 달려 있는 아버님을 발견하고 신학자 박형룡 박사의 거의 '초인적인 집중력'과 인간의 언어 표현상의 한계를 느끼게 하는 그의 '불굴의 추진력'을 감지하면서 두 번 더욱 크게 놀라지 않을 수가 없었던 것을 새삼스럽게 고백하고자 하는 바이다.

아버지 박형룡 박사가 '서울 사당동 초창기 총신 시절'에 「박형룡박사저작전집」 20권의 저작과 편찬을 위하여 '책상 앞에 앉아서 책을 읽고 저술을 하면서 보여주었던 그의 신학자로서의 근면과 성실의 모습'과 관련하여 이미 첫 번째 이야기를 끝냈으므로, 다음으로 두 번째 일화를 이야기하여야 할 차례가 된 줄로 안다.

이 이야기의 때는 '서울 사당동 초창기 총신 시절'로서 더 정확하게 말하면 아버님이 소천하시기 1년 전인 1977년 어느 늦은 봄날 저녁이었고 장소는 관악산을 한눈에 바라볼 수 있는 아주 경관이 좋은 아버지 박형룡의 서울 관악구 봉천동 언덕 위에 있었던 저택의 정원이었다. 그날이 토요일이었기 때문에 예외 없이 저자의 처(김성혜 사모)와 함께 두 아이 안나와 필립을 데리고 아버지 박형룡 박사와 어머니 박순도 여사가 살고 계셨던 관악구 봉천동 자택을 방문 중이었다.

저자는 그 당시 총신대학교 신학대학원의 정교수가 금방 되었을 때였고(총신교수 재직 12년) '현대신학'과 '변증학' 등 과목을 가르치면서 강의 준비와 연구에 바쁜 나날을 보내고 있었지만 1주일에 한 번씩 가족과 함께 아버님과 어머님이 사시던 서울 관악구 봉천동 자택으로 찾아가서 인사드리는 일은 잊지 않았다. 찾아가 뵙는 날이 주로 주말의 토요일이었던 이유는 총신대학교 신학대학원에서 가르치는 일과 강의 준비하는 일을 1주일 내내 하다가 토요일에 가서야 시간의 여유가 좀 생겼기 때문이었고 아이들도 할아버지, 할머니를 찾아뵈러 데려가기가 좋았기 때문이었다.

그날도 우리 가족은 오후 두 시경에 봉천동 자택을 찾아가서 부모님께 문안 인사를 드렸고 아이들은 관악구청을 비롯하여 봉천동 시가지와 주택가가 다 내려다보이는 아버님의 저택의 경치가 아름다우며 시원스럽게 잔디가 깔린 넓은 정원에 나가서 놀았고 아버님은 여전히 서재에서 책상 앞에 앉아 책을 읽고 글을 쓰셨으며 우리(저자와 저자의 처)는 어머님이 계시던 방에서 어머님을 모시고 어머님의 말씀을 들었고 우리의 이야기를 어머님께 말씀드리기도 하면서 오후 세 시간 정도를 즐겁게 보냈던 것을 기억한다.

그날 저녁 식사는 어머님이 특별히 음식 솜씨를 보여서 만들어주신 '평양식 물냉면'에 불고기와 상추가 곁들인 것이었는데 우리 모두가 정말 맛있게 먹었고 모두가 다 하나님의 은혜인 줄 알고 하나님께 감사, 찬양하였다. 아이들은 응접실에서 TV를 보았고 어머니와 며느리인 저자의 아내는 부엌에서 설거지를 하는 동안에 아버님과 아들인 본 저자는 바깥에 넓은 정원으로 나가서 산책을 하면서 약 30분 동안 대화하는 시간을 갖게 된 것은 천만 기쁜 일이었다고 할 수 있었다. 왜냐하면 아버님은 「저작전집」 20권을 쓰시느라고, 또 저자는 총신대학교 신학대학원 교수로서 가르치며 강의 준비를 하며 「학술지」에 발표할 신학 논문들을 쓰느라고 바빠서 아버님을 자주 만나 대화를 나눌 기회가 없었기 때문이었다.

그날 아버지 박형룡 박사와 더불어 서울 봉천동 저택의 넓은 정원을 산책하면서 대화를 가졌던 시간은 저녁식사가 끝난 7시가 넘은 시간이었는데, 기억하기로는 늦은 봄날이었으므로 해가 막 저물면서 밤하늘에 별들이 희미하게 모습을 나타내고 반짝거리기 시작하였을 무렵이었다.

'아버님과의 대화'라기보다는 '일방적으로 아버님의 말씀을 들었다'는 표현이 더 좋을지 모르는 '대화의 시간'이 끝나갈 때쯤 되어서는 우리가 산책하던 아버님 저택의 정원이 캄캄하여지면서 정원 아래 펼쳐져 있는 서울 봉천동 시가지와 주택가의 네온 불이 깜빡거리는 야경이 한 눈에 들어왔고 눈앞에 마주 보이던 관악산은 어두움에 묻혀서 잘 보이지 않았으나 관악산 위에 전개된 높고 넓은 밤하늘에는 멀리 '검은 벽지에 은가루를 뿌려놓은 듯'한 은하수의 별들이 일제히 빛을 발하였다. 그리고 가까이는 김소월의 시에 나오는 '약산 진달래꽃'과도 같은 아름답고 멋진 모습을 한 '별 떼들' 또는 '별 떨기들'이 우리의 시야를 압도하는 장관을 이루었던 것을 지금도 '그리운 추억 속'에 생생하게 기억하고 있다.

그날 저녁 봉천동 저택의 시원스럽고 넓은 정원과 밤하늘에 펼쳐진

'아름답고 화려한 별들의 잔치'에 비해서, '아버님과의 대화시간'에 아버지 박형룡이 하신 말씀 또는 주신 메시지는 아주 간단하고 짧으면서도 강조적인 것이었다. 그럴 수밖에 없었던 이유는 그날 그 저녁에 가졌던 '아버님과의 대화'는 아버님의 봉천동 자택의 정원을 산책하면서 걷기도 하고 봉천동 시가지의 야경을 감상하고 관악산 위에 전개된 '별들이 빛나는 밤하늘'을 감탄하기도 하면서 이루어진 것이었으므로 대화 자체의 시간이 짧을 수밖에 없었기 때문이다.

또 다른 이유를 든다면 아버님은 본래가 '말씀이 적고 과묵한 분'이어서 누구와 대화를 하더라도 말씀을 많이 하지 않으셨기 때문이었다. 추가하여 말한다면 그 당시에 아버님께서는 「박형룡박사저작전집」 20권의 저술과 편찬에 열중하고 계셨으므로 아버님의 모든 생각과 하시고자 하는 대화가 「박형룡박사저작전집」 20권의 저술, 간행과 그것에 대한 평가에 쏠려 있었으며 하루라도 빨리 「저작전집」 20권이 출판되어서 한국 기독교계에 나아와 그 역할을 하여야 하겠다는 '강박관념' 때문에 책 쓰는 것 외에 다른 일을 하는 시간은 아까워하셨다.

아버지 박형룡 박사와 더불어 그날 저녁식사를 마친 후에 어둠이 깔린 봉천동 저택의 정원을 약 30분 동안 산책하면서 실제로 아버님과 대화하면서 말씀을 듣고 나눈 시간은 15분 정도에 불과하였던 것으로 생각된다. 15분 정도에 불과한 짧은 '대화 시간'에 아버님께서 하신 말씀은 무엇이었는가? 망각 속으로 들어가려는 '가물가물한 기억력'을 되살려서 그날 저녁 아버님과의 대화의 진행과 아버님께서 하신 말씀을 적어보면 대체로 다음과 같다.

아버님은 대화 중에서 계속 '세상은 고해(苦海)와 같고 인생은 잠깐이다'라고 하셨다. 아버님은 한평생을 되돌아볼 때에 옛날 청년 시절에 평양 숭실전문학교를 졸업하고 중국으로 유학 가서 남경에 있었던 금능대학교를 졸업하던 일로부터 시작하여 청운의 큰 뜻을 품고 태평양을 건너 미국으로 가서 뉴저지 주 프린스턴 시 소재 프린스턴 신학교를 졸업하고 대학원에서 신학석사를 받은 일이며, 그후에 미국 켄터키 주에 위치한 남침례교신학교 대학원에서 신학을 연구하여 철학박사 학위를 받던 일도 이야기하셨다. 그리고 그후에 일제치하의 조선 평양시로 돌아와서 평양장로회신학교에서 교수하시던 일과 신사참배를 반대하여 평양장로회신학교가 문을 닫은 뒤에 일본으로 가족과 함께 가서 도쿄 시에 머물면서 조선예수교장로회총회 표준주석 편집위원장으로서 「표준주석」을 쓰셨던 일, 그리고 태평양전쟁 말기에 일본에서 중국 만주(현재의 동북부 중국)로 가서 봉천시(현 심양시)에 있던 봉천신학교에서 교장 일을 보면서 가르쳤던 일 등을 이야기하셨다. 그러면서 회고해 보니 아버님 자신에게도 많은 고난이 있었다고 말씀하셨다.

말문을 이어서 아버님 생애의 다음 장으로 넘어가서 말씀하시면서 조국 광복 후 2년 만에 중국 봉천(심양) 시에서 해방된 조국으로 돌아와서 잠깐 부산시 고려신학교에서 학장으로 가르쳤던 일과 서울 남산에서 '옛 평양장로회신학교'의 '역사적인 계승'이라는 명분하에 개교한 '남산장로회신학교'의 교장으로 추대되어 일보면서 가르쳤던 일, 그리고 '6·25동란' 또는 한국전쟁의 포화 속에서도 '대구 피난총신'의 '수석교수'로서 가르쳤던 일과 한국전쟁이 '정전'으로 끝나(1953년) 환도 후에 다시 서울 남산 교사에서 대한예수교장로회 총회의 '직영신학교'로서 출범한 장로회총회신학교의 학장으로 추대돼 시무하셨던 일 등을 꼽으면서 새삼 돌이켜보니 고난이 많이 있었다고 하셨다. 이어서 아버님 생애의 마지막 장을 이야기하시면서, 일제 강점기와 대한민국 건국 초기에는 한 교단 한 교회로서 '분열'은 생각할 수조차 없었던 조선 또는 대한예수교장로회 총회가 세 번이나 연속 분열[고신총회 분열(1951년), 기장총회 분열(1953년), 합동과 통합총회 분열(1959년)]하는 비극과 거기서 오는 '아픔'을 말씀하셨고 눈물을 흘리셨다.

특별히 한국 장로교회의 3차 분열이었던 합동과 통합 장로교회의 1959년 분열에 관하여 말씀하시면서, 만방으로 그 '분열'을 막으려고 애썼으나 역부족이었으며 '하나님의 뜻'임을 깨닫게 되었다고 하셨다. 총회 분열 후에 아버님은 서울 용산 '임시 교사'에서 시작한 합동측 장로교회의 직영신학교인 '총회신학교'에서 학장과 교수로서 심기 일변하여 가르쳤던 일과 '총회신학교'가 서울의 한강 남쪽 사당동에 '신 교사'를 건축하고 옮겨간 이후(1965년)로 한국 교육부로부터 '총신대학교'라는 공식이름을 부여받고서 확장과 발전을 도모했던 '서울 사당동 초창기 총신시절'을 이야기하시고 나서 긴 한숨을 쉬면서 우리 총신이 신학의 좌경화 없이 청교도적 개혁주의 신학을 잘 지켜 나가기를 바란다고 하셨다.

아버님은 또 염려하면서 말씀하기를 가까운 장래에 총신대학교와 총신대신학대학원이 시대의 추세를 따라서 '정통개혁주의신학'의 노선을 떠나서 '신정통개혁주의신학'의 노선으로 옮겨 갈 '가능성'을 배제할 수가 없다고 하셨다. 아버님은 그와 같은 '가능성'을 미리 예방하기 위해서라도 총신에서 조직신학을 가르치는 교수들께서 '교재'가 아니라면 '부교재'로라도 아버지 박형룡 박사의 교의신학 책을 써주시면 고맙겠다고 하는 그의 '희망사항'을 이야기하셨다. 아버님은 아들인 저자를 물끄러미 바라보시면서 "옛날 내가 유학을 가서 공부하였던 미국의 프린스턴 신학교에서도 그와 같은 '좌경의 가능성'이 '현실화'가 되었던 것을 우리가 명심함이 좋을 것이다"라고 말씀하셨다.

끝으로 아버님은 서울 봉천동 자택 정원의 산책로에서 관악산 바로 위의 밤하늘에 떠 있는 '에메랄드 보석과 같이 빛을 발하는 무수한 별들'을 손으로 가리키면서 다시 한 번 큰 한숨을 쉬신 다음 다음과 같은 시 한 편을 저자에게 읊어서 들려주셨다.

세상만사 되돌아보니 고해와 같고
지식 명예 영화는 아침 안개 같구나
잠깐 나타났다가 속절없이 사라졌으니
이 세상 사람들이 허무함에 눈물 흘릴 때
나는 웃으면서 가리라 마지막 이 길을
별빛 찬란한 저 하늘에 내 소망이 있기에

지금 저자가 기록해 놓은 두 번째 이야기, 즉 1977년 어느 늦은 봄날 서울 봉천동 자택의 정원에서 아버님과 저녁 산책을 했었을 때에 아버님께서 들려 주셨던 '좋은 말씀'에 관한 이야기를 마치면서, 그날 그 저녁에 본 저자가 아버님과 가졌던 대화의 시간이 특별하게 짧았던 이유도 아버님이 손녀 박안나의 생일을 축하하려고 '선물'을 손에 들고서 서울 남현동에 있는 저자의 집을 찾아오셨을 때에 방문시간이 10분을 넘지 않는 짧은 시간이었던 이유와 마찬가지로 아버님이 오로지 「박형룡박사저작전집」 20권의 간행을 위하여 시간을 아껴서 원고를 써야 하겠다는 생각의 지배를 받고 계셨던 이유 때문이었음을 본 저자는 지적하며 강조하는 바이다.

이렇게 하여 아버지 박형룡이 서울 봉천동 자택의 서재에서 '반듯하고 우아한 책상 앞에 앉아서 책을 읽고 원고를 써나가셨던 그 모습'은 그 훨씬 이전인 '대구 피난총신 시절'의 '임시 교수 사택'의 안방에서 '사과상자 책상' 앞에 앉아서 신학을 연구하시던 그 모습에서 찾아 볼 수 없었던 '또 다른 목적론' 즉 「박형룡박사저작전집」 20권을 간행하여 교계에 내어보냄으로써 자유주의 및 에큐메니칼주의의 위험성으로부터 「한국 장로교회」만이라도 바른 신학으로 지키고자 하는 '일편단심의 목적론'을 붙들고서 하나님 앞에서 근면과 성실함으로 헌신하고 있었던 한국이 낳은 '세계적인 신학자'의 이미지를 우리 모두에게 넉넉히 전달하고도 남음이 있는 줄 안다.

지로(指路)적 신학을 만들어낸 신학자
(바른 길을 가리키는 손가락 신학자)

오늘날 한국에서 아버지 박형룡에 대한 일반적인 평가로서 신학적 독창성이 별로 없고 몇몇 외국 신학자들 즉 '미국 구 프린스턴 신학자들' 몇 사람과 화란개혁파 신학자 두어 사람에 대한 의존도가 지나치게 높은 스콜라적이며 사변적인 신학자였다는 이야기를 이따금 또는 심심찮게 듣는 일이 있다. 이 이야기를 좀 더 구체화시키면 신학자 박형룡은 그의 신학이라고 하여 '그 자신의 것'은 별로 없고 찰스 핫지(Charles Hodge, 1797~1878), A. A. 핫지(A. A. Hodge, 1825~1886), 뎁니(Robert Dabney, 1820~1898), 스트롱(A. H. Strong, 1836~1921), 워필드(B. B. Warfield, 1851~1921), 바빙크(Herman Bavinck, 1854~1921), 루이스 벌코프(Louis Berkhof, 1873~1957) 등 미국 청교도개혁주의 정통신학자들과 네덜란드 개혁주의 정통신학자들을 모방하여 그들의 신학과 교의와 사상을 거의 문자 하나하나에 이르기까지 옮겨 놓은 것뿐이라는 비평인 것이다.

이와 같은 비평가들의 비평에는 타당성이 있었으니 외관상 얼핏 볼 때에는 그것이 사실이었기 때문이었다. 아버지 박형룡 박사도 이것이 사실임을 겸손히 시인하면서 다음과 같이 말한 적이 있었다.

"이 책(교의신학 3권, 인죄론, 1973년 출판)[43]은 다른 사람들의 화원에서 꺾어 모은 꽃다발도 되지 못한다. 한 사람의 화원에 다른 사람들의 꽃 여러 폭을 옮겨 심어 놓은 셈이다. 그러나 이 책(교의신학 각 권을 뜻함)은 필자의 편술이라고 표지에 밝히려고 하였으나 인쇄에 조역하는 이들의 권면을 받아서 부끄러움을 무릅쓰고 저술이라고 매겨둔다."[44]

이는 아버지 박형룡이 겸손하게 신학자로서 외국의 저명 신학자들에 대한 높은 의존도를 고백하는 말인 것이다. 그러나 이 고백이 결코 그의 신학자로서의 자격과 권위를 박탈하지는 않는다. 앞에서 아버지 박형룡은 열 명 가까운 미국 구 프린스턴 신학자들과 네덜란드의 개혁주의 신학자들을 그대로 모방하는 '모방신학자'라는 비판적인 여론이 있었음을 이야기하였는데 아버지 박형룡은 자신이 모방하는 외국인 유명 신학자들이 누구였는가를 밝히기까지 하였다.

이 책(교의신학 7권의 각 권)의 배경에는(벌코프 외에) 핫지, 워필드, 뎁니, 쉐드, 스미스, 카이퍼, 바빙크, 보스(Hodge, Warfield, Dabney, Shedd, Smith, Kuyper, Bavinck, Vos) 등 많은 개혁파 대표적 신학자들의 정통적인 신학사조가 움직이고 있다.[45]

다시 말해서 '박형룡 신학'이라는 것은 이들 외국의 정통개혁주의 신학자들의 '꽃 여러 폭을(그들의 화원으로부터) 옮겨 심어놓은 것'이라는 뜻이다. 얼핏 생각하면 실망스럽고 '한심하기까지' 한 일이다. 그러나 다시 생각하고 깊이 생각한다면 이것(박형룡 신학)이야말로 '정말 신학'이었고 '한국 교회가 꼭 필요로 하는 신학'이었구나 하는 생각에 우리 모두가 감동하며 '무릎을 치며 감탄하지' 않을 수 없을 것이다.

아버지 박형룡이 많은 외국의 저명한 정통개혁주의 신학자들의 사상과 지식을 모방하였음에도 단순히 '모방신학자'가 아니었고, 차라리 '모방적인 종합신학자'였다는 이 너무나도 귀중한 사실을 몇 가지 조항으로 나누어서 설명하고 또 변증하고자 한다.

첫째로 우리는 '박형룡 신학'이 '모방신학'이라고 하는 표현과 그것의 어감이 주는 '부정적인 인상'을 거절하여야 한다. 격언 중에 '실패는 성공의 어머니이다'라는 말이 있거니와 저자는 '모방은 창조의 어머니이다'라는 말을 특별히 하고 싶다. 아무리 '천재적인 인간'이라 할지라도 선배들의 모범과 삶을, 그 업적들을 모방하지 않고서는 진정한

'고가치의 창조행위'가 불가능할 것이다.

미국의 저명한 개혁주의 변증신학자인 코넬리우스 반틸(1895~1988)은 기독교 변증학의 방법론에 있어서 미국 프린스턴과 네덜란드 암스테르담의 개혁주의 구파 변증신학자들과는 입장과 의견을 달리하면서도 그 자신의 '개혁주의 신파적인 전제주의적 변증학의 방법론'은 개혁주의 구파 변증신학자들의 합리주의적 변증학의 포기가 아니라 그것의 모방적인 개선보완이요 완성임을 강조하였다. 그는 추가하여 말하기를 이는 마치 반틸 자신이 주장한 바 '개혁주의 신파 변증학적 방법론'은 핫지, 워필드, 카이퍼, 바빙크 등 고전적인 개혁주의 신학자들이 가르쳤던 기독교변증학의 어깨를 딛고 서서 그것 위에서 이루어놓은 작품이라고 할 수 있을 것이라고 갈파하였던 것이다.[46)]

여기서 '어깨를 딛고 서는 신학'(A Standing on the Shoulders Theology) 개념이 탄생하였는데 이것이야말로 아버지 박형룡이 그의 「교의신학」 일곱 권의 머리말에서 자신의 신학은 '다른 사람들(핫지, 워필드, 카이퍼, 바빙크 등 고전적 개혁주의 신학자들)의 화원에서 꽃 여러 폭을 옮겨 심어 놓은 것'이라고 겸손히 비유적으로 말한 바와 그 의미가 상통할 뿐 아니라 일치함을 본서의 독자 여러분들이 양지하시기를 소원하는 바이다.

'모방 없이는 창조가 없다'는 진리는 기독교 신학계에서만 존재하는 진리가 아니라 과학, 예술, 경제, 문화 등 우리 인생의 모든 분야에서 적용되는 진리이다.

가령 예를 들면 미국의 원자과학자 오펜하이머(J. Robert Oppenheimer, 1904~1967)가 '원자폭탄의 아버지'가 될 수 있었던 것은 20세기의 대표적인 물리학자요 과학자였던 아인슈타인(Albert Einstein, 1879~1955)이 고안한 「상대성 원리」를 학습하고 그것에 크게 의존하였기 때문이다. 한국의 현대자동차는 초기에는 설립자 정주영씨가 '철물점에서 깡통을 두들겨 만들었다는 소리'를 들을 정도의 국제 수준에서 볼 때에는

'국민차'라고 하는 '조잡한 자동차'를 만들어냈으나 그 이후로 미국이 제작한 자동차들과 특히 일본이 제작한 자동차들을 열심히 모방한 결과 21세기에 와서는 기술성과 안전성에서 이미 미국 자동차들을 능가하였고 일제 자동차들과는 경쟁 중이며 심지어는 세계 자동차의 대국인 독일의 폭스바겐 자동차 회사와 우열을 가릴 정도로 '세계의 현대자동차'로 도약하고 있음을 우리 모두가 감탄하며 지켜보고 있지 않는가 하는 것이다.

아버지 박형룡도 미국과 네덜란드의 일정 수의 고전적인 정통개혁주의 신학자들을 모방하고 그들의 신학사상과 신앙과 가르침을 모방하는 일에 열심을 내고 진력한 결과로서 그 자신이 비유하여 말한 대로 '핫지, 워필드, 쉐드, 바빙크, 벌코프 등 신학자들의 화원에서 꺾어 모은 꽃들'로 엮어서 만든 '꽃다발 신학'의 작품을 탄생시키는 일에 성공하였던 것이다.

이와 같이 '꽃다발 신학'으로서의 '박형룡 신학'은 우리가 흔히 부정적으로 말하는 다른 신학자들을 모방하는 일을 위주로 하는 '모방신학'에 그치지 않았고 모방한 그들 신학자들을 '하나의 신학'으로 종합하는 일을 힘써 이루어놓았기 때문에 우리는 '박형룡 신학'을 단순히 '모방신학'이라고 하기보다는 차라리 '모방적 종합신학'이라고 호칭하며 또 그렇게 인식함이 옳은 줄 안다. 만약 우리가 '박형룡 신학'을 구태여 '모방신학'이라고 불러야 한다면 그것을 '종합을 위한 모방'이라는 목적성이 있었기 때문에 '창조적 모방신학'이었다고 인식함이 바람직스러운 것으로 생각된다.

그러면 여기서 물어 볼 수 있는 중요한 질문은 박형룡이 그의 신학이 '모방적 종합신학'이 될 것을 소원하였던 이유 또는 목적은 무엇이었던가 하는 것이다. 이 질문에 대한 대답은 간단명료한 것이니 대답한다면 다음과 같을 것이다.

아버지 박형룡은 그의 일평생에 걸친 신학연구가 어떤 새로운 학설과 해석학을 제공하는 새 시대의 인류가 좋아하는 '유행적인 신학'을 만들어내기 위함이 아니었다. 오직 한국 교회를 옛날 그리스도의 복음을 전파하려고 한국에 왔던 미국 초기장로교 선교사들이 소유하였던 '청교도 신앙'에 입각하는 '정통개혁주의신학'의 노선으로 이끌어갈 것을 목적으로 삼았음을 우리는 알아야 할 것이다.

그렇게 하기 위하여서는 미국과 네덜란드의 유수의 '고전적 정통개혁주의 신학자들'의 신학과 사상을 하나로 묶어서 한국 교회 또는 한국 장로교회가 나아가야 할 '신학노선'으로 제시할 필요를 느꼈기 때문에 아버지 박형룡은 그의 신학자로서의 근면함과 성실성을 한국 교회를 위하여 '모방적 종합신학' 또는 아버님 자신의 표현을 따른다면 '지로적 신학'을 만들어 제공하는 일에 전적으로 경주하였고 발휘하였던 것이었다.

아버지 박형룡의 신학이 '모방적 종합신학'이었을 뿐만 아니라 한국 교회가 나아가야 할 '신학의 길'을 손가락으로 가르치는 듯한 소위 '지로적 신학'(指路的神學)이었다는 말까지 하였으니 현재 저자가 진행시키고 있는 본 토의의 둘째 단계에 우리가 자연스럽게 들어가 있는 셈이 된다.

여기서 독자 여러분들의 기억을 새롭게 하기 위하여 본 토의가 아버지 박형룡이 미국과 네덜란드의 유수의 정통개혁주의 신학자들을 모방하였다고 하여 그가 '모방신학자'였다고 비평하는 잘못된 부정적인 평가에 대하여 그는 단순히 '모방신학자'였다고 하기보다는 '모방적 종합신학자'였고 그런 까닭에 '창조적 모방신학자'였다고 하는 저자의 해석을 살펴봄에 있어서 그 첫째 단계 즉 '모방'이 꼭 나쁜 것이 아니라 모방이 창조의 준비 작업이 될 수 있다는 설명을 하는 일을 끝마쳤음을 독자 여러분에게 상기시켜 드리는 바이다.

이제 본서의 독자 여러분은 본 토의의 둘째 단계 즉 아버지 박형룡은 '새 시대를 위한 어떤 새로운 신학'을 한국의 크리스천 지식인들의 기대에 부응하여 창조할 것을 결코 소원하지 않았으며 오로지 한국 교회와 특히 한국 장로교회가 앞으로 걸어가야 할 '바른 신학' 곧 '청교도 정통개혁주의 신학'의 길을 명료하고 확실하게 그리고 종합적으로 제시해 줄 수 있는 신학 즉 '지로적 신학'의 저작을 소원했다는 저자의 해석을 경청하여 주시기를 바라는 바이다. 아버지 박형룡은 그의 「교의신학」 7권의 각 권 머리말에서 이렇게 말했고 설파하였다.

"필자의 본의는 칼빈주의 개혁파 정통신학을 그대로 받아서 전달하는 데 있고 감히 무엇을 창작하려는 것이 아니다. 이것은 동양 옛사람이 말한 바 '술이부작'(述而不作)의 태도라 할 것이다. 80여 년 전 이 땅에 선교사들이 와서 전하여 준 그대로의 '바른 신학'을 새 세대에게 전달하는 것이 필자의 염원이기 때문이다."[47]

여기서 아버지 박형룡이 말한 대로 '새신학'을 창작하는 것이 아니라 '80여 년 전 선교사들이 와서 전하여준 그대로의 바른 신학', 즉 '칼빈주의 개혁파 정통신학'으로서 우리의 옛 신앙, 옛 신학을 새 세대에 전달하는 것이 그의 신학연구와 가르침의 목적이었다.

아버지 박형룡 박사는 '바른 신학' 또는 '칼빈주의 개혁파 정통신학'을 나중에 더 정리하여 표현하기를 '청교도 개혁주의 신앙에 입각하는 신학'이며 더 정확하게 기술하기를 '구주 대륙의 칼빈 개혁주의에 영미의 청교도 사상을 가미하여 웨스트민스터 표준에 구현된 영미 장로교회의 청교도 개혁주의 신학이 한국에 전래되고 성장한 것'이라고 해석하였으며,[48] 이와 같은 '바른 신학'을 전달하기를 원했던 대상은 한국 교회요 또 한국 장로교회였다.

그러므로 이 일을 하기 위하여 '박형룡 신학'은 '지로적 신학'으로서 그 역할과 임무수행을 하여야만 했던 것을 독자 여러분은 숙지해

주시기를 소원하는 바이다.[49)]

그러므로 '박형룡 신학'이 '영미의 청교도 개혁주의 신학의 한국적 전수'를 의도하였으므로 '창작'보다는 '모방'과 '종합'을 강조하는 신학이었음은 너무나도 당연한 일이었다.

본서의 저자는 아버지 박형룡의 신학은 단순히 '모방신학'이 아니었고 적절하게 표현하여 '모방적 종합신학' 또는 '창조적 모방신학'이었음을 거론하는 본 토의에 있어서 셋째 단계 즉 신학자 박형룡의 영미국의 청교도 개혁주의 신학자들에 대한 '모방'은 그들에 대한 전반적인 이해와 완벽한 '적재적소주의적인 인용과 배열'에 있어서 '타의 추종을 불허하는 것'이었다는 사실을 이제부터 간단하게 설명하고 강조하고자 한다.

우리가 흔히 생각할 수 있는 것은 다른 학자나 신학자의 학문과 사상을 그대로 옮겨다 놓고서 가르치고 그대로 책에 써놓는 것은 노력도 안 해도 되고 깊이 생각할 필요도 없는고로 얼마나 쉬운 일인가라고 '속단'하기 쉽다. 그러나 그렇게 생각함은 정말 '속단'하는 것이다. 물론 우리가 세상을 살다보면 창작하지 않고 모방하는 것이 쉽고 편하기 때문에, 그러니까 '편이주의적인 이유' 때문에 다른 학자나 작가나 신학자를 모방하는 교수나 지식인들과 만나게 되는 일이 드물지 않다.

그러나 아버지 박형룡 박사의 경우는 전혀 다른 것이었다. 신학자 박형룡은 '편이주의적인 이유' 때문에 영미의 고전적인 정통개혁주의 신학자들을 모방하였던 것이 아니라 수차 누누이 설명하고 강조하였던 바와 같이 한국 교회와 특히 한국 장로교회를 하나님이 기뻐하시는 '바른 신학의 길'로 이끌어 갈 수 있는 '지로적인 신학'을 탄생시키기 위하여 아메리카와 유럽의 유수한 정통개혁주의 신학자들을 망라하여 그들의 신학과 교의 사상을 하나의 '종합신학의 꽃다발'로 엮어서 한국 교회 앞에 내놓았음을 우리 모두가 기억하고 큰 감동을 받음이 마땅하다고 여겨지는 것이다.

아버지 박형룡의 아메리카와 유럽의 정통개혁주의 신학자들에 대한 '모방'에 관해 이야기하고 싶은 것은 아버지 박형룡은 핫지, 워필드, 쉐드, 스미스, 카이퍼, 바빙크, 보스 등 미국과 네덜란드의 고전적 정통개혁주의 신학자들의 저술들을 독서하는 시간을 많이 가졌기 때문에 그들에 대한 '모방자'라고 하기보다는 그들 신학자들에 관한 전반적인 이해와 아울러 신학사상 내용과 특징들에 관한 '전문적인 지식'을 소유하는 '그들 신학자들의 유능한 해설자'였다고 말함이 더욱 적절한 묘사요 표현이 아니겠는가 하는 생각이 분명해지는 것이다.

옛 추억 속에 떠오르는 아버지 박형룡의 '대구 피난총신 시절'에 간이 사과상자 책상 앞에 앉아서 신학을 연구하던 그 모습이라든가 '서울 사당동 초창기 총신 시절'에 총신의 총장직에서 물러나고 교수직에서 영구 은퇴한 후에 서울 봉천동 자택 서재에서 책상 앞에 앉아서 신학을 계속 연구하던 그 모습 가운데서 우리가 지금도 발견할 수 있는 것은 아버지 박형룡이 핫지, 워필드, 쉐드, 뎁니, 카이퍼, 바빙크, 벌코프 등 이들 고전적 정통개혁주의 신학자들의 저서를 열심히 꾸준하게 읽으셨다는 '명백한 사실의 증거'이다.

그렇다면 아버지 박형룡이 전쟁 시에나 평화 시에나 열심히, 꾸준하게 그리고 쉬지 않고 읽었던 이들 외국 정통개혁주의 신학자들에 관하여 얼마나 '정통한 지식'을 갖고 있었겠는가 하는 것은 오히려 이것을 강조하면 시간낭비가 되는 것일지도 모를 일이다.

가령 저자가 아버지 박형룡에 관하여 기억이 나는 작은 일 하나를 이야기하면 언제였던가(아버님이 총신에서 가르치셨던 서울 사당동 초창기 총신 시절 같음) 아버님과 신학 이야기를 하다가 찰스 핫지가 여차여차하게 이야기를 했다고 하니까 아버지 박형룡은 그 자리에서 저자를 똑바로 보면서 "그것은 찰스 핫지의 말이 아니고 로버트 뎁니의 말이야,

잘못 알고 있고만." 이라고 깨우쳐준 적이 있었다.

또 이 일과 비슷한 일을 한 가지 더 이야기를 한다면 아마도 동일한 시절(서울 사당동 초창기 총신 시절)의 어느 날 아버지 박형룡 박사와 신학을 주제로 하여 대화를 하던 중에 미국 칼빈신학교의 학장 벌코프 박사의 조직신학은 한국에서까지 번역되어 신학교에서 교재로 사용될 정도로 '세계적인 명저'로 감탄스럽다고 했더니, 박형룡 박사가 "그건 옳은 말이다. 나도 나의 「교의신학 강의」에서 벌코프 박사의 조직신학을 많이 인용하고 있지. 그러나 그에게는 네덜란드 개혁주의신학자 헤르만 바빙크(Herman Bavinck, 1954~1921)의 「개혁주의 교의학(Gereformeerde Dogmatiek)」에서 옮겨온 내용들이 많이 있거든. 그러니까 벌코프 박사도 그렇게 창작적인 신학자는 아니었단 말이야." 라고 마음의 일단을 말해 주신 적도 있었다.

이 시점에서 저자가 강조하고 싶은 것은 '모방'이 쉬운 것 같으나 '진정한 모방'은 어려운 것이라는 귀중한 진리와 더불어 아버지 박형룡의 미국과 네덜란드의 고전적 정통개혁주의 신학자들에 대한 '모방'은 그들에 대한 전반적 이해뿐만 아니라 그들의 신학사상 내용과 특징까지 꿰뚫어 아는 지식과 통찰력을 소유함으로써 '모방'의 수준을 넘어서서 그들의 신학사상의 '권위 있는 해설자'의 자격을 갖추게 되었다는 것이다.

그러므로 아버지 박형룡은 마치 치과의사가 치아 치료의 전문가요 외과 수술의는 외상치료와 환부절개수술의 전문가인 것처럼 핫지, 워필드, 뎁니, 쉐드, 스미스, 스트롱, 카이퍼, 바빙크, 벌코프 등 열 사람가량의 미국과 네덜란드의 고전적 정통개혁주의 신학자들을 '강의안'으로 삼아 가르쳤고 그들의 신학사상을 명료하게 설명하고 해석할 수가 있었으며, 그들 신학자들에 대해 말하자면 '세계적인 신학해설 전문가'였다는 사실을 우리 모두가 기억하여야 할 것이다.

본 저자는 이미 언급한 바와 같이 "폴 틸리히와 코넬리우스 반틸의 계시개념 비교연구"라는 박사 학위 논문을 쓰느라고 이들 두 사람 신학자의 저술들과 그들에 관한 '연구서들'을 꽤 많이 읽어 그들의 신학사상에 관한 '전문가'라고 자부하고 있었음에도 불구하고 총신 교단에서 그들에 관한 어려운 학술적인 질문을 대학원생들에게 받았을 때에 대답이 궁하여 머리가 '아찔함'을 느꼈던 적이 때때로 있었음을 고백하지 않을 수 없다. 부끄러운 일이다.

그런데 아버지 박형룡은 비단 두 사람의 신학자가 아니라 열 사람가량의 고전적인 정통개혁주의 신학자들에 관한 전반적인 이해와 개별적으로는 그들 열 사람가량의 신학자들 한 사람 한 사람의 신학사상 내용과 특징들까지 득달하여 그들 신학자들의 '유능한 해설자'로 인정을 받았음은 물론이고 한국 교계와 신학계에서 유수한 구미의 고전적 정통개혁주의 신학자들의 대변인이 되는 것처럼 그 '권위성'을 아낌없이 발휘하고 있었으니 이는 우리 시대와 다음 세대에 이르기까지 '세계 7대 불가사의'에 견줄 수 있는 '슈퍼 미스터리'(A Super Mystery)라고 일컬음을 받을 만하다.

이렇게 아버지 박형룡 박사가 82년의 생애 가운데서 한국 교계에서 '모방 신학자'라는 소리를 듣기까지 하면서 아메리카와 유럽의 고전적 정통개혁주의 신학자들을 연구하여 그들의 신학사상과 신앙을 득달함으로써 그들 신학자들의 신학에 관한 '유능한 해설자'요 '권위 있는 전문가'가 되어서 한국에서 1만 명이 넘는 신학생 즉 목사 후보생들을 가르쳐서 목사가 되게 하였고 그가 연구하여 득달한 미국과 네덜란드의 고전적 정통개혁주의 신학자들의 신학을 종합하여 한국 교회와 특히 한국 장로교회를 위하여 현재와 미래에 걸어가야 할 지로적 신학을 수립하는 일에 성공한 것은 우리가 앞서 말한 대로 '세계 7대 불가사의'에 견줄 수 있는 '슈퍼 미스터리'로서 우리가 예찬하고 감동을 받을 만한 것인 줄 안다.

그런데 우리는 지금 여기서 이와 같은 일이 아버지 박형룡을 통하여 비로소 이루어진 데 대하여 또는 어떻게 이루어질 수가 있었는가에 대하여 객관적인 원인분석을 하는 것도 유익할 것이라고 생각한다. 아버지 박형룡이 어떻게 유수한 구미의 고전적인 정통개혁주의 신학자들의 신학의 연구와 그들의 신학사상의 종합을 통하여 한국 교회를 위하여 이와 같이 '지로적(指路的) 신학'(A finger pointing the way Theology)을 제작할 수가 있었는가에 대한 원인 분석을 시도하면 다음과 같다.

첫째로, 신학자 박형룡을 통하여 한국 교회를 위한 '지로적 신학'이 탄생한 것은 하나님이 하신 일이다. 그런고로 이는 전적으로 하나님의 은혜인 것이다.

둘째로는, 무엇보다도 아버지 박형룡의 신학자로서의 근면성과 성실성이 한국 교회를 위한 '지로적 신학'의 확립을 가져오게 하였다(물론 아버지 박형룡의 신학자로서의 근면성과 성실성도 하나님이 주신 은혜였다). 아버지 박형룡의 신학자로서의 엄청난 근면성은 앞서 수없이 이야기한 바 '아득한 추억 속'에 떠오르는 대구 피난총신 시절에 사과상자 책상 앞에 앉아서 밤늦게까지 신학을 연구하고 논문을 썼던 그 모습과 서울 사당동 초창기 총신 시절에 서울 봉천동 자택 서재에서 '포마이카' 칠을 한 반듯한 책상 앞에 앉아서 이른 아침부터 저녁까지 신학을 연구하며 특히 「박형룡박사저작전집」 20권의 출판을 위한 원고를 집필하던 그의 모습 가운데서 강력히 입증이 되는 줄 안다.

그리고 이에 더하여 한국 교회를 위하여 '지로적 신학'을 탄생시키는 일을 성공케 한 아버지 박형룡의 신학자로서의 성실성을 그의 신학자로서의 근면성과 구별하여 말한다면 그것은 무엇이었겠는가? 이 물음에 대한 대답은 아버지 박형룡의 신학자로서의 성실성은 하나님에 대한 성실성이었으며, 그런고로 하나님의 말씀인 성경에 대한 성실성이었다라고 하여야 할 것이다. '성실성(Sincerity)'은 '신실성(faithfulness)'과 상통하는 의미를 가진 낱말이자 개념으로서 사전의 정의를 찾아보면 이는 '정직하고 참되고 신뢰성이 있는 것'이라고 기술하고 있다.[50)]

그러므로 아버지 박형룡은 신학자로서 신학을 연구할 때에 하나님을 하나님으로 믿고 성경을 하나님의 말씀으로 믿는 믿음을 갖고서 신학을 연구하는 일에서 정직함과 참됨과 신뢰성을 보였다는 뜻이 되는 것이다.

아버지 박형룡은 신학을 부지런히 또는 엄청난 근면성을 갖고서 연구하였을 뿐만 아니라 하나님의 절대주권적 구원의 은혜(예정론)와 성경 66권을 정확무오하게 기록된 하나님의 말씀(성경영감론)으로 믿는 믿음을 가지고 신학을 연구하는 일에 정직하였고 참되었고 신뢰할 만하였다는 것이다. 따라서 아버지 박형룡이 행하였던 신학 연구에는 인간의 자유의지적 구원을 믿는 '알미니안 사상'과 성경을 '하나님의 계시'로 믿기는 믿으나 그것이 인간의 언어로 기록되었다는 사실을 강조하면서 '성경유오설'을 주장하는 자유주의적이라고 할까 아니면 진보주의적인 '성경관'이 끼어들 자리가 전혀 없었다.

여기서 특별히 기억하여야 할 것은 아버지 박형룡이 일생 동안 신학 연구를 할 때에 가졌던 두 가지 믿음, 하나님의 절대주권적 은혜를 믿는 믿음과 성경을 하나님의 영감 된 말씀으로 믿는 믿음, 이 두 가지는 다 하나님의 말씀인 성경이 가르치는 것이다. 이 둘이 한 믿음 곧 한 '성경적 신앙'이라고 일컬음을 받을 수가 있고 또 받아야 마땅하다.

이렇게 하나님의 절대주권적 은혜를 믿는 믿음과 성경의 하나님의 말씀으로서의 신적 권위를 믿는 믿음이 모여서 한 믿음이 된 이 '성경적 신앙'을 변함없이 가지고서 아버지 박형룡은 신학을 연구하였던 고로 한국 교회와 특히 한국 장로교회를 '하나님의 계시진리'인 성경말씀이 가르치는 바 '구원과 진리의 바른길'로 이끌어갈 수 있는 '지로적 신학'을 확립하였고 탄생시키는 일에 성공할 수가 있었던 것이다.

더욱이 아버지 박형룡은 신학자로서 생애의 마지막 시기에 신학적 대표작인 「교의신학」 7권을 저술하여 교계에 내놓으면서, 그 머리말에서 자신이 미국의 벌코프 박사를 방문하여 두 사람이 '신학적 도립'을 함께하게 되었다는 이야기를 나누었다는 말을 하면서 '성경을 하나님의 무오한 말씀'으로 믿는 성경적인 믿음이 얼마나 귀중한 것인가를 강조하였다. 그러고 나서 아버지 박형룡은 그의 「교의신학」 7권 중에서 열 손가락으로 꼽히는 구미의 고전적인 개혁주의 신학자들의 신학을 빈번히 인용하였고 '모방한' 이유를 다음과 같이 설명하고 있다.

> "(내가 그들을 인용하고 소개한 것은) 저 선진 권위자들은 신학 입장에서 성경을 하나님의 무오한 말씀으로 믿고 성경으로 더불어 도립을 함께 하려 하였다는 것을 내가 알기 때문이다. 금후 한국 교회 내지 세계 교회는 성경이 그들 중에 신적 권위를 가지고 서 있는 한 완전히 설 것이요, 성경이 그들의 멸시를 받아 넘어지는 때에는 함께 쓰러질 것이다."[51]

지금부터 아버지 박형룡이 10여 명의 구미 선진 개혁주의 신학자들에 관한 전반적인 이해에 탁월하였을 뿐만 아니라 그들 개개인 신학자의 신학 사상과 특징에 관한 지식에 정통하여 그의 대표작인 「교의신학」 7권 중에서 완벽한 적재적소적인 인용과 배열을 할 수 있었다는 놀라운 사실을 상기시키면서 이에 대하여 간단하게 설명하고자 한다.

아버지 박형룡은 「교의신학」 제1권 '서론' 중에서 '성경영감'에 대한 반대 이론들을 소개하면서, '성경영감' 교리가 성경 원본에만 해당되어 어려움이 있다는 반대설에 대하여 워필드를 인용하지 않고 A. A. 핫지도 인용하지 않았다. 그들보다 훨씬 더 후기의 개혁주의 신학자였던 코넬리우스 반틸로 가서 '물속에 다리'라는 제목 하에서 반틸을 인용하면서 "성경영감 교리에 어려움이 있다"는 반대설이 말하는 '어려움'은 크고 심각한 어려움은 아니라고 답변한다. 이것은 정말로 놀랄 만한 고전적인 개혁주의 신학자들에 대한 '적재적소적인 인용이요 배열'이라고 치하하지 않을 수 없다.

아버지 박형룡이 '성경영감론'에 대한 반대이론을 반박하면서 본래가 조직신학자가 아니라 변증신학자였던 반틸 박사를 인용한 것은 성경의 영감은 원본에만 해당된다고 하여 성경의 영감을 아예 포기하는 것은 마치 "강을 건너는 사람이 물에 그의 다리를 적시는 바에는 다리가 있거나 없거나 전혀 무관하다"고 말함과 같으니 "만일 원본에 무오한 영감이 없었다면 그 진리 해석에 정정을 필요로 하게 되어 성경의 보편적 가신성이 붕괴되고 말 것이다"라고 주장한 코넬리우스 반틸 박사의 변론이 '가장 설득력이 있고 변증적인 이론'이라고 평소에 생각해 온 저자의 귀에는 '어쩌면 그렇게 적절한 인용이고 자리매김인가' 하는 감탄과 함께 아버지 박형룡의 그와 같은 코넬리우스 반틸의 인용이 '귀에 달콤한 음악'처럼 들렸던 것은 너무나 당연한 일이라고 고백하고 싶은 심정인 것이다.[52]

그리고 아버지 박형룡이 앞서 강조한 바대로 그의 「교의신학」 전권에 걸쳐서 그가 존경하고 모방하기를 원하였던 10여 명의 구미의 고전적 개혁주의 신학자들을 카이퍼, 바빙크, 3대 핫지, 워필드, 뎁니, 쉐드, 보스, 스트롱, 벌코프 등 순서로 하든가, 아니면 3대 핫지, 워필드, 뎁니, 스트롱, 쉐드, 카이퍼, 바빙크, 벌코프 등 순서를 택하든가 하면서 매우 빈번하게 정신이 없을 정도로 그들을 인용하고 소개하였다. 그러나 「교의신학」 제7권인 「내세론」에 와서 그리스도의 재림의 시기에 관한 그 자신의 입장인 '역사적 천년기전 재림설(The historical premillenial view of the second coming of Christ)'을 소개하고 변호할 때에는 3대 핫지, 워필드, 쉐드, 뎁니, 스트롱, 스미스(천년기후 재림론자들이었음) 등은 옆에 제쳐놓고 또 카이퍼, 바빙크, 벌코프(무천년기 재림론자들이었음)도 그냥 놓아두고 1960년대와 1970년대에 미국 풀러 신학교 교수로 명성을 얻은 조지 엘든 래드(George Eldon Ladd, 1911~1982)의 「역사적 천년기전 재림론」을 집중적으로 인용하며 소개하였다.[53] 대한예수교장로회의 신학전통은 북미 선교사들이 한국 교회를 세울 때에 가르쳤던 '역사적 천년기전 재림론'인 것을 강조하면서 일제치하의 조선 평양장로회신학교에서 선교사 교수였던 이눌서(W. D. Reynolds, 1867~1951)가 「역사적 천년기전 재림론」을 가르쳤다는 사실과 아버지 박형룡 자신도 신학교 교수로서 신학생들을 가르쳤던 오랜 세월 동안에 옛날 평양장로회신학교부터 시작하여 해방 후에 남산장로회신학교와 한국전쟁 시에는 '대구 피난총회신학교'에서 그후에는 서울 사당동 총회신학교에서 '조직신학'을 계속 가르쳐오면서 변함없이, 꾸준하게 '역사적 천년기전 재림론'을 가르쳐왔다는 사실을 역점적으로 기술하고 있다.[54]

그러므로 아버지 박형룡이 그의 「교의신학」 제7권 「내세론」에서 보여주었듯이 「교의신학」 일곱 권 전체에 걸쳐서 10여 명의 구미의 고전적 정통개혁주의 신학자들의 인용과 소개를 통하여 한국 교회를 위한 '지로적 신학'을 수립하기 위하여 진력하였으나 이들 구미의 고전적 개혁주의 신학자들에 대한 모방은 '맹종적인 모방'이 아니었다. 한국 교회가 좌로는 신정통주의신학과 종교다원주의 사상에 물들지 않고 우로는 은사주의적 신비주의와 세대주의적 종말론 신학에 빠지지 않으면서 '청교도적 정통 개혁주의신학'의 '바른 신학 노선'을 걷도록 도울 수 있는 '쿨(cool) 하고 분별력 있는 종합적 모방신학'을 창출하는 일에 '꽤 가시적인 성공'을 거두었다는 사실은 오늘날 한국 교회의 현실이 우리에게 보여주는 그대로이다.

오늘날 특히 한국 장로교회와 장로교 신도들이 보편적으로 성경의 신적 권위를 믿고 국내외전도(Evangelism)에 열심을 내며 '성수주일' 하고 경건한 생활에 힘쓰고 있는 것은 아버지 박형룡이 신학자요 신학교 교수로서 40여 년의 사역 기간 동안에 한국 교회의 강단과 신학교 교단에서 가르친 이 '지로적 신학'의 영향과 혜택이 크게 미친 결과라고 어찌 말하지 않을 수가 있겠는가라고 박형룡의 아들인 본 저자는 한 번 진지하게 묻고 싶은 심정인 것이다.

끝으로 본 저자가 감탄해 마지않는 것은 반복적인 줄 알면서도 계속 말한다면 아버지 박형룡은 열 손가락으로 꼽을 만한 많은 미국과 네덜란드의 '고전적 정통개혁주의 신학자들'을 연구하는 일에 그의 생애 동안에 '잠 안 자는 많은 밤들'을 보낸 결과로서 그들 신학자들에 대한 전반적인 이해와 그들의 신학사상 내용과 특징을 꿰뚫어 아는 '정통한 지식'을 소유함으로써, 한국 교회를 위하여 '지로적 신학' 즉 구미의 선진 개혁주의 신학자들을 창조적으로 모방하는 '종합적 모방 꽃다발 신학'을 탄생시키는 일에 성공하였다는 사실이다. 참으로 감탄스럽다.

그리고 이에 못지않게 감탄스러운 것은 아버지 박형룡은 그의 「교의신학」 일곱 권 가운데서 이들 구미의 선진 정통개혁주의 신학자들의 신학사상과 가르침을 거의 완벽하게 '적소적재적'으로 배치하면서도 그의 「교의신학」 각 권의 내용 중에서 '적소'에 배치할 만한 '적재'로서의 박형룡의 '신학적 마인드'에 맞는 고전적 정통개혁주의 신학자가 없을 경우에는 앞에서 두 가지 사례를 이야기한 바와 같이 10여 명의 구미의 '고전적 정통칼빈주의 신학자'들 외에 코넬리우스 반틸이라든가 조지 엘돈 래드와 같은 그들보다 훨씬 후기의 미국의 정통개혁주의 신학자들을 찾아서 '적재'로 사용하여 '적소'에 가서 인용하고 소개하는 일을 딱 부러지고 멋있게 해냈다는 것이다. 정말 쿨하다!

따라서 '박형룡 신학'이라는 것이 단순히 구미의 고전적 정통개혁주의신학자들의 신학을 추종, 모방한 것이라고 평가를 하는 신학평론가들의 이야기를 경청할 필요가 없다. 그런 평가를 하는 분들은 아버지 박형룡이 열성적으로 10여 명 남짓한 구미의 근대 정통개혁주의 신학자들의 신학을 그의 신학 가운데서 종합적으로 모방하고 적소적재적으로 인용, 소개함으로써 '박형룡 신학'을 한국 교회와 특히 한국 장로교회를 위한 '지로적 신학'으로 세우는 일에 성공한 것은 가령 한국적인 '토착화 신학'을 시도하여 한민족의 역사와 문화에 바탕을 두고 한민족의 애환('한')을 표현하는 최근에 있었던 사례와 같은 '한국적 문화신학'을 창출하여 한국 교회의 '지로적 신학'이 되도록 하는 일을 했었던 것보다 훨씬 더 어려운 일을 하여 성공을 거두었다는 이 한 가지 중요한 사실을 잊어버리고 있는 실수를 범하고 있다.

만일 아버지 박형룡이 근대 구미의 고전적(개신교) 정통개혁주의 신학자들의 신학을 종합적으로 모방함으로써 그의 신학이 한국 교회와 한국 장로교회를 위한 '지로적 신학'으로 존재할 수 있도록 하지 않고서 어떤 새로운 신학사상과 내용을 담은 '한국적 보수주의신학'을 '창작'하였더라면 그가 한국 땅에서 어떤 '교주형의 신학자'가 될 수는 있었을지 몰라도 한국 교회 안에서 '정통개혁주의 신학의 대표적 신학자'로 칭송을 받지는 못하였을 것이고 나아가서 세계 교회로부터 그의 신학의 '역사적 정통개혁주의적 투명성' 때문에, 특별히 '유수한 근대 정통개혁주의 신학자들의 신학사상에 대한 정통하고 권위 있는 연구자요 해설자'였다는 이유 때문에 '한국 교회가 낳은 세계적인 신학자'로 인정받고 존경받는 일을 기대할 수는 없었을 것이라고 생각하는 바이다. 할렐루야 아멘.

매스미디어와 대중인기주의를 기피하였던 신학자
(명예도 싫고 영화도 싫소!)

아버지 박형룡은 옛 조선 평양장로회신학교에서 청년교수로 신학을 가르치기 시작하였을 때부터 중국 동북부 봉천(지금 심양)신학교 교수 시절을 거쳐서 해방된 조국 서울에서 남산장로회신학교 학장직에 있으면서 가르치던 시절, 그리고 한국전쟁 시에는 '대구 피난총회신학교'에서 교수로 가르치던 시절과 환도 후에는 '서울 사당동 초창기 총신'에서 총신대학교 초대 총장직을 수행하면서 가르치던 시절에 이르기까지 수많은 학생 집회와 교직원 세미나와 총신 동창동문회, 교역자 하계 및 동계 수련회 등에서 강사로 초청되어 설교와 강의를 하였음에도 그의 설교와 강의와 강연을 들었던 회중과 청중들의 반응과 평가를 알고자 하여 물어본 적이 한 번도 없었다고 들은 바 있다.

아버지 박형룡은 신학자로서의 오랜 생애 가운데서 신학생들을 가르치는 강의와 학술 집회에서 강연하는 일만 한 것이 아니라 옛날 평양장로회신학교에서 청년교수로 가르치던 시절에는 평양시 소재 산정현교회에서 전도사를 거쳐 동사목사로 목회사역을 하였고 해방된 한국 땅 서울에서 남산장로회신학교 학장으로 일할 때에는 서울시 청파동에 그 당시 이북 황해도에서 월남한 이환수 목사와 더불어 '청암교회'를 설립하였고, 그 교회의 동사목사로 섬겼으며 한국전쟁이 끝나 서울로 환도한 후에는 이환수 목사가 담임목사로 목회하는 '청암교회'의 협동목사로 교회를 돕고 교회에 출석하는 일을 1978년 하나님의 부르심을 받을 때까지 하였으니 수없이 많은 '목회 설교'를 하신 것은 틀림없는 사실일 것이다.

그러나 아버지 박형룡은 그가 행하였던 그 많은 목회설교와 집회설교에 대한 회중 성도들의 반응과 생각이 무엇인가를 알아보려고 한 적

합동 장로교회 직영 총회신학교의 초대교장으로 선임된 박형룡 박사가 강의하는 모습, 1963년

이 전혀 없었다고 사람들은 이야기하고 있다.

본 저자는 가정에서는 평생을 '아버지'로 그리고 총신대학교에서는 6년(1965~1970)간을 '원로 교수'로 아버지 박형룡을 모시면서 그가 대중인기 또는 대중인기주의와 영합하는 모습을 전혀 본 적이 없었음을 자신있게 고백할 수 있다. 물론 아버님은 '큰 신학자'로서 또는 '은혜로운 설교자'로서 한국 교회와 교계에서 '인지도'가 매우 높은 분이었던 까닭에 신문기자들이 방문하여 아버님과 면담하거나 또는 신문사나 잡지사 편집인이 방문하거나 전화로 아버님께 글이나 논문을 기고할 것을 요청하는 일들이 꽤 많이 있었다. 그런 일들은 아버님의 자의로 이루어졌다고 하기보다는 신문사나 잡지사의 '간곡한 요청'으로 말미암아 발생한 일들이었던 것이다.

저자의 기억으로는 아버님은 특별히 우리 대한예수교장로회 합동 교단의 '신학적 지도자'로서의 '활동기'(1960~1971)에도 라디오 방송프로그램이나 텔레비전 대담 또는 면담시간, 요사이 말로 말하면 'TV토크쇼'에도 한 번도 나가보신 적이 없었다. 본서의 독자 여러분들 중에서는 아버지 박형룡이 신학자로서 교회 지도자로서 그 자신의 '대중적 인기관리'를 너무 소홀히 한 것이 아니었겠는가 하는 생각을 하는 분이 있을 것이다. 그러나 그렇게 생각하시는 분들이 본서의 독자들 중에 계시다면 아버지 박형룡이 '대중적 인기관리'에 무관심하였던 것은 '대중적 인기관리'라는 것은 '인위적인 행위'로서 '심은 대로 거둔다'는 하나님의 창조원리에 어긋난다고 생각했기 때문이라는 이 귀중한 사실을 기억해주시기 바란다.

추가하여 지적하고 싶은 사실은 아버지 박형룡은 '대중매체' 이용과 '대중인기주의'를 기피하는 일을 하였지만 그것들을 열심히 추구하였던 한국의 여러 신학자들(자유와 보수를 막론하고)보다도 자신의 신학자로서의 대중인기 관리를 더 잘할 수 있었다. 그 이유는 간단하다. 아버지 박형룡이 한국의 많은 교역자들과 평신도들과 신학생들 앞에서 보여주었던 바 그의 신학자로서 그리고 목사로서의 근면과 성실성과 겸손과 온유한 인격이 효과를 발생시켰기 때문이다. 할렐루야!

박형룡 박사를 '아버지'로 모셨고 '서울 사당동 초창기 총신 시절'에는 '동역자 원로 교수'로 모셨던 그 많은 세월들을 회고해볼 때에 아버님께서 한 번도 자기 자랑을 하는 것을 저자는 들어본 적이 없었다. 자신의 '출신교'나 자신의 학력이나 이력 그리고 자신의 업적이나 공적까지도 전혀 이야기하시는 것을 들어본 기억이 없었음을 고백하지 않을 수 없다. 이 얼마나 놀라운 사실인가!

아버지 박형룡은 이렇게 '대중매체(신문, 잡지, 라디오, TV 등) 이용'과 '대중인기주의 구사'를 통하여 그의 신학을 홍보하고 그 자신의 신학자 됨을 자랑하는 일을 거절하였다. 이는 그가 '한국 교회의 최대의 신학자'였음에도 불구하고 사도 바울이 '우리 주 예수 그리스도의 십자가' 만을 자랑하였던(갈 6:14) 것을 본받기 위해 자신을 일절 내세우지 않는 겸손의 모범을 보였다는 사실에 우리 모두는 옷깃을 여며야 할 것이다.

세계적인 정통개혁주의 신학자 (오대양 육대주에 손꼽히는 신학자)

이제부터 본서의 제1장 "아버지 박형룡은 위대한 신학자였다" 중에서 그가 '대중매체'와 '대중인기주의'를 기피하였다는 부분에 대한 설명이 끝났으므로 박형룡은 찰스 핫지와 존 머리에 견줄 만한 '세계적인 정통개혁주의 신학자였다'는 부분을 설명하고자 한다.

아버지 박형룡이 대중인기주의와 자기과시를 사양하였음에도 불구하고 신학자로서의 근면과 성실성 때문에 정통개혁주의 신학자이로되 '세계적인 정통개혁주의 신학자가 되었다'라고 말하는 것이 중요하다.

한국의 기독교 인구가 이제는 천만 명을 넘어섰고 교회 수도 오만을 육박하는 '세계적인 교세'를 자랑할 수 있는 한국 교회(개신교)의 현실에 비추어 볼 때에 '세계적인 규모의 신학자'가 한국에 존재하였다는 것이 당연한 것처럼 생각이 들기도 한다. 그러나 과연 존재하였는가? 본서의 저자는 한국에서 자유주의 또는 진보주의 계열의 신학자들을 포함하여 이 논의를 진행하면 복잡하여지므로 논의의 대상을 좁혀서 한국 교회 내에서 과거로부터 현재에 이르기까지 존재하였던 정통보수(또는 개혁주의) 신학자들 중에서 한 분을 추천한다면 과연 누구를 추천할 것인지 생각해보았다. 독자 여러분들은 이미 알고 계시겠지만 본 저자는 아버지 박형룡을 제일 먼저 추천할 것이다. 왜냐하면 박형룡은 미국 장로교회가 존경하는 바 '세계적인 신학자'로서 18세기의 고전적 정통개혁주의 신학자 찰스 핫지와 20세기 전후반에 걸쳐서(1930~1966) 미국 웨스트민스터 신학교에서 조직신학을 가르쳤던 세계적인 정통개혁주의 신학자 존 머리와 비교하여 그 신앙과 학식과 인격에 있어서 너무 유사한 점이 많다고 생각이 되기 때문이다. 이 이야기는 나중에 더 깊게 하도록 하고 우선 아버지 박형룡이 세계적인 수준의 정통개혁주의 신학자였던 것을 시사하거나 암시하는 말을 한 우리 한국 주류(보수파) 장로교회 안에서 '원로신학자'로서의 자리를 확보하고 있는 '김희보', '신복윤', '한철하' 세 분의 이야기를 들어보도록 하자.

김희보의 격찬

먼저 김희보 박사는 일찍이 총신대학교의 학장을 지낸 바 있고 총신대학교에서 다년간 구약신학을 가르쳤던 교수로서 '신학자 박형룡 직후 시대'에 한국 정통개혁주의 신학자들 중의 한 사람으로 알려져 있다. 그는 박형룡에 대하여 간략하게 세 가지를 말하였는데, 첫째는 박형룡은 총신(총회신학대학교)의 '별명'이요 '간판과 같은 이름'으로서 40여 년간을 총신에서 가르치면서 한국 장로교회의 많은 목사들을 길러낸 분이라고 말함으로써 그가 총신과 한국 장로교회를 대표하는 신학자였다는 사실을 강조하였다.[55)]

둘째는 박형룡은 '당대의 이름 높은' 서양의 정통신학자들을 배경으로 하고 참고하여 그의 「교의신학」 7권을 집대성하였으므로 그는 그의 「교의신학」 7권만큼이나 방대한 신학적 지식을 소유하면서 '넓은 범위의 (서양)신학자들의 학설'을 한데 묶어서 '다양중의 통일'을 이루어놓은 '한국 교회의 자랑'인 신학자였다고 말하였다.[56)]

셋째는 박형룡은 서양의 정통개혁주의 신학자들의 성경관을 좇아서 '유기적 완전 축자영감설'이라는 이름 아래 총신과 한국 장로교회의 성경관의 기초를 놓는 일에 공헌한 신학자였다고 말하였다.[57)]

이렇게 신학자 김희보가 아버지 박형룡에 대하여 말한 세 가지 발언은 직접적인 것은 아니라 할지라도 간접적으로 아버지 박형룡이 '세계적인 신학자'였다는 것과 '세계적인 신학자'로 평가받을 만하다는 것을 우리에게 알려주는 암시적인 발언들로 이해할 수 있다. 이를 설명하면 박형룡 박사가 총신과 한국 장로교회를 '대표하는 신학자'였다는 김희보 교수의 말의 뜻은 '그가 세계 무대에서 한국을 대표할 만한 신학자'라는 뜻으로 이해할 때에 그가 '세계적인 신학자'였다는 뜻이 될 수가 있겠다. 김희보 박사의 증언 즉 박형룡 박사가 방대한 교의신학적 지식을 소유하였고 많은 선진 서양 정통신학자들의 학설을 소화시켰기 때문에 '한국 교회의 자랑'이라고 말한 것을 '그것 때문에 한국 교회가 그를 세계에 자랑할 수 있는 그런 신학자'라는 의미로 약간 그 뜻을 강화시킬 때에 아버지 박형룡은 '세계적인 신학자'였다는 이야기로 받아들일 수가 있다.

김희보의 세 번째 발언 즉 그가 서양의 정통개혁주의 신학자들로부터 '완전축자영감적인 성경관'을 도입하여 한국 장로교회의 성경관으로 정착시키는 일에 공헌하였다는 말은 박형룡은 한국 장로교회를 성경의 영감론과 신적 권위를 믿는 정통개혁주의신학의 성경관으로 이끌어 오늘날과 같은 '세계적인 장로교회'로 크게 성장 부흥할 수 있도록 도왔다는 의미로 해석될 수 있다. 따라서 김희보의 셋째 발언을 '아버지 박형룡은 세계적인 신학자였다'라는 의미로 말한 그의 '찬사'로 간주하여 아들인 본 저자는 기쁨과 만족을 느낀다.

신복윤의 극찬

다음으로 '박형룡 박사 직후 시대'의 한국 신학계에서 정통개혁주의 신학의 스타들 중의 한 분으로 알려졌고 합동신학대학원 대학교의 총장을 지낸 바 있는 신복윤 박사의 아버지 박형룡에 대한 평가 또는 증언을 한두 가지로 요약하여 기술한다면 다음과 같은 것이다. 그런데 여기서도 아버지 '박형룡은 세계적인 신학자였다'는 암시적인 뜻을 발견하게 되어 박형룡은 '세계적인 신학자였다'는 우리의 인식을 더욱 확고하게 만들어 준다.

첫째로 신복윤 박사는 한국의 박형룡 박사를 16세기의 존 칼빈(1509~1564)과 비교하여 말하면서 존 칼빈 없이 종교개혁의 꽃은 필 수 있었겠으나 종교개혁의 열매를 맺을 수는 없었던 것이 확실한 것처럼 박형룡 없이는 초대 외국인 선교사들이 한국에 심어준 칼빈주의 신학이 열매를 맺지 못했을 것이 확실하다고 말한 뒤에 한국 교회에 침입한 자유주의신학으로 인하여 칼빈주의(보수)신학이 도태되었을지도 모를 일이라고 말을 맺었다. 신복윤은 결론 짓기를 "이런 점에서 그는 보수주의의 보루요, 한국 교회의 신학 형성의 주인공이었다고 말해도 결코 지나친 말이 아니다"[58]라고 하였다.

신복윤의 아버지 박형룡에 대한 평가 또는 증언 가운데서 박형룡을 '세계적인 신학자' 존 칼빈에 견주어 말한 것을 보면 그가 박형룡을 '세계적인 신학자'로 인식하고 있음을 짐작할 수 있다. 또 신학자 박형룡의 존재와 헌신 없이는 초대 선교사가 심어준 한국 교회의 보수신앙과 칼빈주의 신학을 자유주의 신학의 공격으로부터 지킬 수 없었을 것이라고 시사한 것을 보아 자유주의 신학의 세계적인 추세를 가로막고 한국 교회의 보수신앙과 칼빈주의 신학을 끝까지 지켜내는 일에 주인공이었던 신학자 박형룡은 세계 기독교 교회사에 미친 큰 영향 때문에 '세계적인 신학자'였다는 인식이 가능하다는 생각이 신복윤의 뇌리에 잠재하여 있었음을 우리가 추측하는 것은 어려운 일이 아닌 줄 안다.

둘째로 신복윤 박사는 '한국 교회가 오늘날 세계 교회의 추종을 불허할 만큼 부흥한 교회로 높이 평가 받고 있는 것'은 한국 교회(특히 한국 장로교회) 배후에 '성경말씀에 충실한 보수주의적 신앙'을 가르쳐준 박형룡 박사가 있었기 때문이라고 격찬하면서 "사람들은 그의 인격, 신앙, 신학 때문에 그를 '대 박형룡 목사'로 부른다. 사실 큰 '대'(大)자를 받을 만한 인물이었다. 그는 이미 타계했지만, 그가 한국 교회에 남긴 업적과 감화는 영원히 남을 것이다"라는 '대서사시'에서나 찾아볼 수 있는 몇 개의 명문장들을 구사하면서 그것을 자신의 논문 '박형룡 신학의 한국 보수신학사적 의의'의 말미로 삼았으니 굉장히 감명 깊고 감동적이다.[59)]

이상에서 인용한 박형룡에 대한 신복윤의 평가 또는 증언 중에서 '세계적으로 유례없는 부흥을 한 한국 교회의 보수신앙과 칼빈주의신학(정통개혁주의 신학)을 주도해온 신학자 박형룡' 역시 '세계적으로 주목받을 만한 신학자' 즉 '세계적인 신학자'였다는 인식과 평가가 내포되어 있는 것으로 사료함이 마땅한 줄로 여겨진다.

신복윤의 동일 증언 중에서 아버지 박형룡을 '대' 자를 붙여서 '대 박형룡 목사'라고 부르면서 그의 업적과 감화를 찬양하였으니 세계 기독교회사적으로 경이적인 성장과 부흥을 이루어놓은 한국 교회와 한국 장로교회에서 박형룡이 '대' 자를 붙여서 부를 만한 '목사'요 '신학자'였다면 자랑스럽게 그를 '세계적인 신학자'로 부르고 인식을 해도 지나침이 없을 것이라는 결론을 찾아낼 수 있다고 믿고 의심치 않아도 될 것이다.

그러므로 아버지 박형룡에 대하여 '세계적인 신학자'였다는 '묵시적인 발언과 증언'을 한 신복윤 박사에게 감사의 말씀을 드리는 동시에 "한국에서 무슨 세계적인 인물(신학자이든 과학자이든 정치인이든 간에)이 나올 수가 있겠느냐?"라고 하는 '한국 비하적인 사고방식'의 경향을 우리 모두가 가지고 있었음을 통탄함이 옳은 줄로 생각하는 바이다.

한철하의 절찬

끝으로 '박형룡 박사 직후 시대'에 한국 신학계의 거성이었고 정통개혁주의 신학의 견인차 역할을 했던 신학자들 중의 한 분이었으며 서울 아세아연합신학대학원의 설립자요 초대 총장을 지낸 바 있는 한철하 박사의 신학자 박형룡에 대한 평가적인 발언 또는 증언을 경청해보도록 하자.[60)]

신학자 박형룡에 대한 한철하 박사 생애의 후기평가(그의 전기평가의 내용보다 완숙명쾌하고 더 적극적임)를 우리가 고려한다면 그것은 하나님의 진리(말씀)를 절규한 '한국 교회의 엘리야'라는 이미지와 개념을 중심하여 전개되었는데 이 이미지와 개념의 첫째 파트는 신학자 박형룡이 한국 교회를 '보수신앙' 위에 세워놓은 '공로자'였다는 해석이요, 그 둘째 파트는 신학자 박형룡의 존재와 그의 헌신은 세계 교회를 향하여 '보수신앙'과 '정통칼빈주의 신학'의 기치를 높이 들어 세계 교회의 좌경(세속화와 자유주의 신학화)을 경고하고 방지하려고 하였음을 뜻하는 고로 박형룡은 '한국 교회의 엘리야'였을 뿐 아니라 '세계 교회의 엘리야'였다고 우리가 인식함이 옳다는 내용의 주장으로 되어 있다.

그런데 우리를 놀라게 하는 사실은 이와 같은 한철하 박사의 신학자 박형룡에 대한 소위 '후기적 평가'의 두 가지 부분 모두가 다 박형룡은 '세계적인 신학자'였다는 메시지를 담고 있으며 또 그것을 선포하고자 하는 의도성이 엿보이고 있다는 것이다. 이에 대하여 더 설명한다면 신학자 박형룡에 대한 한철하의 소위 '후기적 평가'의 첫째 부분을 이루고 있는 "박형룡 박사는 한국 교회와 특히 한국 장로교회를 '보수신앙'과 '정통칼빈주의 신학'을 통하여 크게 부흥하도록 이끌어준 공로자였다"는 해석에는 한국 교회와 특히 한국 장로교회가 오늘날의 '세계적 대교회'로 급속히 부흥 성장하는 데 있어서 박형룡이 전파한 '보수신앙'과 그가 가르쳤던 '정통칼빈주의 신학'이 분명히 그 원인 제공을 하였으므로 박형룡은 '세계적 신학자'라고 불리울 만한 존재였다는 뜻이 암시적으로 함축되어 있다고 생각할 수가 있다.

신학자 박형룡에 대한 한철하의 '후기적 평가'의 둘째 부분이 말하고 있는 바 한국 땅에서 '보수신앙'과 '정통칼빈주의 신학'을 전파하고 가르쳤던 신학자 박형룡의 존재와 그의 업적은 세속화하고 자유주의 신학에 정복당하고 있는 세계 교회의 '좌경'에 대한 '경종'이요 '저지세력'이 될 수 있었다는 점에서 그는 '세계 교회의 엘리야'(왕상 18:17~40 참고)였다고 선언하는 그 메시지에는 이미 "신학자 박형룡은 '세계적 신학자'로 평가받아야 한다"는 인식이 자리잡고 있음을 시인하여야 할 것이다.

라틴어 실력과 존 칼빈의 「기독교 강요」의 깊은 연구로 인하여 '세계적 신학자'라는 칭호를 받기에 적합한 한철하 박사 자신은 평소에 죽산 박형룡을 지극히 존경하였다. 한때 '교회정치적인 의견 차이'로 박형룡과 소원한 관계에 있기도 하였으나 신학자 박형룡에 대한 그의 '후기 평가'는 과거의 어느 한국 개신교 신학자들보다도 더 적극적이었고 긍정적이었으며 그의 입에서 신학자 박형룡은 '세계 교회의 엘리야'라고 하는 말까지 나왔으니 한철하가 그 다음 단계로는 신학자 박형룡을 공식적으로 '세계적인 신학자'로 선언하고 추대하는 일을 하였을 것이라는 것이 분명하다. 참으로 감사한 일이다.[61]

지금까지 '아버지 박형룡은 세계적인 신학자였다'는 증언을 '신학자 박형룡 직후 시대'에서 한국 정통개혁주의 신학의 거성들이었던 세 분 신학자의 입술로부터 읽었고 또 경청하였다. 본서의 독자 여러분들 중에는 저자가 '신학자 박형룡'에 대한 한국 자유주의 및 진보주의 신학자들의 의견이나 견해('그가 세계적인 신학자였는가'의 여부를 포함하여)를 독자들에게 소개하고 논의할 용의는 없는가에 대하여 알고자 하는 마음이 있는 줄로 생각이 된다. 그러므로 이에 대하여 본서의 저자는 두 가지로 대답 겸 설명을 하고자 한다.

첫째로, 저자는 '신학자 박형룡'에 대한 현금의 한국 자유주의 및 진보주의 신학자들의 평가와 논평을 고찰하는 것은 '신중한 연구와 많은 독서'를 요구하게 되는 줄로 알아 본서에서가 아니라 본서의 출간 후에 계획하고 있는 바 '미래의 저술'들 중에서 가능하다면 그것들의 소개와 논의를 시도할 뜻이 있음을 말해두고자 한다.

둘째로는, 아들인 본서의 저자의 심정을 솔직히 말한다면 과거부터 현재에 이르기까지 한국의 자유주의 신학자들 및 진보주의 신학자들의 '신학자 박형룡'에 대한 평가는 천편일률적으로 부정적이고 소극적이기 때문에 그들의 박형룡 평가를 소개하고 논의하는 일을 한다는 것은 저자의 마음을 무겁게 하고 우울하게 할 수 있는 '염려스러움'이 있음을 말해두고자 한다.

본서의 저자는 이제부터 제1장 '아버지 박형룡은 위대한 신학자였다'의 '아버지 박형룡은 신학자로서 근면함과 성실성으로 대중매체 의존과 대중인기주의를 기피하였음에도 불구하고 찰스 핫지와 존 머리에 견줄 만한 세계적인 정통개혁주의 신학자가 될 수 있었다'의 마지막 부분 '아버지 박형룡은 찰스 핫지와 존 머리에 견줄 만한 세계적인 정통개혁주의 신학자'가 될 수 있었다에 관하여 본격적으로 논술하며 설명하고자 한다.

찰스 핫지와 같았던 세계적인 신학자

먼저 신학자로서 아버지 박형룡 박사를 신학자 찰스 핫지(Charles Hodge, 1797~1878)와 비교적으로 고찰한 후에 찰스 핫지가 세계적인 신학자였던 것처럼 박형룡도 세계적인 정통개혁주의 신학자였다는 것을 주장하고 이야기하고자 한다.

흔히 박형룡을 가리켜서 '한국의 찰스 핫지'라고 하는 말을 듣게 된다. 그 이유는 박형룡이 미국의 구 프린스턴 신학자 찰스 핫지와 유사점들이 많이 있었기 때문이다. 미국의 찰스 핫지 박사가 세계적인 신학자였다면 그와 많은 유사점을 소유한 한국의 박형룡도 역시 세계적인 신학자였다고 평가 받아야 옳지 않는가 하는 생각을 자연스럽게 해볼 수 있는 것이다. 신학자로서 아버지 박형룡과 미국의 구 프린스턴 신학자 찰스 핫지 사이에 존재하는 유사점 또는 공통점 몇 가지를 이야기하고 기술함으로써 찰스 핫지 박사 못지않게 박형룡 박사도 세계적인 신학자였다는 사실을 규명하고 확인하고자 하는 바이다.

첫째로 신학자 찰스 핫지가 미국의 프린스턴 신학교라고 하는 동일한 신학대학교에서 수십 년간 신학을 가르쳤고 많은 수의 제자 목사들을 양육하였고 배출한 것같이 신학자 박형룡도 한국의 총회신학교(총신대학교)라고 하는 동일한 신학대학교에서 수십 년간 신학을 가르쳤고 많은 제자 목사들과 후학들을 양육하였으며 배출하였다는 것이 신학자 두 분 사이에 존재하는 유사점 또는 공통점이라고 말할 수 있다.

미국의 고전적인 정통개혁주의 신학자 찰스 핫지는 1820년에 프린스턴 신학교(또는 프린스턴 대학교신학대학원)에서 가르치기를 시작한 이후로 동양문학 및 성서문학교수라는 칭호를 갖고 1878년 서거 시까지 가르쳤으니 무려 58년이라는 장구한 세월을 동교에서 가르쳤다.

이와 같은 장구한 세월 동안 가르치면서 수천 명의 제자 목사들과 사역자들과 후학들을 양성하는 일에 전념함으로써, 북미의 장로교회와 나아가서 미국의 모든 복음주의 교회 내에서 신학자로서 그의 이름은 태양같이 빛났으며 미국 개신교 가정에서 집안 식구들까지 알아보고 존경하는 말하자면 집안 이름이 되었다.

한편 한국의 대표적인 정통개혁주의 신학자 박형룡은 미국 유학을 마치고 일제 치하의 조선에 돌아와서 1930년에 평양장로신학교에서 교수로 교편을 잡은 이후로 서울 사당동 소재 총신대학교와 총신대학교 신학대학원에서 총장직과 교수직으로부터 1971년에 영구 은퇴하기까지 41년을 신학을 가르쳤고 신학자로서 활동하였다.

신학자 박형룡이 가르쳤던 몇몇 신학교 또는 신학대학교, 신학대학원의 이름들은 달랐지만 우리가 이 학교들에게 전신 또는 후신이라는 이름을 붙이기를 허용한다면 신학자 박형룡은 결국 총회신학교 또는 약칭으로 총신이라는 동일 신학교(신학대학교, 신학대학원)에서 40여 년을 신학을 가르쳤다고 말할 수가 있다.

이렇게 세계적이라고 불러 마땅한 미국의 고전적 정통개혁주의 신학자 찰스 핫지의 교수 경력을 접근하였던, 한국의 대표적인 정통개혁주의 신학자 박형룡 역시 40여 년의 교수사역을 통하여 수천 명의 제자 목사들과 교역자들과 후학들을 양성하는 일에 헌신함으로써 한국의 장로교회에서뿐만 아니라 한국의 기독교(개신교) 교계에서 그의 이름이 '신앙과 신학의 스승'으로서 우러러보는 이름이 되었다. 그리고 '보수주의'와 '자유주의'라고 하는 신앙과 신학의 차이성에도 불구하고 한국의 모든 개신교 복음주의 교회의 평신도들 가운데서 그들의 가정에서까지 알아보고 이야기하는 이름이 되어 있다.

둘째로는 미국의 고전적 정통개혁주의 신학자 찰스 핫지는 신학자로서 저술활동의 결정체라고 할 수 있는 「조직신학(Systematic Theology)」을 남겼는데 이는 무려 2,200쪽이 넘는 3권으로 된 대저작이었다. 이 저작이야말로 찰스 핫지의 다년간의 신학연구와 목회자 양성사역의 총결산으로서 이것이 갖고 있는 학문적인 권위와 성숙성을 능가한다고 볼 수 있는 신학적 저술이 아직 미국 개신교 신학계에 나온 적이 없다는 평가가 있다.[62]

찰스 핫지의 조직신학이 나오던 1872년에 「뉴욕 트리뷴(The New York

Herald Tribune)」지는 재빨리 논평하여 이르기를 "이 책은 저자의 심오한 사상과 예리한 분석과 광대한 학식을 여실히 보여주고 있다"고 하면서 격찬을 아끼지 않았다.[63]

찰스 핫지의 대표적 신학저술인 「조직신학」에 관하여 한 가지 하고 싶은 이야기가 있으니 그것은 이것이다.

> "이 책의 우월성(모든 다른 정통개혁주의 신학자들의 조직신학 분야에서의 저술들과 비교하여)은 지금도 이 책이 계속 인쇄되어 세계적으로 많은 독자들에게 읽히고 있고, 정통개혁주의 신학 노선을 걷고 있는 많은 신학교들과 신학을 가르치는 고등교육 기관들 가운데서 교재 내지 부교재 또는 참고서로 사용되고 있다는 사실에서 찾아볼 수 있을 것이다."[64]

여기서 잠시 숨을 돌리고 다음과 같은 광경을 눈앞에 그려보며 생각해 보기 바란다. 신학자 찰스 핫지가 오랜 세월 동안 살면서 미국의 프린스턴 신학교에서 가르쳤을 때, 미국 전역과 해외 여러 나라에서 많은 신학생들이 구름같이 모여들어서 그의 신학 강의를 들으면서 큰 지식을 얻었고 감동을 받았으며 졸업 후에는 미국 전역에 흩어지거나 해외 여러 나라로 돌아가서 목사가 되어 교회에서 목양하고 학교에서 교사로서 가르쳤다. 신학자 찰스 핫지가 양육하였던 수천 명의 제자들이 스승으로부터 얻은 신학적 지식과 그로부터 받은 영적 감화력으로 말미암아 하나님의 나라를 건설하는 일을 열심히 하였을 것이 분명하다.

옛날 바울과 그의 동역자들이 그리스도의 복음을 전파할 때에 데살로니가에서 시기하는 유대인들로부터 천하를 어지럽게 하는 사람들이라고 하는 칭호를 받은 것처럼(행 17:6) 찰스 핫지의 제자 목사들이 온 세계에 흩어져서 하나님의 말씀인 성경의 망치질 소리와 정통개혁주의 신학의 삽질하는 소리를 내면서 천하를 또는 세계를 요란하게 하고 시끌

시끌하게 하였던 그 광경을 우리의 머리에 한번 떠올려 보았으면 한다. 이 경이로운 사실을 마음에 새겨볼 때에 우리 모두가 찰스 핫지는 과연 19세기에 하나님께서 정통개혁주의 신학의 진흥과 온 인류 복음화와 하나님 나라의 건설을 위하여 사용하였던 큰 신학자, 나아가서는 세계적인 신학자였음을 인식하고 감동하며 크게 기뻐하지 않을 수 없다.

그러면 박형룡은 미국 프린스턴의 찰스 핫지와 견주어볼 때에 신학자로서의 저작활동에서 어떤 모습으로 나타나고 있는가? 본 저자가 감히 자부심을 갖고서 말할 수 있는 것은 한국이 낳은 신학자 박형룡은 미국 프린스턴의 신학자 찰스 핫지와 견주어서 신학저술과 저작활동에서도 결코 손색이 없는 큰 신학자였고 세계적인 신학자였다는 것이다.

한국의 신학자 박형룡은 미국의 신학자 찰스 핫지처럼 많은 주경신학적이며 조직신학적인 저작들을 집필하여 세상에 남겼는데, 그중에서 그의 7권으로 된 「교의신학」이 3권으로 된 찰스 핫지의 「조직신학」에 맞먹은 그의 신학적 대표작이라고 할 수 있겠다.

박형룡 박사의 대표작인 「교의신학」은 모두 7권을 합쳐서 3,000페이지 정도 된다. 그런데 찰스 핫지의 「조직신학」 책은 3권으로 총 2,200페이지를 조금 넘어선다. 그러므로 박형룡의 「교의신학」은 찰스 핫지의 「조직신학」을 물량적으로 압도하고 있는 것이 사실이다.

더욱이 총 20권 8,000페이지를 웃도는 한국의 신학자 박형룡의 모든 저술과 저작들을 함께 모아놓은 「박형룡박사저작전집」을 고려한다면 미국 프린스턴의 신학자 찰스 핫지의 3권으로 된 「조직신학」을 포함하여 그의 모든 저술과 저작들의 총 페이지 수가 박형룡의 신학적 저술의 총 8,000페이지에 접근 못하고 있다는 것을 고려할 때 박형룡은 신학적 저술과 저작활동이나 그 생산성에서 신학자 찰스 핫지에 대하여 앞서고 있다는 것을 우리가 확인할 수 있는 것이다.

그렇다 할지라도 찰스 핫지는 저술과 저작들을 통하여 미국 또는 북미의 구 칼빈주의 신학 또는 정통개혁주의 신학을 그의 방대한 신학적 지식과 신학적 창의성을 갖고서 완성하였기에 세계적인 신학자라고 일컬음을 받을 수 있었지만, 한국의 신학자 박형룡은 그렇지 못하였던 것이 분명하지 않은가라고 말하는 분들이 있을 것이다. 박형룡은 프린스턴에 가서 구 칼빈주의 신학(Old Calvinistic Theology)을 가르친 그곳의 신학자들로부터 배우기는 했으나 한국에 돌아온 후에 그의 신학적 저술과 저작 활동을 통하여 소위 '보수신학' 또는 한국적인 정통개혁주의 신학을 세우는 일에 있어서 애석하게도 방대한 신학적 지식과 신학적 창의성의 결여로 인하여 프린스턴의 구 칼빈주의 신학자 핫지, 워필드, 쉐드, 스트롱, 뎁니, 메이첸 등의 신학을 그대로 옮겨 모방하는 모방신학의 쉬운 길을 택하였기 때문에 한국 교회를 위한 그의 신학적 공로는 크게 인정받을 만하나 그를 가리켜서 세계적인 신학자라고 부르기에는 미흡하다고 주장하는 사람들도 있다. 이와 같이 신학자 박형룡은 구미 선진신학(구 칼빈주의 신학 또는 고전적 정통개혁주의 신학)을 단순히 복사한 모방신학자였기 때문에 세계적인 신학자라는 칭호를 듣기에는 부적절하다는 회의적 평가에 대하여 두 가지로 간단하게 답하고자 한다.

첫째는 우리가 알아야 할 중요한 사실은 신학자가 되려면 선배 신학자(스승)에게 배워야 하고 선배 신학자에게 배운다는 뜻에는 선배 신학자의 신학을 모방한다는 뜻이 내포되어 있다는 것이다. 그가 세계적인 신학자였음을 의심하는 사람들이 별로 없었던 프린스턴의 신학자 찰스 핫지에게도 그에게 가르침을 주었던 선배 신학자들이 많이 있었으며 따라서 찰스 핫지가 그들의 신학과 신학 사상을 모방하였다는 말을 우리가 어렵지 않게 할 수 있는 줄 안다.

가령 세계적인 신학자 찰스 핫지의 대표작(Magnum Opus)인 「조직신학」만 보더라도 이 책에서 그는 어거스틴(Augustine, 5세기)과 존 칼빈(John Calvin, 1509~1564)의 저서들을 빈번하게 인용하고 있고 교회의 신경 중에서는 특히 그의 청교도 선배 신학자들이 모여서 작성한 「웨스트민스터 표준문서」중에서도 「웨스트민스터 대소요리문답(Westminster Larger and Shorter Cathechism, 1647)」에 크게 의존하고 있음을 알 수가 있다. 교의학자 니메이어(Niemeyer, 19세기)의 「신경전집(Collectio Confessionum)」은 찰스 핫지가 그의 「조직신학」 3권 중에서 빈번하고 쉽게 인용하는 책 중의 하나인 것이다.

그러므로 한국의 대표적인 정통개혁주의 신학자 박형룡이 그의 「교의신학」 7권 중에서 구미의 선진 정통개혁주의 신학자 10여 명(핫지, 워필드, 뎁니, 스미스, 카이퍼, 바빙크, 보스, 스트롱, 쉐드, 벌코프 등)가량을 빈번히 인용하였고, 그들의 저서들에 의존하였다고 하여 그가 세계적 신학자가 아니었음을 증명하는 것이 될 수는 없다는 것이다.

둘째는 본서의 앞부분 여러 곳에서 박형룡 박사의 신학자로서의 신학연구의 목적은 한국 교회를 위하여 지로적 신학(A Finger-Pointing the Way Theology for the Korea Church)을 세우는 데 있었고, 어떤 토착화적인 한국적 신학이나 어떤 독특한 신학적 사상적 창의성을 발휘하여 새로운 신학을 구상하고 저작하여 한국 교회에 선보이려는 것은 결코 아니었음을 강조하여 수차 지적한 바 있다는 것을 상기하여 주기 바란다.

따라서 한국의 신학자 박형룡은 프린스턴의 신학자 찰스 핫지 이상의 열심을 갖고서 한국 교회 내에 자유주의 신학의 침투로 인하여 존재하게 되었던 신학사상적 혼란기에 정통개혁주의 신학자로서 활동하면서 한국 교회를 바른 신학(정통개혁주의 신학)의 노선으로 이끌어갈 수 있는 신학을, 그리고 한국 교회사를 배경으로 하는 한국 교회의 성도들의 보수신앙에 알맞도록 구조조정(Restructuring)이 된 정통개혁주의 신학을 정립하는 일에 힘썼던 것이다.

그리고 신학자 박형룡이 이와 같이 한국적 정통개혁주의 신학을 정립하는 일을 위하여 찰스 핫지를 비롯한 구미의 고전적 정통개혁주의 신학자 10여 명을 그의 「교의신학」 7권 중에 적소적재주의로 배치하고 소위

'꽃다발 신학' 또는 '지로적 신학'을 탄생시키는 일에 성공하였다면 그 누가 신학자 박형룡을 가리켜서 심오한 신학적 지식과 신학적 창의성이 없어서 구미의 정통개혁주의 신학자들의 신학을 한국에 그대로 옮겨다 놓고 가르친 모방신학자였다고 그를 비난하고 평가절하 할 수가 있겠는가 하는 물음을 본 저자는 독자 여러분에게 진지하게 묻고 싶다.[65]

오히려 한국의 신학자 박형룡은 심오한 신학적 지식과 신학적 창의성을 소유하였음에도 불구하고 그것을 독자적으로 발휘하지 아니하고 한국 교회를 바른 신학, 정통개혁주의 신학의 노선으로 이끌어가기 위하여 선발된 구미의 선진 정통개혁주의 신학자들 10여 명의 신학을 한국적 경건주의의 안목을 갖고서 종합하여 일찍이 그 자신이 말한 바 있는 꽃다발 신학을 만들었고 전파하였으며 한국 교회의 많은 후배들과 후학들에게 가르침으로써 현금의 한국 교회의 원로 신학자들인 김희보 박사와 한철하 박사와 신복윤 박사 등이 지적한 바와 같이 오늘날의 한국 교회의 경이적인 성장과 부흥을 가져오게 하였던 것이 아니었겠는가. 한철하 박사가 말한 바대로 신학자 박형룡이 그의 꽃다발 신학으로 세계 교회에서 급속히 진행 중인 좌경에 타격을 가할 수 있었고 큰 경종을 울릴 수가 있었다면 그는 진실로 세계 교회의 엘리야로서 큰 공헌을 하였다고 볼 수 있을 것이다.

그런 의미에서라도 한국의 신학자 박형룡은 찰스 핫지에 뒤지지 않는 세계적인 신학자였음을 우리 모두가 인식하고 큰 경의를 표하면서 한국 교회의 정통보수를 사랑하는 모든 분들이 그의 영광을 공유하여야 할 것이라고 생각한다.

찰스 핫지 박사가 그의 대표작 「조직신학」 3권을 통하여 미국 장로교회와 나아가 세계의 기독교회에 미친 영향은 지대하였고 특히 그가 가르친 2,000여 명이 넘는 문하생 목사들과 교역자들에게 부여한 그의 가르침의 감동이 경이적이었던 것처럼 박형룡 박사가 그의 대표작 「교의신학」 7권을 통하여 한국 장로교회에 끼친 영향은 너무나 지대하였고, 한국 교회의 오늘날의 부흥을 가져오게 한 그의 가르침의 감화력은 현재 세계에서 1등 가는 선교 교회로서 자리매김을 하고 있는 우리 한국 교회를 통하여 오늘날 우리 지구촌에 산재해 있는 모든 그리스도의 교회들에게 전달되고 있음이 분명하다.

그리고 여기서 우리가 빼놓을 수 없는 한 가지 중요한 사실은 신학자 박형룡이 살아생전에 신학을 가르쳤던 1만여 명의 제자 목사들과 후배 교수들과 후학들에게 그의 「교의신학」 7권을 통해 부여한 영향과 감화력은 거의 절대적이었다고 할 수 있으며 현재에도 그렇다고 인식하는 것이 옳다는 것이다.

본 저자도 35년을 총신대학교 신학대학원에서 교수로 학생들을 가르쳤고 정년퇴임한 지 10년이 넘지만 지금도 박형룡 박사에게 가르침을 받은 제자들을 길에서나 공공장소에서 만나게 되면, 본 저자를 박아론 교수로 기억하기보다는 박형룡 박사의 아들로 기억하고 아버지 박형룡 박사가 살아 있었을 때에 관련된 이야기를 하는 분들이 많이 계셨다. 이는 감사한 일이다. 그리고 이는 박형룡 박사에게 가르침을 받았고 특히 교의신학 강의를 들은 바 있는 그의 제자들이 얼마나 박형룡 박사를 스승으로 존경하였을 뿐만 아니라 사모하였으며, 박형룡 박사가 돌아가신 지 수십 년이 지났지만 오늘날도 생존하고 있는 많지 않은 그의 제자들이 얼마나 그를 추모하고 있는지를 우리에게 단적으로 보여 주는 사례이기도 하다.

또 한 가지 사례를 들면 현재 생존하고 있는 박형룡 박사의 제자들에게 아버지 박형룡이 가르쳤던 교의신학에 관해 물어보면 거의 이구동성으로 '오늘날 그렇게 훌륭하고 심오한 강의를 누구에게서 들을 수 있겠는가?' 라고 하면서 깊은 감회에 젖는 모습들을 많이 보게 된다는 것이다.

여기서 우리를 잠깐 생각하도록 만드는 것은 박형룡 박사가 아무리 열정적으로 그의 대표작 「교의신학」 7권을 중심으로 하는 신학강의를 정통개혁주의적 입장에서 베풀었다고 할지라도 그 사실이 한국 교회 내에서 교단과 교파를 초월하여 널리 흩어져 있는 많은 박형룡 박사의 제자들의 과거나 현재에 보여주고 있는 그를 존경하고 사모하는 마음과 거의 숭배하는 태도를 다 설명할 수가 없다는 것이다.

그렇다! 저자의 졸견에는 아버지 박형룡에 대한 그의 제자들의 거의 숭배에 가까운 예찬과 충성심은 그가 이 땅에서 사는 동안 보여준 하나님과의 관계에서 영성과 그리고 사람들과의 관계에서는 보여주었던 도덕성으로부터 부분적으로나마 유래하였다는 것이 옳은 설명이라 할 수 있겠다.

박형룡의 제자들이 그의 교의신학 강의에 열광하였고 평생을 은혜로운 추억으로 간직하는 것은 그의 강의가 방대하고 심오하였기 때문이지만, 한편으로 교수법은 평범하고 드라마틱하지 못한 것도 사실이었다. 그러나 그의 성자다운 스승으로서의 강의하던 모습이 제자들에게 한없는 감동을 주었기 때문이라고 생각하는 것이다.

그동안 미국의 세계적인 신학자 찰스 핫지와 한국의 큰 신학자 박형룡을 비교하면서 두 분 모두 세계적인 신학자였다는 사실을 증명하려고 하여 왔다. 이제 세 번째에 해당되는 이 두 분 신학자들의 신학과 신학적 지식 외에 인격을 비교, 평가하는 일을 하여 보고자 한다.

미국의 신학자 찰스 핫지가 조직신학 강의를 할 때에 제자들에게 큰 감동과 압도적인 진리의 위력으로 다가갔었던 것은 그의 지성과 학문성과 더불어 그의 영성의 충만한 인격을 갖고 그가 가르쳤기 때문이었던 것처럼 한국의 큰 신학자 박형룡도 그의 교의신학 강의를 할 때에 강의를 경청하는 제자들에게 큰 감동을 주어 숙연하게 하고 스승 박형룡을 우러러보도록 한 것은 박형룡의 우수한 학문성 외에 영성과 도덕성을 겸비한 성자 같은 인격이 그의 강의 배후에서 강력한 감화력을 발휘하였기 때문이었다는 사실을 우리 모두가 유념해야 할 것이다.

먼저 신학자 찰스 핫지에 관하여 이야기해 보도록 하자. 근래에 찰스 핫지 박사의 3권으로 된 「조직신학」을 한 권으로 축소하여 요약된 단권 「조직신학」을 편찬, 제작하여 교계에 내놓음으로 학자들이 찰스 핫지 연구에 큰 도움을 준 바 있는 에드워드 그로스 목사(Rev. Edward N. Gross, Charles Hodge's Systematic Theology, Abridged Edition, 1988)는 말하기를 "신학자 찰스 핫지의 경건한 삶이 그의 저서 「조직신학」 3권 가운데 빛을 발하고 있는데 이는 한 신학자 안에서 학문성과 영성이 유감없이 결합되어 있는 좋은 본보기가 된다"라고 하였다.[66)]

또 신학자 찰스 핫지와 동시대의 인물로서 그의 제자요, 열렬한 팬이었던 윌리엄 팩스톤(William Paxton)은 다음과 같이 이야기하였다.

> "찰스 핫지의 신학은 죽은 신학이 아니었다. 그는 우리에게 하나님 아버지의 밥상으로부터 음식을 공급하였다. 그의 위대한 지성이 언제나 돋보였다. 그러나 그것은 언제나 찰스 핫지 박사의 영력을 동반하였으므로 우리에게 강렬한 영적 인상들을 던져 주었던 것이다."[67)]

미국 프린스턴의 세계적인 신학자 찰스 핫지는 조직신학 강의와 대표적 저작 「조직신학」 3권을 통하여 많은 제자들과 특히 미국 장로교회의 수많은 교역자 목사들에게 많은 교훈과 감화를 끼쳤다. 특히 영력이 있고 도덕성이 풍부한 찰스 핫지의 인격이 그에게서 조직신학을 배웠던 목사 후보생들에게 큰 귀감이 되었으며, 확실하게 성경적이었고 더욱이 그의 인격이 뒷받침해 주었던 찰스 핫지의 조직신학을 모두 두 손 들고 환영하였으며 애호하였던 것이다.

다음으로 한국 교회의 큰 신학자였던 박형룡 박사에 관해 이야기를 해 보도록 하자. 한국의 신학자 박형룡도 7권으로 된 「교의신학」을 교재로 하여 가르쳤을 때에 평생 동안 신학자로서의 근면성과 성실성이 이루어 놓은 그의 학문성이 빛을 발하였음은 물론이었고 그의 풍성한 영성과 겸손하고 진실하고 자비로운 사랑의 인격이 그의 학문성을 앞서가며 또는 뒤에서 밀어주었기 때문에 총신대학교에서 신학자 박형룡이 교의신학을 가르치던 시간에 그의 책상 앞에 앉아서 경청하였던 수많은 한국 교회의 목사 후보생들이 그를 우러러보며 경건하게 옷깃을 여몄던 것이다. 그들은 총신 졸업 후에 한국 장로교회의 목회자들과 지도자들로서 사역할 때에 순경에 처하였을 때에나 역경에 처하였을 때에 늘 총신대학교에서 신학자 박형룡 박사에게 교의신학을 배우던 일을 생각하였고 더욱이 그가 신학의 교사로서 보여주었던 겸손과 자비로운 인격을 사모하고 그리워하였으며 그들이 목회 일선에서 넘어졌을 적에는 은사 박형룡을 생각하여 용기와 새 힘을 얻어 칠전팔기하여 전진할 수 있었다는 사실을 우리가 신학자 박형룡을 평가할 때에 한시라도 잊어서는 안 될 것이다.

우리는 지금까지 한국의 신학자 박형룡과 프린스턴 신학교의 신학자 찰스 핫지를 비교하면서 이 두 분이 미국의 장로교회와 한국 장로교회에 각기 미친 영향과, 두 신학자가 대표 저작인 「조직신학」과 「교의신학」의 방대하고 심오하며 성경적이고 정통개혁주의적인 신학내용들을 통해 두 나라의 장로교회뿐만 아니라 세계 기독교회에 끼친 영향과 감화력, 그리고 이 두 신학자가 영성과 도덕성이 넘치는 인격을 갖고서 신학을 가르쳐 그들에게서 배웠던 제자들과 나아가서 후배 후학들까지도 그들에 대하여 숭배에 가까운 존경심과 끊임없는 애정과 사모하는 마음을 가졌던 사실을 진지하게 비교하고 고찰해 보았다.

이와 같은 세 가지 분야에서 두 신학자를 비교, 고찰한 결과는 미국 프린스턴 신학교의 신학자였고 세계적인 신학자였던 찰스 핫지를 한국 총신대학교의 신학자 박형룡이 능가하였다고는 보기는 어렵겠다고 할지라도 그를 접근하였고 그의 근처에 가 있었던, 역시 세계적인 신학자였다는 결론을 학자의 양심을 갖고서 내리지 않을 수 없다는 것을 본 저자가 여기서 새삼스럽게 말할 수 있게 된 것을 매우 기쁘게 생각하는 바이다.

존 머리와 같았던 세계적인 신학자

일찍이 한국 총신대학교의 큰 신학자였던 박형룡은 19세기의 미국 프린스턴 신학교가 탄생시킨 세계적인 신학자 찰스 핫지와 비교하여 조금도 손색이 없는 세계적인 신학자였을 뿐 아니라 20세기의 미국 필라델피아 소재의 웨스트민스터 신학교가 배출한 또 다른 신학자 존 머리와 비교해도 전혀 뒤질 바가 없는 세계적인 신학자였다는 사실을 이야기하고자 한다.

필라델피아 소재 웨스트민스터 신학교가 자랑스럽게 배출한 세계적인 신학자 존 머리(John Murray, 1898~1975)는 스코틀랜드의 서덜랜드(Sutherland, Scotland)에서 출생한 영국인으로 일찍이 영국의 글래스고 대학교를 졸업한 후 미국 프린스턴 신학교에 가서 3년 동안 수학하여 졸업하였고, 영국 에딘버러 대학교 대학원 과정을 거친 다음에 모교 프린스턴 신학교의 캐스퍼 위스타 핫지(Caspar Wistar Hodge)의 초청으로 프린스턴 신학교에서 조직신학 조교수로 가르치기 시작한 것도 잠깐, 프린스턴 신학교의 신학적 좌경으로 인하여 1930년에 그리샴 메이첸 박사(Dr. J. Gresham Machen)를 좇아서 인근 필라델피아 시에 신설된 웨스트민스터 신학교로 가게 되었다. 거기서 1966년까지 36년 동안 조직신학을 가르치면서 수많은 제자들을 배양하여 미국 장로교회뿐만 아니라 세계 기독교회로 내보냄으로써 세계적인 정통개혁주의 신앙과 신학의 회복 운동에 크게 기여한 바 있는 생각만 해도 존경스러운 큰 신학자이다.

이 세계적인 신학자 존 머리는 한국 교회가 낳은 큰 신학자 박형룡과 아주 밀접한 관계가 있었다. 미국 프린스턴 신학교 재학시절(1927~1929)에 박형룡과 같은 학년, 같은 반에서 신학을 배웠던 동기동창이었다는 사실과 더불어 두 신학자 사이에 존재한 우정이 오랜 세월 동안 지속되었다는 사실도 괄목할 만한 것이었다고 하겠다.

이제 신학자 박형룡을 신학자 존 머리와 더불어 비교, 고찰할 때에 세 가지 측면에서 또는 세 가지 분야에서 관찰하고 평가하고자 한다.

첫째로, 세계적인 신학자 존 머리는 근면함과 성실함으로 신학을 연구하여 생전에는 물론이요, 사후에도 신학자로서의 명성과 감화력을 세계적으로 떨치고 있다.

진실로 그가 근면과 성실함으로 신학연구에 몰두하여 학자로서의 실력을 닦지 않았더라면 프린스턴 신학교(지금의 프린스턴 대학교 신학대학원)를 졸업하고 영국의 에딘버러 대학교 대학원에서 공부를 하고 있던 젊은 나이에 그의 은사 캐스퍼 위스타 핫지 박사에게 발탁되어 조직신학 조교수로 프린스턴 신학교에서 가르칠 수 있도록 초빙을 받을 수가 있었겠는가 하는 것이다. 존 머리가 비상한 노력형의 젊은 학자였음을 우리 모두가 시인하지 않을 수 없을 것이다.

그리하여 존 머리는 3대 핫지와 B. B. 워필드 등 기라성 같은 프린스턴 조직신학의 대가들의 계보를 곧바로 계승하는 후계자가 되었다. 프린스턴 신학교의 자유주의화로 말미암아 1930년 필라델피아에 있는 웨스트민스터 신학교로 옮겨가서 조직신학 교수로 취임한 이후 1966년에 동교에서 영구 은퇴하기까지 존 머리 박사는 정통개혁주의 신학을 고수하는 웨스트민스터 신학교 조직신학의 기수요 주역으로서 그 사명과 역할을 충성스럽게 감당하였다.

그리고 이와 같은 사실이 있을 수 있었다는 것은 신학자 존 머리가 그의 일평생을 근면함으로 정통개혁주의 신학을 철저히 심오하게 연구하는 일에 헌신한 결과였다는 것과 역사적 기독교의 본질을 교리적으로 잘 반영하고 있고 동시에 성경 영감론과 하나님의 주권사상에 뿌리내리고 있는 정통개혁주의 신학을 수호하며 더욱 발전시키고자 하는 목적의식에 그가 강력히 사로잡혔기 때문이었다는 사실을 잊어서는 안 될 것이다.

신학자 존 머리가 근면성과 성실함으로 젊은 대학원생 시절부터 정통개혁주의 신학을 열성적으로 연구하여 프린스턴 신학교의 정통개혁주의적인 조직신학의 마지막 주자였던 은사 캐스퍼 위스타 핫지 박사의 후계자가 되었고 신설된 필라델피아의 웨스트민스터 신학교로 가서는 탁월한 정통개혁주의 신학적 지식을 갖고서 많은 신학생들을 36년 동안 가르쳐서 웨스트민스터 조직신학의 원조요, 그 대명사가 되었던 것처럼 한국의 신학자 박형룡도 한평생을 근면과 성실함으로 신학을 연구한 결과로서 자유주의 신학의 침공 가운데서 방황하던 한국 장로교회를 바른 신학, 즉 정통개혁주의 신학의 노선으로 확고하게 이끌어 갈 수 있었던 '지로적인 신학'을 수립하여 그것을 총신(총신의 전신인 남산장로회신학교와 평양신학교를 포함)에서 역시 36년을 가르쳤고, 「교의신학」 7권을 저술하여 총신의 조직신학의 원조가 되었으며 한국 교회와 한국 장로교회의 대표적 신학자가 되었다.

이미 박형룡 박사가 한국전쟁이 한창이었던 대구 피난총신 시절에 사과상자를 책상으로 하고 밤늦게까지 불을 밝히면서 그 앞에 앉아서 신학을 연구하였고 평생을 근면과 성실함으로 신학을 연구한 바 있었던 위대한 신학자였다는 사실을 저자는 본서의 앞부분에서 여러 번 이야기하고 강조한 바 있다. 따라서 이와 같은 사실에 대해 다시 이야기하고 강조하는 것은 필요 이상의 반복인 고로 삼가겠지만, 미국 웨스트민스터 신학교의 존 머리 교수를 생각할 때마다 아버지 박형룡 박사가

람들은 모두가 이구동성으로 그의 겸손한 인격을 칭찬하였다. 신학자 박형룡은 사람들과 이야기하거나 대화할 때에 자기 자신을 가리켜서 '나'라고 하지 않고 '저'라고 지칭하였고, 자기 자신의 아내나 자식들에 관하여 자랑하는 말을 한 적이 전혀 없었다. 그가 가르치고 길러낸 목사들 중에서 아버님께 편지를 써서 보낸 경험이 있는 분들은 모두들 똑같이 이야기하기를 그들이 써 보낸 편지에 대한 답장을 박형룡 박사로부터 어김없이 받았으며 그 답장의 끝에 가서 '박형룡 배상'이라는 문구가 있었다고 하면서 감격스러워하는 모습들을 본 저자는 종종 목격한 적이 있었다. '박형룡 배상'이라는 문구 중에서 '배상'이라는 두 글자는 아랫사람이 윗사람에게, 까마득한 후배가 선배에게 보내는 서신의 제일 끝에 가서 편지를 보내는 자가 자신의 이름 석 자 뒤에 적는 겸허함과 존경을 표시하는 글자이다.

아버지 박형룡 박사는 자기 자신의 신학, 즉 그의 신학적 지식이나 신학적 실력에 관하여 입을 열어 몇 마디 말로라도 자랑한 적이 전혀 없었다. 그가 10년(1964~1973)이라는 오랜 기간 동안 연구하고 저술한 「교의신학」 7권도 각 권의 서문에서 말한 것처럼 그 내용들이 구미의 정통개혁주의 신학자들의 신학에서 왔다고 생각하였기 때문에, 박형룡 박사는 심지어 표지에 나타나는 필자의 이름 아래 편술이나 역편이라고 밝히는 것이 마땅하나 출판에 조역하는 이의 권면을 받아서 '지음'이라는 말을 기입하니 미안하기 짝이 없다는 말까지 하는 것을 잊지 않았던 것이다.[69] 이 얼마나 겸손한 고백인가!

후배 신학자가 선배 신학자의 신학에서 그 내용을 가져오는 것은 자연스럽고 당연한 일임에도 불구하고 그렇게 한 것이 「교의신학」 7권의 저자인 박형룡에게는 저자로서의 무슨 결함이 있는 것처럼 인식이 되어 미안하고 송구스럽게 생각하는 그의 마음과 그 인격 앞에 우리 모두는 고개를 숙여야 마땅할 것이다. 요즘 보면 다른 신학자들의 신학에서 곧바로 그 내용을 베껴다 놓고서 마치 자신이 처음부터 원저자인 것처럼 꾸며대고 위풍을 떠는 소위 표절신학자들이 우리 주변에서 많이 활동하고 있음을 마음 아파하면서 우리 모두는 「교의신학」의 저자 박형룡의 겸손함을 배워야 한다고 생각한다. 옛날 예수 그리스도께서 자기 하인의 병을 고쳐주시기를 간청하던 백부장의 큰 믿음을 보고 감탄하셨던 것처럼(마 8:5~10) 신학자 박형룡의 크게 겸손한 인격을 볼 때 우리 모두는 크게 감동하고 존경심을 품어야 할 줄로 사료하는 바이다.[70]

셋째로 미국 웨스트민스터 신학교가 낳은 세계적인 신학자 존 머리가 침묵 가운데 인자함과 자비로움이 있었고 그러면서도 불붙는 활화산과 같은 진리의 열정이 있었다는 점에서 세계적인 신학자였다면 한국의 총신이 배출한 큰 신학자 박형룡도 바로 그와 같은 특징적인 사실들 때문에 역시 세계적이라고 하여야 마땅한 신학자였다는 것을 저자는 더욱 실감나게 그리고 명료하게 이야기하고자 하는 바이다. 먼저 신학자 존 머리에 관해 이야기하고 기술하도록 하자.

신학자 존 머리에 관한 기술은 본 저자가 1956년과 1957년에 2년 동안 미국 필라델피아 소재 웨스트민스터 신학교에서 신학을 수학하였을 때 경험한 바에 주로 의존한다. 세계적 신학자 존 머리는 그 인격의 특징적인 것이 침묵이었다. 침묵은 웅변보다 귀하다(Silence is better than speech)라는 격언이 있거니와 존 머리는 그 누구보다도 이 격언의 뜻을 실천에 옮겼던 침묵의 사나이였다. 존 머리 교수는 웨스트민스터 신학교 시절에 그 당시 학생이었던 본 저자가 관찰한 대로 교실에서 강의할 때를 제외하고는 말을 별로 하지 않았고, 교실 밖에서 학생들과의 대화는 주로 학생들의 질문이나 요청들에 관해 대답하는 것으로 끝나곤 하였다.

그러면 존 머리 박사가 이렇게 학생들과 또는 방문자들과 가졌던 만남과 대화의 시간이 짧았음에도 불구하고 학생들과 방문객들은 어떻게 그의 인자하고 자비로운 인격을 느낄 수 있었으며 그의 인자함과 자비로움에 감복할 수가 있었겠는가 하는 물음을 우리는 묻지 않을 수가 없다.

이와 같은 물음에 대한 대답은 이것이다. 예를 들어서 웨스트민스터 신학교를 졸업하고 대학원으로 진학하기 위해서 평균 성적이 B+가 되어야 하는데, 조직신학 과목에서 B나 C를 받았을 경우에 대학원 진학이 어려워 그에게 찾아가서 성적 점수의 개선을 의논하며 호소하는 학생들에게 존 머리 교수는 그 일을 그들과 함께 염려하고 걱정하면서 마음으로 고민하는 모습을 보여준 것이 문제 해결을 위하여 찾아간 학생들에게 큰 감동을 주었다는 것이다.

웨스트민스터 신학교 재학시절에 관찰하였고 경험한 바로는 존 머리 박사는 일미터 팔십(6척)이 넘는 코넬리우스 반틸(Cornelius Van Til, 1895~1988)보다 머리 하나가 낮아 보였던 단신이었다. 그가 캠퍼스에서 걸어다니거나 학교 건물 복도를 다닐 때에 늘 얼굴 표정이 무표정하였고 심각했으나, 학생들과 만났을 때에는 얼굴 표정이 갑작스럽게 환하게 웃음을 머금었으며 그가 먼저 하이 미스터 아무개라고 이름을 부르면서 인사말을 건네던 것을 저자는 기억한다.

그는 특별히 강의 시간에 병고로 결석하는 학생들의 명단을 갖고 다니면서 그들을 위하여 기도하였다. 존 머리 교수는 코넬리우스 반틸 박사처럼 웨스트민스터 신학교 기숙사에서 생활하던 외국인 학생들을 이따금 자택으로 초청하여 저녁식사를 대접하지는 못했지만[71] 웨스트민스터 신학교 식당에서 하루 세 번 식사할 때마다 될 수 있는 대로 외국인 기숙사생들이 앉아 있는 식탁에 함께 앉아 식사를 하면서 그들에게 그들의 모국 교회에 대하여 묻기도 하였고 웨스트민스터 신학교에서 공부하는 것과 기숙사에서 생활하면서 불편한 것들은 없는지 또 교수로서 그가 도울 수 있는 일들은 무엇인지 묻기도 하였다. 그런데 이렇게 기숙사 식당에서 빈번하게 외국인 학생들과 한 식탁에 앉아서 식사하면서 그와 같은 물음들을 묻고 대화를 나누던 존 머리 교수의 모습은 마치 인자하고 자비로운 삼촌이 젊고 철없는 조카들을 큰 관심과 사랑을 가지고서 타이르고 격려하는 것처럼 보여서 지금도 아련한 추억 속의 감동으로 남아 있음을 말하고자 하는 바이다.

그러면 이제 세계적인 신학자 존 머리가 침묵 가운데 인자함과 자비로움이 있었다는 부분을 기술하고 설명하였으니 다음은 불붙는 활화산과 같은 진리의 열정이 그에게 있었다는 부분을 간략하게 기술할 차례이다. 세계적인 신학자였던 존 머리에게는 활화산 같은 진리의 열정이 있었다. 아마도 그것이 존 머리를 세계적인 신학자로 평가받을 수 있도록 만들어주었는지도 모를 일이다. 존 머리는 신학적 저술과 저작에 있어서 다작이기는 하였으나 굉장한 다작은 아니었다. 그가 살아서 신학자로 활동할 당시에 저술하고 출판한 책들 중에서 대표적인 것은 1955년에 책이 되어 나온 「구속의 성취와 적용」(The Redemption Accomplished and Applied)이었다.

그의 사후 1976년부터 4권으로 된 저작전집(The Collected Writings of John Murray)이 나왔었는데 제1권의 책 이름이 「진리의 주장들(The Claims of Truth)」이었다. 그는 이 책에서 웨스트민스터 신학교가 설립된 이유는 '진리(하나님의 말씀)의 주장이 우리를 사로잡았기 때문이다.'라고 설파하였다.[72]

존 머리 교수가 진리의 주장이라고 하였을 때 그것은 하나님의 말씀의 주장을 의미하였으며 거기에는 완전영감적인 성경관이 내포되어 있었다. 그가 주장한 바 '진리의 주장' 곧 하나님의 말씀의 주장은 진리의 깃발을 드는 것(raise the Banner of Truth)으로 이해되었는데 그는 웨스트민스터 신학교가 하나님의 우주적인 경륜(The Whole Counsel of God)을 위하여 진리의 깃발을 높이 들었다고 말하기도 하였다.[73] 세계적인 신학자 존 머리의 '진리의 주장' 또는 '진리의 군기'라는 독특한 용어는 그가 시편

60편 4절을 읽는 가운데 성령의 감동하심으로 말미암아 얻은 소득이었다. "주를 경외하는 자에게 깃발을 주시고 진리를 위하여 달게 하셨나이다. 셀라."(시 60:4)

존 머리 박사가 36년간 웨스트민스터 신학교의 한 교실에서 조직신학을 강의하였을 때에 결론적인 강조를 하기 위해 그의 입술에 떠올린 말은 진리의 주장이라는 것이었고 그것이 최상 최고의 것이라는 뜻에서 '진리의 지상명령' 또는 '진리의 숭고한 요구'라고 표현하였으며 그것을 크게 외치기도 하였던 것이다.

웨스트민스터 신학교에서 그가 이끌었던 조직신학 강의시간은 진리의 군기를 높이 휘날리는 시간들이었다. 존 머리 교수는 강의시간에 강의 노트와 함께 히브리어 성경을 갖고 들어왔다. 강의가 시작되면 책상에 놓인 조직신학 강의 노트를 참고하면서 강의하였고 이따금 히브리어 구약성경을 펴놓고서 조직신학 강의 중에 나오는 구약성경의 본문들을 주석하고 강해하였다. 조직신학 강의에 나오는 신약성경의 본문들은 물론 헬라어 신약성경을 펴놓고 주해하였으나 전자만큼 후자를 빈번하게 주해하지는 않았던 것 같다. 그런데 언제나 학생들에게 인기가 많았던 때는 존 머리 박사가 조직신학 강의 도중에 신구약성경의 본문들을 주석하고 강해하는 순간들이었다. 그리고 이때보다 더욱 인기가 많았던 때는 조직신학 강의를 하면서 틈틈이 그리고 결론적으로 오른손을 높이 들고서 진리의 주장 또는 진리의 지상명령 또는 진리의 숭고한 요구를 부르짖었던 순간들이었다. 조용조용한 그의 조직신학 강의 중에서 이런 순간들이 폭발할 때마다 경청하던 수강자 학생들은 정신이 번쩍 들었고 마음에 크게 감동을 받지 않을 수 없었던 것이다.

본 저자는 학생으로서 그 당시에 존 머리 박사의 조직신학 강의를 들었는데 평소에 말이 없고 자비롭고 인자한 표정이기는 하였으나 너무 숭고하게 보여서 이 세상을 초월하여 사는 분처럼 느껴졌던 그가 조직신학 강의 시간에 어떻게 저렇게 열렬하게 진리의 지상명령 또는 진리의 숭고한 요구를 외치고 부르짖으면서 불붙는 활화산과 같은 진리의 열정을 폭발시킬 수가 있겠는가 하는 것이 학생이었던 본 저자에게는 큰 의문점이었다.

그러나 현재 「나의 아버지 박형룡」이라는 제하의 본서를 저술하면서 존 머리 박사의 조직신학 강의를 회고할 때에 두 가지 이유 설명을 하여 당시에 가졌던 의문점을 풀어볼 수 있다고 생각하는 바이다.

첫째로는 신학자 존 머리가 웨스트민스터 신학교 강의실에서 조직신학을 가르치면서 진리의 지상명령 또는 진리의 숭고한 요구라는 구호를 활화산과 같은 진리의 열정으로 뜨겁게 외칠 수 있었던 것은 1929년 그가 프린스턴 신학교의 신학적 좌경이 현실화되면서 핫지, 워필드 등 기라성 같은 구 프린스턴 신학자들의 정통개혁주의 신학을 승계하는 후계자로 지목을 받았음에도 불구하고 바른 신학을 지키기 위해 오랫동안 정든 모교 프린스턴 신학교를 떠나서 인근 필라델피아에 신설된 웨스트민스터 신학교로 가야만 했기에 마음에 느꼈던 그 비통함을 회상하였기 때문이었을 것이다.

그리고 한편으로는 진리의 숭고한 요구로 말미암아 세워지는 필라델피아 시 교외의 웨스트민스터 신학교로 가서 진리 또는 바른 신학의 군기를 높이 휘날려야 할 것을 생각하면서 골리앗을 대항하는 다윗과 같은 심정이 되어서(삼상 17:45~51) 전의를 불태웠던 그의 프린스턴 신학교 최후의 날들을, 그 절망과 회한과 분노와 결단의 순간들을 생각할 수가 있었기 때문일 것이다.

둘째로는 만일 1929년에 프린스턴 신학교가 신학적으로 좌경하지 않았다고 가정하더라도, 또한 존 머리가 프린스턴 신학교에 그대로 있으면서 3대 핫지 박사와 워필드 박사 등 정통개혁주의 신학자들의 후계자로서 조직신학을 36년 동안 가르쳤다고 우리가 가정할지라도, 그는 프린스턴 신학교의 강의실에서 조직신학을 가르치면서 역시 성경영감론을 부인하는 자유주의 신학에 대한 정의로운 분노와 무오한 성경관에 입각하는 바른 신학을 지키고 가르치고자 하는 사명 의식으로 말미암아 불붙는 활화산과 같은 진리의 열정이 그로 하여금 진리의 지상명령과 진리의 숭고한 요구라는 구호를 외쳤을 것이 분명하였을 것이다. 왜냐하면 세계적인 신학자 존 머리는 진리의 열정을 먹고사는 사나이였기 때문이다.

그러나 그 당시 미국 기독교계의 신학적 현실이 존 머리로 하여금 거의 1세기 전에 프린스턴 신학교를 떠나게 하였다. 그리고 신설된 웨스트민스터 신학교로 옮겨가서 36년간을 정통개혁주의 신학적 입장에서 조직신학을 가르치도록 하였으니 프린스턴 신학교를 떠날 때 느꼈던 마음의 비통함과 신설된 웨스트민스터 신학교에서 고난을 이겨내면서 바른 신학을 가르치기 위해 불태웠던 투지와 사명감이 존 머리 교수의 마음속에 연속적으로 큰 힘을 발휘함으로 말미암아 웨스트민스터 신학교의 강의실에서 조직신학을 오랜 세월 동안 가르칠 때에 그토록 열정적으로 진리의 지상명령 또는 진리의 숭고한 요구(The Paramount Claim of Truth)를 부르짖고 외쳤던 것이 아니었겠는가 하는 생각이 드는데 이것은 역사적으로 설득력이 있는 설명이라고 할 수 있을 것이다.

신학자 존 머리는 하나님의 말씀과 기도의 사람이었다. 그는 하나님의 말씀인 성경을 읽고 기도하고 묵상하는 가운데 진리의 파수자로서의 열심과 바른 신학을 지키고 또 가르치고자 하는 투지를 소유하게 되었으니 이는 하나님과 깊은 교제가 있었던 모세가 그 얼굴에 광채가 있었듯이(출 34:29~30) 하나님을 사랑하고 하나님의 말씀을 사모하는 성도는 그 얼굴이 진리의 빛과 열기로 넘치게 되는 법이다.

존 머리 박사가 세계적인 신학자였다는 이유는 개혁주의 신학의 지식과 학문성이 많고 높았다는 것뿐만 아니라 하나님의 말씀인 성경을 자주 읽고 묵상하며 기도함으로써 진리와 믿음의 열기가 그 인격과 삶 속에 넘쳐나서 그로 하여금 진리의 지상명령과 진리의 숭고한 요구에 사로잡힌 바 될 수 있었다는 것이다. 그리하여 세계 만방에 하나님의 진리의 깃발이 휘날리도록 하는 일에 그가 가르쳤던 많은 목사들과 후배 크리스천들에게 몸소 위대한 모범이 되었다고 확신하는 바이다.

다음은 아버지 박형룡 박사에 관해 그가 세계적인 신학자 존 머리 교수 못지않게 침묵 가운데 인자함과 자비로움이 있었고, 불붙는 활화산과 같은 진리의 열정이 있었다는 점에서 세계적이라고 일컬음을 받아야 하는 신학자였음을 이야기하고자 한다.

신학자 박형룡도 신학자 존 머리 못지않게 침묵의 사람이었다. 아버지 박형룡 박사 곁에 있으면서 거의 살아 계셨던 일생 동안을 모시며 관찰해본 대로는 아버님은 평소에 말이 없으셨고 학생들이나 방문객들과 대화하실 때에도 주로 듣는 일을 하셨으며, 신학교 교실에서 강의할 때와 회의석상에서 제안과 답변과 설명을 하셨을 때를 제외하고는 누구와 이야기하든지 긴 말을 하지 않으셨고 물어보는 말에 대해서는 반드시 대답을 하셨으나 그 대답도 2~3분을 초과하지 않는 짧은 대답이었던 것을 기억한다.

그러면 이렇게 침묵하며 말을 적게 하기로 소문난 신학자 박형룡은 말 잘하는 것을 미덕으로 알고 웅변과 우스꽝스러운 이야기 듣기를 선호하는 한국 사회와 기독교 교계에서 사람들과 교제하며 친구를 사귀고 사회와 교계의 여론을 움직이는 일 등에 있어서 지장은 없었겠는가 하고 물을 수 있는 줄 안다. 이 물음에 대하여 아들인 본 저자의 대답은 아버님의 침묵으로 인하여 대사회적인 면에서나 기독교 교계에 끼치는 영향력에 있어서 지장을 초래할 것 같았으나 사실은 전혀 그런 일은 없었으며 오히려 아버님의 대사회적 활동이나 교계적 활동이 유리하고 유익하게 전개될 수 있었다는 놀라운 대답인 것이다.

신학자 박형룡이 침묵 곧 말이 별로 없는 라이프 스타일로 말미암아 대사회적이며 대교계적인 활동이 오히려 효과적일 수 있었던 것은 그가 많은 사람이 흠모할 만한 고귀한 인격을 갖추고 있었기 때문이었다. 신학자 박형룡의 고귀한 인격이 그의 침묵으로 인하여 대인관계에 있어서 또는 교계적으로 초래될 수 있었던 지장들과 불편함을 넉넉히 커버하고도 남음이 있었음에 대해 경의를 표해야 할 것이다.

말이 적었던 신학자 박형룡의 리더십은 말의 리더십이 아니었고 인격과 삶의 리더십이었다. 신학자 박형룡이 우리에게 보여주었던 침묵하여 말이 별로 없었던 삶의 스타일은 유익한 점들을 많이 갖고 있었으니 첫째로 말의 실수가 없는 것, 둘째로 말이 헤프지 아니함으로 말을 한마디 할 때에는 그 말에 굉장한 무게가 있었다는 것, 셋째로 불필요하고 겉치레적인 말을 하지 않고 침묵하는 가운데 서로가 더 생각하고 인격적으로 접촉할 수 있는 기회를 제공받는 것 등 외에도 유익한 점들이 많이 있다.

이와 같은 신학자 박형룡의 침묵하고 말이 아주 적은 생활습관은 그에게 선천적으로 주어진 성품에서 오지 않았으며 그가 후천적으로 애쓰고 노력하여 얻은 바 열매 또는 의식적으로 추진한 학습과 수양의 결과였음을 알 때에 아버지 박형룡의 침묵하고 말이 없는 생활습관이 그의 피나는 노력과 수양으로 왔다는 것을, 그러니까 하나님의 후속적인 은혜였다는 사실을 깨닫고 본 저자는 두 번 다시 크게 놀라지 않을 수 없음을 솔직하게 고백하는 바이다.

신학자 박형룡에 관하여 또 한 가지 말하고 싶은 것은 그는 침묵하는 가운데서도 신학자 존 머리처럼 얼굴 표정과 행동, 인격을 통해 남들에게 인자와 사랑을 보여준 분이었다는 사실이다. 아들인 본 저자를 포함하여 박형룡의 가족들과 그가 출석하였던 교회(서울 청파동의 청암교회)의 담임목사(이환수 목사)와 성도들과 그가 교수로 있었던 총신대학교의 교직원들과 아버지 박형룡으로부터 가르침을 받은 바 있는 많은 그의 제자 목사들과 교역자들이 이구동성으로 이야기하는 것은 박형룡 박사가 어떤 경우에든지 언성을 높이거나 혈기를 내거나 다투는 것을 본 적이 없었다는 놀랍고 믿어지지 않는 사실이다.

신학자 박형룡은 얼굴 표정이 프린스턴 동기동창생이었던 존 머리 박사와 비슷하게 늘 진지하고 심각함이 감돌고 있었던 것이다. 그러면서도 인자함과 자비로움이 풍기는 인상을 던져주었고 실제로도 그러한 분이었기 때문에 박형룡 박사에게 가르침을 받은 모든 제자 목사들과 교역자들 중에서 큰 어른이신 박형룡 박사를 두려워하며 가까이 할 수가 없었다는 불평은 전혀 없었으며 인사를 받지 않았다든가, 어떤 것을 여쭤 보았는데 그것을 묵살하고 대답을 하지 않았다고 하는 등의 불평의 말을 하는 것도 직간접적으로도 들어본 적이 없었던 것이다.

신학자 박형룡은 총신대학교에서 강의실 안과 밖에서 학생들이 묻는 질문 중에서 즉시 답하기 어려운 것은 수첩에 적어 가져갔다가 수일 후에는 그 동안의 연구와 조사가 뒷받침하는 성의 있는 대답을 질문자 학생들에게 반드시 전달한 것으로 널리 알려져 있었다.

총신대학교에서 초대 총장을 하셨던 때(교육부로부터 정식으로 정규대학교 인가를 받은 직후)에도 총신대학교 건물 안에서나 혹은 밖에서 학생들이 허리를 굽히고 인사를 드리면 총장이었던 박형룡 박사도 그 학생들에게 똑같이 허리를 굽혀서 답례의 인사를 하였다. 이와 같이 겸손하고 인자한 모습과 마음가짐을 신학자 박형룡은 총신대학교에서 학생들에게 보여주었고 이 인자하고 자비로운 언행과 인격적 모습은 총신대학교 바깥에서도 나타나 많은 성도들에게 큰 감동과 교훈을 끼쳐주었다.

옛날 대구 피난총신 시절부터 어머니 박순도 여사(권사)는 손님 맞이하기를 좋아하셨고 손님들 중에서도 특히 가난한 신학생 전도사들을 초대해 푸짐한 음식을 차려 대접 잘하는 일로 소문난 분이었다. 어머니 박순도 여사의 손님 접대가 특히 가난한 신학생들을 대접하고 돕고자 하는 방침 때문에 아버지 박형룡 박사의 자택에는 방문 오는 손님들과 식사 초대를 받은 신학생들이 많이 모였었는데 본 저자의 모친은 가정부 한 사람의 도움을 받으면서 방문하는 손님들을 접대하고 가난한 신학생들에게 식사 대접하는 일을 매우 즐겁게 하셨던 것을 날로 희미해져 가는 추억 속에 지금도 기억하고 있다.

이와 같은 사실을 통해서 알 수 있듯이 신학자 박형룡의 인자와 자비로움은 주로 그의 얼굴 표정과 인격적인 언어 행동에서 나타나 보였지만 손님들을 극진히 접대하고 가난한 신학생들에게 식사를 대접하고 또 다른 방법으로 도울 수 있으면 적극적으로 도움을 주었던 저자의 모친의 사랑과 섬김의 삶에 아버지 박형룡도 전적으로 참여함으로써 신학자 박형룡은 이웃 사랑의 모범을 뚜렷이 보여주었던 것이다.

끝으로 본 저자가 하고 싶은 강조는 한국 교회가 낳은 위대한 신학자 박형룡은 미국 웨스트민스터 신학교에서 조직신학을 가르쳤던 세계적인 신학자 존 머리 못지않게 또는 그 이상으로 불붙는 활화산과 같은 진리의 열정을 갖고 있었다는 사실이다.

박형룡은 일찍이 젊은 대학생의 나이로 목포학생만세운동사건에 관련되어 학생지도자로서 불 뿜는 웅변으로 참가자 학생들을 감동시킨 웅변가였다(1920년). 이 일로 말미암아 그는 목포 형무소에서 10개월의 옥고를 치르기도 하였다.

또 청년신학자 박형룡은 1938년에 제27회 조선예수교장로회총회가 일제의 신사참배 강요에 굴복하여 홍택기 목사 사회하에 "아등은 신사참배를 솔선여행하고 총후 황국국민으로서 적성(赤誠)을 다하기로 기함" 이라는 결의문을 채택하기 전까지, 몇 년 동안 조선전국교회를 다니면서 신사참배 반대를 외치는 설교와 강연 등을 통해 진리(바른 신앙, 바른 신학)에 대한 열정과 아울러 웅변술을 드러내어 성도들에게 큰 감동을 주었다.

희미한 기억 속에 떠올릴 수 있는 다른 한 가지 사례는 한국전쟁 중에 박형룡 박사가 가족과 함께 한반도의 최남단 항구도시 부산에서 피난생활을 하던 시기(1950~1951)에 대한예수교장로회 피난 교역자 수양회가 부산 시내 초량교회에서 열렸다. 저자는 미 육군부대에 카투사 병으로 근무하던 19세의 청소년이었는데 그 집회에 참석하여 이사야 6장 13절을 본문으로 하는 '남은 백성이'라는 설교를 듣고 은혜와 감동을 받았던 것을 기억하고 있다.

아버지 박형룡 박사는 이때 설교를 통해 "우리는 전란의 혼잡 중에서도 교회의 신앙적 전통을 잃지 않도록 노력해야 합니다"[74]라고 하면서 눈물을 흘렸고 "우리의 삼천리반도 금수강산은 우리가 영구히 차지하여 거룩한 백성, 제사장 나라, 하나님의 교회를 영구히 세워야 할 것입니다"라고 했을 때에는 설교자 자신이 목이 메어 말을 중단하고 절망 중에 소망을 갖는 애절함을 보이면서 아버님 특유의 감동적인 강단 매너를 발휘하기도 하였다.[75]

이렇게 신학자 박형룡은 청소년 학생 시절부터 평양에서의 청년신학교 교수 시기, 태평양전쟁 중의 망명 신학자 시기와 한국전쟁 중의 피난 신학자 시기까지 정말 불붙는 활화산과 같은 애국애족의 정신과 진리의 열정을 가지고 그것을 웅변으로 폭발시켰으나 한국전쟁이 종식되고 대한민국 정부가 서울로 환도한 이후 정치적 혼란기를 거쳐서 박정희 군사 정권의 통치가 시작하였다가 그 막을 내리기까지, 그리고 한국 주류 장로교회의 분열과 재편성(합동, 통합)의 그때 그 시기까지 존재하였던 박형룡의 활화산과 같은 진리의 절규와 화려한 웅변술이 그의 생애의 후반기에 가서는 자취를 감추기 시작하여 드디어 완전히 사라져버리는 아쉬움이 있었다.

그 이유는 무엇이었을까? 아들인 저자는 독자 여러분과 함께 그 이유를 찾아보아도 속 시원한 대답을 얻기가 어려울 줄 안다. 왜냐하면 그것은 객관적인 사건이나 사실로 말미암은 이유라기보다는 박형룡 자신의 마음속에서 발생한 내면적인 생각의 변화에서 기인하였던 이유이기 때문일 것이다. 그러나 아버지 박형룡에게서 그의 생애와 사역의 후반기에 가서 진리의 절규와 웅변이 잠적해 버린 이유에 관해 독자 여러분에게 설명하여야 할 책임성을 본 저자는 적지 않게 느끼고 있기 때문에 아버님께서 살아 계셨을 때에 모셨던 경험을 근거로 사실반 추측반의 이유 설명을 구태여 한다면 다음과 같다.

첫째로 아버지 박형룡은 그의 생애와 사역의 후반기(1964년 이후)를 맞이하면서 노년으로 가는 자신을 느껴서 체력을 관리해야 하겠다는 생각이 그 마음 가운데 생겼기 때문일 것이라고 추측해 본다.

저자가 미국 유학에서 돌아와 아버님을 뵈었을 때가 1964년이었는데, 아버님은 67세의 반노인으로 이미 식사의 양을 줄이고 걷기운동을 하고 계셨고, 취침 시간이 저녁 9시 30분으로 앞당겨졌던 것을 목격할 수 있었다. 따라서 아버님은 신학교 강의실에서 교수로서 그리고 초청받아 설교하는 교회의 강단에서는 설교자로서 체력의 소모를 극소화하고 꾸준히 건강을 유지하기 위해 소위 진리의 절규와 웅변술을 자제하셨던 것이다. 즉 신학자 박형룡이 그의 생애와 사역의 후반기에 가서 진리의 절규와 웅변적 언행이 줄어든 것은 건강상의 이유 때문이었다는 것이다.

둘째로는 아버지 박형룡이 소년 시절에 예수를 믿은 이후로 침묵을 선호하는 습관을 키웠던 것이 그의 생애의 후반기에 가서 되살아났기 때문일 것으로 본다. 소년 박형룡은 예수를 믿은 이후로는 마음을 깨끗하게 하고 주님과 참된 교제를 가지기 위해 하루에 하는 말을 스무 마디로 제한하는 일까지 있었다고 한다. 소년 박형룡은 말을 많이 하는 것(언어적 다변)과 말을 크게 하는 것(언어적 웅변) 두 가지를 다 경계하였고, 할 수만 있다면 말을 아예 하지 않는 것(침묵)을 최선의 방침으로 삼았다는 것이다.

그가 청장년 신학교 교수 시절에는 소년 시절에 가졌던 언어적 취미와 웅변에 대한 경계심을 유보하고 교회의 강단에서 설교하고 신학교의 교실에서 강의할 때, 심령수련회(수양회)와 신학적 학술대회에서 강사로서 설교하고 강연할 때, 시대적이고 상황적인 요청에 따라서 큰 소리로 외쳤고 놀라운 웅변술을 보여주기도 하였다.

그러다가 그의 생애와 사역의 후반기에 들어가서는 말보다 능력(실력)이 중요하다는 성경의 가르침과 말만 하고 일하지 않는 인생은 궁핍하다(잠 14:23)는 성경적 교훈이 아버지 박형룡의 생각을 지배하게 되었다. 또 중요한 것은 일반 불신사회에서는 물론이고 놀랍게도 기독교 교계나 신자 사회에서도 공적인 회의석상에서든지 일대일의 개인적인 대화에서 말이 자칫 가십(gossip)이나 악담으로 변하고 웅변이 남을 비판하고 욕하는 일에 자주 사용되는 것을 보고서(학생 데모와 노조투쟁과 한국 국회의 의사진행과 심지어는 한국 기독교 내에서의 장로회 노회와 총회 모임 등) 언어 사용에 대하여 크게 환멸을 느낀 나머지 소년시절에 그가 터득하였던 "모든 사람은 악한 마음을 갖고 있는고로 그들의 마음으로부터 입술을 통하여 나오는 모든 말은 악을 이룰 수밖에 없다."(잠 24:1~2)라는 잠언적 언어관으로 완전 복귀하여 신학 강의를 할 때나 설교를 할 때 소위 진리의 절규라는 것과 놀라운 웅변술이 그 모습을 감추어버렸다고 하는 설명을 하고자 하는 것이다.

셋째로는 신학자 박형룡의 생애와 사역의 후반기에 접어들면서 그의 진리의 절규와 놀라운 웅변술이 그 자취를 감추기 시작하였다는 관찰은 외면적인 것일 수밖에 없었다. 실상은 그것들이 자취를 감추었던 것이 아니라 그의 생애와 사역의 후반기에 가서도 진리의 절규와 그의 웅변술을 포기하지 않고 간직하고 있었다. 다만 사람들이 그것들을 보지 못하였고 관찰하지 못하였던 것이다. 그 이유는 박형룡이 그것들을 그의 정신세계에서 내면화시켜서 소리 없는 절규와 마음의 웅변으로 존재하도록 만들었기 때문일 것이다.

세계적인 신학자 존 머리가 프린스턴 신학교의 신학적 좌경으로 말미암아 3대 핫지와 워필드의 정통개혁주의 조직신학의 계승자 위치에 있었으나 눈물을 머금고 떠나야만 했던 프린스턴 최후의 날들을 회고, 회상하면서 비통함에 젖었고 자유주의 신학에 대한 의로운 분노를 느껴서 진리의 절규(진리의 지상명령과 숭고한 진리의 요구)를 36년 동안 필라델피아 시 웨스트민스터 신학교의 강의실에서 조직신학을 가르치면서 그의 특유의 웅변술을 발휘하여 외치고 부르짖었던 것이 사실이다. 마찬가지로 대한민국의 서울 사당동 총신대학교가 배출한 세계적인 신학자 박형룡도 프린스턴 신학교 동기동창생이었던 세계적인 신학자 존 머리처럼 매우 비참하고 암담하게 느꼈던 날들이 있었던 것이다. 즉 WCC(세계 교회협의회)와 에큐메니칼 운동에 관한 입장 차이 때문에 한국 주류 장로교회가 합동, 통합 양측 장로교회로 분열하기 직전에 엉뚱하게도 소위 3천만 환 사건의 도의적 책임을 지고서 남산장로회 총회신학교의 학장직을 사임하였고 마치 박형룡이 이 사건의 주범인 양 오해를 받게 되었으니 말이다. 그러므로 박형룡은 서울 남산장로회총회신학교의 최후의 날들을 회고, 회상하면 비통함을 느꼈을 것이고 뿐만 아니라 종교다원주의적 에큐메니칼 운동에 대한 환멸과 위기 의식에 또한 압도당하였을 것이므로 그가 지도하여 새롭게 출범한 합동장로회 총회 안에서 동총회가 직영하였던 서울 사당동 총회신학교의 강의실에서 신학생들에게 교의신학을 모두 11년 동안(용산 임시교사 시절 포함) 가르치면서 정통보수의 절규와 선한 싸움의 절규를 그의 화려한 웅변술을 동원하여 외치고 부르짖고 싶은 마음이 그에게 왜 없었겠는가 하는 것이다.

그러나 세계적인 신학자 박형룡은 존 머리와는 달리 앞서 설명한 바 있는 이유들 때문에 그의 정통보수의 절규와 진리의 선한 싸움의 절규를 정신적으로 내면화시켜서 생각과 마음속에서 소리없는 절규와 마음의 웅변으로 존재하도록 하는 일들을 단행하였다. 그러다가 그의 정통보수의 절규와 진리의 선한 싸움의 절규가 생각과 마음속에서 쌓이고 쌓였다가 드디어 폭발하여 큰 위력을 나타내 보였던 것이 바로 그의 20권으로 된 「박형룡박사저작전집」의 저술이요, 간행이었던 것이다.

그런데 세계적인 신학자 박형룡의 「박형룡박사저작전집」 20권의 저술과 간행이야말로 신학자 박형룡을 세계적인 신학자로 만들어준 위대한 사건이었음을 본 저자는 새삼스럽게 말하고자 하는 것이다.

그리고 한 가지 더 말하고자 하는 사실은 아버지 박형룡이 합동장로회 총회에 지대한 영향을 주었고 서울 사당동 총회신학교를 세웠음에도 불구하고 10년 후에 합동장로회 총회와 총신대학교가 총신교사 광주 이전 계획설을 이유로 설립자 박형룡을 순식간에 영구 은퇴하도록 하였고 박형룡을 도와서 합동장로회 총회와 총신대학교를 설립하는 일에 헌신하였던 소위 개국공신 같은 여러분(이환수, 박찬목, 정규오, 노진현 등)을 어처구니 없게 물러나게 한 일을 보고 아버지 박형룡은 신세대 지도자(이영수)의 이끌림을 받게 된 합동장로회 총회와 총신대학교에 대해 큰 실망과 비애를 느끼게 되었던 것이 사실이다. 한걸음 더 나아가서 합동장로회 총회와 총신대학교는 이미 척사위정(斥邪衛正)의 박형룡의 지도력에서 벗어났었으므로(아들 박아론이 총신대신대원 교수로 있었다 할지라도) 통합측 장로회 총회가 직영하는 장신대학교처럼 바야흐로 신학적으로 좌경 또는 신정통주의화할 수 있는 가능성을 아버지 박형룡은 크게 우려하게 되었던 것이다.

우리가 아버지 박형룡의 이와 같은 우려를 이해하는 것이 「박형룡박사저작전집」 20권의 간행의 참뜻을 깨닫는 데 도움이 된다고 할 수 있겠다.

세계적인 신학자 박형룡은 이렇게 하여 1960년 이후에 합동장로회 총회가 직영하였던 총신대학교에서 11년간을 가르쳤고 초대 총장까지 역임하면서 그의 정신적으로 내면화되었던 진리의 절규(정통보수의 절규와 진리의 선한 싸움의 절규)가 오랫동안 축적되어 오다가 큰 위력으로 외부적으로 폭발한 것이 「박형룡박사저작전집」 20권의 저술이요, 간행이었다고 말하는 것이 과언이 아니라고 생각한다.

이와 같이 박형룡의 정통보수의 절규가 서울 사당동 초창기 총신 시절에 그가 가르쳤던 교의신학 강의 시간에 폭발하지 않고 박형룡의 마음속에서 소리 없는 절규로 쌓여 있다가 그것이 「박형룡박사저작전집」 20권의 저술과 간행으로 폭발할 때에 더욱 큰 힘을 부여받게 된 것은 총신대학교 설립자 박형룡의 총신대학교와 총신대 신학대학원의 미래의 신학적 좌경을 우려하고 애간장을 태웠던 그의 뜨거운 마음 때문이었던 것이다.

그러므로 세계적인 신학자 박형룡이 그의 세계적인 신학저술 「박형룡박사저작전집」을 저작, 간행하였던 것은 여러 가지 이유 중에서도 총신대학교와 총신대 신학대학원의 미래적인 신학적 좌경화를 예방하고 정통신학적인 방파제 노릇을 할 것을 그가 소원하였기 때문이었다는 것을 본 저자는 다시 한 번 힘주어 말하고 싶은 것이다.

이렇게 하여 본 저자는 신학자로서의 아버지 박형룡을 프린스턴 신학교의 찰스 핫지와 웨스트민스터 신학교의 존 머리와 비교하고 고찰하며 연구하는 일을 여태껏 해왔다. 그 결과는 신학자로서의 아버지 박형룡은 찰스 핫지와 존 머리에 비교하여 손색이 없는 세계적인 신학자였다는 결론에 도달하였다.

먼저 박형룡을 찰스 핫지와 비교하면서 그들이 신학교에서 수십 년을 신학생들을 가르쳐서 각각 미국 장로교회와 한국 장로교회에 끼친 영향과 감화에 있어서, 그들의 신학적 저술 활동과 후세를 위해 남기고

간 신학적 대표작에 있어서, 그리고 끝으로 많은 목사 후보생들 앞에서 명강의의 추진력이 되었던 그들의 인격(도덕성과 영성)에 있어서 매우 유사하였기 때문에 만일 우리가 찰스 핫지를 세계적인 신학자로 평가할 수 있다면 박형룡도 동일하게 세계적인 신학자로 평가하여야 마땅하다고 결론을 내렸다.

그리고 박형룡을 존 머리와 비교하면서 그들이 일생을 근면과 성실함으로 신학을 연구하였고 그들이 연구하여 쌓아올린 개혁주의 신학을 각각 해당 신학교에서 오랜 세월 동안 많은 신학생들과 목사후보생들에게 가르쳐 전수시켰다는 것과 그들이 살았던 검소한 삶과 소유하였던 겸손한 인격으로 말미암아 모든 사람들에게 큰 귀감이 되었다는 사실과 끝으로 그들이 침묵하는 가운데 인자와 자비로움이 있었고, 불붙는 활화산과도 같은 진리의 열정을 가지고 가르치며 외쳤다는 사실에서 존 머리가 세계적인 신학자라고 부를 수 있는 만큼, 박형룡도 우리가 세계적인 신학자라고 부르는 것이 마땅하다는 사실을 결론적으로 말하였다. 그러므로 본 저자와 더불어 우리 모두가 이와 같은 결론을 기뻐하고 환영해야 할 것이다.

Chapter 02

아버지 박형룡은 위대한 교회정치가였다

교회정치가는 지혜와 믿음과 비전을 갖고서
교회의 일들을 도모하며 교회의 나아갈 길을 제시하는
교회지도자라 할 수 있는데 이러한 면에서
박형룡은 위대한 교회정치가라 말할 수 있다.

Chapter 02
아버지 박형룡은 위대한 교회정치가였다

아버지 박형룡이 위대한 교회정치가였다고 말할 때에 평생 동안 장로교회 목사였지만 신학자였지 교회정치를 해본 적이 없는 목사가 어떻게 '교회정치가'라는 칭호와 평가를 받을 수 있겠는가 하는 반대에 부딪히게 된다.

그는 개교회를 담임하고 목회한 적이 없었고 그러므로 개교회 교역자로서 노회에 참석하고 총회에 뽑혀가서 '교회정치'를 현실적으로 해본 적이 없음을 이유로 반대에 부딪히게 된다.

그러나 아버지 박형룡이 '위대한 교회정치가'였다는 주장에 대하여 흔히 들을 수 있는 보편적인 반대에 대하여 이렇게 대답하고자 한다. 그것은 '교회정치가'라는 개념에 관한 인식의 부족에서 오는 것이라고 볼 수 있다는 것이다.

'교회정치가'를 영어로 표현하면 '처치 스테이츠맨'(church statesman)이라고 할 수 있는데 이는 '교회정치인'이라고 하는 다른 영어의 낱말(church politician)과 구분되어야 한다. 웹스터 새단어 미국어(영어) 사전을 찾아보면 스테이츠맨(statesman)의 뜻은 "국사나 정사를 운영하는 일에 지혜와 기량과 비전을 발휘하는 사람"이고[76], 또 다른 단어 폴리티션(politician)의 뜻은 "어떤 정치직을 소유하여 그것을 수행함에 있어서 기술과 노하우가 있고 정치 모의를 잘하는 사람"이라고 하였다.[77] 그렇다면 '교회정치가'는 개념적으로 '교회정치인'과는 다르다. 전자는 "지혜와 믿음과 비전을 갖고 교회의 일들을 도모하며 교회의 나아갈 길을 제시하는 교회지도자"라고 할 수 있고, 후자는 "교회의 정치적 직분들(당회장, 시찰장, 노회장, 총회장 등)을 성공적으로 추구하고 소유하며 기회주의적인 행동도 불사하면서 신망애를 강조하기도 하나, 타협과 모의를 통하여 교권주의적으로 교회의 일들을 이루어나가는 교회의 외관상의 지도자들"이라고 할 수 있을 것이다.

그러므로 '아버지 박형룡은 위대한 교회정치가였다'라고 말할 때에 본 저자는 전자의 개념(church statesman)과 의미성을 부여하여 말하는 것이요 후자의 개념과 뜻하는 바에 비추어서 이야기하는 것은 결코 아니다. 물론 '교회정치가'와 '교회정치인'은 현실 교회정치에서 완벽하게 구분되기 어려운 경우가 많다. 어떤 특정 교계 인물에게서 우리는 '교회정치가'와 '교회정치인'의 두 가지 다른 모습이 공존함을 볼 때가 적지 않기 때문이다.

그러나 아버지 박형룡의 경우는 그렇지 않았다. 아버지 박형룡은 한국이 낳은 '세계적인 기독교 신학자'였을 뿐 아니라 한국 땅에 '보수신학(정통개혁주의 신학)'을 확립하였고, 한국 교회에 '보수신앙'을 심어서 한국 교회를 '세계적인 교회'로 부흥 발전케 한 인물이다. 더욱이 박형룡은 노회에서는 노회장을, 총회에서는 총회장을 해본 적이 없으나 믿음과 비전을 가지고 한국 장로교회를 보수신학의 울타리 안에서 보수신앙으로 지키고 이끌어 나가는 일에 일심으로 헌신한 한국 장로교회의 '정신적인 지주'로서 큰 지도자였다. 그런 의미에서 박형룡 그는 한국 교회가 낳은 '위대한 교회정치가'였다고 하는 본 저자의 말에 독자들께서 귀 기울여주시고 동감, 동의하여 주실 것을 기대해본다.

박형룡은 한국 교회의 목사 후보생들에게 평생 보수신학을 가르쳤고, 한국 교회의 평신도 대중에게는 그의 설교와 신앙적·인격적 감화력을 통하여 보수신앙을 전수시킴으로써 한국 교회사의 강의 흐름을 돌려놓았던 분이셨다. 한국 교회사의 강의 흐름을 바르트주의 신신학과 에큐메니칼 종교다원주의로 가는 길목에서 '성경적인 유일 구주신앙'에 입각하여 '세계 인류 복음화'를 목표하고 나아가는 정통복음주의(또는 개혁주의)의 광명한 미래의 길로 돌려놓은 공로자 박형룡이야말로, 한국 교회와 특히 한국 장로교회가 배출한 첫 손가락으로 꼽힐 만한 '위대한 교회정치가'였다고 칭송하지 않을 수 없다.

이제부터 아버지 박형룡이 '위대한 교회정치가'였다는 사실 또는 해석을 뒷받침하는 논의 또는 설명을 박형룡의 한국 장로교회 안에서의 세 시기에 걸친 교회정치적 활동을 기술함으로서 진행하고자 하는 바이다. 독자 여러분의 각별하게 관심 있는 경청을 희망한다.

암흑 속의 교정가

이 시기는 아버지 박형룡이 미국 유학을 마치고 금의환향하여 한국으로 돌아와 평양장로회신학교에서 교수로 가르치기 시작하셨던 1930년부터 시작하여, 그가 평신 교수로서 신사참배 반대운동에 선봉으로 섰다가 일본으로 망명길을 떠났고 그후에 만주 봉천시(지금의 심양)에 설립되었던 봉천신학교의 교수로 신학생들을 가르치다가 광복을 맞이한 뒤 해방된 조국의 땅을 감격스럽게 밟고 귀국하던 1947년 봄까지를 두고 하는 말이다.

아버지 박형룡의 이 시기의 교회정치 활동을 세 가지 굵직한 그의 교회정치적 행위들 또는 그가 일으킨 교회정치적 사건들을 중심으로 기술하며 설명하고자 한다.

표준성경주석 (달고 오묘한 그 말씀)

문제의 발단은 1934년에 조선 감리교총회가 '한국선교 희년기념'으로 자유주의적인 해석학이 들어 있는 「아빙돈 단권 성경주석」을 출판하였는데 이 책의 번역진에 장로교 목사들 제씨(채필근, 한경직, 송창근, 김재준 등)가 참여하였다는 데 있었다.[78] 그 당시에 아버지 박형룡은 미국에서 세계적인 정통개혁주의 신학의 요람이었던 프린스턴 신학교와 그 대학원을 졸업하였고, 또 미국 켄터키 주 루이빌 소재 남침례교신학교 대학원에서 기독교 변증학을 연구한 결과로 조선에 돌아와 평양장로회신학교에서 교수로 가르치면서 남침례신학교로부터 우편으로 부쳐 온 철학박사 학위를 수여받았던, 조선 교계와 조선 장로교회 안에서 보수신학의 떠오르는 샛별과 같은 존재였다. 현재 총신대학교 신학대학원에서 교회사를 가르치는 박용규 교수는 1930년대의 박형룡을 다음과 같이 묘사하며 평가하고 있다.

> 1930년대 박형룡은 정통주의 대변자로 주류교단 장로교회에서 만인의 인정을 받기 시작했다. 그의 화려한 학력, 탁월한 근면성, 한국에서의 선교사 2세대와의 두터운 교분, 그리고 무엇보다도 복음의 순수성을 지키려는 강력한 의지는 그를 한국 교회의 정통의 대변자로 부상시키기에 충분했다.[79]

이렇게 '떠오르는 보수신학의 샛별' 또는 '정통주의 대변자'로 1930

년대의 한국 교회와 특히 한국 장로교회 안에서 평가와 인정을 받고 있었던 박형룡은 이 사건을 외면할 수 없었고 관여하지 않을 수 없었다. 박형룡은 이 「아빙돈 단권 성경주석」이 한국 장로교회의 교역자들과 평신도들에게 미치는 '자유주의적인 악영향'을 장로회 총회의 요직자들과 지도급 인사들에게 주지시켰다. 그 결과 「아빙돈 단권 성경주석」의 번역에 참여하였던 장로교회 목사 제 씨가 총회 앞에 나아와서 채필근을 필두로 사과하였는데 송창근은 1년 후 총회 앞에서 하였다.[80)]

그러나 「아빙돈 단권 성경주석」 사건은 그 주석책의 번역에 참여하였던 조선장로교회 목사들의 사과로 끝나지 않았다. 1930년대에 조선장로교회 내에서 떠오르는 보수신학의 별과 같았고 정통주의 대변자와도 같았던 박형룡은 그의 '교회정치적 설득력'을 발휘하여 제24회 총회에서 「아빙돈 단권 성경주석」을 '이단'으로 규정짓도록 하였다. 그리고 정통신학의 입장에서 바른 성경주석의 필요성을 역설하여 조선예수교장로회 표준성경주석 위원회가 구성되도록 하였으며 그 위원장직을 박형룡 자신이 맡게 되었던 것이다.[81)]

1934년 장로교 총회는 박형룡의 설득이 주효하여 감리교가 출판한 「아빙돈 단권 성경주석」을 견제하고 조선 장로교총회 산하의 교회들의 교역자들과 평신도들에게 모범적인 정통신앙에 입각한 성경주석을 제공하는 목적으로 「표준성경주석」의 간행을 결의하였다. 그리고 박형룡과 나부열을 포함하는 여섯 명을 '표준성경주석 편집위원'으로 선정하였고, "표준성경주석 집필자 25인을 뽑았으며 구미 여러 나라의 정통개혁주의 신학자 50인에게 「표준성경주석」을 위한 논문 기고를 요청하는 서신을 보내는 등 그 규모가 큼과 동시에 주도면밀하게 준비하는 모습을 보이면서 조선예수교장로회 총회의 주관하에 박형룡을 위원장으로 하는 표준성경주석 출판사업"은 이렇게 '화려한 스타트'를 끊었다.[82)] 그 스타트가 화려하였던 만큼이나 박형룡을 위원장으로 하는 '표준성경주석 출판사업' 추진과 진행에 있어서 '괄목할 만한 성과'를 가져왔다고 할 수 있겠다. 이 「표준성경주석」은 1937년부터 나오기 시작하여 모두 8권이 나오게 되었으니 큰 성과를 거두었다고 할 수 있지 않겠는가.

주석 집필자 중의 한 사람이었던 박형룡은 출판하여 나온 8권의 주석 중에서 「목회서신 주석」(디모데전후서와 디도서)과 「전도서 주석」 두 권을 저술하였다. 기독교 변증학을 전공하고 평양장로회신학교에서 동 과목을 가르쳤던 '젊은 변증신학자'가 전공을 바꾸어가면서 성경신학 분야라고 볼 수 있는 성격주석에 손을 대어 정통주의(정통개혁주의) 입장에서 '국제 수준급의 주석책'을 두 권이나 썼으니 굉장히 놀라운 일이 아닐 수 없었다. 이는 첫째로 하나님의 은혜요, 둘째로는 박형룡 자신의 한국 교회에 '올바른 성경적 신앙'을 심어 주고자 하는 '불붙는 의지의 표출'이 아닐 수 없었다. 또 한 가지 특기할 만한 사실은 박형룡의 평양장로회신학교 출신의 제자 박윤선의 「표준성경주석」의 편집과 출판을 위한 끊임없는 협력과 헌신적인 봉사가 있었다는 것이다.

아버지 박형룡과 그의 제자 박윤선의 관계는 어느 누구의 관계보다도 일평생에 걸쳐서 맺혀졌던 불가사의하다고 할 정도로 시종일관 '끈끈한 관계'였다. 이 「표준성경주석」의 제작과 출판과정에서 두 사람의 관계는 놀랍게도 더욱 그러한 관계의 모양을 보여주었던 것으로 알고 있다.

박형룡은 그의 제자 박윤선을 미국 웨스트민스터 신학교로 추천하여 보냈고 2년간 메이첸 밑에서 배우고 돌아오도록 하였다. 박윤선은 1936년 귀국 후에는 박형룡을 도와 「표준성경주석」의 집필 작업에 전념하였다.[83] 박윤선은 「표준성경주석」의 제작과 간행에서 위원장 박형룡의 오른팔과 같았고 보조자이자 동역자요 총무격이었다고 할 수 있

박윤선 박사와 박형룡 박사

다. 박윤선이 미국 웨스트민스터 신학교 대학원 과정에서 2년간 세계적인 신약신학의 권위자였던 J. 그레샴 메이첸에게 배울 기회가 있었음은 그의 주경신학자로서의 실력과 능력을 키워나갈 수 있는 좋은 기회가 되었다. 그러므로 위원장 박형룡을 도와서 「표준성경주석」의 집필과 편집과 제작을 할 수 있는 '아주 적격한 인물'이었던 것이다.

아버지 박형룡은 1938년 신사참배 반대로 인하여 평양장로회신학교가 폐교한 직후 가족을 동반하여 일본 망명길에 올랐고, 1943년에는 중국 동북부 만주 땅에서 설립되었던 봉천신학교로 가서 신학생들을 가르쳤었다. 그런데 박형룡이 일본 도쿄에서 망명생활을 할 때에 「표준성경주석」의 원고를 집필하며 정리하는 일을 돕고 협력하는 일을 박윤선이 하였으며, 그후에 중국 동북부에서 개교했던 봉천(심양)신학교로 가서 두 사람이 교수로서 동역할 때까지도 위원장 박형룡을 도와서 「표준성경주석」을 저술, 제작하는 일을 박윤선이 계속했던 것으로 안다. 지금까지 이야기해 온 「표준성경주석」의 저술과 출판과 관련된 이야기의 결론적 평가는 이것이다.

첫째로, 아버지 박형룡의 교회정치적 역량은 조선예수교장로회 총회와 총대들을 설득하여 자유주의적 해석을 일삼는 「아빙돈 단권 성경주석」과 맞서서 '바른 신학사상'에 입각하는 「표준성경주석」의 간행을 결의하게 하였다는 사실에서 입증되고도 남음이 있었다고 여겨진다.

더욱이 '바른 신학(정통개혁주의 신학)'의 관점에서 「표준성경주석」의 책들이 저술되기 위하여 "정통신학의 대부격"[84]이었던 자신을 「표준성경주석」 간행 위원장으로 추천하여 선임받도록 하였다는 것도 박형룡이 굉장한 교회정치의 수완과 기량을 보여준 것으로 평가된다.

1934년에 그런 일이 있었는데, 그때에 박형룡은 38세밖에 안 되었고 미국 유학을 마치고 평양장로회신학교 교수로 부임한 지 4년밖에 안 되는 말하자면 '햇병아리 교수'였다. 그런데 이런 일을 해낼 수 있었다는 것은 현재의 우리로서는 상상을 초월하는 일이다. 거기다가 그 당시 조선예수교장로회 총회 종교교육부의 요원 목사들과 직원들을 잘 이해시켜서 「표준성경주석」의 집필인들을 선정하였으며, 미국과 유럽의 권위 있는 '정통개혁주의 신학자들'에게 주석 논문을 요청하는 서한을 보내도록 하는 등 「표준성경주석」 제작의 사무를 그가 원활하게 지도한 것도 참으로 감탄을 금할 수 없는 일이다.

둘째로는, 아버지 박형룡의 교회정치적 역량은 「표준성경주석」의 성공적인 제작과 출판을 위하여 크게는 조선예수교장로회 총회를 움직여서 이를 결의하고 추진하도록 하였을 뿐 아니라, 작게는 또는 가까이는 그의 제자 박윤선에게 미국 유학의 기회를 주어서 세계적인 신약 신학자 메이첸에게 직접 배우도록 하여 국제적 수준의 신약신학 또는 주경신학의 기초를 닦도록 한 다음에 「표준성경주석」의 제작에 있어서 보조자였을 뿐 아니라 동역자로 삼았으며, 그를 꾸준히 지도하고 격려하여 「표준성경주석」을 저술, 편찬하는 일을 능률적으로 추진하였다는 사실에서 증명이 되었다. 그리고 결국은 미완성이었으나 계획하였던 바 「표준성경주석」의 책들 중에서 모두 8권이 교계에 나왔으며 세상에 빛을 보는 성과를 거두었다는 사실에서, 아버지 박형룡의 교정가로서의 역량이 더욱 눈에 띄게 증명이 되었다는 것을 우리 모두가 인정하지 않을 수 없을 것이다.

이야기를 한 가지 더 한다면 「표준성경주석」의 제작 과정에 나타났고 그 후에 오랜 세월 동안 계속되었던 위원장 박형룡과 그의 제자요 동역자였던 박윤선 사이에 존재하였던 '애정 깊고 끈끈한 관계'를 뒷받침하여 주는 이야기를 한 가지 하고자 한다.

아버님이 일제 말에 신사참배 거부로 폐교한 평양장로회신학교를 떠나 일본 도쿄에서 망명생활을 할 때에 본 저자는 5~6세 되는 어린이였고, 그 후에 중국 동북 지역에서 개교하였던 봉천신학교에서 아버님이 박윤선 목사와 더불어 교수로 동역할 때에는 12~13세가 되는 소년이었다.

그런데 어렴풋한 기억을 더듬어서 회고해 볼 때에 박윤선 목사는 「표준성경주석」의 원고를 가지고 우리 집(아버님과 가족의 주택)으로 찾아와서 장시간 의논하고 이야기하였는데, 늘 박윤선 목사는 아버님 앞에서 똑바른 자세로 앉아 있기를 잊지 않았고 아버님을 보고서 언제나 '선생님'이라고 불렀던 것이 잊혀지지 않고 생각이 난다. 굉장히 감동적인 이야기가 아니겠는가?

아버지 박형룡의 교회정치적 능력과 기량을 여실히 보여주었던 일제 조선 강점기의 말기에 있었던 조선예수교장로회 총회의 주관하에 이루어진 「표준성경주석」 사업은 여덟 권의 주석책들의 발간을 끝으로 영구히 중단되고 말았다. 그 이유는 무엇이었을까?

조국의 광복과 함께 박형룡과 박윤선은 일제가 물러가고 대한민국이 건국되었던 조국 땅에서 한국 장로교회가 직영하며 바른 신학 즉 정통개혁주의 신학을 가르치는 신학교를 설립하고 난 다음에 모여드는 미래의 한국 장로교회의 목회자들 즉 신학생들을 가르치는 일에 너무 바빠져서 「표준성경주석」의 간행을 계속할 관심도, 시간의 여유도 없어졌기 때문이었을 것이라고 우리는 추측을 할 수 있을 것이다.

또 한 가지 이유를 이야기한다면 박형룡은 그의 전공 분야가 주경신학이 아니었으므로 앞으로 성경신학이나 주경신학을 전공한 후배 신학자들 중에서 위원장이 나와서 정통개혁주의 신학의 관점에서 더욱 전문적이며 더욱 명료하게 성경이 갖고 있는 내용들의 의미와 의도성을 해석하고 설명하는 「표준성경주석」을 제작하고 간행할 것을 기대했기 때문이었다고 말할 수 있을 것 같다. 어쨌든 정통신학자 박형룡이 후배 주경신학자 박윤선을 동역자로 삼고 조선 안과 밖의 많은 권위 있는 정통개혁주의 성경신학자들에게 주석 발간을 위한 논문 기고를 요청하면서 제작하고 간행하였던 바 「표준성경주석」은 여덟 권의 귀중한 주석

책들을 남겨놓고 역사의 뒤안길로 흘러가 버렸다.

그러나 이는 한국의 정통개혁주의 신학자 박형룡의 한국 교회의 평신도들과 교역자들의 신앙을 자유주의적인 성경 해석학의 과오로부터 지켜내고자 하는 결단의 '일대 쾌거'였다고 볼 수 있겠다. 또 일제 강점기의 조선장로교 총회 안에서 청년 신학자 박형룡의 교정 활동의 탁월한 솜씨와 기량을 보여주었던 사건으로 생각되어서 우리 모두가 감탄하며 치하하여야 할 일인 줄로 여겨진다.

第27회 총회의 신사참배 가결 (나 외에 다른 신에게 절하지 말라)

1930년대 후반기에 접어들면서 일제가 조선 교회와 특히 '장자교회' 조선장로교회에 대하여 신사참배를 강요하자 강요에 못 이겨서 굴복하는 조선 장로교회 산하의 많은 교회들과 교역자들이 있었다. 그러나 일제의 신사참배 강요와 맞서서 반대하였고 반대운동을 활발하게 전개시켰던 교회들과 교역자들도 그 수가 적지 않았다. 그들 중에서도 당시 동양의 예루살렘이라고 일컬음을 받았던 조선 평양시에서 신사참배 반대운동의 지도자는 주기철 목사와 주남선 목사였다.

아버지 박형룡은 미국 유학을 마치고 조선으로 돌아와서 평양장로회신학교에서 가르치기를 시작했던 1930년대 초부터 정통개혁주의 신학사상에 투철했던 평양장로회신학교 졸업생이요 경남 마산의 문창교회에서 목회를 하고 있었던 진실하고 '성경적인 신앙'을 소유한 '일사각오의 종' 주기철 목사와 깊은 신앙적인 유대관계를 맺고 있었다. 두 사람은 일제의 신사참배 강요에 대항하여 '신사참배 반대운동'을 펼쳐나가는 일에도 의기투합하였다. 왜냐하면 박형룡의 정통개혁주의 신학사상은 바로 '일사각오의 종' 주기철 목사가 믿었던 제1계명 제일주의("너는 나 외에는 다른 신들을 네게 두지 말라", 출 20:3)를

부르짖는 성경적 신앙에 그 뿌리를 내리고 있었기 때문이다.[85)]

박형룡은 미국 유학을 마치고 귀국하여 평양장로회신학교의 교수가 된 직후에 평양장로회신학교에서 가르치면서 평양 산정현교회 부목사로 시무했었다. 산정현교회의 강규찬 목사가 사임한 후 잠시 동안 미국 유학에서 돌아온 송창근 목사가 담임목사로 있었을 때에, 그의 자유주의적인 신앙 경향을 염려하여 박형룡은 멀리 경남 마산의 문창교회에서 시무중이던 주기철 목사를 모셔다가 평양 산정현교회의 위임목사가 되도록 하였다.[86)] 여기서 우리는 아버지 박형룡에 관하여 두 가지 사실을 알게 되어 감탄을 금치 못하게 된다.

첫째는, 박형룡이 평양 산정현교회에서 송창근 목사의 사임 후에 '담임목사 대행'을 하면서 당회의 의결을 거친 후 조선반도의 남단 경남 마산에 있는 문창교회까지 찾아가서 주기철 목사를 설득하여 평양으로 올라오도록 하고 평양 산정현교회 성도들의 열렬한 환영을 받으면서 위임목사가 되어 성공적인 목회사역을 할 수 있도록 한 것은 박형룡의 굉장한 교회정치적 역량을 보여주었다는 사실이다.

둘째로는, 자유주의적인 신앙과 신학사상을 가졌던 송창근 목사가 평양 산정현교회로부터 떠난 후에 '제1계명 제일주의'의 '일사각오의 종' 주기철 목사를 모셔다가 평양 산정현교회의 위임목사가 되도록 안내하고 협력한 것은, 박형룡이 주기철 목사는 앞으로 '신사참배 반대운동의 기수'가 되어 '천조대신에게 무릎을 꿇지 않는 조선 기독교'의 지도자가 될 것을 예견했기 때문이었다.

주기철 목사는, 1930년대 후반기에 일제의 조선 기독교에 대한 신사참배 강요의 잔악한 행위에 맞서서 조선장로교회 안에서 상징적으로는 조선정통주의 기독교를 대표하는 의미에서 '신사참배 반대운동'의 기수요, 지도자가 되어 평양 형무소에서 순교하기까지 일사각오의 정신으로 신사참배를 반대하였다.

주기철을 평양 산정현교회로 모셔갔던 박형룡은 평양장로회신학교와 전국 교회를 다니면서 신사참배를 반대하는 발언과 강의와 설교를 함으로써, 1930년대에 조선 기독교 신학자들 중에서 신사참배 반대 운동의 선봉에 선 신학자가 되었다.

신사참배 반대운동과 관련하여 평양장로신학교의 상황을 살펴보면, 일제의 강요에 굴복하여 신사참배를 한 평북노회장 김일선이 평양신학교 교정에 심었던 기념식수를 동노회 소속 신학생 장홍련이 찍어버리는 사건이 발생하였고, 그후에 일경은 평양장로회신학교에서 신사참배 반대운동을 하는 학생 지도자들(장홍련, 김양선, 안광국 등)을 구속하였다. 그리고 학생들의 신사참배 반대운동을 선동하였다는 혐의로 김인준 강사와 박형룡 교수를 불구속 입건하는 일이 일어나기도 하였다.[87]

이상의 일련의 사건을 보더라도 그 당시 평양장로회신학교의 학생들 중에서 일어났던 신사참배 반대운동은 그 학생 지도자들을 구속하여야 할 정도로 격렬한 것이었으며, 평양신학교 교수들 중에서 유독 박형룡을 불구속 입건하였다는 것은 일경이 박형룡을 평양신학교 학생들의 신사참배 반대운동의 배후에서 영향을 끼쳤던 교수로 지목하였음이 분명하였다.

정통신학자로서 박형룡의 신사참배 반대 운동은 그의 강의 및 강연과 설교를 통해서 그가 가르쳤던 평양장로회신학교 학생들과 그가 접촉하고 교제하였던 원근 각처의 교회 성도들에게 영향을 주었던 것으로 그치지 않았다. 더욱 심각한 결과는 평양장로회신학교를 필두로 하여 미국과 호주에서 파송된 선교사들에 의하여 경영이 되고 있었던 많은 미션스쿨들의 폐쇄와 폐교라는 엄청난 사태를 몰고 왔다.

박형룡은 평양시에서와 지방에서 모이는 선교사들의 회합과 회의에 빈번히 참석하여 신사참배는 일제의 앞잡이들의 이야기처럼 황국 신민으로서의 국민의례가 아니라 기독교 성경이 가르치는 대로 하나님의 제1계명을 범하는 행위요(출 20:3), 예수 그리스도를 하나님의 아들로 믿고 섬기는 조선 그리스도인들의 신앙정조가 유린당하는 행위임(엡 5:26~27; 계 19:7~8 등)을 역설하여 회합과 회의에 참석한 미국 남·북장로교회 선교사들과 호주 장로교회 선교사들에게 큰 감동을 주었다.

그리하여 미국 남·북장로교회 선교회와 호주 장로교회 선교회가 경영하고 있었던 미션스쿨들이 차례로 문을 닫기 시작하여 마침내는 모든 미션스쿨들이 문을 닫게 되었다.[88] 다만, 바르트주의 또는 신정통주의 신학의 영향을 받은 캐나다 장로교회 선교회는 신사참배를 국민의례로 받아들이고 그들이 경영하는 미션스쿨들을 폐쇄하지 않고 계속 경영하였었다.[89]

반대로 정통신학을 지켜온 평양장로회신학교는 박형룡이 주동이 되었던 교수회의 결의와 미국 북장로교회 선교회의 '신사참배 반대 방침'으로 말미암아 1938년 9월 30일 문을 닫았던 것이다.[90] 이보다 앞서 1937년 10월 평양의 숭실전문, 숭실중, 숭의여중이 폐교하였고 대구의 계성, 신영학교, 재령의 여신학교, 선천의 신성, 보성학교, 강계의 영실학교, 서울의 경신, 정신학교가 차례로 그 뒤를 따랐다.[91] 아버님으로부터 직접 들은 바에 따르면, 특별히 평양시에서 폐교한 세 곳 미션스쿨(숭실전문, 숭실중, 숭의여중)의 교직원들과 학부형들이 선교사들의 회의에서 박형룡의 발언 때문에 자기들의 미션스쿨이 문을 닫게 되었다고 하여 "아이들을 어느 학교로 보내야 하느냐"라고 비난하며, 또 "우리들의 생활을 책임지라"는 편지와 전화가 걸려 와서 아버님의 심정이 무척 괴로웠다는 것이다.

아버님이 이에 대해 직접 말씀하신 적이 있었다. "나는 학생들이 신사참배를 하지 않도록 하기 위하여 미션스쿨들을 문 닫자고 한 것이었는데, 미션스쿨의 교직원들과 가족들의 실직과 생활난을 너무 가볍게 생각한 것은 내 불찰이었지"라고 하셨다.

이렇게 하여 1930년대에 평양장로회신학교의 교수로 재직하면서 40세 내외의 젊은 나이에 그 당시 조선에서 정통주의 신학을 대표하는 신학자로서 박형룡은, 그 자신의 정통개혁주의 신앙과 신학이 시키는 대로 신사참배 반대운동의 선봉에 서서 그의 교정가로서의 역량을 십분 발휘하여 평양장로회신학교의 학생들과 조선 장로교회의 여러 교역자들과 성도들로 하여금 이 운동을 지지하도록 하였던 것이다. 그리고 미션스쿨의 학생들과 교직원들이 신사참배를 함으로 하나님의 제1계명을 범하는 죄를 짓지 않도록 하기 위하여 미션스쿨들의 폐쇄와 폐교 조치를 선교사들에게 건의하여 성사시키는 일까지도 하기를 주저하지 않았다.

박형룡은 '신사참배 반대운동'을 이끌어가는 과정 중에서 신사참배 찬성파 목사들과 교수들과 신학자들의 인신공격을 받기도 하였으며 폐교된 미션스쿨들의 학부형과 교직원들의 욕설과 증오의 대상이 되기까지 하였으니 이런 일들은 모두 다 1930년대의 조선장로교회 안에서 성경적인 바른 신학과 신앙(정통개혁주의 신앙과 신학)을 지키기 위하여 헌신하였던 한 젊은 정통신학자가 치러야 했었던 '고난의 대가'가 아니었겠는가 사료된다.

여기서 언급하고 싶은 한 가지 문제는, 아버지 박형룡이 1930년대 말, 평양신학교 교수 시절 끝에 가서 신사참배 반대운동을 하다가 평양신학교의 폐교 후에 일본 도쿄로 망명을 떠났었고 중국 동북부 만주에 있었던 봉천신학교의 교수직을 거쳐서 해방된 조국으로 돌아오기까지의 어렵고 긴 과정에서 어떻게 신사참배를 끝까지 거부할 수 있었겠는가 하는 '의혹의 문제'이다. 이에 대한 대답은 그 의혹은 잘못된 것이라는 것이다.

이에 대해 총신대학교 신학대학원의 한국 교회사 교수 박용규의 말을 들어보면 그는 이렇게 잘라서 말한다. "실제로 그(박형룡)는 신사참배를 하지 않았다."[92] 또 박용규 교수는 더욱 강경하게 말한다. "비록 그가 일본으로, 만주로 망명을 떠나기는 했지만 끝까지 신사참배를 거부하였다는 사실을 말해야 할 것 같다."[93]

그는 계속 말하기를 현금의 한국 진보주의 교회사가들이 "박형룡이 도미다 미노루(신사참배를 독려하려고 조선에 나왔던 일본인 목사)와 함께 일본으로 간 것을 심사참배와 결부시키는데 그것은 잘못이다."라고 했다.[94] 그러면서 박용규 교수는 "박형룡이 도미다와 함께 일본으로 건너간 것은 지혜로운 일이 아니었던 것 같다."[95]라고 했다. 그는 박형룡의 '도미다 미노루와의 동행설'을 어느 정도 인정하면서 그 이유는 도미다 미노루에 대하여 호감을 가져서가 아니라 "아마도「표준성경주석」작업을 하기 위해서였을 것이다."라고 하는 추측적인 이야기를 하고 있다.[96]

이에 대하여 본 저자는 아버지 박형룡을 변호하는 말을 이렇게 하고자 한다. 한국의 진보주의 또는 신정통주의 교회사학자들이 박형룡이 평양장로회신학교가 폐교한 후에 도미다와 함께 일본으로 건너갔다고 주장하는 것은 어떤 역사적 자료에 근거하는지 모르겠거니와, 아들인 본서의 저자가 지금 할 수 있는 말은 만에 하나 그것이 사실이었다 할지라도 그것은 부산항에서 같은 날 같은 시간에 일본 시모노세키로 가는 '동일한 배를 탔다'는 뜻일지언정 결코 박용규 교수가 말하는 바 '「표준성경주석」작업'을 하기 위하여 도미다와 동행했었을 것이라는 추측적인 이야기는 사실과 맞지 않다고 생각한다. 어떻게 그 당시 조선 장로교회의 대표적인 정통주의 신학자 박형룡이 진보주의 또는 신정통주의의 신학노선에서 움직이고 있었던 도미다 미노루와「표준성경주석」작업에 관하여 의논하며 협력을 구할 수가 있었겠는가 하는 생각 때문에 그것은 '잘못된 추측'이라고 단언할 수밖에 없다.

박용규의「한국기독교회사」의 기록에 추가하여 아버지 박형룡이 신사참배를 하지 않았다는 사실을 받아들이는 일에 도움이 될 수 있는 본 저자의 경험을 한 가지 이야기하면 이런 것이 있다.

아버지 박형룡은 일본 망명 때와 중국의 동북부 봉천신학교 교수로 일할 때에 자신이 신사참배를 하지 않았을 뿐만 아니라 그의 자녀들(아론, 모세 두 형제)이 학교에 가서 수업을 받을 때에 신사참배나 특히 일본 도쿄에 있는 궁성을 향하여 절을 하는 소위 '동방요배'를 하지 않기 위하여 각별한 경계심을 갖고서 노력을 기울인 것을 똑똑히 기억하고 있다. 아버지 박형룡의 일본 망명 시에 본 저자는 네 살이었으며 아버님은 신사참배나 동방요배를 시킬 것 같다고 염려하여 우리 형제(아론과 모세 또는 병춘과 은춘)를 유치원에도 보내지 않았다. 초등학교에 들어가서는 4, 5학년까지 일본 도쿄에 있는 다마가와 학원이라고 하는 일본 부유층의 자녀들을 교육시키는 학교에 비교적 종교적 자유가 있다고 하여, 그러니까 신사참배나 동방요배를 다른 초등학교와 같이 강요하지 않는다고 하여 비싼 월사금(등록금)을 지불하면서 우리 두 어린 형제를 보냈던 것이다. 아버님이 우리 두 어린 아들에게 신신당부하신 말씀은 "너희는 절대로 신사참배를 하지 말고 동방요배도 하면 안 된다. 그것은 하나님의 계명을 어기는 것이다. 알겠니?" 라는 말씀을 강조하셨다.

그후 아버지 박형룡이 만주 봉천시에 설립된 봉천신학교에서 가르치기 위하여 가족들을 대동하고 거기 가서 살았을 때에 우리 두 형제는 초등학교 고학년에 들어갔었고 본서의 저자는 중학교 1, 2학년까지 다녔었는데, 아버님은 그때에도 우리 두 어린 아들들이 신사참배나 동방요배를 하지 않도록 노심하며 애쓰시는 모습은 마찬가지였었다.

봉천시 대원가라는 지역에 우리 가족이 살고 있었는데 그 인근에 있던 초등학교에 우리 두 형제가 수업을 받으러 다닐 때에는 담임선생 두 분이 다 크리스천이었고 그들 자신이 내면적으로 반일사상을 가진 조선인 교포들이었기 때문에 신사참배나 동방요배를 하지 않는 것을 묵인하여 주었다. 우리 가족이 살던 주택이 있었던 대원가라는 지역에서 걸어서 30, 40분을 가야 하는 서탑중학교에 우리 두 형제가 입학하여 공부할 때에도 우리 두 형제의 클래스를 각기 담임하였던 선생 두 분이 다 조선인들로서 영어를 잘했고 '겉으로 나타나지 않는 친미주의자들'이었기 때문에 신사참배와 동방요배를 하지 않는 우리 어린 두 형제 학생을 눈감아주었다. 할렐루야! 하나님의 은혜를 감사하며 찬양할 따름이다. 하나님께서는 이렇게 아버지 박형룡이 우리 두 어린 아들이 신사참배와 동방요배를 하지 않도록 하기 위하여 팔방으로 애쓰며 하나님께 무릎 꿇고 기도하였던 그 정성과 믿음을 보시고 놀랍게 응답하셨고 도움의 손길을 펴 주셨던 것이다.

「한국기독교회사」에 '한국 민족 교회 형성과정사'라는 부제가 붙어 있는 '한국 교회사' 저술로 명성을 누리고 있는 민경배 교수는, 그의 저서에서 '보수신학의 거두' 박형룡은 신사참배 반대자 주기철 목사와 '다투었다'고 말하고 있으며, 또 박형룡은 일본에 잠깐 가 있은 후에는 "신사참배를 이미 하고 있었던 만주의 봉천신학교로 옮겨갔던 것이다" 라고 말하고 있다. 민경배는 계속하여 말하기를 "이 신학교(만주 봉천신학교)는 변성옥의 조선 기독교회를 비롯하여 다섯 교파를 망라해서 설립된 에큐메니칼 신학교였다"라고 하면서 "보수계의 반 에큐메니칼 선언의 타당성"이 문제가 되는 것 같다는 결론을 내렸다.[97]

이와 같은 민경배 교수의 아버지 박형룡에 대한 3중적인 '논리성이 약하고 이유가 불충분한 비판'을 아들인 본 저자는 유감스럽게 생각하는 바이며, 본 지면에서 이에 관하여 차례로 짧게나마 답변하고자 한다.

첫째로 민경배는 박형룡이 "신사참배를 한사코 반대하던 주기철 목사와 다투다가 일본에 잠깐 가 있었으며"라고 했는데 이는 마치 아버지 박형룡이 신사참배를 반대하는 일에 미온적이어서 '강경한 신사참배 반대론자'였던 주기철 목사와 다투었다는 말로 우리 귀에 들리는 것이다. 이것은 전혀 근거없는 해석이다.

아버지 박형룡은 주기철 목사와 다툰 적이 없었다. 두 분이 서로 다툰 것이 아니라 '의견 차이'가 있었을 뿐이었다. 주기철 목사는 신사참배를 반대하다가 순교함으로 한국 교회의 보수신앙(성경적인 제1계명 제일주의 신앙)을 지키기를 원하였고 아버지 박형룡은 신사참배를 피하여 해외로 가 있다가 '해방된 조국'으로 돌아와서 한국 교회를 위하여 정통 보수신학 또는 성경적으로 올바른 개혁주의 신학을 세우고 가르치고자 하였을 뿐이었다. 신학자 박형룡과 순교자 주기철 사이에는 전혀 다툼이 없었다. 아버지 박형룡이 가족과 함께 일본으로 망명길을 떠날 때 주기철 목사가 사과 한 꾸러미를 들고 평양 정거장으로 배웅을 나왔었고 이 때 '서로가 서로를 아쉬워하는 눈물의 이별'이 있었음을 본서의 독자들 여러분에게 확실히 알려드리고자 하는 바이다.[98]

둘째로 한국에서 명성이 있는 한국 교회사 학자 민경배 교수가 "박형룡이 일본에 잠깐 가 있다가 곧 신사참배를 하고 있던 만주의 봉천신학교로 옮겨갔다"라고 말함으로, 아버지 박형룡이 일본을 떠나 만주의 봉천신학교로 갈 무렵에는 신사참배에 대한 반대의지가 많이 약화되었거나 아니면 일제의 신사참배 강요에 굴복한 봉천신학교로 갔기 때문에 거기서 박형룡은 신사참배를 했을 것이라는 암시적인 이야기를 하는 것이 되므로 이것도 유감스러운 일이라고 하지 않을 수 없다. 이 문제에 대하여 총신대학교 신학대학원의 박용규 한국 교회사 교수가 우리에게 도움을 준다. 그는 이렇게 말하고 있다.

"박형룡은 만주 봉천신학교 교장(실제로는 교수였음)으로 갔을 때에 강제로 신사참배를 시키지 않겠다는 약조를 받고 갔다."[99]

그리고 민경배 교수가 주장하는 바 "만주의 봉천신학교는 신사참배를 하고 있었다"라는 것도 정확한 판단은 아닌 것 같다. 왜냐하면 박형룡의 아들인 본서의 저자는 일제 말기에 만주 봉천신학교에서 아버지 박형룡이 교수로 가르치고 있었을 때 초등학교 5, 6학년을 다니는 소년이었기 때문에 지금도 그때 일을 희미하게나마 기억하고 있다. 그 당시 만주국은 이름이나마 독립국가였기 때문에 일제가 어느 정도의 문화적인 자유를 인민들에게 주면서 신사를 많이 짓지 않았고 신사참배도 별로 강요하지 않는 분위기였다.

박형룡의 아들인 본서의 저자는 초등학교 5, 6학년 친구 한두 명과 함께 봉천시의 대원가라는 지역에 있었던 봉천신학교에 오후 3, 4시경에 빈번하게 탁구를 치러 갔었다. 우리(박형룡의 가족)가 살던 주택도 대원가에 있었고, 박형룡의 아들인 본서의 저자가 다녔던 초등학교는 오후 2시경에 수업을 끝내는 날이 1주일에 두 번 정도 있었기 때문이다. 그리하여 봉천신학교의 교실들이 있었던 주 건물의 한 귀퉁이 방(신학생들을 위한 휴식·스포츠실)에서 탁구를 치다가 본 바에 따르면, 옆방 교실에서 아버님이 신학생들을 위한 강의를 시작할 때에 꼭 기도를 먼저 하고 시작하였지만 동방요배라는 것을 하는 일은 없었다.

그리고 본 저자의 모친이 초등학교 5, 6학년생이었던 아들에게 하신 말씀이 있었는데 희미한 기억이나마 더듬어 보면 대략 이런 것이었다. "아들아! 참 다행스럽구나! 만주국 당국에서 네 아버지가 지금 가르치시고 있는 봉천신학교 신학생들에게 신사참배는 물론이고 동방요배라는 것도 혹독하게 시키지 않았으며 일일이 확인하는 일도 느슨하게 하였으니 말이다. 얼마나 큰 하나님의 은혜냐!"

셋째로 민경배 교수가 봉천신학교는 "다섯 교파를 배경으로 설립된 에큐메니칼 신학교"였는데 아버지 박형룡이 그 학교로 가르치려고 갔었으므로 그가 이끌던 반 에큐메칼 보수파의 합리성이 문제가 되는 것으로 시사했는데, 민경배의 그와 같은 해석은 에큐메니즘(ecumenism, 세계교회주의)의 연구가 깊은 학자였던 그로서 적당하지 않은 해석인 줄 안다.

박형룡이 이끌었던 한국 교회의 보수주의가 반 에큐메니칼이었다고 하여서 무조건 교회들이 초교파적으로 친선과 협력을 도모하는 것을 반대한 것은 아니었다. 교파를 초월하여 이루어지는 친선과 협력을 통하여 성경적으로 바른 신학을 가르칠 수 있다면 박형룡은 반대하지 않았을 것이다.

만주의 봉천신학교는 그런 의미에서 그의 생애 후반기에 반 에큐메니칼주의의 기수가 되었던 박형룡의 마음에 허락된 신학교였다고 할 수 있겠다. 한편 세계교회협의회(World Council of churches)는 그 창립총회를 1948년에 네덜란드 암스테르담에서 열었던 초창기부터 '신학과 신앙을 초월하는 초교파, 초교리적인 하나의 세계교회주의'로 나갔던 것이 박형룡이 용납할 수 없었던 WCC 에큐메니칼주의의 '큰 과오'였던 것이다.

오늘날 세계교회협의회는 초창기 시절보다 그 신학사상과 신앙노선이 더욱 급진주의적으로 흘러서 신학사상적으로는 정치신학, 해방신학, 민중신학 등을 폭넓게 수용하고 있고, 선교(missiology)와 복음전도(evangelism)는 하나님의 선교(missio dei)의 개념을 갖고서 실행하고 있다. WCC의 신앙노선을 말하면 '기독교 유일신 신앙을 후퇴시키면서 세계 여러 종교들과의 친선·교류·협력을 통하여 궁극적으로 세계 단일 종교 신앙의 구축(The making of one World religion)'을 향하여 나아가고 있는 종교다원주의적인 신앙노선(religiously pluralistic radical faitn)이다.

앞서 설명한 바와 같이 세계교회협의회의 급진주의적 신학사상과 '종교다원주의에 입각하는 신앙노선'을 받아들이고 추종하는 WCC 회원 교회들로 말미암아 전개되고 있는 '세계 단일교회주의 운동'을 신학자 박형룡은 반대하는 것이었던 것이다. 그러므로 아버지 박형룡이 만주 봉천시에서 초교파적으로 설립되었던 에큐메니칼 신학교로 가서 교수를 하였다고 하여 그의 반 에큐메니칼 입장의 타당성을 민경배 교수가 의아하게 여기는 것은 합당치 않은 일이다. 우리는 차라리 '한국 교회사학자 민경배의 박형룡에 대한 앞에서와 같은 평가의 타당성'을 의아하게 생각하는 것이 마음에 편한 일인 것 같다.

한국의 메이첸 (그 스승에 그 제자로다!)

박형룡은 '한국의 메이첸'이라고 불릴 만한 충분한 이유가 있었다. 그는 1923년 가을에 미국 유학을 떠났는데, 그가 처음 수학한 학교가 미국 뉴저지 주에 있는 미국 북장로교회의 직영 신학교인 프린스턴 신학교(한국식으로 표현하면 프린스턴 신학대학원 대학교)였다. 박형룡은 동교에서 3년을 수학하여 신학사 학위를 받았고 동교 대학원에 입학하여 1년을 더 수학한 뒤에 신학석사 학위를 받았는데, 이 4년 동안의 수학 기간에 그에게 제일 큰 감화를 준 교수가 메이첸(J. Gresham Machen, 1881~1937) 박사이다.[100)]

메이첸은 신약신학 교수였지만 기독교의 변증에 관한 연구를 많이 하였다. 그때가 프린스턴 신학교의 자유주의화가 진행되던 위태로운 시기였기 때문에 자유주의 신학을 경고하고 비판하는 일에 탁월한 능력을 발휘하여 교회의 일반 평신도들에게까지 감화를 주었던 덕망 있는 학자요, 설교가였다. 그 당시의 기독교계에서 베스트셀러가 되었던 「기독교와 자유주의(Christianity and liberalism, 1927)」라고 하는 그가 쓴 책도 있었다.

박형룡은 4년 동안(신학부 3년, 대학원 1년)이나 미국 프린스턴 신학교에서 신학을 배우면서, 메이첸 교수로부터 받은 가르침과 사상적 감화로 말미암아 두 가지를 확실히 터득하여 평생 동안 그의 신학자로서의 생애 가운데 소중하게 간직하고 있었다. 그것은 정통개혁주의 신학의 정체성 확립과 자유주의 신학에 대한 불변한 비판의식이었다. 이 두 가지가 후일에 박형룡이 한국 교회에서 보수신학(정통개혁주의 신학)을 전파하고 대변하는 유일무이한 신학자로서의 사역을 성공적으로 감당할 수 있었던 비결이요, 원동력이 되었던 것이다.

메이첸은 박형룡이 미래의 한국 교회에서 자기 자신이 미국에서 하고 있는 것처럼 자유주의 신학에 대항하여 진정한 기독교(성경적 초자연적 기독교 신앙과 신학)를 수호하고 전파하는 지도자적 신학자로서 큰일을 하게 될 것을 내다보고, 그 자신의 사비를 털어 박형룡의 등록금을 지불하기까지 하면서 박형룡을 1927년 미국 켄터키 주 루이빌 시에 있는 남침례교신학교 대학원에 입학하게 하였다. 그리하여 변증학 분야에서 철학박사 학위를 취득하도록 하는 일에 적극적으로 도왔다.[101)]

지금까지 아버지 박형룡과 메이첸이 맺었던 관계 속에서 이루어졌던 일들에 관한 내용을 통해 생각할 때에, 박형룡은 분명히 미국 프린스턴 신학교의 '마지막 정통개혁주의 신학자' 메이첸이 한국 교회에서 보수신학(정통개혁주의 신학)을 세우고 지켜나가도록 하기 위하여 한국교회에 믿음과 비전을 갖고 꿈나무처럼 심어놓았던 그의 '애제자'였다는 사실을 깨닫지 않을 수 없다.

거두절미하고 결론적으로 생각해 볼 때에 우리가 또 한 가지 깨닫게 되는 사실이 있다. 그것은 미국 프린스턴신학교의 마지막 정통신학자 메이첸은 미국 필라델피아의 웨스트민스터 신학교와 지금도 소교단으로 머물고 있는 미국 정통장로교회를 세우고 하나님의 부르심을 받아 하늘나라로 갔으나, 그가 직접 가르쳐 한국 교회에 보수신학을 위하여 심어놓은 그의 애제자 박형룡은 82세까지 살면서 대한민국 서울에 '세계적인 보수 정통신학교'인 총신대학교 신학대학원을 세우도록 하였다. 더욱이 세계적인 장로교회 교단인 대한예수교장로교회(합동)를 설립하는 일을 하였을 뿐 아니라 신학교와 교단이 장족의 발전을 하는 것을 지켜보고 하나님의 부르심을 받아 하늘나라로 갔다. 따라서 한국의 박형룡은 그가 존경하는 스승이었던 미국 프린스턴의 마지막 정통주의 신학자 메이첸이 미국에서 할 수 있었던 일보다 더 큰 일을 한국 땅에서 하고 하나님의 품에 안긴 한국 정통주의 신학자가 아니었겠는가 하는 생각을 조심스럽게 할 수 있다는 것이다.

이상과 같은 본 저자의 논지와 자초지종적 설명을 들을 때에 박형룡이 '한국의 메이첸'이라고 불리고 일컬음을 받는 것은 자연스럽고 너무나도 타당성이 있는 일이라고 우리 모두가 수긍하지 않을 수 없는 줄 안다.

그러면 1930년대의 조선 장로교회에서 진보주의 신학 즉 바르트주의적 자유주의 신학을 소개하면서 대표적 보수신학자였던 박형룡과 대결하였던 김재준(1901~1987)은 누구인가? 그는 자신을 진보주의자 또는 보수적 자유주의자로 자처하였으나 실상은 '전형적인 바르트주의자'였다.[102)]

그는 조선 동북부 함경도 출신으로 일본 도쿄의 청산학원에서 신학을 배우면서 바르트주의에 감화된 후에 미국 프린스턴 신학교로 유학을 갔었고, 정통주의 신약신학자 메이첸의 강의를 듣기도 하였지만 별로 감동을 받지 못하였다. 그리하여 '변함없고 더욱 철저한 바르트주의자'가 되어서 일제 말기의 조선 땅으로 돌아왔다.

그는 정통주의로 밀폐된 한국 교회에 숨통을 터주는 것이 자신에게 맡겨진 시대적 사명이라고 생각하였다.[103)]

김재준은 미국 유학을 마치고 귀국한 이후 성경의 소선지서를 그의 서재에서 열심히 연구한 결과로 선교사의 신학사상을 따르는 조선 정통주의 신학을 경멸하면서 그것의 부당성과 허위성을 '예언자적인 외침'으로 고발하였다.[104)]

김재준은 말했다. "정통주의 신학은 신신학(자유주의 신학)보다 더 교묘하게 위장한 실제적인 인본주의요 정통적 이단이다."[105)]

"김재준의 시각에는 한국 교회가 성경의 무오성을 강조하고 생명을 걸고 변호하는 행위는 성경 우상숭배와 다를 것이 없었던 것이다."[106)]

총신대학교 신학대학원의 한국 교회사 교수 박용규는 신학자 김재준에 관하여 다음과 같이 예리하고 심오한 관찰과 해석을 하였는데, 이는 우리에게 큰 깨달음을 주는 것이다.

"그의 신학은 청산학원에서부터 받은 칼 바르트의 사상에 깊이 뿌리박혀 있었다. 그러나 그의 진보주의 신학은 구 자유주의에 대한 우향적 개혁이었던 '칼 바르트풍의 진보주의'와는 달리 반정통의 노선에 충실한 저항적 정신에 깊이 뿌리내려져 있었다."[107)]

따라서 김재준은 구 자유주의보다도 정통주의에 대하여 더 강렬하고 집중적인 비판을 하였고, 송창근과 같은 그의 진보주의 동지와 더불어 정통주의 신학이 지배하고 있던 1930년대 조선 기독교계 특히 조선 장로교회 안에서 박형룡과 같은 척사위정의 정통주의 신학자를 물리치고서, 조선 땅에 '바르트주의적인 진보주의' 또는 '보수주의적인 자유주의'의 교두보를 확보하는 일에 전력을 기울였다.

그러나 그 당시 김재준은 한 가지 중요한 사실을 깨닫지 못하고 있었다. 그것은 우리가 가까운 과거에 김대중 대통령을 가리켜서 '준비된 대통령'이라고 불렀던 것처럼 1930년대의 조선 장로교회 안에서 자유주의 신학을 물리치기 위하여 하나님의 은혜중에 준비되어 있었던 보수적 정통주의(정통개혁주의) 신학자가 바로 박형룡이었다는 사실이다.

박형룡의 화려한 학력, 탁월한 근면성, 한국에서의 선교사 2세와의 두터운 교분, 무엇보다도 복음의 순수성을 지키려는 강력한 의지는 그를 '한국 교회의 정통주의 대변자'로 샛별처럼 떠오르게 하였다.[108)] 뿐만 아니라 그의 진실한 인격과 카리스마적인 리더십 때문에 김재준과 그의 동지 송창근과 같은 진보주의자들이 1930년대 조선 장로교회 안에서 '진보주의 신학의 확산'을 위한 거점을 마련하기 위하여 박형룡과 상대하여 싸우기에는 역부족인 것 같았다.

더욱이 예컨대 옛날 도단성에 있었던 엘리사의 주변에 '불말과 불병거가 산에 가득하여' 엘리사를 아람 군대로부터 지켜주고 있었던 것처럼(왕하 6:17), 박형룡 자신이 정통개혁주의 신학에 대한 해박한 지식을 소유하고 있었고 거기에다가 근대자유주의 신학에 대한 강렬한 비판의식과 더불어 그 당시 많은 사람들이 존경하고 흠모했던 '성자다운 인격과 삶'이 천군만마가 되어서 위력을 과시하였다. 그리고 박형룡이 정통주의 신학자였다는 사실 외에도 1930년대 조선에서 사역했던 제2세 미국인 선교사들과 그 당시의 조선 장로교회의 많은 교역자들과 평신도 다수가 애정 어린 눈초리로 박형룡의 곁에서 박형룡을 후원하고 있었다는 사실 때문에(이것도 박형룡의 천군만마였다), 박형룡의 정통개혁주의 신학을 김재준 등 진보주의 신학자들은 무너뜨리지 못하였다.

아버지 박형룡은 이렇게 1930년대의 일제 치하의 조선 장로교회를 자유주의 또는 진보주의 신학으로부터 지키기 위하여 '준비된 정통보수신학자'로서 김재준 스타일의 '바르트주의적 신신학'을 조선 장로교회 내에서 거점 확보와 세 확산을 하지 못하도록 1930년대가 끝날 때까지 '저지하며 쐐기를 박는 일'에 성공하였던 것이다. 아버지 박형룡이 이 일을 할 수 있었던 것은 거듭 말하거니와 무엇보다도 그의 정통개혁주의 신학자로서의 박식함과 조선 장로교회를 바르트주의적인 자유주의로부터 지키고자 하는 강인한 의지의 결과였다는 것은 두말할 나위가 없었다.

1930년대 조선 장로교회 내에서의 김재준, 송창근, 채필근 등 진보주의자들과 아버지 박형룡의 투쟁은 아버지의 시한부적인 승리였지만 그의 귀중한 승리에는 또 한 가지 중요한 이유가 있었다. 그것은 박형룡이 그 당시의 조선 장로교회 내에서 눈부신 교회정치적 활동과 그 능력을 발휘하였기 때문이었다고 할 수 있겠다. 아무리 조선 장로교회가 초대 서양인 선교사들의 정통보수주의 신앙으로부터 영향을 받았다고 할지라도 기발하고 신선한 신학적 사고로 똘똘 뭉친 바르트주의적 신신학에 매료당하지 않는다는 것은 쉬운 일은 아니었을 것이다.

그럼에도 아버지 박형룡은 많은 사람들을 압도하는 크리스천으로서의 인격과 기독교의 사도시대로부터 내려오는 '복음적인 바른 신앙'을 수호하고자 하는 열정을 갖고서 조선 장로교회의 교역자들과 일반 성도들의 결집된 여론을 이끌어감으로써, 김재준의 '반정통적이고 저항주의적인 바르트주의 신학'의 조선 장로교회 내에서의 교두보 설치와 세 확장을 방지하는 일에 일단은 성공하였던 것이다.

그러면 이제 좀더 구체적으로 아버지 박형룡이 1930년대 조선 장로교회 내에서 김재준의 새로운 모습의 자유주의 신학, 즉 '보수주의적 자유주의(내용은 바르트주의였음)'의 거점 확보와 세력 확장을 성공적으로 저지하는 과정 가운데 발생하였던 '이정표'와 같았던 두 가지 사건을 이야기해 보도록 하자.

첫째 사건은 아버지 박형룡이 김재준의 반정통적이고 바르트주의적인 논문이 평신학술지 「신학지남」에 실리는 것을 금지시킨 일이 발생한 것이었고, 둘째 사건은 아버지 박형룡의 「기독교근대신학난제선평」이라는 현대신학 비판서가 저술되고 간행된 것이었다.

먼저 아버지 박형룡이 신정통주의자 김재준의 논문의 「신학지남」 기고를 금지시킨 사건을 살펴보도록 하자.

1933년에 미국에서 바르트주의를 배워가지고 돌아와 평양 숭인상업학교의 교사를 하고 있던 김재준 목사의 성경무오설을 반대하는 입장의 글이 평양장로회신학교의 학술지였던 「신학지남」에 실리는 일이 발생하였다.[109] 그리고 이에 분개한 박형룡 박사는 김재준 교수의 성경관을 이

단으로 정죄하고 그후로 「신학지남」에 그의 글을 기재하지 못하도록 조치하였다.[110] 그리하여 이 사건이 일단락되었던 것이다. 그 과정에서의 궁금증을 풀어드리기 위하여 더 자세한 이야기를 한다면 다음과 같다.

김재준이 1933년 가을에 평양장로회신학교의 학술지였던 「신학지남」에 '이사야의 임마누엘 예언 연구'라는 제목의 논문을 기고하였는데 김재준은 동 논문에서 '성경축자영감설'을 반박하고, 한국 교회의 주체 의식을 방해한 선교사들을 공격하면서, 한국 교회사의 부재를 통탄히 여겼다.[111] 김재준은 칼 바르트(Karl Barth, 1886~1968)의 제자답게 정통신학은 잘못된 성경관으로 하나님을 숭배하기보다는 성서가 정확무오하게 영감된 말씀이라고 주장하면서 성서를 숭배하도록 가르치는 고로 '성서를 우상으로 숭배하는 신학'이라고 비난하고 비평하는 내용을 그 당시 그가 썼던 여러 신학 논문들 중에서 우리가 발견할 수 있다.

그러면 어떻게 서양인 선교사들의 보수신앙을 표방하고 있고 성경의 완전영감론을 기본 신조로 삼고 있던 정통주의 신학의 전당인 평양장로회신학교의 학술지 「신학지남」에 성경의 완전영감론을 정면으로 반박하고 도전하는 신정통주의자 김재준의 신학 논문을 게재하는 것이 허용되었던가 하는 질문을 묻지 않을 수 없을 것이다. 그런데 알고 보면 그 이유는 간단한 것이었다. 1927년에 선교사들만이 교수로 채용되었던 평양장로회신학교에 최초로 조선인으로서 교수가 된 남궁혁이라는 분이 있었다. 민경배 교수는 이 남궁혁에 대하여 이와 같이 저술하고 있다. "김재준 목사가 그 예리한 신학논문을 「신학지남」에 싣게 된 것도 사실은 이분의 포괄성과 대범성 때문이었다. 남궁혁이 박형룡의 눈총을 받았다면 그 이유가 바로 여기에 있었을 것이다."[112]

아마도 아버지 박형룡은 그 당시 「신학지남」의 젊은 편집인으로서 그의 선배요, 후덕했던 남궁혁의 제안을 거절하기가 어려워서 김재준의 글이 실리는 것을 승인했을 것이다. 그러나 김재준의 논문이 「신학지남」에 실린 결과는 평양장로회신학교가 수호하고 전파하고자 하였던 정통주의 성경관에 대한 파괴적인 영향이 너무나 컸기 때문에 아버지 박형룡은 마음으로 크게 후회하였음이 틀림없었을 것이다. 아버지 박형룡은 그래서 '성경무오설과 축자무오설'에 든든히 서서 성경에 대한 비판적 해석을 단죄하고, 1935년 5월 이후로는 김재준 목사의 글을 평양신학교의 「신학지남」에 더 이상 싣지 못하게 함으로써 김재준 교수와 정면으로 대결하게 되었다.[113)]

김재준의 「신학지남」 기고 금지 사건 (박형룡의 정통 수호작전)

민경배 교수는 아버지 박형룡이 김재준의 신학논문의 「신학지남」 기고를 정면으로 금지시킨 사건을 박형룡과 김재준의 '첫 번째 정면 대결의 사건'으로 말하고 있으나, 거기에 추가하여 이 사건은 '정통과 신정통'을 대표하는 두 신학자 사이에 있었던 첫 번째 대결을 뜻하는 사건이었던 동시에 1930년대 조선에서 정통주의 신학자 박형룡이 신정통주의 신학자 김재준과의 투쟁에서 그가 거둔 바 첫 번째 승리를 의미하는 사건으로 이해하고 싶다.

왜냐하면 김재준이 조선 장로교회 안에서 '절대적인 신학적 학술언론적인 권위'를 가졌던 「신학지남」에 논문 기고를 하지 못하도록 하는 처분을 박형룡이 내림으로써, 1930년대의 조선 땅에서 김재준은 바르트주의적 진보주의 신학 또는 신정통주의 신학을 문서상으로 홍보하고 전파하는 일에 엄청난 타격을 받았기 때문이다.

「신학지남」에 기고를 금지당한 김재준, 송창근 등 신정통주의자들은 「십자군」, 「새사람」 등 다른 학술언론지를 통하여 그들의 진보주의적 신학의 소신과 연구 결과들을 발표하였으나, 그 결과는 「신학지남」에 발표했을 때와 견주어 보아서 비교하기가 어려울 정도로 영향력이 미약하였다.

그리하여 박형룡은 김재준과 송창근 등 바르트주의적 진보주의자들의 글을 「신학지남」에 기재하는 것을 금지함으로써 1930년대 조선장로교회에서 그들의 신학사상적 영향과 그 세력 확장을 일단 차단하였으며 방지하는 일에 성공을 거두었다고 볼 수 있겠다.

그리고 박형룡이 이 일을 성공시킬 수 있었던 것은 그의 정통개혁주의 신학자로서의 박식함뿐만 아니라 '신정통주의적 자유주의 신학'의 조선 장로교회 침입을 막아내고자 하는 '강력한 의지' 때문이었다.

그러나 여기 한 가지 추가하여 말하여야 할 것은 이와 같은 박형룡의 과감한 행동과 단호한 방침 외에 박형룡의 그 당시 조선 장로교회 안에서의 정통주의 신학과 신학을 지켜나가기 위한 교정적 활동이 눈부셨기 때문이었다.

지금 우리가 거론하고 있는 1935년 5월에 박형룡이 평양장로회신학교의 학술지 「신학지남」에 신정통주의자 김재준의 글이 실리는 것을 금지하는 일을 한 것도 쉬운 일은 아니었다. 이 일은 지금까지 언급한 아버지 박형룡이 조선 장로교회 안에서 했었던 다른 일들과 마찬가지로 그의 교회정치적 능력과 기량을 십분 발휘함으로써 할 수 있었던 일이었다. 아버지 박형룡이 「신학지남」의 편집인이었다 할지라도 김재준 교수의 논문기고를 금지하는 결정을 단독으로 할 수는 없었을 것이다.

편집위원 교수들의 동의가 있어야 했고, 평양장로회신학교 교장 라부열 선교사의 승낙도 얻어야 했다. 동교의 이사회 이사들의 찬성도 필요했을 것이다. 나아가서는 조선예수교장로회 총회의 총회장을 비롯하여 임역원 요직자들에게 이 일에 대한 바른 인식과 이해도 요구되었을 것이다. 남궁혁과 같이 관용과 아량을 베풀 것을 제의하는 목소리는 무마시켜야 했을 것이고, 라부열 교장과 같이 이미 신학적으로 신앙적으로 자유주의화되어가고 있었던 미국 북장로교회 본부로부터 지탄을 받지 않을까 염려하는 목소리도 잠재워야 했을 것이다. '김재준의 글을 「신학지남」에 실리지 못하도록 금지하는 것'에 대하여 '벌써 그렇게 했어야 했다'는 목소리, '좀 더 인내심을 갖고서 기다려보자'는 목소리, '김재준이 신시대의 신학을 말한다면 우리가 그를 전혀 무시할 수는 없지 않는냐'라고 하는 목소리 등이 설날 밤하늘의 폭죽소리와 같이 큰 불빛 가운데 서로 엇갈리면서 울려 퍼지는 가운데, 시골 도시의 이류 교향악단의 지휘자처럼 박형룡은 연습 부족의 다양한 악기의 연주자들로 하여금 통일된 멜로디(협화음)를 낼 수 있도록 그의 '교회정치적 지휘봉'을 역동적으로 휘저었던 것이다.

그러면 이제부터 아버지 박형룡이 1930년대 조선 장로교회 안에서 김재준의 바르트주의적 신신학의 침투와 그 세 확장을 방지하는 일에 성공할 수 있었던 이유 중의 또 하나가 되었던 그의 저술 「기독교근대신학난제선평」에 관하여 이야기를 하고자 한다.

기독교근대신학난제선평 (잡다한 신신학을 질타하는 목소리)

본서의 제1장 '아버지 박형룡은 위대한 신학자였다'에서 1935년에 있었던 박형룡의 「기독교근대신학난제선평」의 간행과 출간에 관하여 그 의의와 중요성에 관한 설명과 평가를 꽤 상세하게 하였으므로 여기서는 반복을 피하기 위하여 긴 이야기를 하지 않고자 한다.

「기독교근대신학난제선평」은 아버지 박형룡이 1935년에 출판한 저술로서 요사이 교계에서 통용되는 말을 빌린다면 '현대신학평가' 또는 '현대신학해설'이라고 할 수 있겠다. 이 책은 아버지 박형룡의 처녀작 또는 출세작으로서 그때로부터 43년이 경과한 1978년에 출판되어 나온 「박형룡박사저작전집」 20권 중에서 8권과 9권 중에 그 방대한 내용이 상하권으로 나뉘어 수록되어 있다.

아버지 박형룡은 미국 유학 중에 변증학을 집중적으로 공부하고 연구하였기 때문에 평양장로회신학교 시절에는 변증학과 그것과 관련된 과목들만을 가르쳤었다. 그러나 서서히 그의 학문적 관심이 변증학으로부터 교의신학(조직신학의 별명임)으로 옮겨가서 조국 광복 후에 부산 고려신학교와 서울 남산장로회신학교에서는 주로 조직신학을 가르쳤고, 6·25 동란 중에는 대구 피난 총회신학교에서 변증학은 다른 교수에게 가르치도록 이양하고 조직신학만을 가르쳤다. 한국전쟁 정전 후 환도 시에 박형룡은 서울로 가서 '조직신학'의 이름을 '교의신학'이라고 고쳐서 남산 장로회총회신학교에서 가르쳤다. 그러다가 통합측 장로교회가 갈라져 나간 후에 합동장로회 총회의 직영신학교가 된 서울 사당동 총회신학교와 그 후신인 총신대학교 신학대학원에서 계속 '조직신학'을 '교의신학'이라는 이름으로 바꾸어서 가르치는 것으로 일관하였다.

그렇다면 이제 우리가 아버지 박형룡의 신학자로서의 생애를 전기와

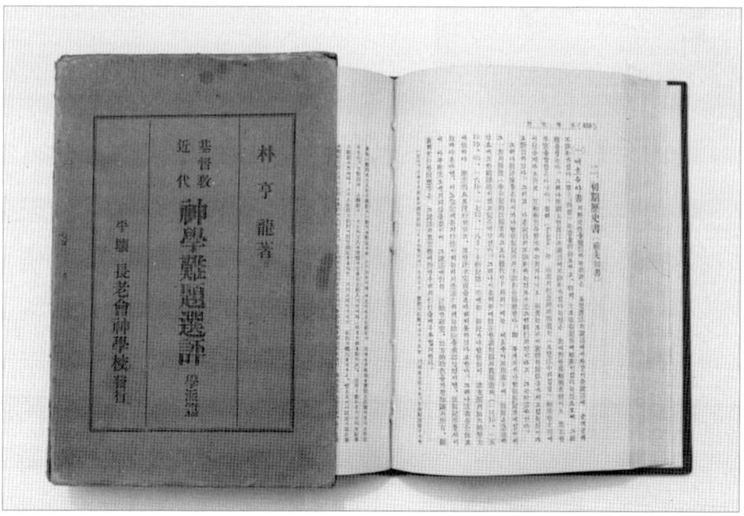

1935년에 첫 출간된 「기독교근대신학난제선평」

후기로 나누어서 본다면 그의 생애 전기에서는 변증학을 전공으로 연구하고 가르쳤던 변증신학자였고, 그의 생애 후기에는 교의신학(또는 조직신학)을 집중적으로 연구하고 가르쳤던 교의신학자였음을 알 수 있다. 그런데 박형룡의 생애 후기에 대표적인 저술은 7권으로 된 「교의신학」이었다고 한다면, 지금 우리가 이야기하고 있는 「기독교근대신학난제선평」은 단권이기는 하나 틀림없이 박형룡의 전기 생애에 변증신학자로서 그의 대표적인 작품이었다고 말하는 것이 타당한 줄로 안다.

아버지 박형룡의 전기 생애에 출판한 변증신학자로서의 대표작인 「기독교근대신학난제선평」은 내용적으로 주로 '현대신학비판'의 성격을 띠고 있는 것으로, 19세기 독일 자유주의 신학자 슐라이어마허와 리츨로부터 시작하여 20세기의 신학자 칼 바르트를 거론하고 다음으로 비교종교학, 종교심리학, 사회적 복음신학, 고등비평, 진화론, 마르크스주의 종교론, 반유신제론, 유한신론 등 기독교 근대 신학사상과 관련된 주제들을 망라하여 검토, 소개, 비판을 하고 있다. 그러나 아버지 박형룡의 「기독교근대신학난제선평」의 내용적인 강조와 핵심부분은 제5장 신정통신학(별칭 : 바르트주의 신학)에 있었다.

해당 저서의 제5장 신정통신학에서 아버지 박형룡은 칼 바르트(Karl Barth, 1886~1968)의 신학사상을 논술하면서 이는 자유주의와 정통주의의 중간에 서서 두 편에 좌충우돌의 공격을 감행한 신학이라고 하였다.[114] "그래서 이것을 좌편에서 보면 정통주의와 비슷하고 우편에서 보면 완화된 자유주의일 뿐이다."라는 박형룡의 발언은 칼 바르트의 신학의 진상과 그 신학적 위치를 잘 파악한 말이었다.[115] 따라서 박형룡은 "금일 자유주의 세력이 왕성한 서양교계에서 이 신학은 '신정통'이라는 호칭을 얻었다"[116]라고 말했던 것이다.

그러면서도 박형룡 자신은 칼 바르트의 신학을 미국의 세계적인 칼 바르트 신학의 비평가였던 코넬리우스 반틸(Cornelius Van Til, 1895~1987)이 우편의 위치에서 '신현대주의(New Modernism)'라고 불렀음에 대하여 찬성하였고, 그것을 적극 지지하고 있음을 「박형룡박사저작전집」 20권 중의 제8권, 그 내용이 개정된 「신학난제선평 상권」의 제5장 신정통신학에서 우리가 찾아보고 확인할 수가 있다.

아버지 박형룡은 1930년대 조선 장로교회 안에서 김재준, 송창근, 채필근 등으로 대표되었던 바르트주의 신학운동 또는 신정통주의 신학운동이 성공적으로 진행하여 크게 확산되는 것을 염려하여, 「기독교근대신학난제선평」에서 그와 같은 새로운 신학운동의 정체와 진상을 밝히려고 애를 썼고 힘을 기울였던 것이다.

'이 새로운 신학운동'의 정체와 진상을 규명하는 작업의 과정 가운데서 그것의 명칭부터가 문제가 되었는데, 이 신신학운동을 신정통주의라고 부르는 것이 명칭적으로 그것을 존대하는 것이 아닌가 하여 아버지 박형룡이 마음에 거리낌을 느꼈던 것도 우리가 엿볼 수 있다. 그런데 1930년대 조선 장로교회 안에서 바르트주의 신학의 대표자요 대변자였던 김재준 자신은 막상 그 자신이 전파하였던 바르트주의 신학을 신정통신학이라고 부르지 않고 진보주의 신학이라고 불렀다. 그 이유는 김재준에게는 칼 바르트의 신학은 자유주의와 정통주의(또는 보수주의) 두 가지가 다 갖고 있는 문제점들과 한계를 극복하고 '원만한 중도의 길을 제시할 수 있는 신학노선'으로 비추어졌기 때문이다.

신정통주의 신학
(아리송한 신학이 무엇을 말하는지 박형룡은 잘 알아!)

아버지 박형룡은 김재준 자신이 바르트주의 신학을 '진보주의 신학(Progressive Theology)'이라고 부른 것처럼 부르지 않고 '신정통신학(Neo-Orthodoxy Theology)'이라고 불렀다.[117] 그 이유는 무엇이었을까?

첫째로는 앞서 지적한 대로 아버지 박형룡은 서양 기독교계에서 칼 바르트의 신학을 가리켜서 신정통신학이라고 부르는 것이 통례로 되어 있었으므로 서양 기독교계와 의사소통이 잘되기 위하여 그렇게 불렀다는 설명이 가능하다.

둘째 설명은 아버지 박형룡이 바르트주의를 가리켜서 '신정통'이라고 호칭하기를 선호한 것은 자유주의와 정통주의의 중간에 위치하는 중도적 신학노선이 바르트주의이므로 정통신학에 대하여 '가까이 있는 자유주의'인 것을 우리로 하여금 깨닫도록 하는 수단방법이 된다고 생각했기 때문이다.

그리하여 박형룡은 칼 바르트의 신학을 신정통신학이라고 호칭할 때마다 그것이 무슨 이유로든지 '정통'과 가깝다는 뜻으로 들리는 것은 불만스러워하였으나, 바르트주의가 정통주의와 가까이 있는 자유주의요 김재준의 주장처럼 보수적 자유주의가 아니라 '보수주의를 위장한 자유주의', 그러니까 '진짜 자유주의요 사이비 보수주의'라는 사실을 조선 장로교회와 조선 기독교계에 널리 주지시키기를 희망했었다.

본서의 저자가 아는 바대로는 칼 바르트의 신정통주의와 이를 반대하는 정통주의의 공통점이나 유사점이 있다면 그것은 신학적 개념이나 교리의 형식 또는 언어에 있을 뿐 그것에 부여하는 의미와 내용은 전혀 달랐다. 가령 바르트가 하나님의 창조를 믿는다고 할 때에 그의 신정통주의 신학이 믿는다고 고백하는 창조는 놀랍게도 우리 정통주의 기독교 그러니까 '역사적인 기독교 신학'이 믿어온 바대로 하나님께서 우리가 살고 있는 이 세계를 6일 동안에 시공적으로 창조하셨다는 의미와 내용을 가진 창조가 아니다. 바르트가 믿는다고 말하는 창조는 우선 그것이 하나님의 역사 곧 '구원사적인 개념'이므로 역사적인 창조가 아니라 '하나님의 초역사적인 사건'이라는 뜻이고 따라서 창조의 시기 또는 연대를 말하는 것부터가 어리석은 일이라고 하는 뜻이 있는 것이다.

그러므로 우리가 살고 있는 이 자연세계의 기원을 진화론적으로 설명하는 현대과학과 하나님의 창조를 믿는 기독교가 충돌할 이유가 없다는 결론을 내린다. 더욱 놀라운 것은 칼 바르트의 창조는 우리가 믿음으로써만 알 수 있는 사실이라고 주장하면서, 창조의 사실(창세기 1장)에는 기독론적 의미가 존재하므로 이 기독론적 또는 구원론적 의미를 알아야 우리가 창조를 바로 알고 깨달을 수 있다고 한다.

그러면 창조의 기독론적 의미는 무엇인가? 그것은 다음과 같은 뜻을 갖는다는 것이다. "하나님이 태초에 세상을 창조하실 때에 빛과 어두움을 갈라놓고 궁창 아래의 물과 궁창 위의 물을 갈라놓은 것은 하나님의 의와 은총의 구별을 말하는 것" 인데, 이는 "우리 크리스천들이 예수 그리스도 안에서 죽음에서 삶으로 나아가는 오늘날" 을 말한다. 그리고 크리스천들의 오늘날은 "하나님의 심판의 날" 인 동시에 "예수 그리스도로 말미암는 하나님의 칭의(은총)의 날이다." 그러므로 바르트에 의하면 창조는 하나님이 예수 그리스도 안에 계셔서 우리에게 오늘날은 말할 것도 없고 내일과 모든 날에 있어서 은혜로우신 것을 뜻한다는 것이다.[118)]

아버지 박형룡은 일찍이 신정통주의라고 구미 기독교 신학계에서 일컫는 칼 바르트의 신학이 정통신학과 신학적 개념상의 이름과 교리적 형식에서 동일 유사하나 부여하는 의미와 내용이 전혀 다른 것을 깨닫고, 신정통신학이 조선장로교회 안에서 김재준, 송창근, 채필근 등 바르트주의자들로 말미암아 전파될 때 많은 장로교 목사들과 교역자들과 신학도들이 현혹되지 않고 그것을 물리칠 수 있도록 돕기 위하여 「기독교근대신학난제선평」이라는 책을 썼던 것이었고, 그것의 제5장 '신정통신학' 에 강조의 초점을 두고서 저술하였던 것이다.

이 책의 제5장 '신정통신학'의 내용을 보면 1절의 바르트의 생애의 약술을 빼고는 2절 신학과 하나님의 말씀으로부터 시작하여 17절 보수적 요소와 내면적 오해에 이르기까지, 모두 다 칼 바르트의 신학을 신학적 주제별로 또는 교리적 항목별로 고찰하고 연구한 결과 애매하고 이해하기가 어렵다고 할지라도 정통개혁주의 신학과는 분명히 다르며 때때로 위험천만한 비성경적 결론들로 우리를 이끌어가려고 하는 '보수적인 요소들을 갖고 있지만 자유주의 신학'임을 일깨워주는 내용들이다.

또 한 가지 이 책에 대하여 놀라운 사실을 이야기한다면, 아버지 박형룡은 당시의 조선장로교회 안에서 김재준과 그와 뜻을 같이하는 바르트주의자들로 말미암아 전파되었던 '신신학'이 '정통주의와 가까이 있는 자유주의'임을 알리기 위하여 「기독교근대신학난제선평」의 제5장을 '신정통신학'이라고 이름하고, 신학 주제별로 또는 교리 항목별로 바르트주의가 정통주의와 다르며 비성경적임을 집중적으로 고찰하고 비평하는 일을 상세히 하고 있다. 또한 앞부분에서 19세기 유럽의 자유주의 신학의 대표자격인 슐라이어마허(Friedrich Schleiermacher, 1768~1834)와 리츨(Albrecht Ritschl, 1822~1889)의 신학을 세밀하게 고찰하고 비판한 다음에, 그들이 대표하였던 19세기 유럽의 자유주의 신학과 관련된 주제들과 이슈들, 그러니까 고등비평, 비교종교학, 진화론, 반유신론, 유한신론 등을 고찰하고 연구, 평가하는 일을 이 책의 뒷부분에서 계속하여 해나갔다.

이것이 놀라운 사실이라고 지적하지 않을 수 없는 것은, 아버지 박형룡이 「기독교근대신학난제선평」의 끝부분에서 취급, 거론하고 있는 학문적이고 사상적인 주제들과 이슈들은 바르트주의 신학 또는 신정통신학이 암시 또는 시사하는 '만인구원론적 결론'에 도달하게 하는 오늘날의 '종교다원주의(religious pluralism)'를 고찰, 연구, 평가하는 데 있어서 중요한 자료제공을 하고 있기 때문이다. 참으로 놀라운 일이다!

아버지 박형룡은 1935년에 이 책을 쓸 때에 벌써 그 당시에 김재준이 전파하였던 바르트주의 신학 또는 신정통신학이 19세기 유럽 자유주의 신학에 대한 개혁이라고 하는 바르트 자신의 주장과는 달리, 실상은 그것이 19세기 유럽 자유주의 신학에 내포되어 있던 종교다원주의의 20세기적 발전이었던 것을 깨달아 알고 있었던 것이다.

그리하여 아버지 박형룡이 「기독교근대신학난제선평」의 저술과 출판을 통하여 1930년대 조선 장로교회 안에서 김재준에 의하여 전파되고 있었던 바르트주의 신학 또는 신정통신학의 거점 확보와 세력 확장을 방지하는 일에 일단은 성공하는 큰일을 해낼 수 있었음을 경이의 눈초리로 바라보지 않을 수 없는 것이다.

그러면 언제 어느 때에 그 당시 김재준과 그의 동지들에 의하여 전파되었던 바르트주의 신학 또는 신정통신학이 한국 장로교회 내에서 거점 확보를 하였으며 그 세력을 확장하여 오늘날과 같은 큰 세력을 과시하게 되었는가? 이 물음은 「한국 교회사」가 웅변적으로 대답한다.

1939년 9월에 신의주에서 모였던 제28회(조선예수교장로회) 총회에서 조선신학원 설립경영을 인준하였고 그리하여 조선신학교는 1940년 4월 19일 서울 인사동 승동교회 하층에서 개강하였다.[119] 따라서 상술한 교회사의 기록으로 보아 한국 장로교회 안에서 바르트주의 신학 또는 신정통신학의 거점 확보는 1940년 서울 인사동 승동교회 하층에서 그 전해에 총회 인준을 받은 조선신학원이 개강하여 학생들을 가르치기 시작함으로써 이루어졌고, 김재준의 바르트주의 신학의 세력 확장이 시작된 것으로 보아야 할 것이다.

그렇다면 척사위정의 박형룡도 결국 일제 치하의 조선장로교회의 말기에 가서는 김재준과 그의 동지들이 전파하였던 바르트주의 신학 또는 신정통신학의 거점 확보를 허용하였으므로, 그 시기 그 시대에 이미 아버지 박형룡은 조선장로교회 안에서의 바르트주의 신학 또는 신정통신학의 침투와 세 확장을 막지 못하였다고 우리가 말할 수 있지 않겠는가? 따라서 박형룡은 실패자로서의 평가를 받을 만하지가 않는가 하는 생각을 하는 것도 전혀 잘못된 것은 아니다.

그러나 그와 같은 생각은 깊은 생각이 아니다. 아버지 박형룡이 신사참배를 반대하여 일본망명길로 떠난 것은 조선장로회 제27회 총회가 신사참배를 가결하던 1938년 가을이었으므로, 김재준의 바르트주의 신학이 1940년에 서울 승동교회에서 조선신학원의 개설을 계기로 조선장로교회 안에서 거점 확보를 하였던 것은 척사위정의 박형룡이 이미 일제 말기의 조선 땅을 떠난 지 2년 후에 있었던 일이다. 그러므로 정통주의 신학자 박형룡이 일제통치하의 조선 땅에서 바르트주의와 싸우면서 「아빙돈 단권 성경주석」을 반대하여 「성경표준주석」을 간행하였고, 신사참배를 반대하는 운동을 하였고 「기독교근대신학난제선평」을 저술하여 출판함으로써 조선장로교회를 신학적으로, 교회정치적으로 정통주의 노선에서 지켜나가는 동안에는 김재준과 기타 신정통주의자들이 조선장로교회 안에서 거점 확보가 불가능하였다는 것이다. 이 역사적 사실은 무엇을 뜻하며 무엇을 우리에게 말하여 주고 있는가? 그것은 우리에게 아버지 박형룡은 우리가 곰곰히 생각해 볼 때에 결코 실패자가 아니었으며 성공자였다는 것을 뜻하며 말하여 주고 있는 것이다.

혼란 속의 교정가

고려신학교 학장 (부산 용두산 꼭대기의 진리의 등대지기)

아버지 박형룡은 가족과 함께 만주 땅의 봉천(지금의 중국 심양)에서 태평양전쟁의 종식과 8·15 조국의 해방을 맞이하였다. 1938년 평양장로회신학교가 신사참배 거부로 인하여 폐교가 된 직후 박형룡은 일본 도쿄 망명생활을 하면서 조선예수교장로회 총회로부터 위임받은 「성경표준주석」의 집필과 편집을 하느라고 5년여를 보냈다. 그러고 나서 중국의 동북부 만주의 봉천(심양)시에 신설되었던 봉천신학교의 교수로 초청을 받았다. 박형룡은 가족과 함께 가서 5년 동안을 교수생활을 하였는데 태평양전쟁의 종식과 8·15 조국의 해방이 있은 후에도 2년을 더 그곳에 머물면서 봉천신학교에서 개명이 된 동북신학교에서, 박윤선이 조국의 해방을 맞이하자 곧 남한으로 떠나갔으므로 독교수가 되다시피 하여 신학생들을 가르쳤다. 그러던 중 출옥성도 한상동의 파송을 받고 해방된 조국의 부산에 새로 세워진 고려신학교의 교장으로 일하여 달라는 위촉장을 가지고 그의 사절로 송상석이 왔다. 그리하여 아버지 박형룡은 가족과 함께 송상석 사절의 안내를 받으면서 귀국길에 올라 1947년 여름

만주신학원(봉천신학교) 재학생들과 박형룡 박사, 정상인 교장, 박윤선 박사, 안광국 목사, 1942년

에 해방된 조국의 품에 안기는 기쁨과 감격을 누리게 되었던 것이다.

봉천신학교와 동북신학교 (만주벌판의 두 선지 학교)

여기서 본서의 저자가 꼭 하고 싶은 이야기 두 가지가 있다.

첫째로 아버지 박형룡이 일제 말기 만주 땅에 가서 가르쳤던 봉천신학교와 동북신학교에 관한 이야기이다. 아버지 박형룡이 일본 망명생활을 마치고 중국 동북부의 봉천으로 이주하여 가서 가르쳤던 봉천신학교에는 봉천 서탑 한인교회의 담임 목사였던 정상인 목사가 교장직을 맡고 있었고, 아버지 박형룡의 평양신학교 제자였고 「성경표준주석」의 편집위원이며 총무 격으로 일하고 있었던 박윤선과 또 일본인으로서 교수로 있었던 기구치라는 사람이 있었다.

한국의 교회 사학자 M씨가 그의 저서에서 염려한 바와 같이 만주국 경찰이 신사참배나 동방요배를 봉천신학교 교직원들과 학생들에게 강요하는 일은 없었다. 그리고 아버지 박형룡은 앞서 잠깐 언급한 바대로 봉천신학교 교수로 갈 때에 학교 당국으로부터 신사참배를 시키는 일이 없을 것을 약속 받고 갔었기 때문에 신사참배나 동방요배를 한 적이 전혀 없었음을 본 저자는 역사적 책임성을 의식하면서 말할 수 있다. 방금 전에 언급한 바 있는 기구치 교수는 일본인이었기 때문에 그 당시의 만주 봉천시 경찰과 일본인 고등(사상)계 형사들과 연락망을 갖고서 수시로 보고한 것은 사실이었으나, 대상은 주로 만주에 숨어서 활동하고 있던 조선인 독립 운동가들과 항일청년 투사들이었다.

기구치라는 일본인 교수는 아버지 박형룡으로부터 들은 바에 의하면 일본인이었음에도 불구하고 기독교 목사로서 일말의 양심이 남아 있어서 그랬는지 몰라도 조선 땅에서의 일제의 학정 때문에 만주로 와서 목회를 하고 있던 조선인 목사(또는 교수)들에게 특별히 친절하였고, 신사참배나 동방요배는 강요하지 않았다고 하였다. 그리고 그것들을 하지 않는 것을 묵인하면서 만주 경찰과 일본인 사상 경찰에게 보내는 보고서는 늘 긍정적으로 작성하여 보냈다고 들었다.

아버지 박형룡이 태평양전쟁이 끝나고 조국의 8·15광복이 있은 뒤에 2년간을 더 만주 봉천에 머물면서 이름이 바뀐 동북신학교에서 신학생들을 가르쳤는데, 기구치 교수는 적국인(일본인) 수용소에 수감되었고 박윤선 교수는 멀고 험난한 육로를 마다하지 않고 조선 땅으로 돌아가 해방된 조국의 품에 안겼다. 그러고 보니 남은 교수는 아버지 박형룡 한 분뿐이었는데, 봉천신학교에는 제일 많았을 때에 20명이 넘었던 학생 수가 해방 후 존재하게 되었던 동북신학교에는 5~6명으로 줄어들었다. 그럼에도 불구하고 아버지 박형룡은 변증학과 조직신학은 물론 성경신학과 교회사와 성경원어(히브리어와 헬라어)까지 가르치는 만능 탤런트 교수가 되어서 5~6명의 신학생들을 가르쳤다. 그리하여 일제 치하의 조선에서 장로교회를 대표하는 정통주의 신학자였던 박형룡은 조국의 광복 후 만주의 동북신학교에서 그가 가르쳤던 5~6명의 신학생들을 기드온의 용사들(사사기 7장)인 양 정통주의 신학노선에서 훈련하고 교육시키는 일에 열과 성을 다하였다.

인천항 귀국 (그리운 조국, 인천항에!)

그러면 이제 두 번째로 하고 싶은 이야기를 잠깐 하고자 한다. 그것은 출옥성도 한상동의 사절로 왔던 송상석의 안내를 받아서 박형룡과 가족이 5년을 거주하였던 만주의 봉천을 떠나 여동반도의 항구 도시 대련까지 육로로 간 다음에 거기서 소형 동력선을 타고 서해바다를 항해하여 이틀 반 만에 한국의 서해안 항구 도시 인천에 도착했던, '정말 믿어지지 않는 꿈과 같은 일'에 대한 이야기이다.

1947년 봄에 아버지 박형룡과 가족이 만주의 봉천을 떠날 무렵 태평양전쟁이 일본의 패전으로 끝난 후 처음에는 장개석이 이끄는 중국 국민 정부의 국부군이 중국 전국(만주를 포함하여)을 장악한 듯 하였다. 그러나 서서히 모택동을 수령으로 하는 중국 공산군(중공군)이 장개석의 국부군을 몰아내고 중국 전역을 점령하게 되었다.

따라서 아버지 박형룡과 가족이 해방된 남한 땅으로 돌아가려고 한다면 육로로 중국 공산군이 정령하고 있었던 남만주 땅을 통과한 다음에 김일성의 조선인민공화국이 되어가고 있었던 북한 땅을 또 통과하여 가야 했다. 따라서 여행자들을 수시로 조사하는 검문소에 걸리면 아버지 박형룡이 기독교 목사요 또 자본주의자라는 이유 때문에 체포되어 고초(또는 총살까지도)를 겪을 수 있는 큰 위협이 기다리고 있었다.

그렇다고 중국의 동북부 만주에서 바닷길로 남한 인천으로 가기에는 우선 여객선을 탈 수 있는 정기항로가 개통되지 않았고, 암시장에서 선임을 지불하고 작은 어선을 타고 서해 바다를 건너 남한 인천에 도착하려고 한다면 망망대해에서 풍랑과 폭풍우의 위험과 해적의 위험이 가는 길을 가로막고 있었다. 그러므로 박형룡과 가족은 해방된 조국으로 돌아가기 위하여 육로로 가기도, 해로로 가기도 큰 위험 없이는 불가능하게 보여 진퇴양난의 위기에 봉착하게 되었다.

그런데 아버지 박형룡과 가족이 이러한 절박한 상황 가운데 있을 때 출옥성도 한상동의 메신저 송상석이 남한에서 해로로 서해를 건너 만주 봉천에 도착하였다. 박형룡과 가족의 눈에 메신저 송상석은 마치 옛날 소돔성을 멸망 직전에 찾아갔던 두 천사처럼 보였을 것이고(창 19장) '구세주'처럼 보였던 것이다.

그리하여 박형룡과 가족은 송상석 사절의 안내를 받아 만주의 봉천을 떠나서 만주의 남단 대련항까지 무사히 육로로 갔고, 대련항에서 작은 어선에 승선하여 풍랑과 싸우면서 3일째 되던 날 저녁에 하나님의 은혜로 남한 인천항으로 돌아옴으로 해방된 조국의 품에 안겼다. 이에 대한 자세한 이야기는 본서 저자의 자서전과도 같은 「세월따라 신학따라」에 기록되어 있다.[120] 그리고 본서의 3장 '박형룡은 위대한 아버지였다'에서 나오는 한 이야기 중에도 소개될 것이다.

아버지 박형룡과 가족은 인천항에 도착하는 즉시로 여관에서 하룻밤을 자고 그 다음날 아침 도착 감사예배를 하나님께 드렸고, 곧바로 서울로 가서 약 5일간을 서울역전의 한 여관에 머물면서 그동안의 길고 고생스러웠던 여행길의 피로를 풀기에 바빴다. 그런데 어떻게 아버지 박형룡의 귀국과 서울 입성을 알았는지 교계의 많은 중진 목사님들이 찾아와 인사하였을 뿐 아니라 면담을 요청하여, 아버지 박형룡은 오랜 여행길에 쌓인 신체적 피곤을 해소하지 못한 채 방문객들을 만나 대담하느라 바쁘셨다. 하지만 얼굴 표정은 매우 유쾌하고 명랑했던 것을 지금도 기억하고 있다.

아버지 박형룡과 가족이 서울에 5일간을 머무는 동안 그보다 약 2개월 전인 동년 4월에 조선신학교의 51명의 학생들이 김재준 교수의 신학의 가르침이 자유주의적임을 비판하고 호소하는 진정서를 동년(1947년)에 개최된 제33회 대구 총회(4월)에 제출하였다. 그러면서 그들 중의 일부 학생들은 조선신학교를 즉시로 탈퇴까지 하였는데, 이들 51인 학생들이 아버지 박형룡과 면담하기 위하여 찾아오는 일이 있었다. 그들이 총회에 제출한 진정서의 중요한 내용은 "우리는 신앙은 보수적이나 신학은 자유라는 조선신학교의 교육 이념을 수긍할 수 없습니다. 근대주의 신학사상과 고등비평에 항거합니다. 자유주의 신학과 합리주의 신학을 배격하는 것입니다."라는 것이었다.[121]

총회에 진정서를 제출한 조선신학교 51인 학생들의 대표자는 정규오였는데, 그는 다음해에 남산장로회신학교의 제1회 졸업생이 된 박형룡의 충성스러운 제자였고, 1959년 한국 장로교회 안에 합동과 통합의 대분열이 있은 후 합동측 장로교회 총회의 설립 멤버 네 분 중 한 분이 되었다.

그들이 아버지 박형룡과 면담하는 도중에 부산 고려신학교로 내려가지 말고 서울에 정착하여 조선신학교는 자유주의가 되었으므로 총회 인준을 받아 앞으로 한국장로회 총회 산하의 유일한 신학교가 될 신학교를 서울에 세울 것을 간곡히 권유하였던 것으로 알고 있다.

그러나 아버지 박형룡은 출옥성도 한상동과의 신의를 생각하더라도 그럴 수가 없었다. 또 바로 그때 아버지 박형룡 옆에는 목숨을 걸고 육지와 바닷길을 가리지 않고 만주 땅까지 와서 아버지 박형룡을 모셔갔던 메신저 송상석이 애원하는 듯한 눈초리로 아버지 박형룡을 지켜보고 있었다. 그러므로 아버지 박형룡은 조선신학교의 51인 학생들과 후일을 기약하고, 또 지난 5일 동안 그와 면담하면서 서울 남산에 정통보수 신학교를 세울 것을 건의하였던 당시 서울에 있었던 한국 장로교회의 원로 및 중진목사들과 작별의 아쉬운 인사를 하고 부산행 급행열차에 몸을 실었다. 그리하여 아버지 박형룡과 가족은 출옥성도 한상동과 그와 뜻을 같이하는 경남지방의 목사들, 고려신학교 교직원들과 재학생들의 열렬한 환영 속에 한국의 남단 항구도시 부산에 도착하여 주거를 정한 다음, 고려신학교의 역사적인 제2대 학장으로 취임하게 되었다. 고려신학교는 초대 학장으로 1946년 9월에 고려신학교가 세워질 때에 만주 봉천에서 먼저 귀국한 박윤선을 모셨고 박형룡을 그 다음해에 제2대 학장으로 모시게 되었던 것이다. 그 당시 고려신학교가 설립되면서 메이첸파 선교사들(하밀톤, 치숌, 헌트 등)이 한국에 입국하여 부산에 주재하였는데, 이들은 미국 정통장로교회(Orthodox Presbyterian Church)의 선교사들로서 정통개혁주의 신학의 수호를 위하여서는 교단분열도 불사하는 강력한 인상을 던져주었다.[122]

우리가 기억하여야 할 바는 그때 신사참배 반대로 인하여 평양형무소에 수감되어 옥고를 치르다가 출옥한 소위 출옥성도들은 3파로 나누어져 있었다는 것이다.

출옥성도들의 3분파 (출옥성도들이 서로 뜻이 안 맞아서)

먼저 이기선 목사를 중심으로 하여 과거에 일제 치하에서 신사참배를 하였던 한국 교회의 목사들은 3~6개월간을 회개 근신한 뒤에 정상적인 교역자로 복귀시킬 것을 제안하는 '복귀파'가 있었다. 다음으로 북의 김린희 전도사와 남의 최덕지 전도사를 지도자로 받들고 추종하였던 '재건파'가 있었는데, 그들은 일제 시대에 신사참배를 하였던 기존 한국 교회와 성도들을 죄악시하는 극단주의자들로서 기존 교회 건물들을 파괴하고 기존 교회 성도들과의 교제를 '동참죄'로 규정하면서 금지하였으며 한국 교회가 회복되는 길은 재건하는 것밖에 없음을 주장하였다. 마지막으로 '고신파' 또는 '고려파'가 존재하게 되었으니, 출옥성도 한상동과 주남선이 그들의 지도자였었는데 그들은 어쩔 수 없이 신사참배에 굴복하였으나 회개하였고 개정의 정이 넘쳤던 이약신 목사 등이 한국 장로교회의 정화를 위하여 한상동을 도와서 설립한 고려신학교를 중심하여 교회 정화에 뜻을 같이 하므로 모여온 경남 지방의 교역자들이었다.

이렇게 3파로 나뉘어 크게 갈등하던 출옥성도들의 분포도 속에서, 대한예수교장로회 총회 산하의 경남노회에서는 출옥성도 한상동이 리더가 되는 고신파를 대항하여 한국 장로교회를 정화하려고 활발한 움직임을 보이는 것을 마다하며 일제 치하에서 신사참배를 결의한 조선예수교장로회 제27회 총회에서 부총회장을 지냈고 동 총회가 끝난 직후에 조선 신궁에 총회 임원들을 대동하고 신사참배를 한 바 있었던

김길창 목사의 세력이 강력히 포진하고 있었다.[123)]

이는 마치 해방된 한국 장로교회 안에서 신사참배에 굴복한 교회와 교역자들을 정화하여야 한다고 하는 '정화주의자들'과, 이에 맞서는 일제 치하에서 신사참배를 하였던 사실을 통분히 여기지 않고 오히려 변명하고 합리화하려고 하는 '신사참배자들'의 전국적인 대결의 축소도 같은 상황이었다. 이와 같이 험악하고 미래를 예측할 수 없었던 상황이 경남노회에 존재하고 있었을 때에, 아버지 박형룡은 만주 봉천시에서 메신저 송상석의 안내를 받고 해방된 조국 땅에 돌아와 한반도의 남단 항구도시 부산 고려신학교의 제2대 학장으로 추대 받아 약 1년간 학생들을 가르쳤던 것이다. 1년 남짓한 기간 동안 아버지 박형룡은 고려신학교의 학장으로서 행정사무도 보았고 고신 이사회의 이사들과 경남노회의 회원목사들을 만나는 일도 하였으나, 무엇보다도 정통개혁주의 신학자로서의 명성을 듣고 구름같이 모여와 있었던 많은 신학생들을 가르치는 일에 전념하였다.

박형룡은 고려신학교 교장으로 해방된 조국 땅에 귀환하였다는 기쁨과 감격에 푹 빠져서 이제부터 민주주의 자유 대한에서 목숨을 바쳐 정통주의 신학을 가르치며 전파하리라는 결심 아래 열강에 열강을 거듭하였다. 아버지 박형룡의 강의를 듣고 가르침을 받았던 고려신학교의 학생들은 한국 교회의 정통보수 신학을 가르치고 대변하는 최고의 신학자의 얼굴을 바라보면서, 그의 강의를 듣고 가르침을 받을 수 있다는 경이로운 사실 앞에 스스로 감탄하면서 아버지 박형룡의 변증학과 조직신학 강의실에 앉아 있었고, 강의시간의 종료를 알려주는 종을 쳐도 좀처럼 자리에서 떠날 줄을 몰랐다.

특기할 만한 사실은 그 당시 고려신학교에서 아버지 박형룡의 열정적이고 확신에 찬 강의를 들으면서 감동하고 감격해 하였던 신학생들 중에는, 그해 4월 서울 소재 총회 인준 조선신학교에서 김재준의 자유주의 신학 강의에 반대운동을 일으켰던 정규오가 이끄는 51인 학생들이 부산 고려신학교로 전입학하여 와서 고신학생들과 함께 강의를 듣고 있었던 것이다.

그들은 그때 강의실에 앉아서 아버지 박형룡의 강의를 들으면서 기뻐서 눈물을 흘렸던 것이다. 그리고는 마음속으로 교단에서 강의하고 있었던 박형룡을 향하여 계속 박수갈채 보내기를 그치지 않았을 것이 틀림없었다.

한상동과 박형룡의 어쩔 수 없는 작별 (이별의 부산항구)

그러나 빛이 있으면 어두움이 있다. 빛이 있으면 그림자가 따라다니게 마련이다. 아버지 박형룡은 부산 고려신학교의 2대 학장으로서 학장직에 1년 시무했는데 어느덧 사임해야 할 징조가 나타나게 되었다. 그것은 박형룡 학장과 한상동 설립자 사이에 심각한 의견 차이가 발생했기 때문이었다.

첫째로 한상동은 고려신학교가 일제시대에 신사참배를 한 사람들이 주도하는(대한예수교장로회) 총회의 인준을 받는 것은 세속화라고 생각하고 박형룡의 총회 인준 제안을 거절하였다. "고려신학교는 계속 총회 인준을 받지 않았고 또 받으려고도 하지 않았다."[124)]

둘째는 "박형룡은 고려신학교가 남·북장로교 선교회와 호주, 캐나다 선교회와 관계를 맺기를 원했고 한상동은 독립선교회(웨스트민스터 신학교와 정통장로교회)와 관계 맺기를 원하였기 때문이었다."[125)]

이와 같은 두 가지 크고 두드러진 의견 차이가 발생하였고 그것들을 해소할 수 없었기 때문에, 아버지 박형룡은 고려신학교의 학장으로 있은 지 1년이 될까 말까 하여 결국은 미련 없이 부산 고려신학교를 사임하고 서울로 올라왔다.

이렇게 하여 아버지 박형룡과 한상동의 고려신학교와의 밀월의 시기(a honeymoon period)는 깨어졌고 미래의 역사 속에서 한상동은 한국장로교의 고신측 총회 설립자로, 박형룡은 한국 장로교회의 합동측 총회의 설립자요 정신적 지주로서 영구히 갈라서서 존재할 수밖에 없도록 되었던 것이다.

이렇게 두 가지 상술한 바 큰 이슈에 대한 의견 차이가 좁혀지지 않았고 해소될 수는 더욱 없었기 때문에 박형룡은 한상동의 고려신학교를 떠나서 서울로 갈 수밖에 없었고, 한상동은 고려신학교를 떠나 서울로 가는 박형룡의 길을 막을 수 없었다.

앞에서 "아버지 박형룡이 미련 없이 고려신학교를 사임하고 서울로 올라왔다"고 썼지만, 그것은 겉으로 보기에 그랬던 것뿐이지 속마음에는 큰 아쉬움과 안타까움이 있어서 미련을 버리지 못하였을 것이라는 짐작이 간다.

미국에서의 고독한 정통개혁주의 신학의 기수 메이첸의 애제자였던 박형룡에게도 큰 교회, 큰 신학의 넓은 무대를 외면하고 출옥성도 한상동과 함께 신사참배를 하지 않았거나, 했어도 진심으로 회개하는 동지들과 함께 소수일망정 진리의 그루터기로서의 한국 교회를 재건하고(사 6:13) '기드온의 300용사들'과 같은 복음의 정예부대를 훈련시켜 내어보내는 선지교육을 할 마음이 왜 없었겠는가 하는 것이다.

또한 한상동은 한상동대로 일제 시대의 조선과 대한민국 건국 시기에 최대의 정통주의 신학자로 알려진 박형룡을 모시고 서울로 진출하여 부산과 경남에 와 있던 메이첸파 선교사들뿐 아니라 한국에 2, 3대에 걸쳐서 주재하고 있는 미국 남북장로교 선교회와 캐나다와 호주 장로교 선교회가 파송한 선교사들로부터도 협력을 받으면서 아시아 최대의 정통주의 신학교를 건설하여 정통신학을 수호하고 선교사들을 5대양 6대주로 파송하는 진리파수와 세계선교의 대장로교회를 전국적으로 세워나갈 생각이 어찌 없었겠는가?

그럼에도 불구하고 박형룡은 한국정통신학의 전국 교회적인 대규모의 발전의 꿈과 환상 때문에 서울로 갔고, 한상동은 신사참배를 하지 않은 출옥성도들을 중심으로 하여 한국 땅에 '빛나고(희고) 깨끗한 세마포를 입은 교회'를 세우고자 하는 욕망(계 19:7, 8)과 고려 말기의 충신 정몽주의 '임 향한 일편단심'처럼 소수이지만 예수 그리스도에 대한 사랑과 신앙의 절개를 굽히지 않는 주의 종들을 길러내는 신학교, 즉 고려신학교를 보존하고자 하는 욕망 때문에 박형룡이 고려신학교의 학장직을 사임하고 서울로 떠날 때에 큰 아쉬움과 안타까움을 느끼면서 '마음으로는 울었지만 눈물은 흘리지 않았던' 것이다.

그러므로 박형룡은 고려신학교와 한상동에 대하여 미련 없이 돌아섰던 것이 아니라, 출옥성도 한상동의 신앙 순결주의에 감탄하면서 진리 일편단심 신학교에서 정통주의 신학 가르치기를 1년 동안 하고 그만두어야 하는 아쉬움과 안타까운 마음에 미련을 간직한 채 이번에는 부산행이 아니라 서울행 급행열차에 몸을 실었던 것이다.

한상동도 마찬가지였을 줄 안다. 그가 만주 봉천까지 사절을 보내서 모셔오게 하였던 한국 정통주의 신학의 대표자 박형룡을 서울로 보내는 아쉬움에 마음이 매우 슬펐을 것이다.

이렇게 하여 아버지 박형룡이 고려신학교를 떠날 때에 느꼈던 아쉬움과 안타까움, 그리고 한상동이 박형룡을 서울로 보내면서 느꼈던 아쉬움과 슬픔이 미련이 되어 남아 쌓여 있다가, 드디어 대한예수교장로회 총회가 합동측과 통합측으로 갈라진 그 다음해였던 1960년에 고려측 총회와 예장 승동(합동)측 총회가 잠깐 동안이나마(1960년에서 1962년까지) 재결합하여 '예장합동총회'를 구성하는 일을 성사시키는 쾌거가 있을 수 있었던 것이 아니었겠는가. 이를 생각하면 이 모든 일에 대하여 하나님께 감사하고 큰 영광을 돌려드려야 할 줄로 안다.[126)]

1960년에 고려측 총회와 예장 승동(합동)측 총회가 잠시라고 할지라도 재결합한 역사적 사건에 대하여서는 앞으로 본서의 '제2장 박형룡은 위대한 교회정치가였다'에서도 '한국전쟁의 정전'과 '서울 환도'와 '통합측과 합동측 양측 장로교회의 분열(실제로는 통합측 이탈)과 그후에 사당동 총회 신학교(현재의 총신대학교의 전신)의 설립 초창기에 있었던 아버지 박형룡의 교회정치적 활동 이야기'에 가서 다시 한 번 언급하고 설명을 할 수도 있을 것을 말해둔다.[127]

한국 교회를 위한 전국적인 규모의 정통보수(개혁주의) 신학교 (할렐루야! 서울 남산에 정통보수의 깃발을 날렸네!)

아버지 박형룡은 앞서 지적한 대로 일제 강점기에 신사참배를 했던 장로교 목사들이 이끌어가는 한국 장로회 총회의 정화 문제에 대해 한상동과의 의견 차이가 좁혀지지 않았고, 박형룡은 미국 남북장로교회 선교회와 호주, 캐나다 선교회와 계속 관계를 유지하기 원했던 반면 한상동은 '독립선교회'(웨스트민스터 신학교와 정통장로교회)와 관계 맺기를 원하였기 때문에 취임한 지 1년 만에 고려신학교 학장직을 사임하고 서울로 올라왔다.

아버지 박형룡이 돌연히 부산 고려신학교의 학장을 사임하고 서울로 올라간 또 다른 이유 중의 하나는, 경상남도라는 한 지역의 장로교회 중에서보다도 '한국 장로교회의 주류 가운데서 보수신학을 재건하고 정립하려고 했기 때문이었다'는 것이다.[128] 아버지 박형룡의 이와 같은 행동을 간하배(Harvie Conn, 1934~1998)는 평가하여 말하기를 "그의 원칙이 지시하는 대로 그의 양심을 따라 행동하였다"라고 하였다.

이렇게 하여 박형룡과 한상동 사이에 있었던 이 '비통한 작별의 순간' 이후 한국 교회 특히 한국 장로교회는 '장로교회 3대 분열'을 향

하여 나아가는 위험스럽고 개탄할 만한 분위기 속으로 들어가게 되었다.[129)]

경남노회 (숨가쁜 대결구도)

아버지 박형룡이 떠난 이후 고려신학교는 "학생과 교회가 동요하기 시작하였고 급기야는 조선신학교에서 박형룡 박사를 따라 편입해 온 대부분의 학생들(고신재학생 반수 이상)이 박형룡을 따라가 버렸다."[130)] 박형룡의 고려신학교 사임으로 인하여 고신파는 경남노회에서 '극단적이다'라는 비판을 받게 되었다. 한상동을 중심한 고신파는 신사참배자 김길창의 제명을 경남노회에서 제의하였고[131)] 사태의 불리함을 깨달은 김길창 일파는 별개의 노회를 구성하고 조직하기에 이르렀다.[132)]

그리하여 두 개의 경남노회, 즉 '출옥성도들'을 중심한 '경남법통노회'와 김길창이 주동하는 '경남노회'가 탄생하게 되었다. 그러다가 드디어 1948년 봄에 경남노회는 고려신학교의 인준을 취소하는 행동을 서슴지 않았다.[133)] 이것뿐이 아니었다. 1948년 제34회 예수교장로회 총회에서 김관식(총회 정치부장이요 과거에 일본 기독교 조선교단 총리였음)이 '고신 입학 지원자에게는 천서를 주지 않기로 한다'는 결정을 이끌어 내는 일을 단행하였다.[134)]

그리고 1952년 4월 대구에서 소집된 장로회 총회에서 경남법통노회(고신파) 총대를 불인정하고 경남노회 총대를 인정해버린 사건이 있었다. 이 사건으로 인하여 결정적인 타격을 받은 '고신파 경남법통노회'는 즉시 '고려파 총노회' 발대식을 가졌고, '대한예수교장로회(고려파) 총회'로 출범하는 역사적인 계기를 마련하게 되었다. 이 사건 즉 1952년 4월에 장로회 총회에서 '경남법통노회(고신파) 총대'를 인정하지 않았던 사건과 그 결과로 동년 10월에 '경남 법통노회'가 '총노회' 발대식을 갖게 되는 사건에 관하여서는, 이 두 사건이 6·25 동란기에 발생한 사건들이었음을 감안하여 6·25 동란기에 있어서 아버지 박형룡의 교회 정치적 활동을 기술하는 본서의 다음 부분에서 다시 언급함이 있을 것을 독자 여러분들에게 말씀드린다.

한상동과 고신파가 서울로 떠나가던 박형룡을 극구 만류하지 못하였던 이유들 중에서 두 가지 이유를 이미 이야기하였거니와, 또 한 가지 중요한 이유 또는 원인이 있었음을 지금 여기서 말하고자 하는 바이다. 그것은 '출옥성도' 한상동의 박형룡과의 한국교회 정화의 속도 문제에 관한 의견차이가 '서울로 올라가는 박형룡의 발걸음'을 확고하게 붙잡지 못하였던 이유 중에 하나였을 것이라는 것이다. 물론 한상동은 아버지 박형룡에게 평양신학교에서 가르침 받았던 제자였다.

1948년 봄 한상동과 고려신학교의 환송을 받은 아버지 박형룡은 대한민국이 건국되는 감격스러운 해에 서울로 올라와서 해방 직후 시기의 한국 장로교회에서 전국 교회를 상대하여 눈부신 교정 활동을 개시하였다. 부산 고려신학교의 학장으로 시무할 때에도 박형룡이 교정 활동을 전혀 하지 않았던 것은 아니었다. 경남노회의 회원 목사들을 만났고 고려신학교의 이사들과 교수들 그리고 학생 대표들을 수시로 접견하고 의견교환과 의견수렴이 있었다. 또 빼놓을 수 없는 사실은 아버지 박형룡이 옛 평양장로회신학교 시절에 미국 남북장로교회와 호주 장로교회 선교사들과 교분이 두터웠던 것처럼, 경남에 와서 주재하면서 선교하던 미국 웨스트민스터 신학교와 정통장로교회가 지지하는 독립선교회(Independent Mission Board) 소속 선교사들과도 만남과 교제가 있었다는 것이다.

그럼에도 불구하고 한국 교회를 위한 '지로적 신학'을 가르칠 수 있는 정통보수 신학교를 수도 서울에 설립하고자 하는 아버지 박형룡의 강력한 의지를 한상동의 '경남 중심주의'와 '한국 교회 정화 지상주의'(여기에는 외국 4대 선교회의 선교사들 배척사상이 포함되어 있었음)가 발목을 붙잡고 있는 격이 되어, 아버지 박형룡은 부산 고려신학교의 학장으로 일 보던 1년 동안 그의 '교회정치적 행보'가 거의 '올 스톱'이었다는 것을 말하고자 하는 것이다.

1948년 봄 부산역으로 환송 나온 한상동과 '눈물 어린 아쉬운 우정의 결별'을 하고 수도 서울에 도착한 박형룡은, 그의 눈앞에 한국 교회를 위하여 전국적인 규모의 정통보수(개혁주의) 신학교를 설립할 수 있는 '자유의 대로'가 활짝 열려 있음을 보고서 크게 기뻐하였을 것이 분명하였다(사 40:3).

이렇게 하여 부산 고려신학교의 학장직을 사임하고 부산역에서 한상동과의 '아쉽고 서글픈 이별'이 있은 다음에 서울로 올라온 박형룡의 교정적 활동은 실로 우리 모두가 감탄할 정도로 '눈부신 것이었다'고 할 수 있겠다.

그런데 여기서 본 저자가 한 가지 추가하여 말하고 싶은 것은 한상동은 한국 교회가 낳은 몇 분 안 되는 성자와 같았던 분들 중의 한 사람이었고, 출옥성도로서 한국교회의 정화운동에 성공한 한국 크리스천들의 큰 지도자였지만 그럼에도 불구하고 고려신학교 학장을 그만두고 서울로 올라가는 박형룡을 일심으로 붙잡지 않았던 것은 그 자신의 은사였던 정통신학자 박형룡에 대하여 자신과 입장과 의견이 다른 분으로 생각하였기 때문이었다고 할 수 있겠다.

박형룡이 고려신학교를 떠나서 서울로 올라가는 즉시로 전국의 보수주의 세력을 결집하여 남산장로회신학교를 세우고 한국 장로교회의 바른 신학 운동을 일으켜서 그렇게 빨리 성공할 줄은 한상동 역시 미처 몰랐을 수도 있었을 것으로 추측해 본다.

남산장로회신학교와 조선신학교 (지척간의 두 선지학교)

박형룡은 서울로 올라온 즉시 한국 장로교회 원로들의 지지를 얻는 동시에 전국적으로 '한국 교회에 정통보수신학의 정착을 열망하는 중진 목사들의 세력'을 규합하여 서울 남산의 조선 신궁터에 장로회신학교를 설립하고 개교하는 일을 성공적으로 수행하였다. 그리고 1949년에 대한예수교장로회 총회로부터 직영신학교로 인준을 받음으로써 박형룡은 옛 평양장로회신학교의 '계승'이라는 역사적 명분을 충족시켰을 뿐만 아니라, 한국 장로교회 안에서 한국 교회 성도 스스로가 선교사에 의지하지 않고 전국 규모의 정통보수 신학교를 세울 수 있었다는 평가를 받게 되는 이 '경사스러운 일의 주인공'이 되었던 것이다. 실로 놀랍고 믿기 어려운 일이었다.

그런데 아버지 박형룡이 부산 고려신학교에서 수도 서울로 올라온 이후의 교정 활동은 여기서 끝나지 않았다. 대한민국의 건국이 이루어진 수도 서울에는 신사참배를 반대하다가 자진 폐교한 평양장로회신학교와는 달리, 신사참배를 실행하였던 조선장로교회의 신학자요 교회 지도자들이었던 김재준, 송창근, 채필근 등의 주도하에 1940년에 설립되었고 조국 광복 후에 남부(남한)총회에서 신속하게 인준을 받았던 조선신학교가 같은 수도 서울에 신설된 남산장로회신학교를 예의 주시하고 있었기 때문이다. 박형룡은 김재준을 비롯한 진보주의(실상은 바르트주의) 신학자들과 교회 지도자들에 의하여 경영되고 있었던 조선신학교를 제재하고 봉쇄하기 위한 교정 활동을 총체적으로, 장로회 교계적으로 긴급히 펴나가지 않을 수 없었다.[135)]

앞에서 이미 말한 대로 일제 강점기였던 1940년에 설립되어 서울 인사동 승동교회 하층에서 개강하였고, 해방 후 즉시로 남부(남한)총회로부터 인준을 받아 김재준이 신정통주의 신학을 가르치고 있었던 조선신학교 내부에서 1947년 4월 17일 '정통을 사랑하는 51명의 학생들'이 결합하고 총궐기하여 대구에서 열렸던 장로회 총회에 '진정서'를 제출하였다. 그 주요 내용은 '우리는 신앙은 보수적이나 신학은 자유라는 조선신학교의 교육이념을 수긍할 수 없습니다. 근대주의 신학사상과 성경의 고등비평을 항거합니다. 자유주의 신학과 합리주의 신학을 배격하는 것입니다'라는 것이었다.[136)]

이러한 정통개혁주의 신학을 사랑하는 조선신학교의 51명의 학생들의 '진정서' 때문에 1947년 대한예수교장로회 대구총회에서 선출된 8인 심사위원들은 김재준을 소환하여 심사하였고 그 결과는 김재준의 정통신앙이 매우 의심스럽다는 판단이었다. 그러나 그때가 박형룡이 대한민국의 수도 서울에서 남산장로회신학교의 교장으로 취임하기 이전이었으므로 김재준에 대한 정면 반대(공격)를 자제하지 않을 수 없었

수업 진행중인 박형룡 박사(남산장로회신학교)

던 것으로 생각한다.[137)]

그러나 박형룡은 총회의 8인 심사위원들에게 보내는 의견서와 또 개별적으로 발표한 성명서에서 분명히 말하기를, 김재준의 진술한 내용을 검토한 결과 "그가 파괴적인 고등비평의 성경관을 가르치고 있음을 알 수 있다"고 하였다.[138)]

이렇게 하여 부산 고려신학교를 사임하고 1948년 8월 15일에 성취되었던 대한민국의 건국보다 한걸음 앞서서 수도 서울에 도착한 아버지 박형룡은, 그가 일제 강점기의 평양장로회신학교 시절부터 신학사상적으로 대결하여 왔던 '보수적 자유주의 신학자' 김재준과 운명적인 대결을 재개하게 되었다. 이번에는 목숨을 건다고 할 수 있는 심정으로 박형룡의 정통개혁주의 신학과 신정통주의 신학의 김재준이 신학적이며 교회정치적인 투쟁이라기보다는 전투의 와중으로 들어가게 되었다.

이러한 김재준과의 대결과 투쟁에서 보여주었던 양상은 일제 시대 말기의 조선장로교 내에서 「표준성경주석」의 간행과 '김재준의 「신학지남」 논문기고 금지사건'과 관련되었던 대결과 투쟁의 모습과 비교하여 볼 때에 가일층 긴박하고 숨가쁘며 불꽃 튀는 양상의 모습이 아니었겠는가 하는 생각을 하게 한다. 김재준은 1945년 조국의 해방 후에 조선신학교 학장에 취임한 이후로 일제 치하의 조선 평양에서와는 달리 미래에 있을 박형룡의 맹렬한 공격을 예상이나 했다는 듯이 태도를 강경일변도로 바꾸어 자신의 '신정통적 입장'을 고수하면서 정통신학을 비판하였고, 총력으로 박형룡이 대표하고 있던 한국 장로교회의 정통보수주의를 역공하기 시작하였다.

김재준은 "1946년에 「새 사람」 제11호에 정통신학은 신신학(자유주의 신학)보다 더 교묘하게 위장한 실제적 인본주의요 정통적 이단이다"라고 비판하였다.[139)]

존 매카이와 에밀 브루너 (국제 에큐메니칼 운동의 두 거인)

그런데 한국 교회의 정통보수주의를 대표하였던 박형룡이 서울 남산의 조선 신궁 자리에 장로회신학교를 세웠고 장로회 총회의 직영 신학교로 인준을 받았음에도 불구하고 '박형룡의 정통주의에 대하여는 불리하고 김재준의 신정통주의 또는 바르트주의적 진보주의를 위해서는 유리한 두 가지 사건들'이 연속적으로 발생하였다. 이 두 가지 사건은 1948년 세계 교회협의회의 총무 존 매카이(John Mackay)의 한국 교회 방문과 1949년 '독일 신정통주의 신학자' 에밀 브루너(Emil Brunner)의 한국 방문을 의미하는 것이다. 두 가지 사건 중에서 첫 번째 사건, 즉 존 매카이가 한국 방문 중에 행한 신학 강연이 칼 바르트(신정통주의 신학의 창시자) 예찬으로 일관하였기에,[140] 한국 장로교회의 박형룡을 비롯한 정통보수주의자들로부터 제압을 받아 존폐의 위기에 놓여 있었던 김재준의 신정통주의 또는 바르트주의적 진보주의에 강력한 활기를 불어넣어 주고 왕성한 의욕을 북돋아줌으로써 그것이 한국 장로교회에서 소생하고 재기할 수 있는 '전기'를 마련해주게 되었다고 생각한다.

두 번째 사건, 즉 독일의 신정통주의 신학자 에밀 브루너가 한국을 방문한 사건에서는 그의 신학 강연이 집중적으로 성경관을 다루면서 '성경무오설'의 시대 역행적인 것을 강조하였고, 그렇게 함으로써 많은 신학생들과 기독 청년들의 마음을 동요하게 하였다. 따라서 그 결과는 박형룡에게는 불리하였고 김재준에게는 유리하였다고 할 수 있겠다.[141] 독일인으로서 용모가 출중하였고 달변이었던 신정통주의 신학자 에밀 브루너는 신정통주의의 동반자이자 선배인 칼 바르트보다 신학적 영감과 창의성은 뒤떨어진다고 볼 수 있었으나, 기독교인들 대중의 마음을 움직이는 '웅변가'였던 것을 그의 시대를 살았던 기독교계의 선배 여러 분들로부터 들어서 알고 있다.

브루너는 신학 강연에서 정통주의자들의 '완전영감론적 성경관'을 비판하면서 풍자하여 말하기를, "로마 가톨릭 교회와 개신교의 정통주의자들이 별로 다를 바가 없다고 할 수밖에 없다. 로마 가톨릭 교회가 절대시하는 교황의 자리에 개신교의 정통주의자들은 성경이라는 '종이 교황'을 앉혀놓고 믿고 있는 고로 로마 가톨릭과 개신교의 정통주의자들의 차이가 있다면 전자는 '사람 교황'을 믿고 후자는 '종이 교황'을 믿는 차이일 뿐이다."라고 하였다. 그리하여 그때에 신학 강연회에 참석하고 있던 청중들(주로 조선신학교 교수들과 학생들)로부터 박수갈채를 받았다고 본 저자는 들었다.

그리하여 존 매카이의 신학 강연을 통하여 김재준과 조선신학교는 강력한 활기의 불어넣음을 받았고, 더욱 왕성한 의욕을 갖고 신정통신학 또는 바르트주의 신학을 가르치고 전파할 수 있도록 이끌림을 받았다. 동시에 또 한편 신정통신학자 에밀 브루너의 방문과 그의 신학 강연으로 말미암아 김재준과 조선신학교의 교수, 학생, 이사 일동은 정통주의자들의 성경무오설을 주장하는 성경관이 '시대 역행적인 것'이라는 것을 환기시킴을 받아서, 마치 역사와 이 현대라고 하는 시대가 성경의 오류를 인정하는 성경관을 고백하고 있는 신정통주의 또는 바르트주의 신학 편에 있는 고로 그들의 정통주의자들과의 투쟁에서 승리가 기정사실화된 것처럼 여겨졌던 것 같다. 그래서 그들의 자신감이 승리감으로 바뀌어가는 것을 느끼면서 마음에서 짜릿짜릿한 쾌감과 환희를 맛보았을 것이라고 하는 추측도 할 수 있지 않겠는가 생각해 본다.

공산주의자들이 과거에 자신들은 헤겔의 변증법적사관에 근거한다고 하면서, 인류의 역사는 봉건주의와 자본주의적 민주주의의 종합으로서 사회주의적 공산주의의 승리로 끝날 것을 자신하여 '역사와 시대가 그들 편에 있다'고 호언장담하였다. 그러나 1989년에 베를린 장벽이 무너져 내렸고, 그 이후로 소비에트 러시아의 붕괴와 동유럽 국가들의 급속한 비공산주의화가 진행된 결과로 냉전시대가 종식되었으며, '공산주의의 세계 지배'가 실패로 돌아간 것을 세계 인류가 목격하지 않았는가 하는 것이다.

김재준과 조선신학교 교수, 학생들과 후원자들은 독일의 변증법적 신학자 에밀 브루너의 기독교 신학의 '정(정통주의 신학)'과 반(자유주의 신학)'의 '종합'으로서 '신정통주의 신학'의 세계 교회 지배를 역사적 필연성으로 인식하는 듯한 사고에 영향을 받아, 한국 교회 특히 한국 장로교회 안에서 그들이 표방하고 있었던 신정통주의(바르트주의) 신학이 정통보수 세력을 이기고 필연적으로 승리할 것을 믿고 승리감에 도취된 듯 보이기도 하였을 것이다.

그러나 그들의 기대와는 달리 그후 그들의 신정통주의(바르트주의) 신학의 한국에서의 승리와 한국 교회 석권에 대한 확신은 역사적으로 현실화되지 않았다. 오히려 한국 교회와 특히 한국 장로교회의 현실은 예상을 뒤엎고 김재준과 조선신학교 또는 한신대학교가 전파하였던 신정통주의 신학에 대하여 상황이 불리하게 펼쳐졌다.

1949년 에밀 브루너의 한국 방문 이후 그 다음해인 1950년에 한국전쟁이 발발하였고 3년간의 전쟁이 끝나고 정전협정 이후 대한민국 정부의 수도 서울로의 환도가 있은 후까지 펼쳐졌던 한국 교회 특히 한국 장로교회의 역사적 현실은, 오히려 신정통주의를 가르쳤던 김재준과 조선신학교가 한국 장로회 총회의 주류세력으로부터 거절을 받아서 분열하여 나가야 했고 많지 않았던 교회들로 구성된 새 교단(기장교회)을 조직하여야 했었다. 그리고 이와 같은 한국에서와 한국 교회 안에서의 신정통주의 신학의 약화와 세 확장의 좌절과 관련하여 우리 모두가 유념하여야 할 바는 '시대와 역사가 누구 편에 있느냐?'는 생각이 중요한 것이 아니라는 것이다. 중요한 것은 하나님이 '우리 편에서' 일하고 계신다는 생각, 아니 그보다도 우리가 '하나님 편에서' 일하고 있다는 생각이 모든 일에 있어서와 마찬가지로 '신학사상 투쟁사'에서도 결과적으로 우리에게 승리를 안겨다주는 힘이요, 비결이 된다는 교훈인 것이다(롬 8:28, 빌 2:12, 13).

그러므로 아버지 박형룡은 WCC 총무 존 매카이와 신정통신학자 에밀 브루너의 방한과 그들의 바르트주의의 강의, 강연과 예찬론으로 인하여 김재준과 조선신학교가 힘을 얻고 더욱 의욕적으로 한국 장로교회 안에서 신정통주의 신학을 가르치고 전파할 태세를 보였을 때에도 결코 낙심하지 않았다. 그 이유는 아버지 박형룡은 '하나님의 진리의 말씀인 성경'이 가르치는 바대로 진리를 만인에게 선포하면서 하나님의 진리를 신학적인 수준에서 표현하고 가르치는 정통보수신학을 한국교회 안에 세워 나아가는 일에 하나님께서 그와 함께하심을 확실히 믿었던 것을 어찌하랴!

그리고 좀 더 강조적으로 말한다면 아버지 박형룡은 하나님의 정확무오하게 기록된 말씀인 성경에 입각하고 전적으로 의존하는 바른 신학인 정통보수신학을 한국 교회에서 가르쳤고, 그것의 확립을 위하여 투쟁하는 일을 하고 있었음을 인하여 그 자신이 '하나님 편에' 있었고 '하나님께서 그의 편'에서 일하고 계셨음을 확신하고 있었던 것을 어찌하랴!

그 무렵 아버지 박형룡이 교장이었던 남산장로회신학교는 서울역전 동자동 바로 위의 남산에 있었기 때문에 조선신학교와는 아주 가까운 거리였다. 남산장로회신학교에서 서울역전과 동자동 일대가 내려다보였고, 조선신학교 건물에서 창문을 열면 남산장로회신학교가 마치 눈에 보일 것처럼 근접한 거리였던 것이다.

아버지 박형룡은 이렇게 남산장로회신학교로부터 지척에 있었던 서울 동자동 조선신학교 캠퍼스에서 독일의 신정통주의 신학자였고 아울러 세계적으로 명성 있는 신학자였던 에밀 브루너가 와서 신학 강연을 한다는 소식을 들었다. 이때 에밀 브루너를 남산장로회신학교로 한 번 유치하여 신학생들에게 강의를 한 시간 듣도록 하자는 제안도 있었다고 한다. 그러나 교장 박형룡은 교내의 어떤 분이 제안하였던 이와 같은 제안도 초연히 거절하였다. 만일 에밀 브루너의 강의를 남산장로회신학교 학생들로 하여금 듣도록 한다면 그들 중에 영향을 받고 추종자들이 생겨날 수 있는 고로 백해무익할 것이라고 판단하였던 것이다.

이것은 박형룡이 교장으로서 참으로 잘한 일이었다. 만일 에밀 브루너가 남산장로회신학교에 와서 신학 강의를 하였다면 '정통보수적인 남산장로회신학교' 학생들도 만에 하나 미혹을 받을 수 있었기 때문이었다. 박형룡의 거절은 그와 같은 가능성의 사전 봉쇄였으므로 그것을 '거절의 승리'라고 하여 축하하고 싶은 마음인 것이다.

김재준은 1949년 이후에 (더욱 힘을 얻고 의욕을 발휘하여) 성경무오설 부정과 고등비평의 정당성 그리고 칼 바르트의 신학을 더욱 확연하게 제창하기에 이르렀다.[142] 총신대학교의 한국 교회사 교수 박용규의 해석에 따르면 김재준 교수가 회고한 대로 1949년은 한국 교회의 신학적 전환점이었고 칼 바르트의 신정통주의 사상이 한국 교회를 지배하기 시작한 해였다고 한다.[143] 그러나 박형룡은 1949년에 에밀 브루너의 신정통주의적 신학 강의와 강연 듣기를 거절하였고, 한국에서 신정통주의를 대표하였던 김재준과의 특별강연적 대결의 집회에 불참하는 것을 선택하였다. 그 결과로서 '에밀 브루너 불초청의 승리'와 '토론회 불참석의 승리'라는 두 가지 '조용한 승리'를 거두었던 것이다. 그 당시에 대한민국에서 정통신학을 대표하였던 박형룡이 신정통신학을 대표하였던 김재준과의 특별강연회에서의 대결을 보이콧한 이야기를 잠깐 하면 다음과 같다.

독일의 신정통주의 신학자 에밀 브루너가 한국을 방문하였던 그 해에 한국 장로교회 산하의 '제1차 전국 청년 연합회'의 특별 신학강연회가 개최되었는데, 강사로 초청받았던 박형룡은 불참하였고 김재준만이 단독으로 강사로 참석하여 '대전 전후의 신학사조의 변천'이라는 제하의 강연을 하면서 '절대무오한 사람도 교회(로마 가톨릭) 그리고 책(개신교 정통주의자들의 성경관)도 없다'고 하는 열변을 토하였다.[144] 그런데 본 강연회 강사로서 박형룡의 불참석은 신정통신학자 김재준과의 '토론적인 대결'을 기피하였다고 하여 우리가 실망할 것이 아니라 이는 그의 지혜롭고 시의적절한 행동이었다고 우리가 그를 차하하여야 할 것이다. 왜냐하면 이는 마치 한국 전쟁 중에 국제연합군이 북한 공산군과 싸우면서 전략적인 후퇴를 계속하다가 인천상륙으로 승기를 잡았던 것과 같았기 때문이었다.

박형룡은 몇 년 후의 '승리'(1952년 성경유오설 주장자 김재준을 장로회 총회가 징계하였음)를 기약하면서 강연회에 강사로 불참함으로써 박형룡은 불참석의 승리를 거두었다고 볼 수 있기 때문이었다. 그렇게 하여 박형룡은 '칼바르트의 신정통주의사상' 이 한국 교회를 지배하는 일'을 하지 못하도록 하기 위하여 한국 장로교회 내에 존재하고 있던 정통보수세력을 전국적으로 규합하여 그가 교장이었던 남산장로회신학교를 전적으로 지지, 후원하도록 하였으며, '한국에서 김재준의 신정통주의 또는 바르트주의의 요람이 되었던 조선신학교'의 한국 교회 내에서의 고립을 도모하기 위하여 그의 교회정치적 활동과 기량 발휘에 총력을 기울였다.

그런데 아버지 박형룡이 한국 장로교회 안에서 김재준의 신정통신학의 확산을 막기 위한 투쟁을 하고 있었을 때에 그의 애국심을 자극하여 불길처럼 다시 타오르게 하였던 사건이 있었으니, 그것은 1948년 8월 15일 광복일에 서울 중앙청(옛 조선총독부) 광장에서 개최되었던 대한민국의 건국 및 독립을 선언하는 예식 행사에 참석하였던 일이었다.

대한민국 건국예식전 (시온의 영광이 빛나는 아침)

그 당시 서울 용산고등학교 1학년생이었던 본 저자는 아버지 박형룡을 따라서 두 손에 작은 태극기를 들고 서울 중앙청 광장으로 가서 '대한민국 건국 및 독립선언식전'에 참석하였던 기억이 반세기하고도 15년이 지난 오늘날에도 '지울 수 없는 추억'으로 머릿속에 생생히 남아 있다. 지금도 '잊을 수 없는 추억'으로 머릿속에 간직하고 있는 것은 그날 그때에 서울 중앙청 광장에서 '대한민국 건국예식전'이 진행되고 있는 도중에 시종일관하여 태극기를 흔들면서 안경을 벗어버린 얼굴에 흘러내리는 눈물을 닦으셨던 아버님의 모습이다. 물론 저자도 아버님을 따라서 태극기를 정신없이 흔들었고 눈물을 마구 쏟았던 것을 기억한다.

그때에 아버지 박형룡은 과거로 돌아가서 일제 치하에서 숭실전문학교 학생으로서 조선 독립을 부르짖다가 전남 목포 형무소에서 10개월간 옥고를 치렀던 고난도 생각했었을 것이고, 일제의 조선 강점기 말기에 신사참배 반대로 평양장로회신학교가 폐교한 후 해외로 가서 망명생활을 하던 중 만주의 봉천신학교에서 가르칠 때에 신학생으로 위장한 조선 독립운동자 청년을 교수 사택에 숨겨놓고 애를 태우던 애국 충정으로 절박했던 그 순간도 생각하면서, 눈앞에 진행 중인 대한민국 건국예식전의 참관자로서 가슴이 터져오는 듯한 기쁨과 감개무량함을 느끼지 않을 수 없었을 것이다.

그리고 무엇보다도 출옥성도 한상동이 파송한 안내자의 안내를 받으면서 만주의 동북(봉천)신학교를 떠나 가족과 함께 서해바다를 구사일생으로 건너 해방된 조국으로 돌아왔으며, 1년간 부산 고려신학교에서 학장으로 일하다가 대한민국의 건국이 이루어지던 역사적인 해, 1948년에 서울로 올라와서 남산장로회신학교를 세웠고, 세운 지 몇 달 만에 아들과 함께 드디어 8·15 광복절에 거행된 '대한민국 건국예식전'에 참석하여 군중 속에 섞여서 식전을 관람할 수 있었던 그 축복과 은혜를 베푸신 하나님을 감사 찬송하면서, 아버지 박형룡이 애용했던 표현대로 '신은이 망극하옵니다'를 마음에 수없이 되뇌었을 것이 분명하였다.

아버지 박형룡은 그가 부산 고려신학교를 떠나서 서울로 올라와서 남산에 장로회신학교를 세우던 그해에 대한민국의 건국과 독립을 선포하는 국가적 예식전이 서울 중앙청 광장에서 거행되었다는 사실의 의의와 중요성을 그날 '대한민국 건국예식전'을 참관하면서 분명히 생각하였을 것이다.

그러면 아버지 박형룡이 생각하였던 그와 같은 사실의 의의와 중요성은 무엇이었겠는가? 말하자면 하나님께서 박형룡이 부산 고려신학교를 떠나 서울로 올라와 남산장로회신학교를 세웠던 그해, 1948년 8·15 광복절에 대한민국의 독립과 건국을 선포하는 '대한민국 건국예식전'을 참관하도록 섭리하신 것은, 남산장로회신학교로 하여금 하나님의 기뻐하시는 '성경적 신앙'에 기초하는 정통보수신학을 수도 서울로부터 전국에 전파하여 새롭게 건국된 대한민국의 국민 모두가 예수를 믿고 구원을 얻어 하나님의 백성이 되도록 하는 하나님의 뜻이 있었기 때문이었다. 동시에 우리 중에 다수가 온 세계로 나아가서 '하나님 나라의 건설을 위하여 일하는 일꾼들'이 될 수 있도록 가르치고 훈련하는 일을 하게끔 하는 목적이 또한 있었음을 박형룡은 깨달아 알았을 것이다. 이것이 바로 이 사실의 의의와 중요성에 관한 박형룡의 이해이자 인식이었을 것이다.

이렇게 하여 아버지 박형룡은 1948년 8·15 광복절 날에 거행되었던 '대한민국 건국예식전'을 참관하면서 서울 남산장로회신학교의 설립을 애국애족적인 차원에서 풀이하여 그 의미를 '성경적으로 바른 신학(정통보수신학)'의 가르침과 전파를 통하여 대한민국을 복음화하고 많은 한국 크리스천들을 '신국건설'에 역군으로 참여하도록 훈련하고 양성해 나가는 목적을 위함이라고 하는 확신을 소유하게 되었던 것이다.

그러므로 아버지 박형룡은 1948년 8·15 광복절 날에 '대한민국 건국 예식전'을 참관하였을 때에 태극기를 흔들고 눈물을 흘리면서 서울 남산장로회신학교의 설립을 통하여 대한민국 전국에, 그리고 하나님의 택함받은 모든 백성들에게 바른 신학(정통보수신학)을 가르치고 전파하는 일을 더욱 충성스럽게, 더욱 헌신적으로 할 것을 마음속으로 굳게 다짐하였던 것으로 생각하는 바이다.

대한민국이 건국되던 해에
서울 남산에 선지학교가 문을 열었고
죽산 박형룡이 꿈꾸었던
'바른 신학'의 교육과 '신국건설'이
한국 교회에서 시작하였네

– 할렐루야 아멘 –

피난 이야기 (일 년을 하루같이 한 봇짐에)

1950년 6월 25일 북한 공산군의 기습적 남침은 대한민국 건국의 기쁨을 누리고 있었던 우리 국민들에게 큰 충격과 전쟁으로 인한 대공황을 가져다주었다. 그리고 아버지 박형룡에게도 서울 남산장로회신학교의 설립을 통하여 정통보수신학을 한국 교회에서 전파하며 신학적 자유주의와 현대주의적 신신학 등을 물리치고 정통보수신학을 확고히 세우는 일에 큰 차질을 가져왔다.

아버지 박형룡과 가족은 전혀 예상치 못하였던 한국전쟁의 발발로 인하여 서울 청파동에 있었던 장로회신학교의 교장 사택의 한 방에 모여서 아연실색, 할 말을 잃고서 하나님의 인도하심과 도우심을 간구하는 기도를 간절히 드렸고 가정예배도 아침저녁으로 모여 열심히 드렸다.

그러나 아버지 박형룡과 가족이 전쟁을 피하여 서울을 떠날 것을 의논할 시간을 충분히 갖기도 전에, 남한과 북한을 갈라놓았던 '38선'의 경계에서 침략자의 총소리가 울려 퍼진 지 사흘이 되는 6월 28일 아침에, 소련제 대형 탱크를 앞세운 북한 공산군의 보병 전투부대가 서울로 진입하여 저항하는 국군병사들을 물리치고 서울시를 완전 점령하기에 이르렀다.

박형룡과 가족은 모여 가정회의를 열었다. 서울 청파동의 장로회신학교 교장사택에 그냥 있을 것인가, 아니면 이제라도 늦지 않았으니 서울을 탈출하여 한강을 건너서 수원으로 가서 남쪽으로 가는 피난민 길에 오를 것인가를 결정하자는 것이었다. 여러 가지 이야기를 나누다가 결국 가족 일동은 서울을 떠나 남쪽으로 가는 피난길에 오르자는 아버님의 의견을 따르기로 하였다.

아버님은 많은 교역자 목사님들과 전도사님들이 서울을 떠났고 남산장로회신학교의 기숙사에 있었던 신학생들도 북한 공산주의자들에게 붙잡혀 '의용군'으로 끌려갈까 염려하여 이미 서울을 탈출하였다고 하셨다. 아버지 박형룡은 한국 교회의 많은 교역자들과 가족들과 신학생들이 서울을 탈출하여 남쪽으로 가고 있는 피난길에 동참하자고 하였다.

저자의 소견에는 그때 아버지 박형룡의 서울 탈출 결심은 성령님이 특별히 도우셔서 한 것이었다고 생각한다. 왜냐하면 만일 아버지 박형룡이 서울 탈출을 결심하지 않고 가족과 함께 서울 잔류를 결정하였더라면 박형룡은 북한 공산주의자들에게 체포되어 송창근, 양주삼, 남궁혁, 박현명, 김유순 등 한국 교회의 납북인사들의 명단에 추가되었을 것이 아니었겠는가 하는 것이다. 그렇게 되었다면 박형룡의 가족은 위대한 아버지와 가장을 잃게 되었을 것이고, 한국 교회는 위대한 정통신학자를 잃었을 것이고, 한국 교회 사학자는 기록하기를 '서울 남산장로회신학교에서 꽃을 피웠던 정통보수신학이 이북으로 납치되어 갔다'고 했을 것이 확실하다. 생각만 해도 아찔하고 눈앞이 캄캄해지는 일이다. 아버지 박형룡의 서울 탈출의 결심을 도우셨던 성령님의 사역을 감사하고 찬양할 따름이다.

아버지 박형룡과 가족은 서울 탈출 결정 즉시로 실천에 옮겨 북한 공산군이 수도 서울을 점령한 6월 28일 다음날인 6월 29일 서울을 벗어나 한강을 건넜고 경기도 수원에 걸어서 도착하였다. 그리고 수원에서 남하하는 긴 피난민의 대열에 합류하여 대전으로 가는 객차 지붕 위에 앉아서 먼길을 갔던 것을 기억한다.

박형룡과 가족은 UN군과 국군의 반격을 격퇴시키면서 무서운 속도로 남하 중이었던 북한 공산군을 피하여 대전에서 대구로, 대구에서 부산으로, 부산에서 미군 LSD(수송선)에 승선하여 제주도까지 피난을 갔었다. 끝없이 펼쳐졌던 피난민으로서의 고난의 삶을 아버지 박형룡과 가족은 묵묵하게 감당하며 살아야만 했던 것이다.

정말 '1년을 하루같이 한 봇짐에 구름 따라 떠도는' 피난민 신학자의 인생을 아버지 박형룡과 가족이 1950년 6월부터 1951년 봄까지 살았었고 경험하였던 것을 「나의 아버지 박형룡」이라는 제목의 본서를 쓰고 있는 2013년 현재에도 머릿속에 아련한 추억으로 기억하고 있다.

본서의 저자가 현재에도 간직하고 있는 6·25 동란기에 관한 '아련한 추억들'을 더듬어 보면, '피난민 신학자'가 되어버린 아버지 박형룡과 가족은 제주도에 가 있으면서 UN군 사령관의 용감한 결단으로 말미암아 인천상륙이 성공함으로써 한국전쟁의 '승기'를 잡았다는 것을 알았다. 그리하여 패주하는 북한 공산군을 국군과 UN군이 뒤쫓아서 38도선을 넘어갔으며 북방의 압록강까지 진격하고 있는 중이라는 '전승의 쾌보'를 들을 수가 있었다.

그러나 아무도 예상하지 못하였던 큰 사건이 발생하였다. 그것은 중공군(중국 공산군)이 100만 명에 가까운 병력을 이끌고 압록강을 건너와서 북한 공산군과 합세하여 반격을 가해왔던 것이다. 국군과 UN군은 점령하였던 북한의 거의 모든 지역을 내어놓고 철수하게 되었다. 이것이 저 유명한 '1·4후퇴'(1951년 1월 4일 중공군의 한국전 개입) 사건이었다. 국군과 UN군은 물론 중공군과 북한군도 38도선 근처에서 많은 사상자를 내었다. 이때 '중국 동북부 만주의 공중 폭격'을 제안하였던 UN군 총사령관 맥아더 장군은 트루먼 미국 대통령으로부터 해임을 당하였고, 트루먼 대통령 뒤에 미국 대통령으로 당선된 아이젠하워 대통령은 '한국전쟁의 조속한 종결'을 미국 국민에게 약속하고 나섰으므로 '전쟁을 더 이상 원치 않았던 중국 공산정권'과 미국과 UN군 측이 휴전과 정전을 협상할 수 있는 분위기가 감돌기 시작한 때가 1951년 봄 이후였다고 역사적으로 회고할 수 있는 것이다.

이와 같이 전쟁과 평화가 교차하는 '어수선하면서도 새로운 희망이 싹트는 시기'에 "1951년 5월 부산에서 열린 제36회(장로회) 총회에서 두 신학교(조선신학교와 장로회신학교)의 인가를 모두 취소하고 경북 대구에 '새 신학교'(둘이 하나가 되는 '총회직영신학교')의 설립을 결의하기에 이르렀다."[145] 굉장한 사건이었던 것이다. 이렇게 제36회 장로회총회에서 설립하기로 가결한 '총회직영신학교(대구 피난총신)'가 동년(1951년) 9월에 대구에서 개교하여 519명의 학생들이 모여서 대성황을 이루었고, 장로회신학생들은 전원 등록하였음에도 불구하고 조선신학교 학생들은 아주 소수가 등록하는 차이가 벌어졌던 것이다.[146] 대구시 대신동에 위치한 안두화 선교사의 사택과 부속건물(캠퍼스)에서 개강하였던 장로회총회신학교의 교장은 선교사 감부열이었고 박형룡, 한경직, 권세열, 명신홍, 김치선, 계일승 등 실력 있고 명성 있는 학자 교수들이 교수진에 대거 참여하는 화려함을 보여주었다.[147)]

그리하여 아버지 박형룡과 가족은 대구 대신동 안두화 선교사의 주택 경내에 있었던 임시 교수 사택으로 정해진 가옥에 1년여 동안 '구름 따라 바람 따라 정처없이 떠돌던 피난민 인생'의 여장을 드디어 풀어놓았던 것이다.

아버지 박형룡은 "그곳 임시 교수사택에서 가족과 함께 기거하면서 피난 총회신학교의 교수로 가르쳤던 만 2년 동안에 강의 준비와 신학연구 그리고 기도를 쉬지 않았다."[148)] 그러나 이 기간 동안 아버지 박형룡은 고려신학교와 고려파 교회의 분리와 조선신학교의 분립과 기독교장로교회의 탄생을 지켜보면서 이 엄청난 사건들의 중요성과 심각성을 생각하고 있었음이 분명했다. "그는 눈코 뜰 사이 없이 바빴던 피난 총회신학교에서의 교수 생활 가운데서도 갑자기 우울해져서 한숨 쉬는 때가 많았다."[149)]

박형룡의 눈물 (가슴 아픈 교회 분열)

그 당시 아버지 박형룡이 대구 피난총신의 교수로 사역하면서 '갑자기 우울해져서 한숨을 쉬고 눈물까지 흘렸던 이유'가 무엇이었을까? 그 이유는 두 사건 즉 고려신학교와 고신파 장로교회가 갈라져 나간 사건과 조선신학교의 분열과 기독교장로교회의 탄생의 사건에 있었다. 이에 대한 아버지 박형룡의 교정 활동에 대해 설명해 보도록 하자.

먼저 1951년과 1952년에 발생한 고려신학교와 고신파 장로교회의 한국주류장로교회로부터의 이탈과 홀로서기 운동을 설명하면 다음과 같다.

1948년 봄에 한상동과 아쉬운 작별을 한 후 박형룡이 고려신학교를 떠난 뒤에 고려신학교의 위상은 경남 남노회에서는 물론이었고 전국 교회적으로도 많이 떨어지게 되었다.[150] 그 이유는 경남노회에서와 전국 장로교회에서 출옥성도 한상동은 무엇보다도 '한국 교회 정화주의자'로서 신사참배를 하였던 목사들이 주동하는 한국장로회총회로부터 고려신학교의 인준 받기를 거절하였고, 또 미국 남북장로교회와 캐나다와 호주 장로교회 선교회가 한국에 파송한 선교사들을 배척하고 미국 웨스트민스터 신학교와 정통장로교회가 파송한 선교사만을 받아들임으로써 분리주의적이요, 독자적인 길을 가기를 원한다고 일반적으로 생각되었기 때문이었다.

1948년 12월에 마산 문창교회에서 개최되었던 경남노회에서 출옥성도 한상동은 일제 강점기 말기에 제27회 장로회 총회에서 신사참배가 가결되었을 때에 부총회장이었으며, 총회가 끝난 후 총회임원 목사들을 대동하고 신사참배를 솔선하였던 김길창을 제명할 것을 제안하였다. 이 결과로 김길창은 별개의 노회를 조직하기에 이르렀다.[151] 이로써 두 개의 경남노회가 존재하게 되었던 것이다. 이보다 앞서 박형룡이 고려신학교를 떠나던 1948년, 같은 해 9월에 경남노회는 김길창의 세력이 주동하여 고려신학교의 승인을 취소하는 일이 일어났었으므로, 한상동은 이에 대한 보복으로 김길창의 제명을 제안하였던 것으로 사료된다.[152]

이러한 두 경남노회 간의 갈등과 투쟁이 시작되었을 뿐만 아니라 확대일로에 있게 되었던 것이다. 1949년 4월 제35회 장로회 총회에 두 경남노회가 각기 총대를 파송하였는데 한국장로회 총회의 분위기는 이미 '김길창이 이끄는 경남노회'를 지지하는 쪽으로 기울어져가고 있었다. 동 총회에서 전국 노회들의 고려신학교에 대한 신학생 추천을 금지하는 의결이 있었던 것을 보아도 두 경남노회 중에 어느 경남노회를 총

회가 지지하는 줄은 쉽게 알 수 있는 일이었다.[153)]

이와 같은 장로회 총회의 '김길창이 거느렸던 경남노회'에 대한 '친화적인 태도와 행동'을 보고 '출옥성도 중심의 경남노회'는 총회에 대한 기대와 희망을 서서히 포기하면서 스스로를 '경남 법통노회'라고 호칭하기를 시작하였다.[154)] 이러한 상황 가운데서 민족의 비극인 한국전쟁이 발발하였고, 이 '비극의 해'였던 1950년이 지나가고 그 다음해인 1951년 5월에 한국전쟁이 한참 진행 중이었던 와중에서도 부산중앙교회에서 회집된 제36회 장로회 총회는 '고신측이 아닌 경남노회'를 인정하고 '경남 법통노회'의 12명의 총대가 입장을 거부당하는 일이 벌어졌다.[155)] 격분하며 비통을 금치 못하였던 출옥성도(한상동, 주남선 등) 중심의 경남노회는 소위 '경남 법통노회'를 정식으로 조직하기에 이르렀다.[156)]

이러한 상황 가운데서 1952년 4월 대구서문교회에서 소집되었던 총회에서 경남노회 총대를 정식으로 인정하였고 경남 법통노회 총대를 불인정하는 사건이 발생하였다.[157)] 드디어 비장한 각오와 결의 하에 1952년 9월 11일 진주성남교회당에서 '출옥성도들이 이끌었던 경남 지역의 장로교회 교역자들'이 모여서 제1회 예장총노회가 이약신 목사의 사회 하에 조직되었던 것이다.[158)] 그리고 4년이 경과한 1956년 9월에 '예장총노회'를 '대한예수교장로회총회'로 개편함으로 정식으로 '고신측 장로교회총회'가 발족하게 되었고 이렇게 해서 한국 장로교회의 역사적인 제1차 분립이 매듭을 지었으며 그 막을 내리게 되었던 것이다.[159)] 좀처럼 눈물을 흘리지 않으셨던 아버지 박형룡이 이 시기에 한숨을 많이 쉬었고 이따금 눈물을 흘린 것은 한국장로교회의 첫번째 분립(고신파 장로교회)과 두번째 분립(기독교 장로교회)이 가슴 아프게 다가왔기 때문이었다.

아버지 박형룡의 눈물은 한국 장로교회의 2차에 걸친 비참한 분열을 가슴 아파하는 동시에 너무나 어처구니 없었고 절망적인 분열 앞에서 박형룡 자신의 무력함을 통탄하는 눈물이었다.

그러면 한국 장로교회의 제1차 분열로서 '고신파 총회의 분립'이 발생했던 그 당시에 아버지 박형룡의 교회정치적 활동은 무엇이었는가?

한상동과 고신파 장로교회와의 이별 (언제 우리 다시 만날까?)

아버지 박형룡은 고신파 총회의 분립을 원치 않았다. 고신파 총회의 대표자 한상동은 박형룡과 가족을 조국의 해방 직후에 만주 봉천(심양)으로부터 위험한 육로와 풍랑 높은 서해바다를 거쳐서 결사적으로 부산으로 모셔 와서 고려신학교의 학장으로 추대하였던 공로자였다. 그리고 옛날 평양장로회신학교 시절에 박형룡으로부터 정통보수신학을 배웠던 박형룡의 제자가 아니었던가. 두 분이 성경적으로 바른 신학과 바른 신앙을 소유하고 그것을 전파하며 생활화함에 있어서 전혀 다를 바가 없었던 것이다.

그러므로 아버지 박형룡은 1951년과 1952년 그 당시 한상동과 고려신학교와 경남 법통노회가 한국 장로교회 주류총회로부터 이탈하여 '고신파 장로회 총회'를 출범시키는 것을 한국 장로교회 전체 교회에 대한 큰 손실로 여겼고 마음에 비통함을 금치 못하였다. 그러나 부인할 수 없었던 사실은 두 분 한상동과 박형룡 사이에는 한국 교회를 섬기고 이끌어가는 데 있어서 의견 차이 또는 시각의 차이가 있었던 것이다. 그것은 한상동이 신사참배를 했던 한국 교회에 대한 '정화 우선주의'와 '경남 지역 중심적인 한국 장로교회 운영'을 고집한 반면에 박형룡은 '바른 신학 세우기 우선주의'와 '대한민국 전 지역을 망라하는 한국 장로교회 운영'을 역설하면서 양보하지 않았다는 것이다. 여기에다가 그 당시의 미국 정통장로교회가 파송한 선교사들(하밀톤, 치솜, 헌트 등)의 '독고적 개혁주의'가 한상동과 '고신파 교역자들'을 부추겨서

고신 장로교회와 합동 장로교회가 합동하였던 시기의 장로회 총회신학교의 이사 두 분과 교수회 회원 일동, 1960년(앞줄 왼쪽부터 이상근, 백남조, 박윤선, 박형룡, 노진현, 명신홍, 뒷줄 왼쪽부터 최의원, 홍반식, 차남진, 이근삼, 안용준, 한철하)

교회의 정화와 개혁을 위해서는 교단 분열도 불사하는 것이 옳다는 강력한 시각을 한상동과 출옥성도 중심의 고신파 교회에게 은연중에 제공하였다는 것도 우리가 간과할 수 없는 중요한 사실이다.

이와 같은 상황에 처하여 박형룡은 한상동과 고려신학교와 고신파 교회의 한국 주류 장로교회로부터의 이탈과 분립이 진행 중이었던 중요한 시기에 그것(이탈과 분립)을 만류하기 위한 교정 활동을 별로 하지 않았다는 것이다.

그 이유는 무엇보다도 앞서 기술한 교회정치적 의견과 시각 차이로 박형룡이 한상동과 고려신학교를 떠나 서울로 올라왔을 때에 이미 묵시적으로 박형룡은 한상동과 고려신학교와 경남 지방의 고신파 교회들의 지지와 협력을, 바른 신학(정통개혁신학)을 가르치는 전국 규모의 한국 장로회신학교의 설립을 위하여 유도하는 일을 포기하였기 때문이었다. 그리고 이 사실을 알아차린 한상동은 박형룡을 서울로 떠나보낼 때에 앞서 말한 대로 '마음으로 울었으나 눈물을 흘리지 않았고', '붙잡는 것을 뿌리치는 손길'을 다시 붙들려고 하지는 않았던 것이다.

그러나 박형룡이 한상동과 고려신학교와의 결별의 아쉬움을 경험한 후에 서울에 올라와 남산장로회신학교의 교장으로 일하면서, 한국전쟁 시기에 피난민 신학자가 되어 경상남북도 지역에서 유리곤고하였을 때에 한상동과 고신파 교회의 한국 주류 장로교회로부터의 분열을 막기 위한 교회정치적 활동을 전혀 하지 않았던 것은 아니었다. 그 단적인 사례로서 박형룡은 고신파 장로교회의 분립이 진행 중이었던 그 무렵, 정확히 말하여 1951년 12월 25일에 고신측 교회 지도자들에게 호소문을 보냈고 그 호소문 가운데서 박형룡이 다음과 같이 말했다는 것을 기억함이 좋을 것 같다.

"교회 전체의 갱신이 일조일석에 되지 않는다는 것을 기억하고 참는 편이 낫지 않겠습니까? 차라리 그들 속에 남아 있어 그들을 권면, 회개시키는 것이 출옥성도 여러분들의 하실 일이 아니겠습니까?"라는 내용이었다.[160]

그러나 아버지 박형룡의 이와 같은 간곡한 호소문 발송에도 불구하고 한상동과 고신파 교회들은 1952년에 제1회 '예장총노회'를 조직하는 일을 단행하였고, 1956년에 가서는 그 이름을 '대한예수교장로회총회'로 바꾸어서 '고신측 장로교회총회'가 기어코 탄생하고야 말았던 것이다. 아! 우리 모두가 돌이켜 생각하건대 이렇게 그 당시에 정통보수세력이 지배하였던 한국 주류 장로교회로부터 출옥성도 한상동을 중심한 고신파 교회들이 나아가서 '고신측 장로회총회'를 세운 것은 한국교회사에 '큰 슬픔'이었으며 회한이었다. 우리 모두가 생각하면 생각할수록 '가슴이 아프다 못해 저려옴'을 느끼지 않을 수 없는 것이다.

이와 같은 우리 한국 장로교회의 제1차 분열의 회한을, 고신파 장로교회의 탈퇴로 말미암는 분열의 그 '아픈 상처'를 마치 깨끗이 씻고 싸매어주려고 했다는 듯이, 1960년 12월 13일 서울 승동교회에서 승동측 장로교회와 고신측 장로교회가 '합동총회'를 소집하여 '하나의 장로교회' 또는 '하나의 장로교 총회'가 되어 '합동 장로교회 총회'를 성립시킨 것은 '우리 모두가 너무 기뻐 축하하여도 지나침이 없는 경사스러운 일'이었다고 강조적으로 말하고 평가하여도 괜찮은 그런 일이었던 것이다.

그러나 정통보수(개혁주의) 신학을 수호하고 전파하고자 하는 마음은 여전히 동일하였음에도 불구하고 경남노회 명칭, 율법주의적 도덕성의 갈등, 이근삼 교수의 채용문제 등으로 고신측 장로교회가(합동 이전으로) 되돌아갔고, 부산남교회당에서 '환원총회'를 소집함으로써 고신파 교회들은 '고신측 장로교회 총회'를 재조직하여 '새 출발'을 강행케 되었다.[161]

이렇게 하여 우리 모두가 받아들이기가 괴로우나 역사적인 사실로 받아들이지 않을 수 없었던 합동의 실패와 재분열이라는 사실이 우리에게 주었던 교훈은 무엇이었겠는가?

본래가 승동측 장로교회와 고신측 장로교회가 합동하기를 원하였던 것은, 과거에 신사참배를 하였고 해방 후에는 WCC 에큐메니칼 신학을 찬성하였던 한국 주류장로교회의 지도층 인물들이 1959년 통합측과 합동측 장로교회의 분열 시에 통합측으로 대거 가버렸음으로 말미암아 더 이상 양 장로교회가 결합하는 데 장애요소가 존재하지 않는 것으로 판단하였기 때문이었다.

그러나 양 장로교회(고신측과 합동측)를 갈라놓았고 결합하지 못하도록 하였던 장애요소는 '바른 신학의 수호'라는 가치관의 차이가 아니었고 먼저 교회 정화를 하고 바른 신학을 세우는 일을 하느냐, 아니면 먼저 바른 신학을 세워나가면서 교회 정화는 천천히 그리고 단계적으로 하느냐는 우선순위의 차이였음을 우리는 알아야 할 것이다.

이 우선순위의 차이가 '주제의식'의 차이로 발전하게 되었으니 '교회 정화를 우선적으로 한다는 주제의식'과 '바른 신학 세우기를 우선적으로 한다는 주제의식'의 차이 때문에 박형룡은 한상동과 결별하였으며, 고려신학교를 떠나 서울로 올라와 남산에 장로회신학교를 세웠고 교장이 되었던 것이다.

이와 같은 주제의식의 차이 때문에 6·25 동란기에 고려신학교와 고신파 교회들이 한국 주류 장로회 총회를 떠나서 고신측 장로회 총회의 분립을 이루어놓았던 것이며, 이와 같은 주제의식의 차이가 여전했기 때문에 1960년에 두 장로교회 총회가 합동총회로 모였음에도 불구하고 3년 후에 가서는 재결합하였던 합동장로회 총회가 두 개의 장로교회로 환원, 분열하는 '합동 실패의 역사'를 창조하였던 것이다. 이는 우리 모두가 굉장히 안타까워했고 개탄을 금치 못할 수밖에 없었던 일이 아니었겠는가 하는 것이다.

이것으로써 6·25 동란기에 있었던 고려신학교와 고신파 장로교회의 한국 주류장로교회로부터의 탈퇴와 분립에 대한 기술과 설명을 마치기로 한다. 더불어 이 시기에 박형룡의 교정 활동에 대한 진술도 마치기로 한다. 추가하여 저자는 본서의 독자 여러분들께 그 뜻을 음미할 수 있도록 시 한 구절을 남겨놓는다.

한상동과 박형룡은 제각기
갈 길이 따로 있었소
한상동은 '출옥성도'로서
흰옷을 입고 '한국 교회 정화의 길'로
박형룡은 '정통신학자'로서

삼천리 방방곡곡에 바른 신학 수호의 길로
한사코 뒤돌아보고 아쉬워하며
서로가 헤어져 가야만 했던 것이라오

조선신학교의 분립과 기독교장로교회의 탄생 (칼 바르트가 없었다면 쓰라린 이별만은 없었을 것을)

다음으로 아버지 박형룡이 대구 피난총신 시절에 마음 아파하면서 한숨을 자주 쉬었고 눈물을 흘렸던 이유로서, 우리 한국 장로교회의 두 가지 분열사건 중에서 두 번째 사건인 조선신학교의 분립과 기독교장로교회의 탄생에 관하여 기술하면서 이 분열 사건과 관련하여 아버지 박형룡의 탁월한 교회정치적 리더십 발휘를 설명하고자 한다.

한국전쟁이 발발한 뒤에 2년이 경과한 1952년 4월에 개최된 제37차 총회는 "경기노회가 성경유오설을 주장하는 자를 권징조례 제6장 제42, 3조에 근거하여 시정 처리할 것"을 지시하기로 결의하였고, 경기노회의 반발에도 불구하고 성경유오 주장과 바르트주의 신학을 가르치는 것을 과실로 들어서 김재준의 목사 면직을 경기노회에 지시하였다. 그리고 신정통신학을 가르치는 일에 김재준과 협력하였던 스코트(서고도, W. Scott, 1886~1979) 캐나다 선교사의 본국 송환도 결의하였다.[162)]

1953년 4월 대구에서 제38회 총회가 개최되었을 때에 조선신학교 측의 80명의 인사들로부터 직전 총회(제37최 총회)의 '결의 번복'을 요구하는 건의서가 제출되었으나, 본 38회 장로회 총회는 직전 총회의 결의가 유효한 것을 확인하였다.[163)]

이제 본서의 저자가 한 가지 이의를 제기하고 싶은 것은, 민경배 교수가 그의 저술 「한국기독교회사」에서 기독교장로회(조선신학교계)와 예수교장로회(총회신학교계)가 분립한 이유를 말하면서 "이것은 경건 때문이 아니라 신학, 좀 더 정확히 말해서 신학방법론 때문에 갈라진 분열의 경우였다"라고 해석, 주장하였는데, 신학을 40년 동안이나 붙들고 공부하고 연구한 본서의 저자로서 도저히 납득이 가지 않는 이야기이다. 어떻게 '성경유오설'과 '성경무오사상'이 '신학방법론의 차이'라고 할 수 있겠는가? 더욱이 민경배 교수는 김재준이 "한국신학대학의 역사적 위치"라는 논문(한국신학대학보, 1957년 7월)에서 말한 바 "정통주의자와 우리가 신학의 내용에서 대동소이하다 할지라도 그 신학하는 태도는 천양지차가 있다"는 그 말을 그대로 받아들이고 있는지 묻고 싶다.[164)]

제38회 장로회 총회에서 다수를 점하였던 정통보수세력으로 말미암아 김재준의 목사 면직과 캐나다 선교사 서고도의 본국 송환을 결의, 경기노회에 지시하는 상황 가운데서 "조선신학교파의 분립이 불가피하였다"는 해석보다는, 좀 더 부드럽게 "그때 그 무렵의 한국 주류 장로회 총회의 상황이 조선신학교파를 한국 주류 장로회총회로부터의 탈퇴로 이끌어 갔었다"는 표현을 본서의 저자는 선호한다.

"1953년 6월 10일, 마침내 이들(조선신학교파)은 서울의 한국신학대학 강당에서 분립된 9개 노회(서울, 전남, 군산, 김제, 충남, 경서, 목포, 충북, 제주)의 대표자 47명이 모여 저들이야말로 한국 장로교 법통의 총회라고 선언하고, 제38회 총회를 속회했던 것이다."[165)] 약 700개 교회, 12만 명의 성도였다. 장로교 주류가 지나치게 '보수적이다'라고 판단하여 1954년에 '기독교장로회'라는 이름으로 정식으로 새로운 교단을 형성하였고 스스로를 '자유주의적 보수주의자'라고 대외적으로 천명하였는데 캐나다 연합교회가 이들과 합류하였던 것이다.[166)]

이보다 앞서 1952년 제37회 장로회총회의 결의를 따라 김재준이 목사면직이라는 징계를 받았을 때에, 김재준은 이미 총회 탈퇴와 새로운 교단의 설립을 생각하였었는지 '새 술은 새 부대'에 담아야 하며 '분열

은 재탄생을 위한 필요, 불가결한 단계'라고 외치면서 그것을 정당화 하였다.[167)]

그리고 고신측 장로교회가 한국 주류 장로교회 총회로부터 이탈하여 총노회 발대식을 가졌을 때와 비교하여, 한국 주류 장로회총회는 형태만 남은 지나치게 보수적인 총회를 반정하기 위하여 분열이 아닌 갱신을 한다고 선언하였던 '조신파 법통총회'에 대하여서는 강경한 자세로 시종일관하였다는 사실이다. '대한예수교장로회총회'는 처음에 조신파 법통총회의 '반정' 또는 이탈에 대해서는 무시하고자 하였으나 방법을 달리하여 한마디로 소위 이 '법통총회'를 부인하면서 "대한민국 안에 대한예수교장로회는 오직 하나밖에 없다"는 성명서를 냈다.[168)]

여기서 우리가 기억하여야 할 바는 척사위정(斥邪衛正)의 박형룡이 신학과 신앙은 동일하였으나 주제의식의 차이로 결별할 수밖에 없었던 '고신파 법통총회'에 대하여 굉장히 아쉬움과 안타까움을 금치 못하였던 반면에, 옛 평양장로회신학교 시절부터 박형룡과 신학적으로 숙적이었던 김재준이 주도하였던 조선신학교의 총회 이탈과 소위 '조신파 법통총회'의 조직에 대하여는 그것이 교리의 차이(성경무오설과 성경유오설)와 신학의 차이(정통주의 신학과 신정통주의 신학)로부터 기인하였는 고로 '우리는 흔들리지 않는 확고한 태도가 필요하다'는 신념을 가지고 있었다는 사실이다.

한국전쟁의 발발을 전후하여 서울 남산장로회신학교의 교장으로 재직하였을 때와 대구 피난총회신학교의 교수로 있었던 시절에 아버지 박형룡이 바르트주의자 김재준과 조선신학교의 영향력을 한국 장로교회 내에서 방지하고 불식시키는 일을 위하여 그가 행하였던 교회정치적 활동은 실로 눈부신 바가 있었다. 앞서 본서의 제2장에서 이에 관하여 이야기하였으므로 이 부분은 그냥 지나가고 이야기하지 않은 것을 추가적으로 좀 더 이야기하고자 한다.

1947년 4월 조선신학교의 바르트주의적 신학교육에 불안함을 느꼈던 학생들이 '정통을 사랑하는 학생 일동'이라는 명의로 총회에 진정서를 제출하였고, 이에 대하여 총회는 8인 심사위원을 선임하여 김재준을 소환하여 심의하도록 하였다는 것은 앞서 언급을 하였으므로 독자 여러분께서는 잘 알고 계실 줄 안다. 또한 총회로부터 선임된 8인 심사위원은 김재준의 '진술서'를 박형룡에게 보내어 평가하도록 하였는데, 박형룡은 김재준의 진술서에 나타나 있는 성경관은 고등비평을 수용함으로 말미암은 '파괴적인 성경관'임을 확인하였다는 것도 앞에서 이야기하였으므로 역시 주지의 사실이 된 줄로 안다.

그러나 한 가지 주지의 사실이 아닌 것이 있다면, 그것은 6·25 동란이 시작하기 직전과 6·25 동란기 중에 바르트주의(신정통) 신학을 가르쳤던 조선신학교의 김재준에 관한 대한예수교장로회 총회의 평가에 있어서 박형룡이 그 결정적인 역할을 하였다는 것은 의심할 수 없는 사실이다. 그 이유는 앞서 말한 바 김재준에 관한 총회의 8인 심사위원의 모임뿐만 아니라 김재준의 신학과 특히 그의 성경관의 정통성 여부를 조사하는 모든 총회 규모의 심사 내지 조사위원들이 모였던 자리에 박형룡은 위원 중의 한 사람으로 참여한 것이 아니라 그들의 자문 역할을 하면서, 전화로 또는 서면으로 그의 의견과 평가를 전달하였기 때문이었다는 것이다. 이것은 마치 1934년 조선감리교회가 한국선교 희년기념으로 「아빙돈 단권 주석」을 간행하여 기독교계에 내어놓았을 때에 그것의 자유주의적인 성격을 검토한 뒤 그 영향력을 억제하기 위하여 조선예수교장로회총회가 종교교육부의 제안에 따라 「표준성경주석」의 간행을 결의하였던 그 당시와 마찬가지였다.

그 무렵에 박형룡은 「아빙돈 단권 주석」의 신학적 좌경성을 심의하는 모든 총회적인 규모의 공식, 비공식 모임에 위원 또는 자문으로 출석하여 의견을 제시하였고, 조선장로회총회가 「표준성경주석」의 간행을 결의하였을 때에는 배후에서 총회 종교교육부의 부원들과 총회 총대들을 설득하는 일을 하느라고 바쁘게 움직였으며, 총회가 「표준성경주석」의 간행을 가결한 후에는 총회로부터 「표준성경주석」의 간행 및 편찬위원장직을 맡았었음을 우리가 기억하고 있기 때문이다. 좀 더 힘주어 말한다면 우리는 마치 1934년에 있었던 「표준성경주석」을 간행하는 총회 결의와 그후에 8권의 동주석의 집필, 편찬, 간행의 성과를 아버지 박형룡의 교회정치적 활동과 리더십 없이는 생각할 수 없었던 것처럼, 한국전쟁 직전과 한국전쟁 기간 중에 있었던 김재준과 조선신학교의 신학적 좌경성에 대한 예수교장로회 총회의 심의와 그 후속적인 조치는 아버지 박형룡의 교정가로서의 활동 없이는 도저히 생각조차 할 수 없었던 일이라고 하겠다.

만일 상기한 바 사건을 우리가 박형룡 없이 생각하고 말할 수 있다고 한다면, 이순신 없는 한산도대첩과 아브라함 링컨이 없는 미국남북전쟁과 그리고 톨스토이가 그 저자가 아닌 「전쟁과 평화」를 생각하고 이야기할 수 있다고 하여야 할 것이다.

끝으로 1953년에 있었던 두 번째 한국 장로교회 분열의 사건으로, 조선신학교의 대한예수교장로회 총회로부터의 탈퇴와 기독교장로회의 탄생에 있어서 분열의 당사자들이었던 전성천, 김재준, 한완상, 유부웅 등은 이 분열이 한국 장로교회의 교권주의자들에 의하여 발생한 것이라고 주장한 사실과, 또한 한국 장로교회의 가장 큰 분열이었던 1959년에 있었던 합동측과 통합측 장로교회의 분열에 대하여 "네 개의 한국 장로교회의 분열 중에서 적어도 세 개에 대하여 교권주의자들이 책임을 져야 한다"는 말에 대해 언급하고자 한다.[169)]

먼저 한국 장로교회의 두 번째 분열이었던 조선신학교의 분립과 기독교장로교회의 탄생에 관하여 그 책임을 전적으로 한국 주류 장로교회의 교권주의자들(또는 박형룡)에게 돌리는 것은 온당치 않은 일이다.

손뼉 치는 소리는 두 손이 마주쳐야 소리가 난다. 분열하는 일도 분리하여 나가는 자와 분리하지 않고 남아 있는 자가 있어야 성립한다.

어떤 분들은 '신학 때문에 교회 분열을 불사하는 자들'을 공격하는데, 아버지 박형룡의 생각과 심정을 좇아서 그분들에게 다음과 같은 질문을 하고자 한다. "신학의 차이가 아니라면 무슨 다른 이유로 교회의 분열을 정당화할 수가 있겠는가?" 만일 '신학'과 '신앙'(신학은 신앙에 기초한다고 봄)의 차이가, 즉 '바른 신학(바른 신앙)'과 '바르지 않은 신학(바르지 않은 신앙)'의 차이가 교회 분열을 정당화하지 않는다면 마르틴 루터의 종교개혁도 정당화될 수 없을 것이다.

다음으로 한국 장로교회의 4대 분열 중에서 세 개의 분열에 대하여 교권주의자들(특히 박형룡)이 책임을 져야 한다는 것은, 박형룡을 교권주의자의 대표자격으로 인식함과 동시에 혹시라도 박형룡이 한국 교회와 한국 장로교회 내에서 되어가고 있는 모든 일들에 관여하고 있는 '만사도감'이라는 사실을 전제하고 박형룡의 '한국 교회 3대 분열(1952년, 1953년, 1959년) 책임론'을 전개시킨 것이 아닌가 생각된다. 박형룡에게 한국 장로교회의 많은 분열에 대한 책임을 지우는 발언은 고정관념에 입각한 획일주의적이요 축소주의적인 논리가 아닌가 여겨져서 유감스러움을 느끼게 한다.

그리고 본 저자가 추가하여 말하고 싶은 것은 한국 장로교회의 '4차 분열'이라고 볼 수 있었던 1961년 주류 장로교회로부터 김치선의 대한신학교의 분립과 성경장로교회의 출범 또는 발족의 책임도 박형룡에게만 있었던 것은 아니었다는 것이다. 저자가 생각하기로는 한국 장로교회의 제1차 분립의 주역이었던 한상동이 박형룡에 대하여 맺었던 밀접한 역사적인 관계만큼이나 한국 장로교회의 제4차 분립의 주역이었던 김치선이 박형룡과 맺었던 역사적인 관계도 '밀접하고 돈독하였으면서도 변화곡절이 없지 않아 있었던 관계'였음을 알고 있기 때문이다. 이에 대한 몇 마디 설명을 한다면 다음과 같다.

아버지 박형룡이 1948년 봄에 부산 고려신학교를 사임하고 상경하여 서울 남산장로회신학교의 교장으로 일하고 있을 때에 김치선은 남산 밑 남대문 가까이 있었던 남대문교회의 시무목사였으며 동교회당에서 문을 열었던 '총회 인준 야간신학교'의 교장이었다. 몇 년 후 발발한 한국전쟁의 와중에서 김치선은 대구 대신동에 설립되었던 총회직영신학교에서 박형룡과 함께 동교의 교수진의 일원으로서 가르쳤던 일도 있었다. 한 가지 추억 어린 이야기를 한다면 아버지 박형룡의 신사참배 반대 주장을 따라서 평양장로회신학교가 자진폐교를 한 뒤에 박형룡이 곧바로 일본 도쿄로 망명을 가서 조선예수교장로회총회의 위촉을 받아 「표준성경주석」을 집필을 하고 있었을 때에 김치선과 가족이 바로 이웃집에 살고 있었음을 기억하고 있다.[170)]

그때에 김치선의 맏아들이었던 김세진과 박형룡의 맏아들이었던 본 저자는 같은 유치원 겸 초등학교에 다녔던 어린이들이었으며, 주택가 골목에서 함께 놀았던 소꿉장난 친구들이었었다는 것을 지금도 똑똑히 기억하고 있다. 그런데 김치선과 박형룡 두 분 사이의 지나온 역사적인 관계가 약간의 변화곡절이 있었던 관계였다는 사실은, 김치선과 박형룡은 정통개혁주의 신학의 노선에 서 있었다는 뜻에서는 동일하였으나 정통개혁주의 신학과 신앙의 포커스와 강조점에서 차이가 있었기 때문이었다고 설명되어야 할 것이다. '한국의 예레미야'라고 불렸던 김치선은 설교할 때나 강의할 때에 예수 그리스도의 구속의 은총에 감격하여 두 눈에 넘쳐서 두 뺨을 적시는 눈물을 손수건을 꺼내서 닦기에 바빴던 눈물의 종이었던 반면에, 박형룡은 오직 하나님의 말씀에 입각한 바른 신학을 가르치고 바른 믿음을 전파하는 것을 그의 인생의 최대의 기쁨으로 여겼던 '자나 깨나 앉으나 서나 진리(말씀) 파수의 종'이었다.

전자의 신학과 신앙은 경건주의적 정통개혁주의 신학과 신앙이었고 후자의 신학과 신앙은 청교도적 정통개혁주의 신학과 신앙이었던 것이다. 그러므로 김치선과 박형룡 사이에는 신학과 신앙의 포커스(focus)와 강조점의 차이라는 이유 때문에 양자 간에는 이따금 크게 중요하지는 않았으나 약간의 불협화음이 발생할 수도 있었다는 사실을 지금 언급하고 있음에 대하여 독자 여러분의 성찰이 있으시기를 바란다.

이것으로써 아버지 박형룡이 대구 피난총신 시절에 한숨을 많이 쉬었고 때로는 눈물을 흘렸던 두 가지 이유 중에서 그 두 번째 이유가 되는 한국 장로교회의 두 번째 분립 사건, 즉 김재준의 조선신학교의 한국장로교 주류 총회로부터의 탈퇴와 기독교장로교회의 탄생을 기술하는 일과 이 사건과 관련된 아버지 박형룡의 교회정치적 활동과 탁월한 리더십에 관한 설명을 마치기로 한다.

이제 제2장 '아버지는 위대한 교회정치가였다' 중에서 해방과 대한민국 건국과 6·25 동란기에 있어서 그의 교회정치 활동에 대한 서술을 모두 마치면서 다음과 같은 시구 두어 개를 본서의 독자 여러분들의 감상과 현명한 판단을 위하여 남겨두는 바이다.

A. 이 시구는 1951년 봄 총회 결의를 따라 대구에서 동년 9월에 개교한 총회직영신학교에 모여든 신학생들의 면학의 열의와 그들의 애환을 그린 것이다.

전쟁의 십자포화 속에서
운동화에 구호품 옷 입고
구름같이 모여온 선지생도들

감부열 교장과 정통신학자 박형룡,
그리고 명신홍, 계일승, 한경직, 김치선, 권세열 등

기라성 같은 학자 교수들의 열띤 강의에
아멘 아멘 하면서 영양실조로 야윈 얼굴들이 필기하느라고 바빴네

추운 겨울, 무더운 여름 배고픈 배에서는 소리가 났지만
심심찮게 휴전선 부근에서 들려오는 굿뉴스에
두 손 들고 외쳤다. 대한민국 만세를, 하나님 만만세를

B. 다음으로 소개하는 이 시구는 1953년에 있었던 김재준 교수와 조선신학교의 총회로부터의 이탈과 1953년에 있었던 기독교장로교회의 탄생과 관련이 있는 김재준 교수와 정통보수진영과의 신학적 논쟁의 애환을 그린 내용의 것이다.

우리가 어제는 그리스도 안에서
한 형제였는 줄 알았는데
정통과 신정통의 신학 차이 때문에
그렇게 헤어지다 보니까
오늘은 우리가 옷깃을 스쳐도
인사를 하지 않는 아 아 –
돌이킬 수 없는 남남이 되고 말았네!

그러나 아 – 한 가지 잊을 수 없는 건
사랑하며 미워하며
쫓아가고 쫓겨오던
신학적 논쟁의 그 옛 추억!

–할렐루야 아멘–

만난(萬難) 속의 교정가

휴전선 부근에서 한국군과 UN군의 중국 공산군과의 전투가 소강상태로 들어감으로써 한국전쟁의 정전이 다가오고 있었던 중에 드디어 휴전선의 서남단 지점인 판문점에서 양측 군사대표들이 모여 '한국전쟁정전협정'을 체결하기에 이르렀다. 아! 드디어 3년간의 치열하고 긴 전투 끝에 전쟁의 폐허로 변해버린 대한민국 이 땅에 평화가 찾아온 것이다. 최신형 소련제 탱크를 앞세우고 남침해왔던 북한 공산주의자들의 군대에 쫓겨서 대전으로 대구로 그리고 부산까지 밀려가면서 유리방황하던 대한민국의 국민들이 피난민 봇짐을 다시 챙겨 걸머지고 용감무쌍한 국군과 UN군이 탈환수복한 수도 서울로 모여들기 시작했다.

'잘 있거라 부산 정거장'이란 구슬픈 가락이 들려오는 가운데 그 동안 대구에서 피난살이를 살면서 개교하였던 총회직영신학교도 서울 남산으로 옮겨와서 옛 조선 신궁 자리에 학교를 다시 세우고 두 팔을 크게 벌려서 전국에서 모여드는 많은 신학생들을 환영하며 받아들였다. 대구 피난총신 시절과는 달리 박형룡이 본교 즉 서울 남산장로회총회신학교의 학장을 맡게 되었던 것이다. 얼마나 하나님께 감사하며 큰 영광을 돌려야 할 일이었는가.

에큐메니칼파와 반에큐메니칼파의 투쟁 (주 나의 반석이시니)

그러나 한국전쟁의 정전으로 말미암아 이와 같이 하나님의 은혜에 감사하며 감동하고 감격스러워하였던 심정이 서서히 다가오고 있었던 '한국 장로교회의 제3차 분열'이라는 위기 앞에서 크게 위축되지 않을 수가 없었다. 2차에 걸친 총회 분립을 경험한 원줄기 장로회 총회 내에서는 한경직, 강신명, 유호준 등으로 대표되는 'WCC(세계교회협의회) 가입 찬성파'와 박형룡, 명신홍, 정규오 등으로 대표되는 'WCC 반대파'의 대립과 대결이 서서히 불덩어리처럼 달아오르기 시작하였다.

원줄기 한국장로회 총회는 1954년 미국 일리노이 주 에번스톤에서 열린 WCC 제2차 총회에 3명의 대표 파송을 결의하였는데 그들은 김현정, 명신홍, 유호준이었다.[171)]

그들이 돌아와서 제40회 장로회 총회에서 보고하면서 김현정은 에큐메니칼 운동은 '교회연합(unity)'이지 '교회합동(union)'은 아니라고 하는 WCC를 지지하는 발언을 하였고, 유호준은 더욱 적극성을 띤 WCC 지지 태도를 보였다. 그리고 명신홍은 WCC는 '교리적 혼합주의'이며 '용공적'이라고 지적하면서 가입 반대 의사를 천명하였다.[172)]

한 가지 한심스러운 사실은 6년을 소급해 올라가서 1948년 네덜란드 암스테르담에서 개최되었던 WCC 창립 세계대회에 한국 장로교회 대표로 참석하였던 김관식이 그때 WCC 가입을 청원하였던 것이 수락되어 한국 장로교회가 WCC 가입 회원이 된 셈이 되었던 것이다. 그와 같은 상황 속에서 한국장로회 주류 총회는 WCC 계속 가입이냐 탈퇴냐 하는 문제를 놓고서 WCC 제2차 에번스톤 총회를 계기로 하여 에큐메니칼 찬성파와 에큐메니칼 반대파로 나누어져서 논쟁과 투쟁이 가열일로에 있었다.

1956년 개최된 제41회 한국장로회 총회에서는 에큐메니칼 연구위원 8인(전필순, 유호준, 한경직, 안광국, 박형룡 등)을 선출하였는데, 다음해인 1957년에 열렸던 제42회 총회에서 이들의 연구 결과로서의 제언은 WCC의 단일교회를 목표로 하는 사상적 흐름에는 반대하지만 세계 교회의 친선과 협력의 흐름에는 참가함이 좋겠다는 것이었다.[173)]

한국장로교 총회 안에서 'WCC 반대파 세력'은 미국의 '복음주의 협의회(NAE)'와 '세계복음주의 연맹(WEF)'과 관련이 있었는데 1952년에 박형룡과 정규오 등이 한국복음주의협의회(KNAE)를 창설하게 되었고 이 협

의회는 1955년 8월에 세계복음주의 연맹(WEF)에 가입하기에 이르렀다.[174]

앞서 1954년에 열렸던 WCC 에번스톤 제2차 총회에 대표로 파송되었던 김현정, 명신홍, 유호준의 보고를 들은 제40회 한국장로회 총회는 "WCC가 세계 교회의 진로와 신학을 지도하려 하지 않고 세계 교회들 상호간 교제와 협력을 도모하는 기관으로 존재한다면 계속 회원(WCC)으로 있기를" 결의하였음을 여기서 말해 두고자 하는 바이다.[175] 이와 같은 제40회 한국장로회 총회의 결의는 조건부로 WCC 회원으로 한국장로 교회가 머물러 있을 것을 결의하였던 것이었으므로 '조건부 결의'였었고 이 조건부 결의 배후에는 아버지 박형룡의 WCC의 에큐메니칼 운동으로부터의 '점차적인 탈퇴'라는 정책이 존재하고 있었음을 유념하여야 할 것이다.

1958년 한국장로회 제43회 총회에서는 드디어 WCC 가입 반대파 또는 반에큐메니칼파의 실질적인 주역들 또는 행동대원들(박찬목, 조동진, 정규오)이 분주하게 움직여서 총대 회원들의 연서를 받아가지고 총회에 '에큐메니칼 운동반대 및 탈퇴 건의서'를 제출하는 일이 발생하게 되었다.[176] 이에 대하여 에큐메니칼파의 야전사령관과도 같았던 유호준은 곧 신랄하게 비판하여 말하기를 "이는 저들의 몰이해와 무식 때문이다"라고 하였고,[177] 에큐메니칼 운동을 반대하는 자들을 가리켜 '분파주의자들'이요 '근본주의자들'이라고 비난하였던 것이다.[178]

이처럼 한국 주류 장로회 총회 내에서 전쟁처럼 주고 받았던 에큐메니칼파와 반에큐메니칼파의 격렬한 십자포화 속에서 1958년에 박형룡은 장로회 총회의 WCC 가입에 관하여 회의적인 견해를 다음과 같이 발표하였다.

"우리 교회는 세계적 교회 친선의 중요성을 생각하여 이 운동에 참여하나 교리상 경계와 비타협의 태도를 취할 것이며, 장차 어떤 날 교파 합동의 계획이 구체화할 때에는 이 운동으로부터 단연 탈퇴할 것이다."[179)]

세계일주여행 (세계의 순례자 박형룡)

아버지 박형룡은 서울 남산장로회총회신학교의 학장으로 취임했던 1954년, 그해 10월 12일부터 다음해인 1955년 4월 16일까지 약 6개월 동안 미국 북장로교 외국 선교부가 마련한 시찰장학금의 후원으로 세계 각국 신학교 시찰을 주목적으로 하는 세계일주여행을 다녀오는 큰 이벤트의 주인공이었다. 이 큰 이벤트를 준비한 자는 미국 북장로교 외국 선교부가 아니라 그 당시 미국 프린스턴 신학교의 총장이었던 존 매카이(John Mackay)였다고 봄이 옳을 것 같다. 그는 미국 북장로교회 총회장을 지낸 인물로서 1948년 네덜란드 암스테르담에 있었던 WCC 세계 본부에서 요직을 맡아 WCC의 에큐메니칼 운동을 위하여 열심히 뛰어다니던 에큐메니칼주의자(anecumenicist)였다.

그러면 왜 이 존 매카이가 미국 북장로교회 외국 선교부로부터 시찰장학금을 얻어 서울 장로회총회신학교 학장이었던 박형룡을 세계 각국 신학교 시찰을 목적으로 하는 세계일주여행을 떠나도록 주선했으며 안내자요 후견인 노릇을 하였을까?

그 이유는 박형룡이 서울 장로회총회신학교의 학장이었다는 사실 때문만은 아니었을 것이다. 1948년에 한국을 방문한 적이 있었던 존 매카이는 '박형룡이 한국 교회의 정통보수신학을 대변하는 신학자'라는 것을 이미 알고 있었고, 거기에 추가하여 1952년에 창설된 한국복음주의협의회(KNAE)의 총수이며 1954년 현재 원줄기 한국장로회총회에서 에큐메니칼 운동 반대파를 대표하는 교회 지도자라는 것도 정보소식통을 통해 들어 알고 있었기 때문이었을 것이다. 그러므로 존 매카이의 근본적인 의도는 한국 장로교회의 정통보수 신학자 박형룡이 세계일주여행을 하는 가운데 세계 각국 신학교와 교회들의 시찰을 통하여 WCC의 에큐메니칼주의가 신학적으로, 신앙적으로 온 세계 교회에서 보편화되어가고 있는 것을 실감하고, WCC의 세계 에큐메니칼 운동으로 한국 장로교회를 끌어드리는 일에 박형룡이 긍정적인 역할을 하도록 유도하려는 데 있었던 것이다.

존 매카이는 그가 주선한 박형룡의 세계일주여행으로 말미암아 반에큐메니칼주의자 박형룡이 에큐메니칼주의자가 되고 그리하여 한국 장로교회의 물줄기를 WCC의 에큐메니칼주의 쪽으로 돌려놓기를 원했기 때문이었다.

그러면 존 매카이와 미국 북장로교 외국 선교부의 생각과 의도가 과연 주효하였는가? 이에 대한 정답은 부정적인 것이라고 할 수밖에 없다. 박형룡이 세계 각국 신학교 및 교회 시찰 여행을 마치고 귀국하여 보여준 WCC와 에큐메니칼 운동에 대한 태도와 방침은 여행을 떠나기 전에 보여주었던 바와 전혀 다를 바가 없었기 때문이다. 즉 WCC의 세계 종교들의 연합을 추구하는 운동에는 절대 반대하나 세계 기독교회들간의 친선과 협력을 도모하는 운동에는 참가한다는 박형룡의 대에큐메니칼 전략 그리고 WCC 조건부 가입이라는 총회의 입장을 찬성한다는 그의 입장이 달라진 것이 하나도 없었다.

아버지 박형룡은 그의 「세계 견문록」(박형룡박사저작전집 XVII) 중에서 미국 신학교와 교회 시찰을 마치고 뉴욕을 떠나던 마지막 날(1954. 2. 12) 일기에 다음과 같이 적어놓았다.

> "그들(미국 북장로교 외국 선교부 직원들)은 나의 미국 순회 여행에도 노정기를 작성하고 도처에 접대인과 호텔을 교섭하는 등 수고무쌍하였지만 금번 구아양주를 통과하는 길의 준비에는 더욱 큰 수고를 한다. 나는 그들의 은혜를 무엇으로 보답하오랴 하는 말로 반복 사례하였다."[180]

우리는 아버지 박형룡의 그들에 대한 '감사의 마음'을 방금 인용한 그의 일기에서 읽을 수 있다. 박형룡은 너무 감사하여 그들의 친절과 후의를 은혜라고까지 표현하였던 것이다. 그러나 그들의 친절과 후의의 배후에는 미국 북장로교 외국 선교부가 원하는 것, 즉 아버지 박형룡이 귀국 후에 한국 장로교회 안에서 에큐메니칼 찬성파와의 투쟁을 중단하고 한국 장로교회를 WCC의 에큐메니칼 운동과 사업을 위하여 적극 협력하도록 유도하는 일을 바라는 희망이 있었는데, 그것은 도저히 그렇게 할 수 없는 일이라고 아버지 박형룡은 마음속으로 다짐하였을 것이 분명하였다.

그렇게 감사함을 느끼면서도 그들(미국 북장로교 외국 선교부 직원들)과 존 매카이와 존 스밀과 같은 세계 에큐메니칼 운동 지도자들의 요구를 들어줄 수 없었던 아버지 박형룡의 심정은 얼마나 괴롭고 안타까웠겠는가 하는 것은 우리 모두가 짐작하고도 남음이 있을 줄 안다. 결국 아버지 박형룡은 시찰 여행을 다녀오셨지만 세계 에큐메니칼 운동에 대한 회의주의는 차라리 더 강화된 것 같았다.

라인홀드 니버, 칼 바르트와의 면담
(세계적인 신학자가 세계적 신학자 두 사람과 이야기하다)

한 가지 사례를 들면 아버지 박형룡이 미국 뉴욕 시의 유니온 신학교를 방문하여 라인홀드 니버 교수(Reinhold Niebuhr, 1986~1971)를 만났을 때, 그는 의연하게 라인홀드 니버에게 "당신은 미국에서 바르트주의 신학의 대표자로 알려진 것이 사실대로인가?"라고 하는 질문을 던졌다고 한다. 그 전날 밴두즌 유니온 신학교 학장과 파욱 교수에게 아버지 박형룡은 동일한 질문을 하여 "그렇지 않다"는 대답을 이미 들은 후였다. 그럼에도 그가 동일한 질문을 니버 교수에게 직접 물어본 것은 한국 교회의 대표적 정통개혁주의 신학자로서의 당당함과 집요한 의지를 보여 준 것으로서, 바로 이것이 아버지 박형룡의 현대주의 에큐메니칼 신학을 상대하는 의연성의 태도가 아니었겠가라고 말하고 싶은 것이다.

박형룡이 니버에게 받은 대답은 그가 바르트에게 배운 바가 있다고 하면서도 바르트와 다른 점이 있으니 바르트는 성경의 교의적 응용에, 자신은 성경의 사회적 응용에 치중하고 있음이 다르다는 것이었다.[181] 아버지 박형룡이 세계일주여행 기간 중에 그의 정통신학자로서의 의연성 때문에 세계적인 기독교윤리 신학자 라인홀드 니버에게 그가 물어보았던바 매우 중대한 질문에 관하여, 그 누구도 좀처럼 받아내기가 어려웠지만 분명하고 명쾌한 대답을 받아낼 수가 있었던 사실을 우리 모두가 한번 생각해볼 만한 일인 줄 안다.

다음으로 아버지 박형룡이 그의 세계 각국 신학교 및 교회시찰여행 중에 만나보았던 세계 각국의 신정통주의 신학자들과 자유주의 신학자들에 대하여 보여주었던 인간적인 친화력의 한 가지 사례로서, 박형룡의 스위스 바젤 대학교 신학부 교의학 교수였던 칼 바르트(Karl Barth, 1886~1968)와의 면담을 언급하고자 한다.

한 시간 남짓한 신학자 바르트와의 대담 중에서 아버지 박형룡은 신정통주의나 자유주의에 대하여 한마디도 비평하는 말을 하지 않았다. 오히려 칼 바르트와의 대담은 박형룡의 칼 바르트에 대한 칭찬(?)으로 시작되었다.[182] 아버지 박형룡은(웃음을 머금고서) 그가 미국 뚜북 신학교 방문 시에 칼 바르트의 아들인 마르커스 바르트 교수의 가정에 오찬 초대를 받아 식사하고 환담을 나누었음을 이야기한 후, 칼 바르트의 다른 아들은 인도네시아에 선교사로 가서 그곳 신학교에서 구약교수로 가르치고 있다고 들었으니 그의 3부자가 구·미·아 3대륙에 좌정하여 전 세계에 신학교육을 베푸는 듯한 장관을 지적하고, '영국의 태양이 지지 않는다'는 말이 있는 것처럼 '바르트 집 태양도 지구상에서 지지 않는다'고 말하여야 할 것 같다고 하였다. 칼 바르트는 '사양하는 뜻'을 표시하면서도 크게 웃었다고 박형룡의 「세계견문록」(박형룡박사저작전집 XVII)에 기록되어 있는 것을 인용하는 바이다.[183)]

일찍이 한국 교회에서 일생을 바르트주의 신학과의 투쟁 속에서 살아왔던 정통보수신학자 박형룡으로서, 이 얼마나 비평을 자제하고 자신을 낮춘 말인가! 칼 바르트와 그 일가에 대하여 인간적인 면에서 찬사를 보냄으로써 친화력을 나타내 보이는 넓은 마음의 소유자였던 것을 보여주었음에 모두가 감탄할 줄로 여겨지는 바이다.

아버지 박형룡은 칼 바르트와 그의 일가가 마치 지지 않는 태양처럼 전 세계에서 신학을 가르치는 일을 하고 있다고 칭찬하는 친화력을 보여준 다음, 한국 장로회총회신학교의 교수와 학생의 수 그리고 운영 상황에 관한 칼 바르트의 질문에 답변한 후, 한국 교회를 대표하는 정통보수(개혁주의) 신학자로서 당당한 의연성을 보이면서 칼 바르트에게 묻기를 '당신은 나와 같은' 정통적 칼빈주의 근본주의자들과 과거에 악수하며 상부상조할 것을 노력한 적이 있느냐고 물었다고 한다.

그때에 돌발적이고 예상치 못했던 질문에 약간 당황하였는지 아니면 기분이 안 좋았는지는 몰라도 칼 바르트는 대답하기를 자기는 근본주의에 대하여 특수한 공격을 가한 일이 없었는데 근본주의자들은 자기를 심히 공격한다고 하였다고 한다.[184)]

본서의 저자의 견해로는 칼 바르트의 이상과 같은 '칼빈주의 근본주의자들'에 대한 발언, 또는 불평은 '정통근본주의 신학자' 박형룡이 칼 바르트에게 보여주었던 인간적인 친화력 있는 모습과 견주어볼 때에 친화력의 후진성을 나타내는 것으로서, 세계적인 신학자 칼 바르트답지 않은 편협성을 보여준 것이라고 볼 수 있을 것 같다. 두 신학자 사이의 대담은 계속되었는데 이야기의 주제가 성경무오성과 창세기의 창조 설화와 칼빈주의의 대원리 등 신학적 주제들이었다고 한다.

지면을 절약하기 위하여 두 신학자 간의 신학적 주제들에 관한 토의를 하나하나 기술하지 못하겠거니와, 두 세계적인 개신교 신학자의 토의요 대담이었는지라 명문명답이었던 것은 분명하였다.

아버지 박형룡의 「세계견문록」 중에서 두 분의 대담 내용을 다시 읽으면서, 박형룡은 그 당시 한국 기독교계에서 신학적으로 가장 관심지사였던 것들을 '족집게로 집듯이' 어쩌면 그렇게 잘 골라내서 명확하게 칼 바르트에게 질문을 하였는지 감탄해 마지않았다. 그리고 칼 바르트의 대답이 너무나도 웅변적으로 칼 바르트 자신의 이미 알려져 있었던 신학적 입장(신정통주의 신학)을 옹호하는 것이었음을 깨닫게 되어 또 한 번 감탄하며 놀라지 않을 수 없었다.

특별히 두 신학자의 대담과 토의 중에서 가장 인상 깊었던 부분을 본서의 저자가 말한다면 칼 바르트의 성경유오설에 관한 것으로서, "성경에 오류가 있음을 지적함으로써 성경의 보도를 의심하게 되어 우리의 신앙에 타격을 가하지 않느냐?" 라고 하는 박형룡의 질문에, "하나님의 말씀은 무오하나 그것의 인적 기록은 그럴 수 없다" 는 칼 바르트의 대답이 현대주의적 20세기 신학의 성경관의 핵심을 말하는 것이 놀라웠다. 더욱 놀라운 것은 "근본주의자들은 하나님이 성경 기록을 무오하게 하셨으리라는 것을 가정한다" 는 칼 바르트의 비난에, 박형룡이 "근본주의자들의 성경무오 신앙은 성경 자체의 기록상 영감을 주장하는 성구들에 근거한다" 라고 응수한 것은, 과연 한국 교회를 대표하는 정통보수 신학자로서 박형룡의 바른 신학과 신앙의 변증적 능력을 과시한 것으로서 타의추종을 불허하는 모범을 보였던 것이라고 우리 모두가 칭찬하지 않을 수 없다.[185] 그리하여 이 두 20세기 개신교 신학의 '큰 신학자들' 사이의 대담과 토의는 진실로 20세기 기독교 현대주의 신학을 조명하고 성찰하는 '세기적인 대담이요 토의'였다고 우리가 감탄할 만한 훌륭한 것이었다.

아버지 박형룡은 스위스 바젤에서 칼 바르트와의 면회와 대담을 뒤로하고 나머지 유럽, 그러니까 주로 네덜란드와 독일에 있는 개신교 신학교와 교회들을 시찰하고, 이탈리아와 바울이 선교하던 소아시아 지역과 성지를 시찰, 순례하고, 중동 지방과 아시아대륙(중국을 빼놓은) 그리고 동남아시아에 있는 개신교 신학교들과 교회들을 둘러본 다음, 일본의 신학교들을 방문하는 것으로 그의 6개월에 걸친 세계일주 신학교 및 교회 시찰의 대 여행을 모두 마치고 그의 가족과 장로회총회신학교가 기다리고 있는 대한민국 수도로 귀환하였다.

아버지 박형룡의 「세계견문록」을 다시 한 번 읽으면서 놀란 것은 그가 세계 신학교와 교회 시찰 여행을 기술하면서 일기 형식으로 기록하되 굉장히 자세하게 객관적으로 하였다는 것이다. 그리고 한 사람의 세계 고적과 명승지들을 구경하는 관광객으로서의 소감과 생각들을 기록하였을 뿐 신학적인 관점에서 세계 신학교들과 교회들의 좌경된 신학사상과 신앙에 대한 비판을 거의 하지 않고 있다는 사실이다.

그 이유는 아버지 박형룡이 다녀왔던 세계 각국 신학교와 교회 시찰 여행은 주목적이 세계 신학교들의 교육행정과 교육제도 그리고 그 현황을 살펴보고 유익한 지식과 정보를 수집하여 귀국한 다음에, 그가 학장으로 섬기고 있었던 서울 남산장로회총회신학교의 운영과 신학교육의 제도 개선과 질적 교육 수준 향상에 기여하고자 하는 데 있었기 때문이었던 것으로 이해될 수 있겠다.

그러면서도 다른 한 가지 이유를 말한다면, 그것은 아버지 박형룡은 한국 장로교회가 탄생시킨 진리 파수의 사도로서 일평생을 신정통신학과 신신학과 자유주의 신학을 비판하여 그들 신학과 신학자들과의 변론과 논쟁 가운데 살아왔다. 따라서 그의 세계일주 시찰 여행에까지 그 비판 정신과 변론과 논쟁거리들을 가지고 다니지 않고 좀 쉼을 얻고 누리고 하는 애틋한 마음이 그에게 있었기 때문이 아니었겠는가 하는 생각을 해보는 것이다.

또 이렇게도 볼 수 있겠다. 박형룡이 그의 세계일주 신학교 시찰 여행을 하는 동안에 그의 비판 정신을 잠시 접어두었던 것은, 세계 각국의 신학교들로부터 신학교육의 행정과 제도를 배울 뿐만 아니라 만에 하나 들을 것이 있다면 마음을 비우고 경청하고자 하는 마음가짐이 되어 있었기 때문이었을 것이다. 한국 땅에서 '정통보수 신학자'로서 일생을 시종일관하여 살아왔던 아버지 박형룡의 생애에서 뜻밖에도 '너무나도 인간적이고 여유가 있는 순간'을 보게 되는 것 같아서 다시 한 번 고개를 숙이고 싶다. 그리하여 이제 아버지 박형룡은 반년에 걸친 오랜 세계 각국 신학교 및 교회 시찰 여행을 성공적으로 마치고 대한민국 서울 김포공항에 일가족과 신학교와 교계의 인사들의 환영 속에 금의환향하였다.

박형룡은 잠시 동안 한국 장로교회와 서울 남산에 있었던 장로회총회신학교의 산적한 문제들과 많은 어려움을 잊어버리고, 꽉 짜인 매일의 시찰 및 관광 일과와 그것으로 인한 심신의 피로에도 불구하고 두 가지 성과를 가지고서 그의 세계일주 신학교 시찰 여행을 마치고 돌아왔다.

그럼 그가 그의 여행으로부터 가지고 돌아왔던 두 가지 성과는 무엇이었는가? 그것은 이미 앞서 기술한 바와 같다고 하여야 하겠다.

첫째로, 여행을 떠나기 이전의 생각을 수정하여 한국 주류 장로회총회와 장로회총회신학교는 이미 WCC 즉 세계 교회협의회에 정식으로 가입되어 있는 회원으로서, 그것으로부터의 탈퇴를 유보하고 에큐메니칼적인 세계 교회 통일운동에 대하여는 적극적으로 반대하나, 에큐메니칼적인 세계 교회의 친선과 교류증진에 대하여는 당분간 계속 참여할 것이라는 입장의 재확인을 가지고 돌아온 것이 박형룡이 여행으로부터 가지고 돌아온 성과였다고 할 수 있겠다.

둘째로는, 박형룡이 한국 교회를 대표하는 정통보수신학자였음에도 불구하고 WCC의 에큐메니칼 신학노선에 서 있었던 세계 각국의 신학자들과 신학 교수들과 면담하면서 그가 보여주었던 바 인간적인 친화력의 발휘와 그리고 그들 앞에서 정통보수신학과 신앙으로 급속히 부흥 성장하고 있는 한국 장로교회를 조금도 주저하지 않고 자랑할 수 있었던 박형룡의 의연성의 습득과 그것의 과시능력이 그가 여행중에 얻었고 여행으로부터 가지고 귀환하였던 성과였다고 말할 수 있을 것이다.

아버지 박형룡은 그의 「세계견문록」의 마지막 페이지에서 "만난의 환영"이라고 하는 시 하나를 기술해 놓았다. 그가 뜻한바 '만난(萬難)'은 '집안의 어려운 일들'과 장로회총회신학교가 당면하였던 어려운 문제들을 지적하는 표현이었다. '만난'의 내용은 다음과 같은 것들이었다. "가정에는 처가 고혈압으로 고생하는 것, 모세(본 저자의 동생)의 병증세가 극심하여진 것, 교내에는 대지 문제, 대학인가 문제가 미해결로 남아 있는 것, 은총문화협회가 파산된 것들이다. 기타 다수의 난관이 둘러 있었다.[186]

이와 같은 내용의 '만난'을 막 세계 여행을 마치고 돌아온 아버지 박형룡이 경험하였고 괴로워하면서 시문학적으로 만들어서 읊었던 "만난의 환영"이라는 시조풍의 짧은 시 전문을 본서의 독자들에게 소개한다. 너무나도 감개무량하고 감동적인 시이다.

만난의 환영

먼 여행 반년 만에 집을 찾아 돌아오니
처음에는 애자 상봉 다음에는 만난 상대
애자 상봉 즐거우나 만난 상대 괴롭다.

그러나 다시 참자 이것이 인생이다.
기쁠 때에 감사와 슬픔 중에 기도로써
명랑하게 일생애를 주 안에서 살으리[187]

이제 이 시점에서 본서의 저자가 중요하다고 생각하여 한 가지 하고자 하는 이야기는 한국 교회 사학자 김양선의 "만일 김재준 교수가 계속적으로 보수주의 신학을 강렬히 비난하지 않았다면 금일과 같은 장로교회의 분열이 일어나지 않았을 것이다"라는 발언에 전적으로 동의한다는 이야기인 것이다.[188] 김양선의 발언은 특별히 1953년에 발생하였던 조선신학교의 총회 탈퇴와 1년 후에 있었던 기독교장로교회의 출범과 관련하여 적절한 원인 규명을 한 것이라고 볼 수 있다는 것이다.

총신대학교 신학대학원의 한국 교회사 교수 박용규가 평가하였듯이 "김재준의 신학은 일본 청산학원에서부터 받은 칼 바르트의 사상에 깊이 뿌리박혀 있었으나, 그의 진보주의 신학이 유럽의 구 자유주의에 대해 우향적 개혁이었던 칼 바르트의 진보주의와는 달리 반정통주의 노선에 충실한 저항적 정신에 깊이 뿌리 내려져 있었다."[189] 따라서 1950년부터 1953년까지 한국전쟁이 진행중이었던 민족상잔의 비극과 고난의 시기에 처하여서도 김재준은 끈질기게 정통주의 보수신학을 공격함으로써 그 당시 한국 장로교회의 지도 계층의 원로 목사들을 어리둥절하게 하였다. 이와 같은 김재준의 저항주의적 행동으로 말미암아 정통보수세력이 지배하였던 한국장로회총회로부터 조선신학교와 조신파 장로교회 탈퇴와 분립이 급한 물살을 타고 진행되었다고 볼 수도 있는 것으로 생각하는 바이다.

만일에 김재준이 칼 바르트의 '우향적 개혁'의 의지를 약간이라도 고려하여 성경의 유오성이냐 무오성이냐 하는 문제를 놓고서 한국 장로교회의 정통보수세력과 다투는 일을 덜하고, 감리교신학교(옛날 협성신학교의 후신)의 한국 토착주의적이고 문화주의적인 자유주의 신학을 경고하고 그것을 비판하는 일을 더 많이 하였더라면, 1953년에 있었던 한국 주류 장로교회로부터 '조선신학교의 탈퇴와 기독교 장로교회의 출범'을 적어도 10년은 후퇴시킬 수 있었을 것이 아니었겠는가 생각을 가져본다.

아버지 박형룡이 세계 각국 신학교 및 교회 시찰 여행으로부터 돌아와서 서울 남산 소재 장로회총회신학교의 학장실로 출근하여 학장 행정 업무를 재개하였을 때, 박형룡은 WCC 가입과 에큐메니칼 운동에 관한 찬반론 때문에 한국장로회총회 안에서 에큐메니칼파와 반에큐메니칼파가 격렬하게 다투는 것을 원치 않았다. 또한 WCC의 회원으로 가입된 상태에서 총회와 장로회총회신학교가 세계 교회와의 친선과 교류를 힘쓰면서 바른 신학(정통개혁주의 신학)을 이 땅에서 그리고 특별히 한국 장로교회 안에서 더욱 확고하게 가르치며 전파하는 일에 주력할 것을 마음에 다짐하고 있었던 것이다. 더욱이 박형룡은 그의 세계 각국 신학교 시찰 여행으로부터 얻어온 바 '신학교육 행정과 신학교육 제도의 개선 방안'에 관한 지식과 노하우(know-how)를 그가 학장으로 일 보고 있었던 장로회총회신학교의 경영과 미래적인 발전 계획을 위하여 사용하고자 하는 의욕적인 자세가 되어 있었다.

그런데 이때 장로회총회신학교의 학장 박형룡에 대한 한국 장로교회 내의 소위 에큐메니칼파 인사들(한경직, 전필순, 유호준, 강신명, 안광국 등)의 불신과 불유쾌한 정서가 크게 작용하였다. 그리하여 한국 장로교회 안에 있었던 에큐메니칼파의 인사들은 박형룡을 반에큐메니칼파의 리더로 여겼을 뿐만 아니라, 그의 정통보수신학이라는 것 자체가 세계 교회가 신학과 신앙에 있어서 하나가 되는 목표를 향하여 나아가야 한다는 에큐메니칼주의 사상과 정면으로 위배되는 '독선주의적이고 고립주의적인 근본주의 신학'의 성격을 띠고 있다고 생각하였다는 것이다. 그러므로 한국 장로교회가 에큐메니칼 정신에 입각하여 세계 교회와 교류하며 연합하기 위하여서는 박형룡을 한국 장로교회의 지도자적인 위치에서 물러나게 하여야 한다는 강박관념에 사로잡혀 있었던 상태에서 박형룡을 장로회총회신학교 학장 자리에서 물러나게 할 수 있는 기회를 지켜보며 기다리고 있었다고 해석할 수도 있었을 것 같다.

그러나 아버지 박형룡에게는 '이제부터'가 한국 장로교회 안에서 바른 신학(정통개혁주의 신학)을 세워나갈 수 있는 좋은 기회가 되는 줄로 여겨져서, 보다 의욕적으로 적극성 있게 학장으로서 장로회총회신학교를 이끌어가며 '정신적인 지주'가 되어서 한국 장로교회를 신학적으로 지도할 것을 마음에 결의하였고, 또 마음에 결의한 대로 짧은 기간이었으나 그것을 실천하기 위하여 분발, 노력하였던 것이다.

그런데 그러던 중 불행하게도 1959년에 발생한 '3천만 환 학교기금 유용사건'으로 말미암아 도의적인 책임을 지고 박형룡이 장로회총회신학교의 학장직에서 물러나기까지 6년간의 장로회총회신학교 학장 재임 시절이야말로 아버지 박형룡의 생애에서 진실로 의욕에 넘친 황금과 같았던 시기였다고 말할 수가 있다.

한국 정통신학의 지도자
(박형룡은 한국에서 정통신학을 세웠고 지켰다)

한국 정통신학의 지도자인 박형룡은 6년간의 장로회총회신학교의 학장 재직 기간 중에 '고신파 장로교회'와 '조신파 장로교회'가 분리하여 나간 후였으나(1951년과 1953년) 나머지 대다수의 한국 장로교회들로 구성되어 있었던 '한국장로회 주류 총회'의 직영신학교로서의 장로회총회신학교의 학장직을 맡아서 노심초사하였다. 그리고 두 번의 장로교회 분열이 있은 후라 할지라도 남은 한국 장로교회의 '큰 그루터기 교회(A big Ramnant Church of the Korean Presbyterian Church)'를 정통보수신학과 신앙의 마지막 보루로 지키기 위하여 선전분투하여 그 일을 성공적으로 수행하는 업적을 남겼다. 또 박형룡은 이 기간 중에 세계일주 신학교 시찰 여행으로부터 가지고 돌아온 신학교육 행정의 '개혁 방안'과 신학교육 제도의 '개선책'을 장로회총회신학교의 행정운영에 실제로 적용하는 일과 "총신의 미래적 설계와 계획"에 반영시키는 일을 학장으로서 중요한 과제로 삼았다.

이에 추가하여 아버지 박형룡은 그의 생애의 화려한 활동기였다고 볼 수 있는 서울 남산장로회총회신학교의 학장으로서 6년의 기간 중에, '고신장로교회'와 '기장장로교회'가 분립하여 나아간 이후에 아직도 남아 있던 '원줄기 장로회총회'가 직영하는 장로회총회신학교의 학장으로서 그리고 한국 장로교회 중에서 대다수의 개교회들이 소속되어 있었던 원줄기 장로교회의 정신적인 지주로서, WCC 에큐메니칼 운동에 대한 찬성파와 반대파의 대립을 무마하면서 아무쪼록 '남은 원줄기 한국 장로교회'가 하나로 머물러 있기를 바랐다. 그리하여 바른 신학에 입각하는 선지교육과 국내 전도 및 세계 선교사업을 할 수 있도록 하기 위하여, 그의 인격적 감화와 신학사상적 영향력에 보탬하여 그의 교회정치적 활동과 역량 발휘를 최대한으로 하는 일을 잊지 않고 힘썼다.

그러나 아버지 박형룡의 장로회총회신학교 학장 재직 6년 기간 중에 바른 신학을 한국 장로교회 안에서 세우는 일과 관련한 그의 꿈과 이상을 활짝 펼 수 없었던 것은, 그 당시 '한국 원줄기 장로회 총회'가 이미 'NAE(복음주의협의회)와 WCC(세계교회협의회)'의 두 파로 나뉘어 있었고, 박형룡은 1952년에 KNAE(한국복음주의연맹)를 창설하여 그 회장이 되어 있었기 때문에 WCC파와 KNCC(한국교회협의회)파의 반대와 '비협력과 비협조의 벽'에 부딪쳐 있었다는 큰 이유가 있었다.

1956년 9월 제41회 장로회총회는 에큐메니칼 연구위원 8명을 선출함으로 정식으로 에큐메니칼 연구위원회를 발족시켰는데, 그 위원회 구성을 보아도 에큐메니칼 지지파 4명과 에큐메니칼 반대파 4명으로 되어 있어서 서로 대립하고 있는 두 파의 세계 균형을 보는 것 같았다.[190]

그런데 이들 에큐메니칼 연구위원회의 위원들의 1957년 9월 제42회 장로회총회 앞에서 보고한 내용의 결론은 "WCC의 단일교회를 목표로 하는 흐름에는 반대하지만 세계 교회의 친선과 협력(또는 교류)의 흐름에는 참가함이 좋겠다"는 것이었다.[191]

이것은 박형룡이 미국 북장로교회의 외국선교부의 시찰 장학금의 후원으로 세계 각국 신학교 시찰여행을 6개월간 하고서 가지고 돌아왔던 대 에큐메니칼 정책 방안과 동일한 것이었으므로, 에큐메니칼 연구위원 중의 강경 지지파 위원들(유호준과 한경직)의 의견을 물리치고 에큐메니칼 연구위원 중의 한 사람이었던 박형룡의 승리를 거둔 것이라고 평가할 수 있겠다.

그리하여 한국 정통신학의 지도자 박형룡의 장로회총회신학교 학장 재임기간이 6년으로 끝나지 않고 6년을 더 추가하여 12년까지라도 연장될 수 있을 것이라는 전망이 눈앞에 펼쳐지게 되었던 것이다. 박형룡 자신이 그것을 원했다.

왜냐하면 박형룡은 그가 하나님께로부터 받은 소명적인 지상과제로서 한국 장로교회 안에서 바른 신학을 세워나가는 일이 6년 가지고서는 불가능하다고 생각하였기 때문이다. '모든 한국 장로교회' 안에 잔존하는 진보주의 또는 바르트주의의 신학적 세력을 물리치고 또는 견제하면서 바른 신학을 세워나가는 일은 10년 이상의 세월, 아니 12년의 세월까지도 필요로 하는 크고 매우 어려운 과제일 것임을 박형룡은 자각하였기 때문이었다.

박형룡이 일찍이 부산 고려신학교의 학장직을 사임하고 상경하여 서울 남산장로회신학교를 설립한 것도 작은 한국 장로교회에서가 아니라 크고 전국적인 한국 장로교회 안에서 바른 신학을 세워나갈 것을 소원하였기 때문이었다. 그리고 한국전쟁이 끝나고 환도하여 한국 장로회 총회가 직영하는 장로회총회신학교의 학장으로 취임한 것도 더 이상의 분열이 없는 크고 오래된 원줄기 한국 장로교회 안에서 바른 신학 또는 정통개혁주의 신학을 가르쳐 세워나가기를 희망하였기 때문이었다.

끝으로 아버지 박형룡이 WCC를 반대하는 NAE의 한국지부였던 KNAE(한국복음주의 연맹)의 총재로 있으면서도 장로회총회신학교의 학장 자격으로 WCC를 적극 지지하는 미국 북장로회 총회 소속 부서인 외국선교부의 시찰 장학금의 후원으로 세계일주 신학교 시찰 여행을 다녀온 것은, 한국 주류 장로회총회 안에서 '에큐메니칼 지지세력'을 무마하면서 WCC 가입과 에큐메니칼운동 참여의 문제로 인한 더 이상의 분열이 없는 거대한 원줄기 한국 장로교회 안에서 바른 신학을 전파하여 그것을 확립할 것을 염원하였기 때문이었다.

그러나 역사와 한국 교회사의 흐름은 박형룡의 '크고 하나된 한국 장로교회 안에서 정통신학의 전파와 확립'에 대한 꿈과 희망과 염원을 산산조각나게 하였던 것이다. 참으로 애석한 일이었다. 한때 호전되어 가는 줄 알았던 한국 주류 장로교회 안에서의 에큐메니칼 찬성파와 반대파 또는 WCC파와 NAE파의 대결은 아무도 예상치 못하였던 돌발적인 사건, 즉 1959년에 장로회총회신학교 총무과에서 발생한 소위 '3천만 환 유용사건'에 대한 도의적인 책임을 지고서 박형룡이 학장직을 사퇴함을 계기로 하여 갑작스럽게 심화, 악화되었다. 그리하여 한국 장로교회의 '3차 분열' 즉 통합측과 합동측 양측 장로교회의 분열이 급속히 현실적으로 이루어지게 되었던 것이었다. 그러나 이 사건은 WCC

지지파의 구실이었고 그 실제로는 WCC 찬성과 반대로 인한 분열이었고, 또 역사적으로는 WCC 지지파의 이탈이었다.

이렇게 하여 박형룡 생애의 화려한 활동기였던 그의 장로회총회신학교 학장재임 6년 기간이 갑작스럽고 불행스럽게 그 끝을 고하였던 것이다.

장로회총회신학교 학장 재임 6년여 기간 (정통보수의 2,000여일)

다음 단계로 넘어가기 직전에 한 가지 강조하고 싶은 이야기가 있다. 그것은 아버지 박형룡의 생애 중에서 6년간의 장로회총회신학교 학장 재임기간 중의 이야기이다. 이 6년의 기간은 정통보수의 2,000여일과도 같았고 장로회총회 신학교의 학장으로서 아버지 박형룡은 정통보수가 지배하였던 이 2,000여일을 다스렸던 것이다. 그런데 이 시기에 박형룡의 모습은 매우 즐겁고 행복해 보였다는 이야기를 본 저자가 하고자 하는 것이다. 이 기간 중에 저자는 태평양을 건너서 멀리 있는 나라로 여겨졌던 미국으로 가서 유학 중이었으므로 직접 아버님을 뵐 수 없었기 때문에 어머니 박순도 여사의 이야기에 의존할 수밖에 없다.

어머니 박순도 여사의 이야기를 따르면 아버님이 6년여 동안의 장로회총회신학교 학장 재임기간 중에 학장 전용차가 마련되어 있었으므로 학교 출퇴근을 운전사가 따르는 학장 전용차로 하셨다. 그런데 신학생들을 가르치고 지도하는 일 외에 교수 회의와 이사회에 참석하는 일, 교수들과 이사들의 요청에 따라 개별적으로 만나는 일, 신학교 방문객을 접대하는 일, 학교 행정을 위하여 학교 직원들을 관리하는 일 등 산적한 여러 업무 수행으로 매우 바쁜 일과를 마치고 귀가할 때 아버님의 모습과 얼굴의 표정이 아침에 출근할 때와 조금도 다를 바 없이 전혀 피곤함과 우울함을 배제한 즐거움과 명랑함을 보여주었었다는 모친의 말씀을 지금도 기억하고 있다. 아버지 박형룡은 장로회총회신학교

총신대학교 초대학장 시절의 박형룡 박사

학장 재임 6년여 기간 중에 앞서 언급되었던 바 박형룡이 세계 각국 신학교 시찰 여행으로부터 김포공항에 도착하여 귀국하였을 때의 감회를 잊지 못하여 읊었던 시 한 수의 제목이 말했듯이, "만난이 그를 환영하였고 둘러싸고 있었다." 하지만 한국전쟁이 끝났고 조국의 재건이 시작된 대한민국 수도 서울에서 한국 원줄기 장로교회 총회가 직영하는 장로회총회신학교의 학장이 되어서 한국 교회의 무궁한 부흥성장과 지구촌 선교의 추진을 위하여 바른 신학(정통개혁주의 신학)을 본격적으로 가르치며 세워나갈 수 있게끔 되었다는 기쁨과 그의 사명감의 충족으로부터 오는 행복감 때문에 아마도 아버지 박형룡은 그렇게 흥분하였고, 몸은 지상에 있었으나 그의 마음은 천국에 있었던 것과 같지 않았었겠는가 하는 생각을 갖게 된다. 우리 모두가 과연 짐작해볼 만한 일인 줄 안다.

어머니 박순도 여사는 11년간의 긴 미국 유학에서 귀국한 저자에게 이런 말씀도 하셨다. "네 아버지의 서울 남산 장로회총회신학교 학장 시절이 네 아버지에게뿐만 아니라 우리 가족에게도 제일 행복하였던 시절이었지! 학교의 교직원들은 말할 것도 없고 교계의 많은 분들이 우리들(박형룡과 가족)을 존대하였고, 격려의 전화도 자주 걸려왔었지. 그 시절에 나는 네 아버지의 학장 전용차를 타고 시장에 장보러 가기도 했었거든!" 이런 말씀을 하면서 어머니 박순도 여사는 살짝 웃기도 하셨다.

그런데 어머니 박순도 여사가 그런 이야기를 말씀해 주셨을 때에는 합동측과 통합측 양측 장로교회가 서로 나눠진 후에 합동측 장로회 총회가 직영하는 총회신학교의 신 교사를 서울 관악구의 산골짝이었던 사당동에 지어 개교하였던 힘들고 각박한 시절이었다. 그렇기 때문에 아버님이 총신대학교의 초대 학장(교육부 인가에 의한)을 하셨을 때에도 서울 봉천동 자택에서 사당동까지 학장 전용 승용차 없이 도보로

산 고개를 넘어 출퇴근을 하여야 했었던 어려움이 있었다.

지금도 아련한 추억 속에 특별히 인상 깊게 기억하고 있는 것은 아버님이 장로회총회신학교의 학장으로서 세계일주 신학교 시찰 여행 도중에 미국에서 아버님을 뵈었을 그때와 저자가 1964년 가을에 귀국하여 서울 상도동 자택에서 오랜만에 만나뵈었을 때, 그 풍채와 얼굴 표정이 크게 달려져 있었다는 것이다. 물론 11년이라는 세월의 경과가 가져온 결과라고 볼 수도 있겠다.

그러나 본서의 저자의 생각과 판단에는 그것이 정당한 설명이 아니라는 것이다. 본 저자는 아버지 박형룡을 미국 유학의 2년째 되는 해였던 1954년 가을과 겨울에 두 번, 그리고 그 다음해 2월에 한 번 모두 합쳐서 세 번을 미국에서 만나뵈었는데, 미국에서 아버님을 만나뵈었을 때에는 학생 수로나 교수들의 학문적인 수준으로 보아서 세계적인 신학교로 인정을 받을 만하였던 한국장로회총회신학교의 학장으로서 세계일주(3대륙) 신학교 시찰 여행을 하시던 도중이라서 그러했는지 몰라도 풍채가 당당하셨다. 그리고 넥타이와 와이셔츠도 고상하면서도 반짝하고 조화롭게 입으셨으며 얼굴 표정도 명랑하였고 이따금 크게 웃기도 하셨다.

그리고 더욱 놀란 것은 한국에서 부모님 슬하에서 살았을 때에 알았던 아버님과는 달리 저자에게 질문을 많이 하셨다. "미국 만리에서 고학하느라고 고생한다"라고 위로를 하신 다음에, "알마 대학교(저자가 유학 중이었던 학교)는 언제 졸업하느냐?", "미국 필라델피아에 있는 웨스트민스터 신학교에는 입학원서를 보냈느냐?" "요사이 알마 대학교 기숙사에서 하고 있는 식생활은 괜찮으냐? 네 어머니가 걱정하신다" 등 많은 질문을 연속적으로 하셨고, 저자의 대답을 들으며 좋아하기도 하셨고 염려하기도 하셨다.

그리고 아들을 격려하는 말씀도 아버님이 많이 하셨던 것을 기억한다. "고진감래인 줄 알고 잘 견디어 나아가라!" "우리가 너를 재정적으로 돕지 못해서 미안하다!" (그 당시 미국 알마 대학교와 그 다음으로 가서 공부하였던 웨스트민스터 신학교에서 등록금 면제 장학금은 받았었으나, 생활비는 기숙사 식당에서 일하고 교정에서 잔디를 깎아서 받는 근로 장학금으로 충당하여야만 했었음) "아론아! 고맙다. 너를 가르치는 알마 대학교(미국 북장로교회가 경영하는 기독교대학교) 교수님들이 너의 학과목 성적이 우수하다고 칭찬하는 것을 들었다" 등 여러 가지 말씀을 하시면서 아버님은 본 저자를 위로, 격려하여 주셨다.

그때로부터 10년이 지난 1964년 가을에 오랜 미국 유학의 기간을 뒤로하고 귀국하여 서울 상도동 자택에서 아버님을 다시 뵈었을 때, 아버님은 그 풍채와 얼굴 표정이 너무나도 많이 달라지신 것을 발견하고 크게 놀랐고 마음으로 서글퍼하지 않을 수 없었다.

11년의 미국 유학 기간 뒤에 귀국하여 아버지 박형룡과 재회의 기쁨을 가졌던 부자상봉의 그해였던 1964년에 아버님은 연세가 67세였으므로 그렇게 노쇠하였다고 하기에는 부적당하게 보이셨다. 그러나 크게 달라진 것은 본 저자가 미국 유학 중에 세계일주 신학교 시찰 여행 도상에 계셨던 아버님을 뵈었을 때의 위풍당당하였던 모습은 사라져버렸고, 오랜만에 돌아오는 아들을 영접한다고 하여 좋은 옷으로 갈아입으셨다고 하나 색깔이 별로 없는 아무렇게나 보이는 넥타이에 단벌 신사가 입는 양복과 같은 옷을 입으신 초라한 모습을 하고 계셨다. 거기에다가 아버님은 미국 유학 시 세계일주 신학교 시찰 여행 중에 미국을 방문하셨던 아버님을 만나뵈었을 때와는 달리 말씀을 별로 안하셨고 침묵하시는 모습이 서울 남산장로회총회신학교 학장 재임 시절 이전의 모습으로 돌아가셨음을 직감할 수 있었다. 부자 재회의 기쁨 속에서도 아버님은 별로 웃지 않으셨던 것을 기억한다. 본래가 아버님은 파안대소하는 일이 별로 없었고 웃으신다고 하여도 '잔잔한 미소를 짓는 것'

이 전부였다. 그러나 11년 만에 있었던 부자 재회의 기쁘고 감격스러운 순간에 처하여서까지도 아버님은 별로 웃지 않으셨을 뿐 아니라, 그 얼굴 표정에 적막함과 피곤함의 그림자가 드리워져 있었다는 것은 정말로 큰 변화가 있었음을 시사하는 것이었다.

그렇다면 무엇이 아버님에게 있었던 이와 같은 큰 변화를 가져오게 하였는가? 그것은 한마디로 말하여 아버님 자신도 예측치 못하였던 그의 장로회총회신학교 학장 사임의 사건이었던 것이다. 이 사건에 대하여 그 경위를 본서의 제2장 아버지 박형룡은 '위대한 교회정치가였다'의 앞부분에서 이미 언급하였다. 다만 지금 여기서 이야기할 수 있는 것은 1959년에 발생한 아버지 박형룡의 장로회총회신학교 학장 사임의 사건은 더 이상 분열이 없는 크고 하나 된 한국 장로교회 안에서 바른 신학을 전파하고 세워나가는 일에 주역이 되고자 하는 그의 꿈과 비전과 이상을 송두리째 빼앗아 가버렸다는 것이다.

마치 옛날 러시아 원정에서 패전하고 돌아온 나폴레옹이 유럽 전대륙 제패의 꿈을 접고 황제에서 물러난 후 엘바섬(Island Elba)에 유배되어 감으로써 그의 영광스럽던 12년간의 프랑스 황제 재위 기간에 종지부를 찍으면서 실패의 쓴잔을 마셨다고 할 수 있었던 것처럼 박형룡은 장로회총회신학교 교내에서 발생하였던 3천만 환 공금 유용사건의 도의적 책임을 지고서 학장직에서 물러나게 된 것이었다. 이로 말미암아 장로교회총회 안에서 에큐메니칼주의자들과 반에큐메니칼주의자들의 투쟁을 격화시켜서 결국은 한국 장로교회의 제3차 분열이었던 합동측과 통합측 양측 장로교회의 분열을 초래하였기 때문이다. 박형룡은 결과적으로 그의 장로교회총회신학교 학장 재임기간 중에 보여주었던 더 이상 분열이 없는 하나 된 한국 장로교회 안에서의 바른 신학 세우기 운동의 리더십을 포기해야만 했고, 그것과 관련된 꿈과 비전과 이상의 구현도 포기하지 않을 수 없었던 까닭에, 그런 의미에서 박형룡도 실패의 쓴잔을 마셨다고 우리가 평가하여도 괜찮으리라 생각된다.

그러므로 한국 장로회총회신학교의 학장 자격으로 세계 각국 신학교 시찰 여행을 하는 도중 미국에서 만났었을 때에 아버님은, 한국 장로교회 안에서 WCC 가입과 에큐메니칼 운동에 대한 찬반론이 격화일로에 있었던 것은 사실이었지만 그래도 더 이상 분열이 없는 큰 그루터기로서의 한국 장로교회 안에서 바른 신학을 세워 나아가는 일에 그가 주역이 되어서 일할 수 있는 현실 속에 있었기 때문에, 그의 풍채는 당당하였고 패기에 넘쳤으며 본래의 과묵한 성격을 깨고 말씀도 꽤 잘 하셨고 평소의 그의 인자한 미소에 명랑함과 유쾌한 웃음이 추가되었던 것이었다.

그러나 그때로부터 10년 후였던 1964년 가을에 한국으로 귀국하여 서울에서 아버님을 뵈었을 때에는 WCC 가입과 에큐메니칼 운동에 관한 찬반론의 격돌로 인하여 한국 원줄기 장로교회가 이미 합동측과 통합측 양측 장로교회로 분열된 지 5년이 되었고, 아버님은 그가 가졌던 크고 분열이 없는 한국 장로교회 내에서 바른 신학을 전파하고자 하는 리더로서의 꿈과 비전과 이상을 한숨과 눈물 속에서 가지런히 접은 뒤였다. 그러하였기에 아버님의 외관상 모습은 장로회총회신학교 학장 시절과는 달리 피곤함과 위축된 모습을 보여주었고, 옛날의 말씀을 별로 안 하셨던 과묵함이 다시 돌아왔으며 의상, 착의는 초라하였고 얼굴 표정은 웃음이 없는 모습이었던 것이다.

그러나 한국의 정통신학자 박형룡과 유럽 제패에 끝내 실패한 영웅 나폴레옹과의 비유적인 비교는 여기서 달라진다. 왜냐하면 나폴레옹은 유럽 대륙을 군사정치적으로 지배하고자 하는 개인적인 욕망 때문에 유럽 제패에 도전하다가 실패하여 위대한 영웅으로서 위대한 실패자가 되었다. 하지만 한국의 정통신학자 박형룡은 두 번의 분열을 겪었던 원줄기 한국 장로교회 안에서 더 이상의 분열 없이 하나의 장로교회를 지키면서 바른 신학 세우기 운동의 리더가 되고자 하는 꿈과 비전에 도전하다가, 1959년에 있었던 세 번째 분열로 말미암아 원줄기 한국 장로교회가 통합측과 합동측 양측 장로교회로 분열함을 인하여 본래의 꿈과 비전에 대한 도전은 실패로 돌아갔다. 그래도 원줄기 한국 장로교회의 반 조각으로 남게 된 합동측 장로교회 안에서 일심으로 그리고 헌신적으로 바른 신학 세우기 운동의 주역 노릇을 하여 크게 성공을 거둠으로써 나폴레옹처럼 위대한 실패자가 되지 않았고, 반 조각 한국 장로교회라고 할지라도 정통보수신학으로 가르치고 감화를 끼치는 일에 크게 성공하였다. 그리하여 지금 합동측 장로회총회는 크게 부흥하여 12,000여 교회로, 통합측 장로회의 8,000여 교회를 훨씬 앞서고 있어 이런 의미에서 아버지 박형룡은 위대한 성공자였다는 평가를 받아 마땅하다고 우리 모두가 말하여야 옳을 것이다.

한국의 정통신학자 박형룡에게는 나폴레옹의 워털루(waterloo, 나폴레옹이 1815년 6월 18일 연합군에게 패전한 장소)는 존재하지 않았다. 왜냐하면 '한국 정통신학의 나폴레옹'이었던 박형룡은 불세출의 군사 영웅 나폴레옹처럼 위대한 패배자가 아니었으며 한때 그렇게 되어가는 듯 보였으나 나중에 위대한 승리자로 나타났기 때문이었다.

그리고 한 가지 이야기를 더 한다면 한국 정통신학의 지도자였던 박형룡에게는 불세출의 군사영웅 나폴레옹에게 있었던 "100일"도 존재하지 않았다. 나폴레옹에게 있어서 100일은 그가 엘바 섬의 유배생활에서 탈출하여 군대를 이끌고 파리로 귀환하여 프랑스 황제의 자리에 앉아서 천하(유럽 대륙)를 호령하는 일을 재개할 수 있었던 3개월간의 좋은 기회였다. 그러나 나폴레옹은 워털루의 패전으로 인하여 애석하게도 이 좋은 기회를 놓치고서 영원한 패배자가 되어서 역사의 뒤안길로 사라져가지 않을 수 없게 되었다.

그러나 한국 정통신학의 수호자였던 박형룡에게는 옛날 나폴레옹에게 있었던 워털루의 패전이 없었으므로 나폴레옹의 100일도 물론 없었던 것이다. 박형룡에게 있었던 것은 차라리 4,000일(11년)이었다고 우리가 말하여야 할 것이다. 소위 이 4,000일이라는 것은 1959년에 한국 장로교회의 세 번째 분열이었던 합동측과 통합측 양측 장로교회의 분열이 있은 후에, 박형룡이 에큐메니칼 세력이 따로 나가서 통합측 장로교회를 세운 다음에 반에큐메니칼 세력으로 남아 있었던 반쪽 한국 장로교회를 합동측 장로교회로 세우고 키워나가는 일에 이환수, 박찬목, 노진현, 정규오 등 그의 후배요 신앙 동지였던 교회 리더들의 협력과 후원을 받아서 그가 합동 장로교회의 설립자로서 선전분투하였던 11년간의 귀중한 기간을 두고 하는 말이다.

이 귀중한 11년간의 기간 또는 4,000일 기간 중에 박형룡은 총회신학교를 서울 용산에 있던 임시교사에서 새로 건설된 사당동 새로운 캠퍼스에 옮겨다가 정착시켰고, 우수한 학자 교수들의 확보와 교육시설의 개선, 확장을 위하여 힘썼으며, 드디어 교육부로부터 정식으로 대학인가를 받아 총회신학교가 총신대학교로 개명되어 새롭게 단장하여 출발하게 되었다. 이 모든 일들을 박형룡이 처음에는 총회신학교의 윤번제 학장이요 원로 수석교수로서, 나중에는 총신대학교의 초대학장으로서 그리고 무엇보다도 총신대학교와 신학대학원의 설립자로서 성공적으로 수행했다는 것이다.

나폴레옹에게 100일 천하의 시기는 최종적인 패전의 도래와 프랑스 황제로서 유럽 대륙 제패의 꿈을 영구히 접어야만 했던 종말 직전의 역사적인 운명의 시기였지만, 박형룡에게 있어서 4,000일 또는 11년의 기간(1960~1971)은 원줄기 한국 장로교회 안에서 그것이 남은 반쪽 장로교회이었음에도 불구하고 박형룡이 한국 땅에서 바른 신학을 세워 나아가고자 하였던 그 꿈과 비전을, 만난이 중첩하였지만 오히려 의욕적으로 펼쳐 나아갈 수가 있었던 '역사적인 발전과 도약과 큰 성취의 시기'

였다고 분명히 말할 수 있을 것 같다.

본 저자는 박형룡의 이 소위 '4,000일의 기간' 또는 '11년'의 서울 용산과 사당동 초창기 총신 시절의 기간에 관하여 이제부터 서술코자 한다.

박형룡은 1959년 봄에 예측하지 못하였던 장로회총회신학교의 교내에서 발생하였던 '3천만 환 사건' 때문에 도의적인 책임을 지고서 학장직을 사임하였고, 이것을 계기로 이미 여러 해 동안 존재하고 있었던 대한예수교장로회총회 안에서의 WCC 에큐메니칼파와 WCC 에큐메니칼 반대파의 대결이 첨예화되었고, 드디어 1959년 9월 24일 대전에서 개회되었던 제44회 대한예수교장로회 총회가 파행으로 갔던 것이다. 그리고 총회 내의 에큐메니칼파가 서울 연동교회당에서 별개의 총회를 조직함으로써 한국 장로교회 사상 최대의 교회분열(합동측과 통합측 장로회 교회분열)이 발생하게 되었다. 박형룡은 한국 주류 장로교회 내에 있었던 반 WCC 에큐메니칼파(보수세력)를 규합하여 합동측 장로회총회를 지도하였으며, 서울 사당동에 총회신학교의 새 캠퍼스를 건설하였고, 정통보수신학 교육을 실시하면서 마침내 총신이 총신대학교로 교육부의 인가를 받는 일까지 성취하여 합동장로교회와 총신대학교의 설립자의 면모를 과시하였다. 박형룡은 신령한 의미에서 나폴레옹 같은 지도력을 가진 지도자였다.

3천만 환 사건 (악성 루머의 일파만파)

이제 한국 장로교회의 제일 큰 분열이었다고 말할 수 있는 바 1959년에 있었던 합동, 통합 양측 장로교회의 분열을 이야기하고, 이 분열기에 아버지 박형룡의 교회정치적 활동 또는 합동측 장로회 총회를 어떻게 이끌어 갔었는가에 대한 이야기를 하고자 한다.

교계에서 합동, 통합 양측 장로교회의 1959년에 발생한 상호간의 결별에 관하여 흔히들 말하기를 그 원인이 소위 3천만 환 사건이었다고 말하는 것을 우리가 듣는다. 그런데 그것은 박형룡 학장의 재정 부정을 이야기하는 악성 루머를 받아들인 결과인 줄 안다. 그러나 앞서 본서의 저자가 말했듯이 이와 같은 말은 잘못이다. 본서의 저자의 주장(그리고 이것이 사실이다)은 3천만 환 사건이라는 것에 대하여 박형룡 학장은 도의적인 책임밖에 없었다는 것과 이 사건이 양측 장로교회의 결별에 계기를 제공하였을지언정 결코 그 원인은 아니었다는 것이다. '3천만 환 공금유용사건'을 간략하게 설명하면 다음과 같다.

한국전쟁이 정전되고 환도가 이루어진 다음에 대구 대신동에서 문을 열었던 대한예수교장로회 총회가 직영하는 장로회총회신학교는 서울 남산에 있었던 옛 조선 신궁터로 가서 거기 있었던 건물에서 수업을 진행하고 있었다. 그런데 교육부(당시에는 문교부)로부터 대학 인가를 받기 위하여 거기 있었던 부지를 정부로부터 불하받는 일이 실패하자 당시 숭의여고 학교부지를 정부로부터 불하받는 데 큰 역할을 했던 박○근 장로가 총신부지도 정부로부터 불하받도록 해 주겠다는 제안을 해왔다. 그는 당시 국회부의장 이○○과 재무부장관 이○○도 잘 알고 있다고 자신있게 말했다. 그리하여 그의 교섭비용으로 총신에서 지출한 금액이 3천만 환이었다. 이 사건은 당시 선교사들과 학교의 관계자들이 알고 진행된 사건이었다. 그런데 그 사람(박○근)이 돈만 받고서 약속을 불이행하여 장로회총회신학교는 학교부지를 불하받지 못하였고 3천만 환이라는 재정손실을 보게 되었다.[192]

이것이 저 유명한(또는 악명 높은?) '3천만 환 공금유용사건'의 전모이자 진상이다. 그런데 당시는 WCC 찬성파와 반대파가 팽팽한 대립을 하고 있었던 때였다. 총신 교장 박형룡은 WCC 반대편에 서 있었다. 이를 못마땅하게 여긴 선교사들과 WCC 찬성파들이 박형룡 박사와 3천만 환 사건을 연계시켜 박형룡은 도의적인 책임을 지고 물러나게 되었다. 이 사건을 두고 통합측과 합동측의 분열의 기원이라는 극단의 표현을 쓰는 사람들이 있게 되었다. 이로 인하여 아버지 박형룡은 앞서 강조한 대로 분열이 더 이상 없는 하나 된 한국 주류 장로교회 안에서 바른 신학을 세워나가는 주역으로 일하고자 하는 꿈과 이상을 접고, 이 사건에 대한 도의적인 책임을 느껴서 장로회총회신학교의 학장직을 사임하게 되었던 것이다.

그러나 이미 언급한 바대로 아버지 박형룡에게는 이 3천만 환 사건에 대하여 학장으로서의 도의적인 책임이 있었을 뿐 고의성이 전혀 없었던 것을 다시 한 번 강조하고자 한다. 그럼에도 불구하고 이 사건과 관련하여 아버지 박형룡이 학장으로서 학교의 공금을 착복하고 횡령한 것처럼 말하고 소문을 퍼뜨리는 분들은 참으로 한심스러운 분들이다. 악성 루머를 우리가 어떻게 진담으로 받아들일 수 있겠는가?

민경배의 「한국기독교회사」(PP. 481~483)를 보면 선교사 마삼락(samuel H. Moffett)은 한국 장로교회의 제3차 분열을 가장 혹독한 분열이라고 극한적인 표현을 하면서, 그 분열의 세 가지 이유로 ① 박형룡의 윤리적 위법행위 ② 반에큐메니칼 지도자들 ③ 메킨타이어가 관여함을 들면서 합동측과 통합측 양측 장로교회의 분열을 설명하고 있다.[193)]

선교사 마삼락이 합동, 통합 양측 장로교회의 분열의 첫째 이유 또는 원인으로서 박형룡의 윤리적 위법행위를 들었는데 그가 말하는 바 윤리적 위법행위가 무슨 뜻인지를 본서의 저자는 알고 싶다. 혹시 마삼락은 박형룡을 윤리적 범죄자로 생각하고 정죄하는 변론을 펴고 있는 것인지, 그렇지 않기를 바라는 마음이 간절한 것을 알아주기 바란다.

그리고 저자가 묻고 싶은 것은 어떻게 박형룡이라는 한 개인의 윤리적 위법행위가 그것이 무엇을 뜻했든 간에 한국 개신교의 최대 교회요, 최대 교단임을 자랑하고 있었던 한국 주류 장로교회의 분열을 가져올 수 있을 정도로 큰 일이었겠는가 하는 것이다. 도저히 믿어지지가 않는 이야기이다. 차라리 로드즈(Harry A. Rhodes)와 캠벨(Archibald campbell)의 공동 편저인 「미국 북장로교 한국선교역사」 제2권(1935~1959년)에 기록되어 있는 다음과 같은 기록이 훨씬 더 우리에게 진실을 말하는 것으로 느껴져서 설득력이 있는 것 같다. "1959년 9월 28일 WCC와 에큐메니칼 운동 문제로 한국 장로교회가 분열, 한국 장로교회가 세 번째 큰 분열을 맞이하게 되었다."[194]

다시 한 번 말하거니와 한국 장로교회의 제3차 분열, 즉 합동측과 통합측 양측의 장로교회 분열은 박형룡이 장로회총회신학교 학장으로 있었던 기간(1954~1959년)의 마지막 해에 발생한 3천만 환 사건 때문이 아니었으며, 주류 장로회 총회 안에 존재하고 있던 한경직으로 대표되는 에큐메니칼파와 박형룡이 그 리더로 이끌었던 반에큐메니칼파 사이의 대결과 갈등의 결과였던 것이다.

박형룡에 대하여 비판적이었던 에큐메니칼 측은 이 사건이 합동과 통합의 분열의 큰 요인이었다고 주장하고 있으나, 이 사건은 총회 안에서 이미 골이 깊어지고 있었던 WCC파와 NAE파의 대립을 더욱 심화했을 뿐이다.[195] 그렇다! 소위 3천만 환 사건이라는 것이 두 장로교회의 역사적인 분열의 요인이 결코 아니었으며, 이 사건이 계기가 되어 이미 기존하고 있었던 에큐메니칼파와 반에큐메니칼파의 대립과 대결을 심화시킴으로써 1959년의 역사적인 분열로 곧바로 이어지게 되었던 것이다.

그러므로 앞서 인용한 내용대로 WCC와 에큐메니칼 운동에 대한 찬반론의 갈등으로 말미암아 그것이 유일한 요인이 되어서 한국 장로교회의 세 번째 큰 분열이 있게 되었던 것이다. 1959년의 합동측과 통합측 양측 장로교회의 분열의 요인이 소위 3천만 환 사건이 아니었고 그것이, 이미 기존하고 있었던 WCC 지지파와 WCC 반대파의 대결을 심화시켜서 분열을 가져오게 하였던 것처럼, 1959년 5월 경기노회 총대 선출을 둘러싼 양파 간의 분쟁이 분열의 요인 중에 하나라고 주장하는 분들이 있으나 이 '경기노회 총회파송 총대선출의 사건화'도 이미 그 당시에 존재하였던 에큐메니칼파와 반에큐메니칼파의 대결과 갈등 가운데서 일어났었던 사건이었다. 그러므로 이 사건은 한국 장로교회의 3차 분열의 요인이었다고 말하기보다는 다만 한국 장로교회의 가장 컸었던 3차 분열을 향하여 나아가는 에큐메니칼주의자들과 반에큐메니칼주의자들 사이에 있었던 투쟁사적인 한 과정으로 보아야 할 것이다.[196]

이제 1959년 9월 24일 대전중앙교회에서 개최되었던 제44회 장로회 총회의 분열의 현장으로 가보도록 하자! "총대 261명, 선교사 23명, 계 284명 중, 251명이 출석하여 총회는 개회선언을 하였다."[197]

그러나 총회는 회무 진행의 시작부터 경기노회 총대 문제로 어려움을 겪기 시작하였다. 우선 경기노회의 정기노회 선출 총대들과 임시노회 선출 총대들을 아울러 무효화시키는 결의를 하였다. 그 뒤로부터 WCC 찬성측과 WCC 반대측이 합의점을 찾지 못하여 논쟁이 계속되다가 넷째 날이 되는 9월 28일을 맞이하게 되었다.

총회장 노진현은 제출된 제안대로 수습을 위한 특별위원회를 선정하였고 11월 24일까지 총회가 정회할 것과 승동교회에서 속회 총회를 하기로 가결 통과시킨 후 정회를 선언하였다. 그러나 에큐메니칼측 안광국 목사가 총회 단상으로 뛰어 올라가서 불신임안을 낭독하고 "가하면 '예' 하십시오. 가결되었습니다." 라고 소리지르고 하단하는 일이 일어났다."[198]

그리고 나서 에큐메니칼파 총대들은 그날 밤에 상경하여 새문안교회가 장소를 허락하지 않으므로 연동교회당에 모여서 독자적인 총회를 개최하였고 그 모임에서 스스로 장로교 법통 총회임을 선언하였던 것이다.[199]

에큐메니칼측은 1959년 9월 29일 연동교회당에서 개최한 독자적인 총회에서 전체 총회로부터 선출받았던 합법적인 "총회장, 부총회장, 서기, 부서기 가운데 한 명도 참석하지 않은 채 전필순의 사회로 총회를 속회하였으며, 이창규를 총회장으로 선출하였고, 노진현 교장서리를 해임한 뒤에 계일승을 교장서리로 임명하는 일을 마쳤다.[200] 이러므로 통합측은 법적으로 총회에서 이탈한 것이다.

그러면 에큐메니칼측의 이와 같은 정치적 행보에 반에큐메니칼측 또는 NAE(복음주의협의회)측은 어떻게 대응했는가?

반에큐메니칼측 또는 NAE측은 냉정을 잃지 않았고 예정대로 1959년 11월 24일에 서울 승동교회당에서 속회총회를 개최하였으며 그 당시 총회장, 총회 임원들이 참석한 가운데 양화석을 총회장으로 선출하였다.[201]

이렇게 하여 한국 주류 장로교회의 세 번째 분열이었던 합동측과 통합측 양측 장로교회의 분열이 성사되었고, 두 조각이 난 한국 주류 장로교회가 각각 고고성을 지르면서 따로따로 출발의 테이프를 끊어 서로가 '고별의 굿바이'를 외쳤던 것이다.

여기서 한 가지 짚고 넘어가야 할 사실은 분열의 발생 후에 통합측 장로교회에 소속되었던 신학자, 교회사학자, 선교사 등이 분열의 책임을 박형룡과 반에큐메니칼측 또는 NAE(복음주의협의회)측에 묻는 것은 온당치 못한 처사라는 것이다. 특별히 선교사 마삼락이 1959년의 합동, 통합 양측 장로교회의 분열과 분립의 세 가지 이유를 말하면서 첫째가 박형룡의 윤리적 위법행위라고 하였고, 둘째는 반에큐메니칼 지도자들 때문이었다고 했는데, 분열의 책임을 묻는다면 에큐메니칼 지도자들에게 물어야지 왜 반에큐메니칼 지도자들에게만 물어야 하느냐 하는 것이다.[202]

1959년 9월 28일 제44회 총회에서 노진현 총회장 사회 하에 '경기노회 총대문제를 위한 특별위원회'를 선정한 뒤에 총회가 11월 24일까지 정회할 것을 가결 통과시킨 것을 거부하고 그 다음날인 9월 29일에 서울 연동교회에 모여서 독자적인 총회를 개최하였고 장로교 법통총회인 것을 선언함으로써 분열의 적극성을 보였던 것은 반에큐메니칼 지도자들이 아니었고 에큐메니칼 지도자들이었다고 사료된다.

그리고 더 큰 역사적인 사실은 이렇게 하여 한국 장로교회의 역사상 제일 큰 분열이 있었고 합동, 통합 양측 장로교회의 분열은 기정사실이 되었을 뿐만 아니라 영구화되었고 그 후 합동측과 통합측 양측 장로교회의 재결합 노력은 번번히 실패로 돌아갔다는 것이다.

지금까지 한국에서 박형룡과 그의 정통보수 신학운동을 지지해 왔었던 미국 북장로회 선교회와 미국 남장로회 선교회와 호주 장로회 선교회는 돌연 그들의 입장을 바꾸어서 통합측 장로회총회에 합류해 버렸다. 아마도 한국에 나와서 선교사역을 한 지가 오래되었던 이들 세 선교회의 선교사들은 자신들의 신학과 신앙은 정통주의적이었지만 그들의 미국과 호주의 모교회들이 신학적으로 바르티안(Barthian)이 되어버렸고, 에큐메니칼 운동을 지지하는 개방주의적 신앙을 소유하고 있었기 때문에, 에큐메니칼주의를 부르짖으면서 한국 보수적인 원줄기 장로교회로부터 탈퇴도 불사하였던 통합측 장로회 총회로 어쩔 수 없이 갈 수밖에 없었던 것이 아니었겠는가 사료된다. 생각해보면 한편 이해가 되지 않는 것은 아니다. 그러나 또 한편으로는 그들이 어떻게 그들의 조강지처격이었던 박형룡과 정통보수주의자들을 버릴 수 있었겠는가 생각하면 마음에 울분이 치밀어 올라옴을 금할 수 없는 것을 고백하는 바이다.

이들 선교사들이 통합측 장로교회에 가담한 다음에 통합측과 합동측의 재결합의 모색과 노력이 시작되었을 때에 그들은 그것을 주선하고 중재하였다고 하나, 이들 선교사들의 주선 내지 중재는 실패할 수밖에 없었던 것이다. 왜냐하면 통합측 장로교회에 합류한 세 선교회 선교사들은 이미 주선자 또는 중재자로서의 공정성을 잃어버렸기 때문이다.[203)]

세 선교회 선교사들의 합동측과 통합측 양측 장로교회의 재결합에 대한 주선과 중재가 실패한 후에도 여러 차례 재결합을 위한 제안과 의논들이 오고 가기는 하였었으나 말만 무성한 것이 되었고 구체적인 방안 제시나 실천적 행동은 없었다.

이와 같이 1959년 9월에 대전에서 개최되었던 제44회 장로회 총회를 계기로 한국 장로교회의 제3차 분열이 현실화되었던 것이다. 그런데 동년 9월 29일에 서울 연동교회당에 모여서 장로회 법통총회인 것을 선언한 WCC 에큐메니칼주의자들이 주동이 되어서 조직하였던 총회와 소속 교회들을 한때 '연동파'라고 불렀고, 제44차 장로회 총회에서 가결 통과시킨 안대로 1959년 11월 24일 서울 승동교회에서 속회총회로 모여서 회의를 계속하였던 WCC 에큐메니칼주의를 반대하는 정통보수주의자들로 구성된 그루터기 총회와 교회들을 한때 '승동파'라고 불렀다. 연동파 총회에서는 서울 광장동에 신학교의 신교사를 세웠고 장로회신학교라고 불렀는데 교육부의 대학인가를 받음으로 장로회신학대학교가 되었다.

그리고 승동파 총회는 신학교를 서울 용산의 임시교사에서 운영하다가 서울 사당동에 신학교의 새 캠퍼스를 열었고 총회신학교라고 부르다가 나중에 교육부의 인가를 받아서 '총신대학교'가 되었다.[204)]

한 가지 특기할 만한 사실은 승동파 총회는 1959년 연말에 개최되었던 속회총회에서 WCC(세계교회협의회)와 NAE(복음주의협의회)의 두 국제교회기구를 모두 탈퇴하였다는 것이다.[205)] 미래의 국제교회 기구로 말미암는 교회분쟁을 사전에 예방하고자 하는 의도에서였다. 이 사실은 우리에게 국제교회 기구로 말미암는 교회분쟁이 교회의 분열까지 가져오게 할 수 있으므로 얼마나 심각한 것인가를 알도록 하는 교훈을 주었다고 할 수 있겠다.

박형룡과 한경직

(한국 장로교회의 두 지도자들의 신학, 인격, 기념관 건립 비교)

흥미로운 사실 한 가지를 새삼스럽게 이야기한다면 그 당시에 한국 주류장로회 총회가 둘로 갈라져서 연동측 총회와 승동측 총회라고 불렀다고 했는데 양측 총회에 속한 목사, 장로들과 교회들을 연동파와 승동파로 각각 불렀을 뿐 아니라 '한경직파'와 '박형룡파'로 부르는 일이 꽤 자주 있었다는 사실이다. 지금 본 저자가 하고 있는 이 말에는 1959년의 통합측과 합동측 양측 장로교회의 분열이 있은 뒤에 한경직은 통합측 장로교회 사람들에게 그리고 박형룡은 합동측 장로교회 사람들에게 거의 절대적인 지지를 받았으며 애정과 존경과 경외의 대상까지 되었음을 지적하는 뜻이 있는 것이다.

한경직은 박형룡과 거의 같은 시기(1926~1929년)에 미국 프린스턴 신학교에서 수학하였고 졸업하였으므로 박형룡의 프린스턴 동창생이라고 할 수 있겠으나, 그 성격과 인품이 박형룡보다 덜 준엄하였고 더 사교적이었기 때문에 대인관계에 있어서 많은 사람들에게 친근감을 주었으며 온화한 인격자로서의 이미지를 심어주었다. 총신대학교 신학대학원의 역사신학 교수 박용규는 한경직에 대하여 논평하기를 "그는 폭넓은 에큐메니칼 정신을 기초로 자신의 온건한 복음주의 이상을 펼쳐나갔던 것이다."라고 하였다.[206] 물론 여기서 '온건한 복음주의 이상'이라는 것은 '중도파적인 바르트주의(Barthianism)의 신학노선에서의 행보'를 의미하는 것인 줄 안다.

한경직의 '온화한 성격과 인품'에다가 '온건한 복음주의 이상을 펼쳐나가고자 하는 목적의식'이 추가되어 한경직은 '폭넓은 에큐메니칼 정신'을 받아들이기에 충분하였고 한국에서 급진적인 자유주의가 아닌, 진보주의적인 에큐메니즘(ecumenism)을 표방하는 통합측 장로교회의 리더가 되었고 정신적 좌표가 될 수 있었던 것이다. 그런데 그가 서울 영락교회에서 목회에 크게 성공한 것은 한경직이 옛날 신의주 제일교회의 목회사역의 아련한 추억을 더듬으면서 그의 복음주의 신앙의 뿌리를 붙들고 놓지 않았기 때문이었던 것으로 우리는 짐작할 수 있겠다.

그러면 1959년의 한국 장로교회의 제3차 분열 즉 통합측과 합동측 양측 장로교회의 분열을 전후하여 박형룡은 합동측 장로교회 사람들에게는 어떤 존재가 되어 있었는가 묻는다면 그 대답은 역시 간단 명료하다.

박형룡은 합동측 장로교회 사람들 또는 반WCC, 반에큐메니칼파 인사들에게 '압도적인 존재'였다. 이는 한경직이 통합측 장로교회 사람들 또는 친WCC, 친에큐메니칼 인사들에게 행사하였던 권위성과 영향력보다 훨씬 더 큰 것이었다고 할 수 있겠다.

1959년 봄에 소위 3천만 환 유용사건이 학교 내에서 발생하여 박형룡이 도의적 책임을 지고서 장로회총회신학교의 학장직으로부터 물러났을 때, 반에큐메니칼파 인사들은 목자를 잃어버린 양들처럼 크게 술렁거렸고 갈팡질팡하면서 3천만 환 유용사건의 보도에는 신경을 별로 쓰지 않았으며, 무조건적인 박형룡의 학장직 회복을 위한 정치적 운동을 하느라고 바빴다.

"반에큐메니칼 진영은 박형룡의 교장직 복귀 운동을 펴면서 박형룡의 일선후퇴가 보수신학의 후퇴로 자유주의 득세를 뜻한다고 선언하였고 WCC는 용공주의라고 강력히 비판하였다."[207)]

동년 9월 28일 대전에서 열렸던 제44회 장로회총회가 파행으로 간 뒤에 그 다음날이었던 9월 29일 에큐메니칼측 총대들이 서울 연동교회당에 모여서 독자적인 총회를 조직하였을 때, 반에큐메니칼 총대들이 조금도 동요하지 않고 제44회 총회가 가결 통과시킨 안 그대로 11월 24일 서울 승동교회당에서 합법적인 속회총회를 기다릴 수 있었던 것은, 박형룡이라는 신학적으로뿐만 아니라 교정적으로 그리고 정신적으로 '권위성과 지도력을 갖추었던 태양처럼 우러러보는 지도자'가 있었기 때문이다.

만일 1959년을 전후하는 분열의 격동기에 박형룡이라는 지도자가 그 당시 제44차 장로회 총회의 다수를 점하였던 정통보수 진영 또는 반에큐메니칼파 총대들을 위하여 존재하지 않았다면 그들은 에큐메니칼파의 총대들이 조직한 연동총회에 흡수되었든지, 아니면 아주 소수의 반에큐메니칼 열심자들만이 모여 있는 군소교단 또는 군소장로교회로 되고 말았을 수도 있었을 것이라는 사실을 예측하기는 어렵지 않았던 일이다.

더욱이 분열 직후에 반에큐메니칼측 장로회총회가 용산의 임시교사에서 총회신학교의 수업을 진행시키고 있었을 때는 물론이고, 황무지나 광야와도 같았던 서울 사당동 산골짜기에 새로운 캠퍼스를 정하고 아직 전기, 수도시설을 제대로 갖추지 못하여 텅 빈 창고 같은 건물의 콘크리트 바닥에 의자들만 갖다 놓고서 승동측 장로회총회가 직영하고 있었던 총회신학교의 수업이 이루어졌을 때에는, 박형룡이 이스라엘의 모세와 같은 존재가 되어 신학교의 수석교수 또는 교장으로서의 리더십을 발휘하지 않았더라면 총회신학교는 사당동 산골짜기의 메마른 땅에서 종말을 고하였거나 아니면 재기가 불가능하였을 것이라고 추측하기가 어렵지 않다. 이를 더 문학적으로 표현한다면 풍랑 만난 조각배가 되어서 곧바로 침몰하였을 수도 있었을 것이라고 생각한다.

그러나 박형룡은 1959년의 합동, 통합 양측 장로교회의 분열에 즈음하여 또 그 후에 합동측 장로교회를 수습하고 일으켜 세우는 일과 서울 사당동에 새로운 캠퍼스를 건설하고 총신을 육성, 발전시키는 일에 있어서 이스라엘의 모세처럼 거의 절대적인 리더십을 발휘하였고, 합동측 장로교회의 교역자들과 총신의 교수와 학생들은 박형룡을 숭앙하면서 그를 추종하였던 것이다.

따라서 한경직이 1959년의 통합, 합동 양측 장로교회의 분열에 즈음하여 통합측 장로교회 총회를 세우고 이끌어가는 데 있어서, 또 광장동에 장로회신학교를 설립하고 육성하는 일에 있어서 보여주었던 큰 리더십과 통합측 장로교회의 많은 교역자들과 성도들로부터 받아 누렸던 그 엄청난 존경심과 비교하면, 박형룡이 동일한 시기에 합동측 장로회 총회와 총신에서 발휘하였던 신학적이며 교회정치적인 리더십 그리고 합동측 장로교회의 많은 문하생 교역자들과 일반 성도들로부터 받았던 그 큰 사모심과 존경심은 한경직을 능가하면 하였지 결코 한경직만 못하지 않았다는 사실을 우리 모두가 인정하고 크게 기뻐하여야 할 것이다.

그런데 지금 우리는 합동측 장로교회 사람들로서 한 가지 크게 기뻐할 수 없는 사실이 있으니 그것은 한경직의 서거 후에 그가 지금도 통합측 장로교회 사람들로부터 받고 있는 바 그 추모심과 경외사상이 너무 크고 화려한 것임에 비하여 박형룡의 서거 후에 박형룡이 합동측 장로교회 사람들로부터 받고 있는 추모심과 경외사상은 노인세대에서나 발견할 수 있을 뿐 그 후 세대, 즉 중장년세대와 청년세대에서는 서서히 잊혀져가고 있다는 느낌이 드는 것은 심히 유감스러움을 금하지 못할 사실인 것이다. 단적인 예를 들어서 통합측 장로교회에서는 한경직의 생애와 업적을 치하하고 기념하는 '한경직 기념관'이 서울 상도동 소재 숭실대학교의 캠퍼스 내에 건립된 한경직 기념관과 서울 영락교회 내에 있는 한경직 목사 기념관을 포함하여 전국적으로 네 군데에 세워져 있다는 소식을 듣고 있다.

통합측 장로교회 안에서는 한경직을 기념하는 기념관 건립과 여러 가지 기념행사를 활발하게 하고 있음에 반하여 합동측 장로교회 안에서는 박형룡의 생애와 업적을 기념하는 기념관은 고사하고 기념실의 설치도 전혀 없는 실정이다. 그러나 이와 같은 이야기를 하고 있는 지금 이 순간에 깊이 감사하고 싶은 마음을 갖게 되는 것은 대한예수교(합동측)장로회 총회가 최근에 '박형룡박사기념사업위원회'를 발족시켜서 그 기념사업 착수에 들어가고 있다는 굿뉴스 때문이다. 아무쪼록 이 굿뉴스가 더 큰 굿뉴스로 발전하기를 소원하면서 합동측 장로회총회가 발족시킨 이 '박형룡박사기념사업위원회'의 선전분투를 기원하며, 정말 만시지탄이 있기는 하지만 기념사업추진위원회의 여러분들께서 박형룡 박사의 삶과 신학과 공적을 기념하는 너무나도 귀중한 이 사업을 하루속히 추진하여 하나님의 도우심으로 말미암아 열매를 많이 거두었으면 하는 간절한 염원이 박형룡의 아들인 본서의 저자에게 있다는 것을 말씀드리는 바이다.

고별 인사

(에큐메니칼로 가버린 형제 자매 선배님들에게 드리는 말씀)

이제 1959년에 있었던 한국 장로교회의 "제3차 분열"이라고 불리는 통합측과 합동측 양측 장로교회의 분열과 그것과 관련된 아버지 박형룡의 교회정치적 활동과 그의 영향력 행사에 관한 모든 기술을 마치려고 한다. 이에 즈음하여 박형룡의 아들인 본서의 저자가 6·25 동란 직전과 6·25 동란 기간 중에 고등학생 또는 대학생으로서 형님이요 누나라고 부르면서 사귐을 가졌었던, 그 당시에는 신학생이었고 1959년의 합동, 통합의 분열 이후에는 미국과 유럽 유학을 마치고 귀국하여 통합측의 장로회신학교 또는 장로회신학대학교에서 교수들로서 다년간 사역하였던 여러분들에게 이 지면을 통하여 정식으로 고별 인사를 드리고자 하는 바이다.

그분들에게 고별 인사를 한다는 것은 본서의 저자가 아득한 옛 추억을 불러일으키면서 그들과 헤어짐의 섭섭함과 허무함을 몇 마디로 이야기하고자 하는 것이다.

어렴풋하게나마 기억하고 있는 분들은 1959년의 분열 이전, 구체적으로 말해 본 저자가 1953년에 미국 유학을 떠나기 이전에 우리집을 꽤 자주 방문하였던 서울 남산장로회신학교 또는 대구 피난총회신학교의 재학생들인데 그들 중에서도 박창환, 홍동근, 주선애, 이윤국 제씨가 기억이 난다.

홍동근 목사와는 그 당시 서울 용산고등학생이었던 본 저자가 형님, 동생하면서 사귐을 갖는 가운데 특별히 키에르케고르(kierkegaard, 1813~1855)와 실존주의 철학을 토의하였고, 홍동근 목사보다도 나이가 더 많았던 박창환 박사와는 신약성경의 사본들의 존재에 관하여 이야기를 나누면서 저자가 질문을 많이 하였던 것을 기억한다. 주선애 박사는 특별히 그 당시 저자의 모친과 사귐이 있었던 분으로서 나는 그분을 누나라고 부르면서 종교교육 또는 기독교교육을 주제로 하여 이야기를 나누었던 것을 기억한다.

그런데 11년간의 장기 미국 유학을 마치고 1964년에 귀국하여 보니 위에서 열거한 서울 남산장로회신학교 또는 대구 피난총회신학교의 재학생들이었던 이분들이 통합측 교회로 가버려서 내왕이 끊긴 지가 굉장히 오래되었다는 이야기를 듣게 되었다. 이분들이 아버지 박형룡으로부터 신학의 가르침 받았고, 정말 아버지 박형룡을 존경하고 따르던 제자들이었음을 생각하여 마음에 섭섭함을 느꼈고 인생의 허무함마저 느끼지 않을 수 없었다. 모친 박순도 여사도 특별히 친근하게 사귐을 가졌었던 주선애와의 결별을 매우 아쉬워하는 모습을 보였던 것을 기억한다.

이분들이 아버지 박형룡으로부터 정통주의 신학(orthodox theology)을 배울 때에는 그것이 신학의 전부인 줄 알았는데 미국과 유럽 유학을 하면서 신학의 또 다른 세계, 즉 현대주의(modernism)의 세계가 있는 것을 알았고 그 세계에 매력을 느껴서 깊이 들어가게 되었던 것이다. WCC의 신학은 에큐메니칼 신학이요, 에큐메니칼 신학은 바로 이 현대주의 신학을 의미한다. 그런데 현대주의 신학이란 '시대를 따라 변하는 자유주의 신학'이었는고로 '자유분방하고 변화무쌍한 신학'인 것이다. 현대주의 신학은 20세기에서만 보더라도 칼 바르트(Karl Barth, 1886~1968)로부터 시작하여 루돌프 불트만(Rudolf Bultmann, 1884~1979)을 거쳐서 폴 틸리히(Paul Tillich 1886~1965) 그리고 또 얼굴들이 바뀌어서 위르겐 몰트만(Jurgen Moltmann, 1926~)과 볼프하르트 판넨베르그(Wulfhart Pannenberg, 1928~) 등을 그 다음의 신학적 리더들로 내어놓고 있었다.

따라서 현대주의 신학을 그대로 수용하고 있는 에큐메니칼 신학은 '철새신학'이라고도 할 수 있겠다. 철새가 철을 따라 가고 오는 것처럼 '철새신학'으로서의 에큐메니칼 신학도 시대를 따라 변천하면서 급진자유주의로 흘렀다가 보수로 부분적으로 돌아오는 복고풍의 신학을 만들어내기도 한다. 칼 바르트가 그 좋은 사례이다.

앞서 언급한 바 있는 박형룡의 제자들이었던 한국의 소위 '철새신학자'들은 현대주의 신학으로서의 에큐메니칼 신학의 세계로 날아가버린 다음에 그들이 버리고 간 정통보수주의 신학의 본고향으로 돌아오지 않는다. 에큐메니칼 신학의 너무나도 큰 꿈과 환상이 이 '철새신학자들'을 사로잡고 있기 때문인 것일까? 그러나 옛 고향 마을 신학(정통보수신학)이 지금도 존재한다는 것을 잊지는 말아주기 바란다. 본 저자는 1959년의 한국 장로교회의 분열로 말미암아 에큐메니칼 진영으로 가버린 형제 자매 선배님들을 '철새신학자들'과 같다고 하는 것은 결코 비하시키고자 하는 뜻이 있는 것이 아니다.

본 저자는 에큐메니칼로 가버린 형제 자매 선배님들을 존경하고 옛날 그리스도 안에서 사귐을 가졌던 그 우정의 날들을 그리워한다. 불초가 철새신학이라고 하면서 일방적으로 평가하는 것은 아니다. 만일 옛 고향 마을 신학(정통보수)에도 수구주의적이고 독선적인 요소들이 있다면 우리는 자아비판을 거침없이 하여야 할 것이다.

본서의 저자는 감개무량함과 만감이 교차하는 정서의 회오리를 느끼는 가운데 지금 막 본서의 이 부분의 글쓰기를 마치면서 다음과 같은 시구 몇 줄을 남겨놓고서 다음 부분의 글쓰기로 떠나간다.

에큐메니칼로 가버린 브러더스와 시스터즈에게 보내는
우리의 굿바이 노래

잘 있거라!
한국 장로교회의 '소중한 반쪽' 이여
우리는 전진한다
상호 불신과 상호 비방의 벽을
넘고 넘어
앞으로 앞으로
저 에큐메니칼주의의 꿈과 환상 속에서
사라져버린
우리들의 우정아!
그래도 잊지는 말아요! 옛 고향 마을 사람들을

–사라진 옛 우정을 그리워하며, 불초 박아론 드림

사당동 총신과 합동 장로회 총회
(공로자 세 사람 : 노진현, 이환수, 정규오)

그러면 이제부터 아버지 박형룡이 두 장로교의 분열이 이미 기정사실화되고 있었던 시기에 서울 사당동에 총회신학교 건물을 짓고 수준 높은 교수진을 확보하고 학생들을 꽤 많이 모집하여 교육을 시켰고 대한민국 정부의 문교부(지금의 교육부)로부터 정식으로 대학인가를 받는 일까지 하는 등 '사당동 총신의 초창기'였던 시기에 총회신학교의 수석 교수요, 초대 총장으로서 만난이 중첩한 가운데서도 많은 일들을 하였고 많은 일들을 이루어놓았음을 간략하게 이야기하고자 한다.

한편 박형룡이 거의 교세의 절반이 통합측 장로교회로 가버림으로써 반쪽만 남게 되었던 한국 주류 장로교회를 수습하고 보존하면서 합동측 장로회 총회를 세워나가는 일에 리더가 되어서 큰 공적을 남겨 놓

총신을 전국교회에 알리기 위해 대구역에 도착한 박형룡 학장, 1969년 가을

았던 것을 역시 간략하게 이야기하고자 한다.

아버지 박형룡은 한국 장로교회의 '제3차 분열'이었던 합동, 통합 양측 장로교회의 분열 직후에 ICCC(국제기독교회협의회)의 총재 매킨타이어 (Carl Mcintire)로부터 받은 지원금 10만 달러로 서울 용산의 임시교사를 마련하였고, 그 당시에 총회신학교의 교수였던 명신홍을 미국 그랜드래피드 시(Grand Rapids, Michigan)에 있는 미국 기독교개혁파교회(The Christian Reformed Church in the U.S.A)가 직영하는 칼빈 신학교(Calvin Theological Seminary)로 급파하여 역시 10만 달러의 지원금을 요청하도록 하였고, 2년 동안 체류 후에 명신홍이 받아가지고 돌아온 지원금 10만 달러를 서울의 용산 임시교사를 매각하여 입수한 10만 달러와 합쳐서 서울 사당동에 신 캠퍼스를 짓는 일에 투입하였다.[208)]

그러나 20만 달러의 기금으로 신 캠퍼스를 건설하기에는 크게 부족하였으며 캠퍼스의 대지를 구입하는 일은 불가능하였다. 현재 서울 사당동 언덕에 총신대학교가 차지하고 있는 2만여 평의 대지는 아버지 박형룡이 설득하여 그 당시 총회신학교의 재단이사장이었던 백남조 장로로 하여금 사서 헌납하도록 하였다. 그리고 아버지 박형룡은 총회신학교를 위하여 우수한 교수진을 확보하는 일에 성공하였다. 특별히 박형룡의 우수한 총신 교수진 확보의 노력에 도움을 준 것은 고려신학교가 만 14년을 근무한 학장 박윤선을 사임하도록 한 '박윤선 해임사건'의 발생(1960년 10월)과 같은 해인 1960년 12월에 합동측 장로교회와 고신측 장로교회의 전격적인 교단통합이 성사되었다가 3년 후 다시 분열하는 사건의 발생이었다고 생각하지 않을 수 없다.

고려신학교의 교장이었던 박윤선은 1960년 3월 어느 주일에 안식년으로 귀국하는 정통장로교회 선교사를 부산항의 부두에서 전송하러 나가면서 자동차 고장으로 택시를 타고 갔다고는 하는데 결국 주일예배에 참석하지 못하였다. 이런 이유로 학장직을 사임하지 않을 수 없게 되었던 박윤선 박사가 동년 12월에 합동측 장로교회와 고신측 장로교회의 교단통합이 이루어짐으로 자연스럽게 통합된 총회신학교의 교수진에 영입이 될 수 있었던 것이다.[209)]

또 1960년 12월에 발생하였던 합동측과 고신측의 교단통합의 사건으로 인하여 고려신학교의 교수로 재직중이었던 이상근이 총회신학교의 교수진으로 들어오게 되는 일도 있었다. 그런데 3년 뒤에 통합되었던 고신측 장로교회와 합동측 장로교회가 다시 분열하는 사건이 발생하였으나, 상당수의 고신측 교회와 목회자들이 합동측에 잔류하는 경향을 좇아서 박윤선과 이상근 두 교수가 총회신학교의 교수로 자리를 굳히게 된 것은 그만큼 총회신학교 교수진의 우수성을 보여주는 것으로서 크게 환영받을 만한 일이었다.[210)]

본 저자가 1964년 가을에 11년간의 미국 유학을 마치고 귀국하여 보니 그 당시에 총회신학교는 서울 용산의 임시교사에서 수업을 하고 있었는데 소위 '3박사 사건'이라는 것이 있어서 한철하, 최의원, 차남진 세 교수가 총회신학교의 교수진을 떠난 뒤였다.[211)]

이들 세 교수가 일시적으로나마 총회신학교를 떠난 이유는 그들의 가르침이 순수한 보수주의가 못 된다는 오해를 총신의 이사들과 교계의 보수인사들로부터 받았기 때문이었다. 이들 세 교수 중에서 한철하는 총회신학교를 떠나자마자 통합측 장로교회가 직영하는 장로회신학교로 가버렸으나, 나머지 두 교수 최의원과 차남진은 총회신학교가 서울 사당동에 건설된 신캠퍼스로 옮겨갔을 때 총회신학교로 돌아와서 총신 교수진에 합류하였다. 그리고 1965년에는 박형룡의 아들인 불초 본서의 저자가 총신 교수진에 말석의 교수로 가입이 되었으며, 1966년에는 저자와 연령적으로 비슷하였던 두 젊은 교수 김의환과 간하배(Harvie Conn, 미국 정통 장로교회 선교사)가 총신 교수진의 멤버들이 됨으로써 한국 정통개혁주의 신학의 본 고장임을 자랑하던 총신의 교수진에 신학적인 진취성과 신시대적인 학문성을 부여하였던 것이다.

이렇게 하여 아버지 박형룡은 고고성을 지르며 출범하였던 초창기(사당동) 총신의 수석교수요 또 초대학장(총신이 교육부 인가를 받은 해를 기준하여)으로서 박형룡, 박윤선, 이상근, 명신홍, 최의원, 차남진, 김의환, 간하배, 김희보, 박아론 등 한국에서뿐만 아니라 국제적으로 손색이 없는 기라성 같은 멤버들로 구성된 '총신 교수진'을 창출하는 일에 성공하였다.

그러면 합동측, 통합측 양측 장로교회의 분열 이후에 아버지 박형룡이 합동측 장로회 총회를 키워가는 일에 있어서 보여주었던 교회정치적 활동과 성과는 어떠하였던가? 그것은 실로 눈부신 바가 있었다고 하여야 할 것이다.

합동측 장로회 총회 산하의 교회들과 성도들을 순방하면서 설교와 강론을 통하여 위로, 격려하였고 전국 교회 주최로 또는 총회적으로 모이는 청년, 학생집회에 강사로 초대되어 설교와 특강을 빈번히 하였다. 또한 전국 교역자 수련회와 노회적 또는 지역적으로 모이는 교역자 수련회와 교역자 세미나, 그리고 남녀 전도회 주최로 모이는 사경회나 세미나에도 끊임없이 강사로 부름을 받고 가서 '우리가 왜 에큐메니칼을 반대하여야 하며 한국 교회의 조상 전래의 바른 신학(정통신학)과 바른 믿음(보수신앙)을 지키고 전파하여야 하는가'에 대한 설명과 강조를 최선을 다하여 하였다.

전국을 다니면서 박형룡은 꾸준하고 변함없이 전국에 흩어져 있는 노회들의 모임에 참석하려고 힘썼으며, 1년에 한 번 9월에 열리는 총회 회의 기간에는 총회가 모이는 장소 가까이 가서 유숙하면서 총회를 참관하였다. 그뿐 아니라 총회의 정신적 지주로서 전국 교회에서 모여든 총대들에게 직접 참고 발언을 하지 않는다면 암시적으로 또는 간접적으로(사람을 통하여) 의사전달을 하여 총회의 총대들이 제출하는 여러 가지 안건들이 바른 신학과 바른 신앙의 입장에서 결의되도록 지도하였다.

그러나 단 한 가지 문제가 있었다. 그것은 박형룡이 아무리 대신학자요 큰 교정가였다고 하더라도 박형룡 혼자서 또는 혼자의 힘으로 그 당시에 황무지 같고 빈들과 같았던 서울 사당동의 산골짜기에 총회신학교를 세워놓고서 육성하고 발전시켜 나아가는 총신의 설립자가 될 수는 없었을 것이라는 것이다. 박형룡 혼자서는 통합측이 분리하여 나간 후였다고 할지라도 한국 개신교 교회들 중에서 최대의 교단인 합동 장로교단과 그 산하에 있는 수천 교회들과 수많은 교역자들과 성도들을 정통신학과 보수신앙의 입장에서 교단 설립의 목적대로 반WCC, 반에큐메니칼 노선을 걸어갈 수 있도록 리드할 수 있었겠는가? 하는 질문이 우리에게 생겨나지 않을 수 없다.

그러나 이것은 문제가 될 수 없었다. 실상은 박형룡 혼자서 총회신학교의 설립자 노릇을 성공적으로 한 것이 아니었고, 또 박형룡 혼자서 합동측 장로교단의 공로자로서 합동측 장로교회를 정통신학과 보수신앙의 노선으로 그리고 교회 성장과 부흥의 길로 이끌어갈 수 있었던 것은 아니었기 때문이다.

그럼 '박형룡 혼자서가 아니라면 누구의 도움을 받아서 그 큰일들을 할 수 있었겠는가?' 하는 질문이 우리에게 있는 것이다. 총회신학교(총신대학교의 전신)와 합동측 장로교회의 설립자 박형룡에게는 구약성경의 사드락과 메삭과 아벳느고와 같은 세 분의 충성스러운 추종자들이요 열심 있는 동역자들이 있었다(단 1:6~7, 3:16~17). 그 세 분들의 이름은 노진현, 이환수, 정규오였다.

노진현

노진현은 1904년 부산 구포에서 출생하였고 1998년 10월 15일 향년

94세로 소천한 한국 교회의 어른이시고 특히 합동 장로교회의 어른이시다. 노진현은 서울의 중동고등학교를 졸업하였고 일본으로 건너가 보수주의적인 신학을 가르쳤던 고베의 중앙신학교를 졸업하였다. 귀국하여서는 부산의 도심 한가운데 위치하였던 중앙교회에서 30년이라는 긴 세월 동안 목회하면서 교회를 크게 부흥시킨 후에 은퇴하였다.

노진현은 30년 동안의 길고 성공적인 목회의 기간 중에 합동측과 통합측이 나누어지기 직전 한국 주류 장로회총회의 총회장을 하였고, 그 후에는 장로회총회가 직영하였던 총회신학교(서울 사당동)의 이사장을 역임하였다. 그는 소천시까지 부산 새중앙교회의 원로목사로 추대받기도 하였었다. 고령이었음에도 불구하고 한때 경기도 수원에 있는 합동신학교의 이사장으로 일보기도 하였다.[212)]

저자에게는 한국 장로교회의 어른이신 노진현에 관하여 특별히 한 가지 사실이 중요하게 떠오른다.

노진현, 그는 1959년에 한국 장로교회의 가장 큰 분열이었던 제3차 분열이 일어나고 있었던 제44회 총회의 현장에서 사회를 보았고 회의를 진행시켰던 총회장이었다는 사실이다.

그는 제44회 총회의 회의 중에 에큐메니칼파와 에큐메니칼 반대파의 정면 충돌로 말미암아 회의 진행이 난항을 거듭하자 증경총회장들로 구성된 특별위원회의 조직을 제안, 통과시켰고, 동년 1959년 11월 24일에 서울의 승동교회에서 속회총회를 열기로 가결, 통과시켰다. 제44차 장로회 총회가 정회(1959년 9월 28일)하였던 다음날 9월 29일에 에큐메니칼파 총대들이 새문안교회가 장소를 허락하지 않아 서울의 연동교회당에 모여 독자적인 총회를 이미 조직한 지가 2개월이 경과한 후였음에도 불구하고 노진현은 냉정을 잃지 않고 차분하게 기다리다가, 예정된 그날에 속회총회를 서울 승동교회에서 열어 에큐메니칼파 총대들이 떠나가 버린 뒤의 그루터기 장로회총회를 진행시킴으로써 속칭 '승동파 (합동측)장로회 총회 탄생의 산파역'을 성공적으로 수행했다.

진실로 노진현은 한국 장로교회 안에서 정통신학과 보수신앙을 파수하는 다니엘과 같았던 박형룡을 도와서 그 일을 성취케 함으로써 한국 장로교회에 존재하였던 정통보수의 사드락과 메삭과 아벳느고 중 사드락에 해당되는 분이었음이 분명하다.

노진현은 옛날 다니엘 시대에 사드락과 메삭과 아벳느고가 느부갓네살 왕이 세운 금신상 앞에 절하지 아니함으로 '뜨겁게 하기를 평일보다 7배나 뜨겁게 하였던 극렬히 타는 (풀무) 불' 가운데 던져졌어도 하나님께서 보호해 주셨다. 노진현은 하나님을 믿는 큰 믿음으로 말미암아 한국 장로교회의 분열과 그 후에 겪어야 했던 모든 풀무불과 같았던 시련과 고난을 승리적으로 통과하고 박형룡을 도와서 총회신학교와 합동 장로회 총회를 설립하는 일에 공로를 세웠던 세 분 공로자들 중의 한 분이었다. 즉 세 사람의 개국 공신들과 같았던 분들 중의 한 분이었음을 의심할 여지가 없는 것이다.

이환수

다음으로 박형룡을 도와 합동측 장로회 총회와 총회신학교(지금의 총신대학교의 전신)를 설립하는 일을 이루어 놓았던 옛날 이스라엘의 사드락과 메삭과 아벳느고와 같았던 세 분의 박형룡의 충성스러운 추종자들이요 열심 있는 동역자들 중의 한 분, 그러니까 메삭에 해당되는 분이 있었으니 그분의 이름은 이환수였다.

그분을 소개하면 다음과 같다. 이환수는 1909년 2월 황해도 안악군 안곡면 북삼리에서 출생하였다. 1924년 3월에 재령 명신학교를 졸업하였고, 1941년 3월에 일제 치하의 평양장로회신학교 본과(3년)를 졸업하였다.

1942년 5월에 조선예수교장로회 황동노회에서 목사안수를 받았으며, 황해도 황주군 흑곡면 용현리 조선예수교장로회 용현리교회 목사로 시무하다가 1946년 6월에 이북 황해도에서 서울로 월남하였고, 1948년 9월에 서울시 용산구 청파동 1가에 대한예수교장로회 청암교회를 박형룡의 참석 가운데 설립하였다. 1950년 8월 한국동란의 시기에는 제주도에서 제주 피난민교회를 시무한 적도 있었다. 1954년 환도 후에 서울 청파동 청암교회 담임목사로 귀환하여 청암교회를 대한예수교장로회 총회에 소속된 서울 용산구에 있었던 교회들 중에서 그 중심이 되는 교회로 부흥 발전시켰고, 1982년 6월에 34년의 교역을 마치고 퇴임하면서 청암교회의 원로목사로 추대받았다.

이환수는 34년간의 청암교회 목회기간 중에 대한예수교장로회 신학교와 대한예수교장로회 총회신학교와 대한예수교장로회 총신대학교의 운영이사회의 이사직을 역임하였고(1948~1974년), 1959년의 통합, 합동 양측 장로교회의 분열 시에는 반 에큐메니칼주의를 표방하는 합동측 장로교회의 설립에 박형룡을 도와서 크게 기여하였다. 그리고 대한예수교장로회 경기노회장(1959년)과 한국 복음주의연합회(NAE)의 회장을 역임하였으며(1959년), 합동측 장로교회와 고신측 장로교회의 통합이 이루어졌던 중요한 시점인 1962년에 대한예수교(합동)장로회 총회 제47회 총회장에 선임되었다.

1968년에는 미국 홈스테드 성경대학으로부터 명예신학박사 학위를 받기도 하였고, 1973년에 한국여자신학교의 교장으로 취임하는 해피이벤트가 있었던 것이다. 이환수는 1985년 6월에 소천하였고 대한예수교장로회 총회장으로 그의 장례가 엄수되었었다. 아버지 박형룡을 도와서 합동측 장로회 총회와 총회신학교를 설립하는 일에 공헌하였던 세 분 공로자들 중에서 이환수를 '메삭'이라고 호칭하는 이유는, 이 세 공로자들 중에서 출생년도나 대한예수교장로회 총회장에 선임되었던 횟수로 보아서 두 번째가 되기 때문이요, 다른 이유는 없다는 것을 독자 여러분들은 양지하시기를 바란다.

이환수는 한국 장로교회에서 정통보수의 다니엘이었던 박형룡과 협력하여 합동측 장로회 총회를 탄생시켰고 총회신학교와 총신대학교의 설립을 통하여 이 땅에 정통보수 신학과 신앙을 전파하는 일에 충성하였던 옛날 이스라엘의 사드락과 메삭과 아벳느고 중의 한 사람과도 같았던 이환수, 그러니까 이스라엘의 바벨론 포로기에 3인 중의 두 번째 인물에 해당된다고 볼 수 있었던 메삭과 같았다. 그에 관하여 본서의 저자가 말하고자 하는 가장 중요한 사실은, 그가 그의 생애의 꼭 절반에 해당되는 37년간 한국 교회 내에서 목회사역과 교정가로서 활동하면서 아버지 박형룡을 지극히 존경하였고 큰 사모심을 갖고 예수 그리스도 다음으로 그의 몸과 마음이 박형룡을 모셨고 섬겼다는 사실인 것이다.

목사 이환수가 1948년에 서울 청파동에 청암교회를 창립하게 된 것은 그해 6월에 서울 남산장로회신학교(교장 : 박형룡)가 문을 열었고 이환수는 그 신학교의 상무이사로 일보게 되었는데, 아버지 박형룡의 글을 따르면 서울 청파동 1가에 남산장로회신학교의 교장 사택이 정해짐으로써 그해 9월에 그 사택 옆 공지에 "이 목사님의 주도로 천막을 치고 몇 사람이 모여 하나님께 예배를 드림으로써 청암교회가 창립되었던 것이었다."[213)]

그리고 이렇게 서울 청파동에 있었던 장로회 신학교 교장 사택 곁에 '이 목사님의 수고로 천막을 치고 몇 사람이 모여서 하나님께 예배를 드렸을 때'에 거기 모였던 몇 사람 중에 박형룡과 박순도 사모가 함께 있었던 것을 우리는 잊지 말아야 할 것이다. 그 시절과 그때 바로 그 순간부터 시작되었던 두 분 사이에 존재하였던 상호 존경과 사랑과 우정의 끈끈하고 불변한 관계가 박형룡의 소천(1978년 10월)으로 말미암아 두 분의 지상에서의 만남과 사귐이 끝날 때까지 지속되었다.

아버지 박형룡은 청암교회의 창립시부터 청암교회에 주일예배마다 참석하였고 이환수 담임목사의 설교를 듣고 경청하였다. 또 이환수는 장로회신학교와 총회신학교에서 아버지 박형룡이 교장으로 또는 수석교수로 일하고 가르쳤을 때에 운영이사로서 박형룡의 곁에 있으면서 그와 의논하였고 보좌하면서 한국 장로교회 안에서 정통보수 신학을 세워나가는 일을 도왔다.

이환수는 탁월한 교정가로서 서울과 경기도 지역의 한국장로회총회 소속 교역자 목사들을 'WCC와 에큐메니칼 반대세력'으로 뭉치게 하였고, 경기노회와 총회에서 언제나 박형룡의 정통보수를 따르는 회원들과 총대들로 하여금 다수를 점하도록 하는 일에 힘써서 성공하였다. 그리하여 이환수가 1959년에 경기노회장이 되었을 때에 그의 사회 아래 선출되었던 보수측(반에큐메니칼측) 총대 수가 압도적으로 많았던 경기노회의 총대명단이 총회에 제출되었고, 그것이 도화선이 되어 에큐메니칼파 총대들이 독자적인 총회를 조직하게 됨으로써 통합측 장로교회의 탈퇴를 우리가 보게 되었던 것이다.

이환수는 1959년에 통합측 장로교회가 갈라져 나간 다음에는 한국 주류 장로교회 안에 남아 있었던 보수세력을 규합하여 합동측 장로교회를 세우고 강화하는 일을 박형룡을 도와서 이루어 놓았다. 그 단적인 사례로서 이환수는 합동측 장로교회의 교세를 강화하기 위하여 1960년에 합동측 장로교회와 고신측 장로교회의 합동을 제안하여 이 일이 성사되도록 노력함으로써 일시적으로나마(1960~1963년) 합동 장로교회의 교세가 강화되었을 뿐만 아니라, 1963년 이후에 양 교단의 재분열이 있은 후에도 서울과 경기도 지역에 있었던 고신측 교회와 교역자들의 다수가 합동측 장로회 총회 산하에 잔류하게 됨으로 이환수는 합동측 장로교회의 교세 강화에 크게 공헌한 셈이 되었다.[214)]

그리고 황무지와도 같았던 서울 사당동 산골짜기에 천신만고 끝에 총회신학교의 새로운 캠퍼스가 부분적으로 건설되어 교수들과 학생들이 거기 모여서 수업을 하였던 사당동 총신의 초창기에, 이환수는 총신 운영 이사로서 자주 총신 캠퍼스를 방문하여 교수, 학생들을 격려하였고, 전국적으로 합동 장로회 총회 소속 교회들을 상대로 하여 순회 방문과 서한 발송을 통하여 정통보수신앙의 보루인 합동 장로교회 총회 산하에 머물러 있을 것과 서울 사당동에서 진행 중인 총회신학교의 새로운 캠퍼스의 건설을 후원할 것을 강력히 호소하였으며 설득하였다.

끝으로 아버지 박형룡이 1978년 10월 25일 하나님의 부르심을 받았을 때, 청암교회 담임목사 이환수는 한 성도의 죽음 앞에서뿐만 아니라 한국 장로교회의 대표적 정통보수 신학자의 죽음 앞에서 그리고 합동 장로교회 총회와 총신대학교의 설립자의 죽음 앞에서 그 자신의 믿음의 대선배요, 성경진리 수호의 동역자요, 평생의 죽마지우의 죽음 앞에서 아연실색하여 거의 넋을 잃은 상태가 되었다. 그가 받았던 마음의 충격과 비애가 너무나 컸기 때문에 이환수의 남은 생애 중의 목회와 교정가로서의 활동에 영향을 끼쳤고 차질을 빚었으며 의욕이 상실될 정도였다는 사실을 기억할 때에 우리 모두가 정말 놀라움을 금할 수가 없다고 생각된다.

이환수는 한국 교회 안에 세워졌던 현대주의 신학의 금신상에게 절하지 아니하였고, 극렬히 타는 풀무불과도 같았던 한국 장로교회의 세 번의 분열의 시련과 고난을 통과한 다음에 박형룡을 도와서 현재 한국 개신교 기독교의 최대 교단인 합동 장로교회와 또한 총신대학교의 설립 공로자 세 사람 중에 한 사람이 되었다. 그는 1985년 6월 28일 향년 76세로 하나님의 부르심을 받아 천국으로 떠났다. 진실로 그는 한국 교회의 사드락과 메삭과 아벳느고 중에서도 메삭이었다. 이환수는 대한

예수교장로회 총회장으로 그의 장례가 1985년 6월 30일 거행되었다.

정규오

박형룡을 도와서 합동측 장로회총회와 총회신학교를 설립하는 일을 성취함으로써 옛날 이스라엘의 사드락과 메삭과 아벳느고와 같았던 세 분의 설립 공로자들 중의 한 분, 즉 아벳느고에 해당되는 분이 있었으니 그분의 이름은 정규오이다. 그분을 소개하면 다음과 같다.

정규오는 1914년 11월에 전남 다도면 방산리에서 출생하였고 방산교회에 출석하였으며 남대리 선교사에게 세례를 받았고 크리스천으로서 신앙생활을 착실히 하다가 결혼 후에 구례 금융조합 직원으로 일하면서 구례읍교회에 출석하여 서리집사가 되었고 장로 장립을 받았다. 1945년 9월 조국의 해방 직후에 조선신학교의 학생으로 입학하였는데, 그 당시 조선신학교는 김재준과 그의 동지들이 세웠고 진보주의(바르트주의) 신학을 가르치는 신학교였다. 정규오는 일찍이 박형룡의 「신학난제선평」을 외우다시피 탐독하였고 성경을 정확무오한 하나님의 말씀으로 믿는 성경적이고 정통보수적인 신앙으로 자라났는데, 성경의 무오성을 부인하고 창세기에 기록된 하나님의 천지창조를 역사적인 사실이라기보다는 하나의 설화(전설)로 받아들이는 신 신학을 조선신학교가 가르치고 있었음에 대하여 경악을 금할 수가 없었다.

정규오는 조선신학교에 입학한 다음 해였던 1946년 11월에 조선신학교 재학생 51명을 '뜻을 같이 하는 동지들'로 규합하여 조선신학교의 바르트주의적인 신학(신정통신학)을 규탄하였으며, 1947년에 대한예수교장로회 제33회 총회에 시정을 촉구하는 진정서를 제출하였다. 1947년 봄에 척사위정의 박형룡이 중국 동북부 만주에서의 망명생활을 마치고 귀국하자 정규오는 51인 동지들과 함께 박형룡이 학장으로 취임하였던 부산 고려신학교로 가서 전입학하였다. 거기서 신앙동지회를 조직하여 회장이 되기도 하였다.

1948년 봄에 박형룡이 부산 고려신학교를 사임하고 상경하여 서울 남산에 장로회신학교를 설립하였을 때 정규오와 그의 신앙동지들은 고려신학교를 떠나서 박형룡을 그림자처럼 따라와서 서울 남산장로회신학교에 전입학하였다. 1948년 봄에 동신학교 졸업학년에 편입되었던 정규오는 같은 해 7월 장로회신학교 제1회 졸업생 25명 중의 한 사람이 되어 한국에서 정통보수의 횃불을 높이 들었던 장로회신학교를 영광스럽게 졸업할 수 있었다.

정규오는 동년 9월에 순천노회에서 목사 안수를 받았고 1952년에는 고흥읍교회에 부임하였으며 순천노회장에 피선되는 큰 진보를 보였다(1953년). 더욱이 우리가 유념하여야 할 바는 그 당시에 이미 불붙기 시작하였던 한국 장로교회 안에서의 에큐메니칼 운동 찬성자들과 그 운동 반대자들 간의 투쟁 가운데서 정규오는 한국복음주의협의회(NAE)의 회장으로 선임되었다는 것이다. 이 한국복음주의협의회(KNAE)의 창립 회장은 박형룡이었다. 그리고 1955년에는 광주중앙교회에 부임하였는데 1980년 3월에 동교회의 원로목사로 추대받기까지 정규오는 25년을 광주중앙교회의 시무목사로서 동교회의 부흥 성장에 크게 기여하였다.

정규오는 2006년 1월 19일 하나님의 부르심을 받아 이 세상을 떠났다. 그는 광주중앙교회의 담임목사로 사역하던 25년 기간 동안과 동교회의 원로목사로 추대받은 후로부터 소천시까지(1980~2006년) 약 25년의 기간 동안에 참으로 한국 장로교회를 위하여 이 땅에 정통개혁주의 신학을 세우는 일과 차세대의 한국 교회를 짊어지고 나갈 하나님의 사역자들을 양성하는 일에 헌신하였고 충성하였다. 그가 성취한 일들은 매우 많지만 몇 가지만 골라서 언급한다면 다음과 같다.

정규오는 1959년에 전남노회장을 역임하였는데 바로 그해에 한국 장로교회의 가장 컸던 제3차 분열 즉 통합측과 합동측 양측 장로교회의 분열이 발생하였다. 정규오는 첫째로 그해 9월에 대전에서 개최되었던 제44회 장로회 총회에서 에큐메니칼주의자들과 대결하는 일에 박형룡의 지도를 좇아서 노진현과 이환수와 함께 주역이 되어 앞장섰다. 둘째로는 동년 11월에 서울 승동교회에서 보수주의자들(에큐메니칼반대파)이 모여서 속회총회를 개최함으로 말미암아 합동측 장로회 총회가 탄생한 이후로는 에큐메니칼주의자 총대들이 이미 이탈해 버린 한국 그루터기 장로교회를 수습하고 총회신학교를 총회 직영으로 운영하는 일과 합동 장로회 총회와 산하의 교회들을 성장 부흥하게 하는 일, 그리고 합동 장로회 총회와 총회신학교(총신대학교)가 한국 땅에서 정통 보수의 마지막 보루가 되도록 하는 일에 박형룡을 도와서 노진현, 이환수와 더불어 충성, 헌신하였다.

그리하여 박형룡의 지도를 따라 노진현과 이환수와 함께 합동 장로회 총회의 공로자인 정규오는 1965년에 제50회 대한예수교장로회 총회장에 피선되었고, 1968년에는 미국 홈스테드 성경대학교로부터 명예신학박사 학위를 수여받았다. 1975년에는 한일복음주의 협의회 회장과 한국복음문서협회 회장을 역임하였다. 1980년에는 광주중앙교회에서 25년간의 성역을 마치고 원로목사로 추대되었으며, 1981년에는 광주신학교 교장이 되었다. 정규오는 광주중앙교회에서의 목회사역을 마친 뒤부터 계속하여 교정활동과 한국 장로교회의 후배 교역자 양성을 위한 신학교육 사업에 투신하여 놀랄 만한 많은 성과를 거두었다.

정규오는 광주 개혁신학연구원 원장(1986년)이 되었고, 4년 후에 광주개혁 신학연구원 명예원장(1990년)으로 추대되었으며, 마지막으로는 광신대학교 초대총장(1997년 3월 3일)에 취임하였고, 동년 8월에 광신대학교 명예총장으로 추대받았다. 정규오는 2006년 1월 19일 하나님의 부르심을 받았다. 장례는 2006년 1월 23일 대한예수교장로회 총회장으로 거행되었다.

이와 더불어 정규오에 관하여 두 가지 생각나는 중요한 사실을 이야기하고자 한다. 첫째로 정규오는 1947년 봄에 김재준과 조선신학교의 좌경(바르티안)적인 신학교육을 반대하여 궐기하였던 51인 신앙동지회 회장이었다는 사실이다. 정규오가 리더가 되어 김재준과 조선신학교가 그들에게 가르쳤던 성경의 고등비평을 찬성하고 모세 5경의 모세 저작권을 부인하는 자유주의 신학과 합리주의 신학을 반대하고 배격하는 입장을 담은 진정서를 대구에서 모였던 한국장로회 총회 앞에 '정통을 사랑하는 학생 일동'이라는 명의로 제출하였던 것이다.

앞에서 언급한 바 있거니와 이 진정서에 대한 검토와 실태조사를 위한 8인의 심사위원을 대한예수교장로회 총회는 선출하였고, 이 8인 심사위원 중의 1인이었던 박형룡은 김재준의 진술에 입각하여 김재준의 성경관이 '고등비평을 받아들이는 파괴적인 성경관'임을 단언하였다.[215] 정규오가 리더가 되어 '조선신학교의 정통을 사랑하는 학생 일동'의 이름으로 대한예수교장로회 총회에 제출하였던 진정서가 결실을 맺어 제37회 총회(1952년)에서는 김재준을 '성경무오성'을 부인하는 이유로 총회로부터 제명을 가결하였고, 조선신학교 졸업생들을 교역자로 쓰지 않기를 결의하였으며, 제38회 총회(1953년)에서는 김재준의 목사 파면을 결의하였다.[216]

이렇게 하여 정규오가 일으켰던 '조선신학교 정통애호자 학생운동'이 효과를 거두어 한국 주류 장로회총회로 하여금 성경의 고등비평과 신정통주의 신학을 가르쳤던 김재준과 조선신학교의 신신학의 영향권으로부터 벗어나도록 하였다고 하여도 과언이 아니다.

「해원 정규오 목사」의 전기를 집필한 김남식은 이렇게 말하고 있다. "지금까지 살펴본 대로 한국 장로교회의 보수신학을 위해서 박형룡은 고군분투하였는데, 그 박형룡 뒤에 정규오가 이끌었던 '신앙 동지회'가 있었다는 것을 간과해서는 안 된다."[217)]

둘째로 본서의 저자가 정규오에 관하여 생각에 떠오르는 중요한 사실은, 그가 1959년에 있었던 한국 장로교회의 제3차 분열이었던 통합측과 합동측 양측 장로교회의 분열 후에 박형룡을 중심하여 합동측 장로교회와 총회신학교를 세우는 일에 크게 공헌한 세 사람의 설립 공로자들 중의 한 사람이었다는 사실이다. 나머지 두 사람은 노진현과 이환수였는데 그분들에 관하여는 이미 기술하고 설명하였다. 본 저자는 이제 다른 이유가 아니라 출생년도와 대한예수교장로회 총회장으로 피선된 연도에 있어서 정규오는 다른 두 분, 노진현과 이환수에 견주어보아서 후배였기 때문에, 옛날 이스라엘의 사드락과 메삭과 아벳느고 중에서 아벳느고에 해당되는 한국 장로교회의 지도자였다고 말하고자 하는 것이다.

진실로 정규오는 한국 교회의 정통보수의 다니엘 박형룡을 좇아가면서 합동측 장로교회의 초석이 되었고, 총회신학교를 세우는 일에 혁혁한 공적을 세운 세 분의 설립 공로자들 중의 한 분으로서, 한국 합동장로교회의 아벳느고였다.

아버지 박형룡은 3차에 걸친 교회 분열 후에 남아 있었던 한국 그루터기 장로교회를 합동측 장로교회로 출범시켰고, 합동측 장로교회가 직영하는 신학교로서 총회신학교를 설립했을 때에 총회 내에서 소위 세 분을 대표자로 세웠다. 즉 서울, 경기 지방에 이환수를, 영남 지방에는 노진현을, 호남 지방에는 정규오를 각각 세웠다. 이 세 지방을 통솔하는 세 분 대표자들은 박형룡의 두터운 신임을 받았고, 수시로 서신과 필요에 따라 전화로 합동측 장로교회 산하의 교회들과 노회에서 이루어지는 일들과 총회적으로 벌어지고 있는 상황들에 대하여 박형룡에게 보고하였고 박형룡의 지도를 받았다.

그런데 세 분 대표자들 중에서 특히 정규오가 박형룡과 전화와 서신으로 빈번히 연락을 취하면서 지도를 받을 때에 박형룡의 교정가로서의 지도력에 크게 감탄하여, 다음과 같은 글 몇 줄을 「죽산 박형룡 박사의 생애와 사상」이라고 하는 '박형룡 기념 논문 특집'에 기고한 바 있었다. 그의 논문 「나의 신학, 신앙, 인격의 모델」 중에서 적어 놓은 것을 찾아보고 소개한다.

> '교계 전체를 보신 박 박사님', 대학자로서의 학자적 향기는 풍기고 계시지만 외견상으로만 보면 박 박사님은 교정가는 아닌 듯 보인다. 그러나 박 박사님을 가까이서 받들면서 본 것은 교계 전체를 보시는 탁월한 통찰력과 조직력과 판단력을 가지신 선견지명의 정견을 가지고 계셨다. 그분은 보수신학과 신앙을 위하여 한 시대를 이끌고 나가신 보이지 않는 진리의 투사시요, 교정(교회정치)의 지도자이셨다.[218]

한국 교회의 정통보수의 아벳느고 정규오는 2005년 9월 27일 제90회 대한예수교장로회 총회 개회 때에 개혁측 장로교회 4,000여 교회를 이끌고 그가 설립 공로자로 되어 있는 대한예수교 합동측 장로교회와 26년 만에 재결합하였다. 얼마나 감격스러운 순간이었던가!

정규오가 1979년에 이환수, 박찬목과 더불어 비주류적인 정통보수 운동을 하면서 합동측 장로회 총회를 떠났고, 그 다음해인 1980년에는 정규오 자신의 교회를 비롯하여 그를 존경하고 따르는 분들이 섬기고 있던 교회들을 개혁측 장로교회라고 일컫게 되었던 이유는, 그 당시 합동측 장로회 총회에서 혜성처럼 나타나 교권을 장악한 뒤 총회 지도층 인사들 중에서 신구 세대의 교체를 단행하였고 총회적인 개혁을 크게 외치면서 총회를 끌고 나아갔던 합동측 장로회 총회의 새 지도자 이영수에 대한 불신사상 때문이었다. 여기에 추가하여 그 당시 이영수 지배하의 총신대학교와 신학대학원의 교수진의 좌경화에 대한 염려와 의구심, 아버지 박형룡의 소천으로 말미암아 교계에 세 사람이 고아처럼 버려졌다는 고독감과 좌절의식도 크게 작용하였기 때문이었다는 이유 설명도 가능한 줄 안다.

그러나 해원 정규오는 합동측 장로회 총회를 떠나 있던 26년(1979~2005년)의 기간 동안에, 느부갓네살의 금신상에 절하지 않기 위하여 평일보다 7배나 뜨겁게 극렬히 타는 풀무불의 고난(단 3:19)도 믿음으로 극복하고자 하는 정통보수의 열기를 갖고서 목회와 후배 교육과 교정활동과 선교에 전념하였다. 그리하여 첫째로 광주중앙교회를 크게 부흥시켰고, 둘째로는 개혁측 장로교회의 장족의 발전에 크게 기여하는 공적을 쌓아 올렸다. 이 두 가지 공적들 외에도 정규오는 그가 설립 공로자였던 합동측 장로회총회를 떠나 있었던 26년의 기간 동안에 많은 일들을 하였고 많은 업적들을 남겨 놓았다. 그것들 중에서 특별히 언급하고자 하는 것은 정규오는 광주신학교의 설립(1972년) 후에 그가 광주신학교를 교육부 인가(1997년)를 거쳐서 그 교육시설과 신학교육의 수준에 있어서 세계적이라고 할 수 있는 광신대학교로 성장, 발전시킨 업적이다.

본 저자는 2004년, 즉 합동측 장로교회와 개혁측 장로교회의 재결합이 이루어졌던 바로 그 전 해에 본 저자가 개혁측 장로회 총회장 홍정이 목사의 주선과 안내로 광신대학교에 출강하여 두 학기를 가르치는 즐거움을 누렸다(2004년). 그 당시 총신대학교의 총장 직무대행을 1년간 수행하였고 백석대학교 기독신학교의 학장 4년 임기를 마칠 무렵이었다.

강의차 처음 광신대학교에 도착하였을 때 별 볼 일 없었던 본 저자를 정규남 총장 이하 온 교수, 직원들이 따뜻하게 맞아주심을 인하여 마음에 감동을 받았다. 또 한 가지 마음에 감동을 받은 것은 여러 동의 건물이 질서 있게 서 있는 광신대학교의 본촌동 캠퍼스의 아름다운 풍경 때문이었다. 더욱 놀랐고 감동을 받은 것은 갈수록 태산이 아니라 '갈수록 황홀경'이라고 할 만큼 강의실들과 사무, 행정실들이 완비되어 있는 본관, 건물 내부의 깨끗하고 산뜻한 광경이 외부에서 보았던 캠퍼스 풍경 못지않게 감탄스럽게 눈에 들어 왔기 때문이었다.

그리고 지금 본서를 쓰면서 기억으로 떠오르는 것은 2004년 당시에 서울에서 광신대학교로 가서 출장 강의를 하였을 때에 변증학, 현대신학, 기독교 종말론 등을 가르쳤는데, 강의실에 모였던 수강자 학생들이 강의를 잘 경청하였고 강의 중에 꽤 학문적인 질문들도 많이 있었다는 사실이다. 이 사실을 지금도 기억하고 있으며 감사하는 마음을 가질 따름이다.

그러면 아버지 박형룡이 합동측과 통합측 양측 장로교회의 상호결별 직후에 합동측 장로회 총회를 수습하였고 합동측 장로회 총회가 직영하는 신학교를 총회신학교라는 이름으로 개교하는 일에 있어서(장로회총회신학교라는 이름 중에서 장로회라는 이름은 통합측 장로교회가 가져가서 총회신학교라고 칭하였음) 박형룡을 돕고 협력함으로써 공로자가 된 세 사람 중 한 사람이었던 정규오, 한국 교회의 3인의 진리의 투사들 중의 1인이었던 한국 교회의 아벳느고 정규오에 관한 이야기를 마친다. 그리고 여기서 2005년에 있었던 정규오와 4,000여 교회 수를 가진 개혁측 장로교회의 합동측 주류장로교회로의 환원은 정말 잘한 일이었다는 말을 함과 동시에, 이 일에 대한 축하의 뜻을 진심으로 표하는 바이다.

이제 우리 모두는 2005년 9월에 제90회 대한예수교장로회 총회에서 합동측 장로교회와 개혁측 장로교회가 재합동한 것은 정말로 잘한 일이었다고 두 번 세 번 말하여도 지나치게 강조하는 일이 못 된다는 것을 너무나도 잘 알고 있는 줄 안다.

이 양 교단의 역사적이요 성공적인 재합동의 배후에는 그 당시 양 교단의 총수였던 서기행 총회장과 홍정이 총회장의 눈물겨운 정성과 헌신적인 노고가 존재하고 있었다. 이와 같은 양 교단의 대규모적인 합동은 한국 교회 역사상으로 그 유례를 찾아보기 어려운 것이었다. 더욱이 이와 같은 재합동은 척사위정의 박형룡으로부터 호남 지방에서 정통보수의 대표자로 세움을 받았었고 박형룡의 소천 후에는 한국 장로교회 안에서, 박형룡의 정통보수의 횃불을 이어받아서 달리는 복음진리의 마라토너로 존경을 받았던 정규오의 마지막 소원의 성취이기도 하였다.

백익무해한 합동 (하나님의 뜻을 따라 축복의 길로!)

끝으로 본서의 저자의 판단에는 여러 가지 어려움이 많았으나 드디어 확고하게 이루어진 양 교단의 재합동은 백해무익(百害無益)한 합동이 아니라 백익무해(百益無害)한 합동이었다고 생각되어 거듭거듭 축하의 말씀을 드리고자 하는 바이다.

진실로 이 양 교단의 역사적인 재합동의 성공은 양 교단에게 똑같이 유익과 혜택을 가져다 주었다. 먼저 개혁측 장로교회의 관점에서 볼 때 지도자 정규오 자신이 설립 공로자 중의 한 사람이었던 합동측 주류 장로교회로 돌아옴으로써 개혁측 장로교회는 뿌리를 찾은 나무처럼 정체성을 회복하였고, 한국 장로교회의 변방에서가 아니라 그 한가운데 서 있다는 주류적인 의식과 사고방식을 가지고 교회연합사업과 민족복음화와 지구촌 선교활동을 보다 진취성 있게 그리고 대규모로 추진할 수 있게 되었다는 것이다.

다음으로 합동측 (주류)장로교회의 관점에서 볼 때에도 역사적인 재합동이 개혁측 장로교회에 유익과 혜택을 가져다 준 것만큼이나 합동측 장로교회에도 결코 그와 못지 않은 유익과 혜택을 가져다 주었다는 대답인 것이다.

첫째로 이 양 교단의 재합동이 합동측 장로교회에 가져다 준 유익과 혜택은 교세의 비약적인 증가이다. 이 양 교단의 합동이 이루어지기 이전에 합동측 장로교회는 통합측 장로교회와 비교하여 교회 수, 교역자 수, 교인 수에 있어서 우열을 가리기 어려울 정도로 서로가 박빙의 차이를 보이고 있었다. 그런데 양 교단의 재합동이 이루어진 이후에는 합동측 장로교회가 교회 수와 교역자 수와 교인 수에 있어서 통합측 장로교회를 제치고 단연코 한국 장로교회 중 제일 앞에서 달리는 선두주자 교회가 되었다. 그리고 합동측 장로교회가 개혁측 장로교회와 재합동이 있은 후에 명실공히 한국 개신교 기독교의 "최대의 교단, 교회가 되었다는 사실은 얼마나 경하해 마지않을 일인가" 하는 것이다.[219)]

둘째로는 개혁측 장로교회가 합동측 장로교회와 재결합함으로써 호남지방에서 약세를 보였던 합동측 장로교회가 강화되어 본래 호남지방에서 차지하였던 교세의 우세함을 합동측 장로교회는 완전히 만회하고도 남음이 있게 되었다는 것이 두 교단의 재합동으로 인하여 합동측 장로교회가 소유하고 누리게 되는 유익이요, 혜택이기도 하다.

끝으로는 한국 장로교회의 정통보수의 나폴레옹이었던 박형룡으로부터 호남지방에서 정통보수의 대표자로 세움을 받았던 정규오가 4,000여 교회의 교세를 이끌고 합동 장로교회와 재결합함으로써 합동 장로교회의 보수신앙이 더욱 강화되었다고 할 수 있다. 이와 같은 표현이 너무 직설적이라고 생각하는 분들을 위하여 좀 더 완곡하게 표현한다면, 정규오의 개혁측 장로교회와 합동측 장로교회가 재결합으로 합동 장로교회가 역사와 전통을 존중하며 교단의 설립과 발전에 기여한 공로자들을 예우할 줄 아는 모범적인 보수신앙(정통개혁주의)의 교단이요 교회임을 대내외적으로 보여주는 일을 할 수 있었다는 것이다. 이러한 점에서 이 두 교단의 재합동으로부터 합동 장로교회가 얻고 누리는 유익과 혜택이 컸다는 것을 특별히 말하고자 한다.

또한 2013년 10월에 대한민국 부산에서 제10차 WCC 세계대회의 개최에 즈음하여 1959년 가을 대한예수교장로회 제44회 총회에서 박형룡의 지도를 따라서 에큐메니칼주의자 총대들과 격렬한 투쟁을 전개하였던 에큐메니칼 반대파(승동측)의 리더 세 사람 중 두 사람의 리더(이환수와 정규오)가 잠시 나가 있었으나, 다시 합동측 장로교회와 재합동하여 뼈를 함께 묻었다는 것은 합동측 장로교회가 현재에도 반WCC, 반에큐메니칼 노선에 신학적, 신앙적으로 확고히 서서 요지부동하다는 사실을 한국의 기독교계와 만천하에 선포하며 주지시키는 일을 하고 있는 것으로 믿고 의심치 않는 바이다.

이 두 분, 반에큐메니칼 투사요 정통보수의 지도자였던 이환수와 정규오의 장례가 합동교단에서 각각 총회장으로(이환수 1985년 6월 30일, 정규오 2006년 1월 23일) 거행된 것은 단순히 대한예수교장로회 총회장을 지낸 분들이었을 뿐만 아니라 합동 장로교회의 반에큐메니칼 투쟁사적으로 이정표를 세워 놓은 에큐메니칼 반대 운동의 지도자들이었고, 또 합동 장로회 총회와 총신대학교의 설립 공로자들이기도 하였던 이 두 분에 대한 마지막 예우를 정중히 갖추어 드린 것으로서 크게 치하함을 받아 마땅한 일인 줄로 사료한다.

이렇게 함으로써 합동 장로회 총회는 총회의 탄생과 성장의 위대한 역사와 더불어 살아온 이 두 분의 삶이 하나님의 은혜로 말미암아 유종의 미를 거두도록 돕는 일과, 두 분이 남긴 업적들이 하나님의 은혜 중에 더욱 빛을 발하도록 돕는 일, 이 두 가지를 다 성공적으로 수행하였다는 만족감과 긍지심을 갖고 하나님께 크게 감사하고 무한한 영광을 돌려보내야 할 것이다.

지금까지 많은 지면을 통해 통합, 합동 양 장로교단의 분열이 있었던

1959년 직후에 합동 장로교회를 설립하는 일과 합동 장로회총회가 직영하는 총회신학교를 설립하는 일에 크게 공헌한 세 분의 설립 공로자들 즉 노진현, 이환수, 정규오에 관하여 기술하였고 설명했다. 이제는 아버지 박형룡으로 돌아가서 이 시기 곧 1959년도의 합동, 통합 양측 장로교단의 분열 직후로부터 1971년에 아버지 박형룡의 총신대학교로부터 영구은퇴가 있었던 때까지 11년(1960~1970년)의 기간 중 아버지 박형룡의 교정활동에 관하여 계속하여 이야기를 이끌어 나가고자 한다.

본 저자는 이미 앞부분에서 아버지 박형룡이 합동측 장로회 총회와 총신대학교와 더불어 한국 교회사의 새로운 장을 열어가고 있었던 이 11년의 기간 중에 펼쳐졌던 아버지 박형룡의 교정활동에 관해 하고 싶은 중요한 이야기들을 한두어 가지를 빼놓고서는 모두 다 하였다.

그러므로 '이 11년의 기간 중에 있었던 아버지 박형룡의 교정활동에 관한 하고 싶은 중요한 이야기 한두어 가지'를 이야기하는 일로 곧바로 들어가야 하겠다. 그런데 그 전에 박형룡의 공적인 생애의 마지막 기간이었던 사당동 총신 초창기 시절에 그가 일흔을 넘어서는 고령에 접어들고 있었음에도 불구하고, 신학교수 또는 신학자로서 바른 신학 또는 정통개혁주의 신학을 총신의 신학생들, 즉 내일의 합동 장로교회를 걸머지고 나아갈 그 당시의 서울 사당동 총신 캠퍼스에 모여 있었던 목사후보생들에게 가르치고자 하는 일념으로, 손에는 무거운 책가방을 들고 서울 봉천동 자택에서 도보로 사당동 고개(별명 헐떡고개)를 또는 봉천동 언덕길을 넘어 사당동 총신 캠퍼스까지 매일같이 가고 왔던(소요시간 : 편도에 30분) 아버지 박형룡의 모습은, 저자에게뿐만 아니라 그것을 지켜보았던 주위의 모든 사람들(주로 총신의 교수, 학생들과 교직원들)에게 큰 감동과 눈물겨움을 경험하도록 하였다는 사실을 말하고 강조하고자 하는 바이다.

다음은 아버지 박형룡이 우리 모두에게 보여주었던 바 당시의 그 광경의 감동을 미숙하나마 몇 구절의 시로 표현한 것이다.

사당동 고개길을 걸어서 총신으로 가르치러 가던 박형룡의 노래

정통보수 박형룡이 가는 길은
신학생들이 기다리는 총신 교실
햇볕이 뜨거워도 비바람 몰아쳐도
그래도 걸어가리라 이 사당동 고개길을
책가방 들고 터벅터벅 정통신학 가르치러
가고 또 가리라 하나님이 부르시는 그날까지

이제 아버지 박형룡이 용산 임시교사를 거쳐 서울 사당동에 신축된 총회신학교의 새 캠퍼스에서 처음에는 수석교수로 또는 대학원장으로서 가르쳤고 나중에는 '총신대학교'의 초대 총장으로 가르쳤으며 행정을 하였던 '11년의 시기'와 관련하여 하고 싶은 중요한 이야기들 중에서, 지금까지 하지 않았던 두어 가지 이야기를 함으로써 이 시기에 있어서의 아버지 박형룡의 교정활동에 관한 기술을 모두 마치려고 한다.

교육부의 총신대학교 인가 (보아라 광야에 화초가 피고)

먼저 하고 싶은 이야기는 총회신학교가 1969년 가을에 대한민국 정부의 교육부로부터 정식으로 대학령에 의하여 대학 인가를 받았고 총회신학교의 교명을 총신대학교로 바꾸게 되었다는 것이다. 아버지 박형룡이 총신대학교의 초대 총장으로 취임하여 앞으로 임기의 한 기간(한 텀)을 총장으로 총신대학교를 이끌어 나아갈 줄로 모두가 기대하고 있었다고 한다면 그게 틀린 말은 아니었을 것이다. 그런데 돌발적으로 발

1969년 가을 사당동 초창기 총신의 원로교수들과 함께 서 있는 박형룡 학장(위 좌로부터 안용준, 이상근, 박윤선, 박형룡, 명신홍)

생한 학내 사태로 인하여 아버지 박형룡은 1971년 봄에 총신대학교의 총장직을 내어놓았고 명예롭지 못하게 총신대학교로부터 영구은퇴를 하는 일을 감수하여야 했다.

돌발적인 학내 사태는 무엇이었는가? 간략하게 말한다면 총회신학교의 사당동 교사 신축 공사가 자금난으로 인하여 미완성으로 있었고 학교 당국은 교사 건축으로 인한 재정적 압박을 받고 있었다. 그러자 총신의 실행이사회는 사당동 교사를 매각하고 경기도 광주에 총신의 새 캠퍼스를 건설한다는 그럴듯한 계획을 세웠는데 이를 총궐기하여 반대하는 뜻으로 학생들은 수업 거부에 들어갔다. 그러다가 사태가 더욱 악화되어 결국은 총신대학교의 재단이사 전원과 실행운영이사 전원의 총사퇴를 가져왔고 아버지 박형룡도 사표를 내고 학장직에서 물러나지 않을 수 없게 되었다.

이와 같이 사당동 캠퍼스 매각 계획에 대한 총신 교내에서의 학생들의 강력한 반대 시위와 교계 여론의 비등, 그리고 그 결과로서 총신대학교 이사들의 총사퇴와 박형룡의 총장사임 등 이 모든 일들이 공교롭게도 저자가 박사학위 논문을 완성하여 해당 대학원에 제출하기 위하여 총신대학교로부터 연구 휴가를 허락받고 미국에 가 있던 1년의 기간(1971년 여름부터 1972년 여름까지) 동안에 발생하였다. 그래서 저자는 전혀 무지한 가운데 있다가 1972년 여름에 귀국하여 알게 됨으로써 마치 '벙어리가 냉가슴을 앓는 것처럼' 지나간 일을 괴로워하고 슬퍼하지 않을 수 없었다.

오래 고대하였던 박사학위를 미국에 가서 받아가지고 왔음에도 불구하고 총신대학교의 교내 사태의 결과로서 학교의 면학 분위기가 깨어졌고 불신사상과 불안감이 팽배하고 있었음을 발견하고 괴로워하지 않을 수 없었다.

또 한편 마음속으로 슬퍼하지 않을 수 없었던 것은 분열 이후 합동측 장로교회 총회의 리더요 총회신학교의 설립자였던 아버지 박형룡이 '사당동 캠퍼스 매각과 이전 계획'에 연루되었다고 하여 총사퇴한 총신 이사회의 후임 이사회가 그의 총장 사표를 수리해 버렸고, 아무런 표창장 수여나 퇴직금의 전달 없이 박형룡을 총신대학교로부터 영구 은퇴시켜버렸던 그 처사 때문이었다고 할 수 있겠다. 「세월 따라 신학 따라」(부자 2대 회고록)에서 다음과 같이 말하였던 것을 지금 여기 이 지면에 옮겨놓고자 한다.

> 아버님이 총신 사당동 캠퍼스 매각과 이전 사건에 연루되었다면 그것은 오직 총신의 발전을 위해 행정직원들과 총신 이사들의 말을 청종했다는 이유밖에 없었다. 아버님을 2,3년 총장일을 더 보시게 하다가 정년 퇴임

을 시켜드리거나 「박형룡박사저작전집」의 집필을 이유로 들어서 명예롭게 떠나가시도록 할 수는 없었을까?[220]

그러면 지금부터 아버지 박형룡의 생애 중에서 최종 11년의 시기(합동 장로회총회 출범에서부터 박형룡의 총신대학교로부터의 영구은퇴까지)와 관련된 중요한 이야기들 중에서 하지 않고 남겨두었던 두 가지 이야기가 있는데, 그 중의 한 가지 이야기는 방금하였으므로 아직도 하지 않아 남아 있는 한 가지 이야기를 하고자 한다.

신정치인 이영수 (교정의 뉴스타의 빛과 그림자)

이 이야기는 합동측 장로회 총회에 1972년에 혜성처럼 나타나서 그 때까지 교회정치의 주역이었던 4인 지도 체제(이환수, 박찬목, 정규오, 노진현)를 무너뜨리고 오직 그 자신을 중심한 1인 지도 체제를 확립하여 약 13년간(1972~1985년) 합동측 장로교회의 교회정치를 주도하였던 이영수라고 하는 인물과 관련된 이야기이다.

이영수는 경상북도 봉화군 출신으로서 1928년에 출생하여 1987년에 세상을 떠난 합동 장로교회의 큰 교정가 중에 한 사람이었다. 그는 서울 남산장로회총회신학교를 졸업한 후에 합동 장로회총회 산하의 대구지역 교회에서 목회를 시작하였고, 이 대구에서의 목회 시절에 합동 장로회총회의 차세대의 교정 지도자로서 그 자신의 정치적 기반을 견고히 하며 그를 지지하는 정치적 세력을 강화하여 나아가고 있었다. 이영수는 목회지를 대구에서 대한민국의 지리적 중앙지인 대전시로 옮겨와서 양화석 목사의 후임자로 대전중앙교회를 담임하게 되었다.

그러던 중에 1971년과 1972년에 서울 총신대학교에서 발생한 사당동 캠퍼스 매각과 경기도 광주 신교사 이전 건설의 계획이 실패로 돌아가자 총신대학교 이사들의 총사퇴와 총장 박형룡의 사임을 기회로 삼아 이영수는 총회적으로 교권을 장악하게 되었다. 이영수의 떠오르는 아침 태양과 같은 위세 앞에서 합동측 장로회 총회의 구지도세력(박형룡파라고 일컬음을 받았던 이환수, 박찬목, 정규오, 노진현 등)은 추풍낙엽이 되어서 땅에 떨어져 뒹굴게 되었다. 이영수는 교권을 잡은 후 합동측 장로회 총회의 총수격이 되어서 13년간을 1인 체제하의 교정을 성공적으로 진행시켰다. 그는 대한예수교장로회(합동) 서기로 활약하기도 하였고 나중에 제65회 대한예수교장로회(합동) 총회장을 역임하였다. 이영수의 합동측 장로교회 안에서와 밖에서의 1인 체제로서의 치적은 사뭇 화려한 바가 있었다.

이영수는 1984년 한국기독교100주년기념대회의 대회장으로 활동하였고 한국 교회의 찬송가를 하나로 통일하는 데 리더십을 발휘하였으며 북미합중국에 합동측 장로교회의 미주대회를 설립하는 일도 이루어놓았다.

이영수가 합동측 장로교회를 교정적으로 통치한 13년 기간 동안에 합동측 교회 안에서는 이런 농담 같은 이야기가 떠돌고 있었다. "시대가 바뀌었다고들 하지만 바뀐 것은 이환수라는 이름 세 글자 중에서 두 번째 글자가 바뀐 것뿐이다." 즉 "이환수가 이영수로 바뀐 것뿐이다"라는 이야기였다. 이 부분을 쓰면서 오래전에 들었던 이 농담 같은 이야기 속에 우리 모두에게 큰 교훈을 주는 진담이 들어 있었음을 새삼 깨닫게 된다.

그러면 이 농담 같은 이야기 속에 들어 있는 우리에게 주는 교훈의 진담은 무엇이었는가? "바뀐 것은 이환수라는 이름의 두 번째 글자가 바뀐 것뿐이다"라는 주장은 이환수라는 세 글자 이름 중에서 둘째 글자가 바뀐 것을 '작은 일'로 평가하는 인상을 우리에게 던져주고 있는데, 그렇게 평가한 것은 크게 잘못된 일이었음을 지적하고 싶은 마음이다.

이환수는 누구였는가? 본서의 저자가 조금 전에 그를 정중히 소개하고 평가한 대로 이환수는 통합측과 합동측 양측 장로교회의 분열시에 에큐메니칼 운동을 정면으로 반대하였던 박형룡파의 박형룡 다음으로 제1인자였다. 또한 합동측 장로회 총회가 탄생하였고 서울 사당동에 총회신학교가 설립되었던 그 시기에 박형룡이 총회적인 교회정치 활동을 하면서 크게 의존하였던 세 사람의 지도자들 중의 한 사람이 아니었던가 하는 것이다.

그렇다면 이와 같은 존재로서 이환수와 그의 동지들의 교권적인 몰락은 박형룡의 몰락을 의미하였고, 나아가서는 박형룡이 합동측 장로교회 안에 심어놓고 있었던 반에큐메니칼주의적인 정통신학의 몰락의 가능성을 시사하는 것이었다. 농담같이 말하는 이 이야기 중 이환수라는 세 글자 이름 중에서 글자 하나가 바뀐 것이 결코 작은 일이 아니었고 굉장히 큰 변화를 가져오게 하는 일이었음을 깨달아 알아야 할 줄로 생각되는 것이다.

여기서 특별히 하나님께 감사하고 영광을 돌리고자 하는 것은 합동측 장로회 총회의 정치권으로부터 박형룡파의 퇴진이 박형룡의 몰락을 가져오게 한 것은 사실이었으나, 그의 몰락이 교정가로서의 몰락이었지 신학자로서의 몰락은 아니었다는 천만 다행스러운 사실 때문이다.

따라서 박형룡의 몰락이 다행스럽게도 합동 장로회총회와 총신대학교 안에서의 박형룡의 반에큐메니칼주의적인 정통개혁주의 신학의 몰락으로 이어지는 가능성을 배제하였음을 기뻐하여야 할 것이다. 그리고 그 확증으로서 아버지 박형룡이 총신대학교로부터 영구 은퇴한 지가 42년이 되었고 소천한 지 35년이 된 2013년 현재 합동측 장로교회와 총신대학교가 아직도 변함없이 기독교 유일 종교사상과 성경무오신앙에 입각하는 박형룡의 반에큐메니칼주의적인 정통신학의 노선을 걸어가고 있는 것을 발견하고 만족감과 마음 흐뭇함을 느끼지 않을 수 없다고 말하는 것이 옳을 것이다.

또한 이영수가 합동측 장로회 총회와 총회신학교(총신대학교)의 설립 공로자들이었던 박형룡파의 인사들을 물러나게 하고 1인 독주적인 교정으로 합동측 장로교회를 다스렸던 그의 13년 통치 기간에, 서울 봉천동 자택에서 7년을 영구 은퇴 중이었던 아버지 박형룡은 합동 장로회 총회와 총신대학교가 정통보수신학을 포기하고 신학적으로 좌경할 것을 크게 염려하고 걱정하였던 것도 사실이었다.

박형룡의 이와 같은 염려 근심을 넘겨짚고서 그의 사후에 합동 장로회 총회 안에서 이미 총신대학교의 교수진이 신학적으로 좌경하였다고 전제하고 서울 방배동에 소위 복구총신을 설립하고 바른 신학을 가르치는 일을 하고자 하였던 비주류운동이 일어났었던 것 또한 사실이다.

그러나 아버지 박형룡의 염려 걱정도, 박형룡의 소천 후에 합동 장로회 총회 밖으로 나아가서 비주류운동을 하였던 몇몇 보수강경파 사람들이 가졌던 근심과 염려도 헛된 것이었음이 증명이 되지 않았던가 하는 것이다. 왜냐하면 이영수가 그의 1인 지도 체제 하에서 합동측 장로교회를 이끌고 나갔었던 13년의 기간 동안에 합동측 장로회 총회 산하의 교회들과 총회신학대학교는 신학적으로 좌경하지 않았기 때문이었다. 박형룡의 반에큐메니칼주의적인 정통개혁주의 신학 노선을 벗어나지 않았기 때문이었다.

그러나 이 사실과 관련하여 우리가 주목하고 유념하여야 할 또 다른 한 가지 중요한 사실이 있다. 그것은 이영수가 그의 1인 독주적인 교정 활동으로 합동측 장로회 총회를 이끌어 나갔던 13년의 기간 중에 신학적인 좌경화와 친에큐메니칼적인 경향은 발생하지 않았으며 존재하지 않았으나, 이영수로 말미암아 주도되었던 한 가지 큰 변화가 있었다. 그것은 「세속도시(Secular City)」의 저자 하비 콕스(Harvy Cox)가 거론한 '정치의 비신성화'(the desacralization of politics), 그러니까 본서의 저자가 해석하는 대로는 '정치의 비카리스마화' 또는 '정치의 비영성화'라는 큰 변화가 존재하게 되었다는 사실이다.[221)]

하비 콕스는 그의 저서 「세속도시」에서 이스라엘의 역사를 보면 태양신을 섬겼던 애굽의 바로에서 해방된 이스라엘은 모세와 같은 카리스마적인 지도자의 안내를 받아 출애굽 시기에 여호와 하나님의 신정하에 살았지만, 점차적으로 이스라엘의 정치가 신정에서 민정으로 옮겨갔고 각 시대마다 제한된 사회적·국가적 목적을 성취할 수 있는 민초적인 지도자(A grass-root people's leader)에게 통치권이 옮겨가는 정치적 발전이 있었다. 그는 이것을 바로 '정치의 비신성화'라고 해석하였고 이를 「세속도시」의 정치방식이라고 평가하고 찬양하였음을 기억하고 있다.

이영수가 하비 콕스의 「세속도시」를 읽고서 '정치의 비신성화'를 한국 장로교회의 정치상황에 적용하였다는 이야기는 결코 아니다. 다만 이영수가 합동측 장로회총회의 정치상황 가운데서 행하였었던 교정적 활동의 성격상의 변화를 이해하기 위하여 하비 콕스가 「세속도시」에서 말하였던 정치의 비신성화를 거론한 것뿐이다.

본 저자의 견해로는 이영수가 1970, 1980년대에 합동 장로교회의 정치적 상황 가운데서 일으켰던 교정적 변화는 '교정의 비신성화'라는 개념보다 '교정의 비카리스마화' 또는 '교정의 비영성화'라는 개념적 묘사가 더 적절한 것이었음을 말해두고자 한다.

이영수는 1970년대 초에 박형룡파라고 일컬음을 받던 구지도세력을 퇴진시키면서 고령의 박형룡을 그대로 놓아둘 수는 없었다. 그렇다고 하여 박형룡의 정통보수신학도 내어버릴 수는 물론 없었다. 그 점에서 그가 택한 길은 박형룡을 은퇴시키되 박형룡이 지켜왔던 정통보수신학은 계속하여 지켜나아가는 것이었다. 그리하여 이영수는 박형룡 없이 박형룡의 정통보수신학의 계승을 시도하였고 정말 보기 좋게 성공하였다.

총회대표로부터 정통신학자 유공자 표창을 받는 박형룡 박사, 왼쪽부터 이영수 목사, 박형룡 박사, 박성겸 목사, 1975년

즉 박형룡과 같은 카리스마적인 리더 없이 정통보수신학을 마치 교회의 사업으로 여기고 그것을 지켜나가는 정치를 하는 것을 보고서 우리가 '정치의 비카리스마화'라고 부를 수 있는 줄 안다. 강조적으로 말하여 이영수는 합동 장로회 총회 안에서 정통보수신학을 지키는 것을 진리운동 또는 신앙운동으로 생각하기보다는 업무주의적으로 또는 총회적 사업으로 인식하고 추진하는 교회정치를 하였다. 그러나 그의 동기와 인식은 어찌했든 간에 이영수의 13년간의 1인 지도 체제 하의 합동 장로회총회 안에서 박형룡의 정통개혁주의 신학을 지켜나가는 교회정치가 이루어졌었다는 사실 때문에 우리는 하나님께 감사드리고 영광을 돌려야 할 것이고, 이영수의 교회정치가 (신학적으로) 긍정적인 평가를 받을 수 있는 이유가 되는 줄로 생각하여야 함직도 하다는 것이다.

진실로 샛별처럼 합동 장로회 총회에 나타나서 1인 지도 체제를 구축하여 13년의 기간 동안 잘했든지 못했든지 박형룡파 구 보수세력이 퇴진한 후에 박형룡이 부재하는 가운데서도 박형룡의 7권의 「교의신학」의 가르침을 지켜나가는 교회정치를 폈던 이영수는, 합동 장로회 총회와 박형룡을 위하여 한국 정통보수신학을 위하여 적지 않게 큰 일을 한 분이었다고 어찌 우리가 인정하지 않을 수 있겠는가 하는 것이다.

이영수 이분에 대하여 본서의 저자 박아론이 특별히 감사하고 싶은 일이 하나가 있었으니, 그것은 1979년 가을 본 저자가 소위 비주류 운동에 식견부족으로 가담하여 서울 방배동 소재 영광교회에서 시작한 일명 '복구총신'의 학장이 되어 일한 지 1년이 지난 1980년 여름, 돌연 그 당시 '복구총신'의 이사장(정규오)으로부터 행정능력 부족이라는 굉장히 주관성이 강한 이유 때문에 해임을 당하고 방황하고 있었을 때였다. 그때 이영수는 저자에게 메신저(임승원)를 보내어 다음과 같은 메시지를 전달했다.

"총신대학교로 돌아오세요. 아버지가 세운 학교가 아닙니까? 돌아오세요! 무조건입니다." [222)]

본서의 저자 박아론은 이영수로부터 이와 같은 메시지를 받아 읽고서 감동하여 눈물을 흘렸다. 특별히 감동하여 눈물까지 흘린 것은 그 당시 합동 장로회 총회와 총신대학교를 석권하여 1인 체제 하에 절대자처럼 군림하였던 이영수에게도 스승 박형룡에 대한 존경심과 애정이 있었고, 은사 박형룡의 아들 박아론을 곤경에서 건져내어야 하겠다는 의리심이 있었음을 깨닫고 감사하는 마음이 걷잡을 수 없이 부풀어 올랐기 때문이었다.

이렇게 이영수의 귀환 권고 메시지를 전달받고 즉시로 결단하여 총신대학교로 귀환의 발걸음을 옮겨놓았다. 그 후 이영수는 아버지 박형룡의 3주기 추도예배 설교자로서 초청을 쾌히 수락하였으며, 나에게

"박 교수님, 위로와 격려를 받으세요. 앞으로 이와 같은 선친님의 추모예배를 계속 드리십시다. 얼마나 좋습니까? 매년 드려도 좋습니다."라고 했다. 본 저자는 1981년 봄에 총신대학교로 돌아가서 총신대학교에서 가르치기를 모두 합하여 32년을 하였고, 마지막 1년 동안 총신대학교 총장 직무대행을 한 뒤에 2000년 2월 29일 대한민국 대통령 근정포장을 수여받으면서 총신대학교로부터 정년퇴임하였던 것이다.

이보다 앞서서 아버지 박형룡은 총신대학교 초대 총장을 2년(1970~1971년) 한 것을 끝으로 총신대학교로부터 영구 은퇴하였고, 서울 봉천동 자택에서 은거기간 7년 동안에 그의 「박형룡박사저작전집」 20권의 저술을 완료하고 출판에 부친 다음에 소천하였다(1978년 10월 25일).

지금까지 아버지 박형룡의 한국 장로교회 안에서의 교회정치적 활동을 고찰, 검토하면서 박형룡의 교정적 활동을 3시기로 나누어서 고찰 검토하였다. 첫째로 일제 치하에서 아버지 박형룡이 평양장로회신학교의 교수로 있으면서 조선장로회 총회 안에서 벌였던 그의 교정 활동을 고찰, 검토하였다. 둘째로 해방과 대한민국 건국과 6·25 동란기에 있어서 아버지 박형룡의 교회정치 활동을 고찰, 검토하였으며, 셋째로 한국 전쟁 정전과 서울 환도와 그 다음에 본격적으로 막이 올랐던 한국 장로교회 분열기에 있어서 아버지 박형룡의 교정 활동을 고찰하고 검토하였다.

본서의 제2장의 제목이 말하듯이 '박형룡은 위대한 교회정치가였다.' 그는 한국 교회사에서 그 유례를 찾아보기가 힘든 '카리스마적인 교정의 지도자'였다.

본서의 저자가 세 시기별로 고찰한 바 박형룡의 교회정치가로서의 활동은 이를테면 누가 노회장을 하며 누가 총회장을 하여야 하는가 하는 총회 인사관리적 교정이 아니라, 어떻게 하면 교회가 신앙의 순수성을 지키며 어떻게 하여야 바른 신학의 길을 갈 수 있는가 하는 것을 제시하는 카리스마적인 지로(指路)적 교정의 성격을 분명히 띠고 있었던 것을 알 수 있다.

박형룡의 한국 장로교회 안에서 세 시기의 교정 활동을 보면 첫째 시기에는 조선장로교회의 믿음의 순수성 또는 성경적인 신앙을 지키기 위하여 신사참배 반대운동에 참여할 것을 제시하며 권고하는 교회정치적 활동을 박형룡이 하였다. 둘째 시기에는 한국 장로교회로 하여금 김재준과 조선신학교의 신정통주의 신학의 영향권으로부터 벗어나도록 유도하는 교정 활동을 하였다. 그리고 셋째 시기에 박형룡은 한국 장로교회가 WCC(세계교회협의회)의 만인구원론적 신학을 배격하고 세계종교 단일화(세계단일종교사상)를 지향하는 에큐메니칼 운동에 대한 불참을 결단할 것을 지도하는 교정 활동을 힘있게 펼쳐 나아갔다.

그러면 박형룡이 한국 장로교회 안에서 처음에는 성경적 신앙의 순수성을 지키기 위하여 하였던 신사참배 반대를 권고하는 교정 활동과 그 후에는 김재준의 신정통주의 신학의 영향을 잠재우기 위하여, 그리고 나중에는 WCC와 에큐메니칼 운동에 대한 반대와 불참여를 유도하기 위해 하였던 교정 활동들이 '어떻게 카리스마적인 성격의 것이었는가?' 이런 물음을 독자 여러분께서 묻는다면 본서의 저자의 대답은 확고 명료하다.

아버지 박형룡은 세 시기에 걸쳐서 행하였던 모든 교정 활동을 하나님과 깊은 기도의 교제 관계를 가지면서, 또 하나님의 말씀인 성경을 앞에 놓고 수시로 읽으면서 통상적인 교회사업 수행활동이 결코 아니라 하나님의 진리운동이자 한국 교회의 신앙운동으로 알고 그의 삶을 바쳐서, 그의 목숨을 걸고서 하였기 때문이었다는 대답인 것이다.

그러므로 조금 앞에서 기술한 정치개혁가 이영수가 합동측 장로교단 내에 도입하였던 교정의 비카리스마화 또는 교정의 일반정치화가 세속시대에 존재하는 현대의 그리스도의 교회가 문화 창조와 복음전도

사업의 효율성을 높이기 위한 불가피한 현상이라고 말하는 분들도 있지만, 이것이 교계적으로 보편화될 때에 발생하는 문제점에 관하여 우리 모두는 심사숙고하는 지혜가 있어야 할 줄 안다.

우리가 그리스도의 교회 안에서 행하여지는 정치활동들을 신령한 전쟁 또는 선한 싸움을 싸우는 것으로 인식한다면 교정의 신령한 지도자 없이는 모든 교회정치적 활동들이 참으로 성공적이라는 평가를 받기가 어렵다는 것을 알게 될 것이다. 이는 마치 모세가 없는 여호수아만의 르비딤에서의 이스라엘의 승리를 우리가 생각하기가 어려웠던 것과 마찬가지이다(출 17:8~13).

7년간의 은거생활 (정원을 산책하며 책을 쓰며)

아버지 박형룡은 1971년부터 1978년 소천의 해까지 서울 봉천동 자택에서 은거생활을 했는데 「박형룡박사저작전집」 20권을 쓰는 것이 그의 큰 목적이기는 하였으나, 앞서 언급한 바와 같이 총신의 사당동 교사 매각 계획과 경기도 광주 이전 계획에 대한 학장으로서의 책임이 있다고 하여 학장직을 사임함과 동시에 총신대학교로부터 영구 은퇴를 하면서 받게 되었던 마음의 충격과 상처가 컸었기 때문에 박형룡은 총신대학교를 그의 7년 은거기간 중에 방문하지 않았다. 총신대학교 은퇴 후에 서울 봉천동에서의 7년간의 은거생활은 프랑스의 불세출의 군사영웅 나폴레옹의 남대서양의 고도 세인트헬레나에서의 6년간의 유배생활과 견주어볼 만한 고독과 울분과 절망(인간적으로 보아서)이 가득한 박형룡의 생애의 마지막 한 기간이 아니었겠는가 하는 생각을 하게 되면 우리 모두가 연민의 정을 가지고 볼 만한 일인 줄로 여겨진다.

하지만 여기서 우리가 박형룡의 서울 봉천동 자택에서의 7년 동안의 은거생활을 나폴레옹의 세인트헬레나 섬에서의 6년간의 유배생활에 비유함은 박형룡의 신학과 생애의 참 의미를 곡해하는 위험한 착상일 수 있다. 왜냐하면 나폴레옹에게는 워털루(Waterloo, Belgium)의 패전이 있었기 때문에 세인트헬레나 섬에서의 6년간의 유배생활이 결과적으로 있게 되었지만 한국 땅에서 존재하였던 정통보수의 박형룡에게는 워털루의 패전과 같았던 패전, 즉 그의 신령한 진리를 위해 한국 교회를 신학적 자유주의 또는 인본주의적 신학사상으로부터 지키는 전쟁에서 한 번도 실패한 일이 없었기 때문이다. 다만 세인트헬레나에서 유배생활 중이었던 나폴레옹과 서울 봉천동 자택에서 은거생활 중이었던 한국의 신령한 나폴레옹 박형룡과의 사이에 한 가지 유사점이 있었다고 한다면, 그것은 심리학적 유사점일 것이다. 즉 나폴레옹이 남대서양의 고도 세인트헬레나에서 느꼈고 맛보았던 '고독과 실망과 좌절, 그리고 삶의 끝에 가서 직면하게 되는 인생의 허무감'을, 박형룡도 1971년에 추방당

봉천동 자택을 방문한 제자 여전도사들과 함께, 박 박사와 부인 박순도 여사, 1976년

하듯이 총신대학교로부터 영구 은퇴함을 인하여 서울 봉천동 자택에서의 은거 중에서 마음속으로 경험하였을 것이라는 것은 추측하기가 어렵지 않은 사실이다.

그러므로 우리는 다음과 같이 말할 수 있어야 할 것이다. 아버지 박형룡의 서울 봉천동 자택에서 7년간의 은거생활은 '심리적인 세인트헬레나'였다고 할 수 있다. 또 표현을 달리하여 말을 한다면 이 기간을 레오 톨스토이의 야스나야 폴라나(톨스토이가 「전쟁과 평화」를 썼던 그의 저택이 있었던 영지)에 비유하여 박형룡의 생애의 마지막 시기에 있었던 '기도와 묵상과 저술의 야스나야 폴라나'였다라고 할 수 있겠다.

역사상 나폴레옹에게는 패배와 패전이 있었지만 한국 땅에서 신령한 의미에서 '정통보수의 나폴레옹'이었던 박형룡에게는, 한국 장로교회를 현대주의 신학(modernism)과 에큐메니칼주의(ecumenism)로부터 지키며 한국 장로교회 안에서 바른 신학을 세워나가는 신령한 전쟁 또는 선한 싸움을 한평생 동안 싸워오면서 일시적 좌절과 후퇴는 있었다고 할 수 있겠으나 하나님의 특별하신 섭리와 도우심으로 말미암아 정말로 패배와 패전의 쓴 잔을 마셨던 적은 전혀 없었다. 이 점을 우리 모두가 상기하면서 하나님께 다시 한 번 합당한 감사와 찬양을 드려야 마땅할 것이다.

진실로 한국 장로교회를 대표해왔던 정통보수 신학자 박형룡은 한국 장로교회 안에서 바른 신학 세우기 운동 또는 하나님의 진리운동을 수행하는 과정에서 한 번도 실패하거나 패배한 적이 없었다. '척사위정'의 박형룡은 일제 말기 평양신학교 교수 시절에 신사참배 반대운동에 앞장섰을 때에 많은 반대의 목소리에 부딪쳤으나, 평신교수회와 미국 남북장로교회와 호주 장로교회 선교사들의 회의에 출석하여 신사참배를 하지 않기 위하여 평양신학교와 평양의 세 미션스쿨이었던 숭실전문과 숭실중학과 숭의여중의 폐교를 제안하고 주장하여 관철시켰다. 또한 박형룡 자신과 가족이 신사참배를 하지 않기 위하여 일본으로, 중국 만주로 떠돌아다니는 유랑민의 삶을 9년이나 살다가 조국의 광복을 맞이하게 되었으니, 이는 아버지 박형룡이 일제 말기의 신사참배 강요에 굴복하지 않고 싸워서 승리를 거둔 것이 아니고 무엇이었겠는가 하는 것이다. 동일한 일제 말기에 칼 바르트의 신학에 탐닉한 김재준이 조선장로교회 안에서 신정통신학(neo-orthodox)을 가르쳤을 때에 박형룡은 그것을 현대주의 신신학으로 갈파하고 그것을 비판하는 그의 명저 「근대기독교신학난제선평」을 저술, 간행함으로써 조선장로교회 안에서 김재준의 신정통신학의 확산을 방지하는 일을 성공시켰으니, 이것도 박형룡의 승리였다고 하지 않을 수 없을 것이다.

조국의 광복 후에 만주 봉천에서의 망명교수 생활로부터 귀환한 박형룡은 1940년에 서울 승동교회당 임시교사에서 문을 열었고 해방이 되자 곧바로 그 당시의 소위 남부 총회의 인준을 받은 김재준, 송창근들이 이끌고 있었던 조선신학교를 견제하면서 정통신학을 세우기 위하여 1948년에 장로회신학교를 서울 남산에 설립하였고, 동교의 교장이 되어서 곧바로 총회의 인준을 받았다. 그리하여 총회적으로 박형룡의 장로회신학교는 김재준의 조선신학교와 대등한 위치에 서서 그것을 압박하면서 한국 장로교회 안에서 바른 신학 세우기 운동을 힘있게 추진할 수 있었다. 이것은 박형룡의 승리였고 더욱이 그의 교회정치 활동의 승리였다고 말하지 않을 수 없다.

그러던 중에 한국전쟁이 발발하였고 대한예수교장로회총회는 조선신학교와 장로회신학교 두 신학교의 인가를 모두 취소함과 동시에 두 신학교를 하나로 통합하여 총회 직영신학교를 설립할 것을 결의하였다. 그리하여 1951년 전시하의 대구에서 조선신학교의 교수들이 들어 있지 않는 박형룡의 서울남산 장로회신학교의 교수진으로 구성된 총회 직영신학교가 개교함으로 김재준과 조선신학교가 매우 불리한 상황에 놓이게 되었다. 그리고 그 다음해인 1952년에 김재준이 성경유오설을 가르친다는 이유로 총회의 징계를 받게 되어 김재준과 조선신학교와 추종하는 교회들이 따로 나가서 독자적인 총회를 조직함으로 돌아오지 않는 강을 건너가게 되었다. 이것도 박형룡의 승리였다고 할 수 있지 않겠는가? 물론 한국 장로교회가 분열한 것은 누구의 승리였다고도 할 수 없을 것이다. 그것은 한국 장로교회의 불행이었고 비극이었다. 그러나 정통개혁주의 신학의 입장에서 볼 때 그 당시에 세계적인 기독교 신학의 대세 또는 경향이었던 바르트주의(Barthianism) 또는 신정통신학의 확산을 한국 장로교회 안에서 방지하였고 그 영향력을 축소시켰다고 하는 의미에서 박형룡은 진실로 성공자요, 승리자였던 것이다.

다음으로 1959년에 있었던 박형룡의 소위 3천만 환 사건으로 인한 장로회총회신학교 학장 사임과 연쇄적으로 발생한 한국 장로교회의 3차 분열이었던 통합과 합동 양측 장로교회의 분열이라는 대 사건에 있어서 박형룡은 승리하였는가, 패배하였는가? 본 저자는 이와 같은 질문에 대하여 '박형룡은 역시 승리하였다'는 오직 한 가지 대답을 할 뿐이다.

어떤 사람들은 박형룡의 3천만 환 유용 사건으로 말미암았던 장로회총회 신학교 학장 사임과, 그 사건 후에(에큐메니칼 문제 때문에) 발생하였던 한국 장로교회의 분열(통합과 합동 양측 장로교회의 분열)은 '박형룡의 워털루'였다고 강조하여 말한다. 이미 수차에 걸쳐서 본서의 앞부분에서 박형룡에 관한 그와 같은 해석들이 잘못이라는 것을 누누이 말한 바 있다. 이제 다시 말하거니와 아버지 박형룡이 소위 3천만 환 유용 사건과 관련이 있었다면 학장으로서의 미흡한 재정관리(a regrettable financial mismanagement) 때문이었고 부하 직원의 잘못된 판단과 어떤 3자적 존재의 사기 행각에 전적으로 그 책임이 있었다는 것은 자명한 사실이라는 것이다. 그리고 같은 해 1959년에 발생하였던 한국 장로교회의 제

3차 분열은 어떤 사람들이 주장하는 대로 박형룡이 저질렀다고 하는 3천만 환 공금 유용 사건이 그 원인이 결코 아니었으며, 한국 주류 장로회 총회 안에서 WCC 회원 가입과 에큐메니칼 운동 참여 여부를 놓고서 에큐메니칼파와 반에큐메니칼파가 서로 나뉘어서 다투고 있었던 중, 3천만 환 사건을 에큐메니칼파의 인사들이 호기로 간주하고 박형룡을 그 사건의 책임자로 맹공함으로써, 에큐메니칼파와 NAE파의 대립 대결을 극한적으로 몰고 가서 1959년 한국 장로교회의 거대한 분열을 초래하게 했다는 설명으로 그 원인 규명이 되어야 하는 줄 안다.

이 한국 장로교회의 거대한 역사적인 분열의 결과로서 오늘날까지 통합 장로교단과 합동 장로교단이 따로따로 존재하고 있고, 또 놀랍게도 부흥 성장하고 있으며 양 교단 총회가 각각 직영하고 있는 서울 광장동의 장신대학교와 사당동 소재 총신대학교는 크게 발전하여 국제적인 명문신학대학교로 되어가고 있다는 사실을 우리는 유념하여야 할 것이다.

그러므로 1959년에 있었던 아버지 박형룡의 서울 남산 장로회총회신학교 학장 사임과 통합, 합동 양 장로교단의 분열이 박형룡의 워털루가 아니었음이 분명해지고 있는 줄로 생각이 된다.

박형룡의 아들인 본서의 저자는 다음과 같은 물음을 묻기를 원한다. 옛날 나폴레옹은 워털루의 패전 후에 황제의 자리에서 내려앉았고 남대서양 세인트헬레나 섬으로 가서 6년간 (죽기까지) 유배생활을 하면서 아무것도 한 일이 없었다. 그러나 박형룡은 1959년에 있었던 장로회총회신학교 학장 사임과 통합, 합동 장로교단의 분열 이후에 오늘날 한국 개신교의 교회들 또는 교단들 중에서 최대의 교단(교회)이 되어 있는 합동 장로교단을 설립하였으며, 총신대학교의 설립자로서 오늘날 총신대학교의 발전의 초석이 되지 않았는가 하는 것이다. 이와 같은 사실을 받아들인다면 1959년 박형룡의 장로회총회신학교 학장 사임과 통합, 합동 양 장로교단의 분열이 박형룡의 워털루였다고 판단하는 것은 우매하고 매우 식견이 부족한 소치라고 말하여야 옳은 줄로 안다.

지금 우리 한국 장로교회에 대하여 소중한 과거가 된 이 역사적인 사실들을 종합 검토해 볼 때에, 박형룡에게는 나폴레옹에게 있었던 것과 같았던 워털루의 패전은 없었으며 그에게는 패배가 아니라 승리만 있었다는 것을 수긍하는 것이 옳은 일이 아니겠는가 묻고 싶다.

저자의 견해로는 아버지 박형룡은 1959년에 있었던 통합, 합동 양 장로교단의 분열로 말미암아 한국 장로교회 전체를 바른 신학 즉 정통개혁주의 신학의 현주소로 만드는 일은 할 수 없었다. 그러나 WCC와 에큐메니칼 찬성자들이 나간 후 남은 한국 주류 장로교회 안에서의 바른 신학 곧 정통개혁주의신학을 수립하는 일을 착실하고 성공적으로 하였기 때문에, 합동 장로교단 안에서는 신정통적인 신신학이나 자유주의적인 세속신앙을 찾아보기가 어려울 정도로 정통보수적인 신학과 신앙의 단일화가 이루어졌던 것이다.

그리고 그 결과로 바른 신학이 뒷받침해 주는 경건한 크리스천 라이프와 열심 있는 전도생활로 말미암는 교회부흥의 큰 물결이 일어나서, 그 파급효과가 한국 장로교회의 다른 교단들과 장로교회 외에 다른 교파들의 교단, 교회들에게까지 영향을 끼치면서 1960년대와 1970년대 한국 교회의 경이적인 성장과 부흥의 역사를 창조하도록 하였다고 말하여도 과언이 아닌 줄 안다. 이것이 진실로 '박형룡의 승리'였던 것이다. 총신대학교의 총장을 역임하였던 김의환은 박형룡에 관하여 아래와 같이 말하였다.

> 훌륭한 신학교수가 있는 곳에 훌륭한 목회자가 배출되게 마련이다. 이런 점에서 한국 교회가 이만큼 성경의 권위를 높이며 복음적 신앙에서 성장

하는 데 공헌한 인물 중에서 박형룡 교수를 맨 먼저 손꼽지 않을 수 없다. 그의 긴 교수 생활에서 배출한 수많은 교역자들, 그의 방대한 저서들을 통해 끼친 신학적 영향들을 고려할 때 박형룡 교수야말로 한국 교회의 가장 대표적인 보수신학자요, 가장 존경받는 목회자의 스승이라 아니 할 수 없다.[223)]

끝으로 1959년에 발생하였던 한국 장로교회의 대분열 후 2013년 현재에 이르는 기간 동안에 합동측 장로교회와 통합측 장로교회가 각각 보여줄 수 있는 부흥성장사적인 결과들을 놓고서 양 교회, 교단의 설립 공로자였던 박형룡과 한경직 두 분 중에서 승자를 고르는 일은 아직도 시기상조이며 경솔한 일인 것 같다. 이 일은 앞으로 저명하신 한국 교회사학가들이 더 많은 객관적인 사료들과 증거들을 근거로 하여 연구 발표하며 또는 결정, 평가하여야 할 일로 생각되어 그분들에게 맡기는 것이 좋을 것 같다.

다만 박형룡의 아들인 본서의 저자가 이 시점에서 통합 장로교회 지도자 여러분들께 드리고 싶은 말씀은, 비록 오늘날 합동 장로교회가 설립 공로자인 죽산 박형룡을 추모하고 기념하는 일은 별로 하지 않는다 할지라도, 합동 장로회 총회 산하의 모든 교회들과 교역자들의 박형룡에 대한 존경심과 애정은 통합 장로회 총회의 교회들과 교역자들이 한경직에 대하여 보여주고 있는 추모심과 엄청난 자랑스러움에 견주어보아서 앞서간다고 하면 할지언정 결코 뒤떨어지지 않는다는 사실을 알아주셨으면 고맙겠다는 것이다. 그 실제적인 사례들로서 과거에 아버지 박형룡으로부터 친히 신학을 배웠고 합동 장로회 총회의 설립 초기에 교회 지도자들로 총회에서 활동하였던 몇 분들의 명단과 더불어 아버지 박형룡에 관한 그들의 소감 또는 증언적인 평가를 간략하게 소개하면 다음과 같다. 그들은 한병기(나의 은사 중의 은사), 정규오(나의 신앙,

신학, 인격의 모델), 정문호(나의 우상적인 대상 : 그 신앙과 인격), 장차남(참스승이요 큰 스승) 등이다.[224)]

아버지 박형룡은 1959년에 통합측의 WCC와 에큐메니칼 운동 지지자들이 따로 나가서 독자적인 총회를 조직하자 잔류하였던 장로회 총회 산하의 교회들을 수습, 결집하여 합동 장로회 총회를 설립한 후에 서울 사당동에 총회가 직영하는 총회신학교를 세워서 합동 장로회 총회의 교역자 양성을 위한 선지교육을 시행하면서 11년의 세월을 보냈다. 그러다가 총신대학교의 경기도 광주 이전 계획에 책임을 느껴서 총신대학교를 사임하면서 그 당시 합동 장로회 총회의 새로운 정치인으로 떠오른 이영수에게 교권을 넘겨주는 결과를 초래하게 되었다. 그리고 이것이 박형룡의 옛날 나폴레옹의 워털루에서의 패전과 같았던 패배의 역사를 창조한 사건이었다고 말하는 분들이 있다.

그러나 박형룡의 아들인 본 저자는 그분들의 해석에 전혀 동의하지 않는다. 다시 강조적으로 말하거니와 아버지 박형룡을 '신령한 나폴레옹'으로 비유한다거나 아버지 박형룡의 생애의 화려한 활동기를 그가 분열하기 이전의 한국 장로회 총회가 직영하였던 장로회 총회신학교의 학장이 되어서 봉직하였던 약 8년(1951~1958년)의 기간으로 인식하고 그 기간을 나폴레옹이 프랑스 황제로 즉위하여 프랑스뿐만 아니라 전 유럽을 정치, 군사, 문화, 경제적으로 다스렸다고 볼 수 있던 약 10년(1804~1814년)간의 전성기에 비유하는 것은 가능할 것이다. 하지만 아버지 박형룡이 총신대 캠퍼스의 광주 이전 문제로 인하여 1970년에 총신대 총장을 사임하면서 영구 은퇴하였던 사건을 프랑스 황제 나폴레옹의 워털루에서의 역사적인 패전(1815년 6월 18일)에 비유한다는 것은 아주 생각이 짧고 현명하지 못한 판단의 결과라고 볼 수밖에 없다.

왜냐하면 아버지 박형룡에게는 그의 생애의 끝에 가서 나폴레옹의 워털루와 같았던 패전, 패배는 전혀 없었고 오직 승리 그것도 큰 승리만이 있었기 때문이다. 본래가 1971년 가을에 있었던 아버지 박형룡의 총신대학교 총장 사임 사건은 총신대 캠퍼스 광주(경기도) 이전계획의 실패와 더불어 그 당시의 합동측 장로회 총회의 신정치인 이영수가 권력층이었던 구정치인들을 물러나게 하는 것을 목적으로 하는 거사의 일환으로 발생한 것이었으며, 결코 아버지 박형룡 자신을 추방하려는 의도가 명백히 있었던 것은 아니었던 것으로 안다. 그러나 결과적으로는 총신대의 재단·실행 운영이사회의 이사들이었던 구정치인들의 총사퇴로 말미암아 합동측 장로교회의 정치구도 가운데서 이영수는 교권의 신·구세대 교체를 성취한 것이 되었고, 박형룡의 총신대 총장 사임으로 인하여 이영수 자신이 소원하였던 신세대의 인물(김희보)을 총신대 총장으로 세우게 되었다. 그러므로 총신대학교를 포함한 합동 장로회 총회 산하의 모든 교회들과 교육, 선교, 언론·기관단체들에 대하여 신정치인으로서 그의 교회정치 솜씨를 마음껏 발휘할 수 있었던 것이다.

그렇다면 총신대 캠퍼스 광주 이전 실패사건이야말로 그 당시의 합동 장로회총회의 구정치인들(합동 장로교회와 총신대학교의 설립 공로자들)을 권좌에서 내려앉게 하였으며, 신정치인 이영수의 교권 장악을 가능하게 하였고 구정치인들의 지도자였던 박형룡이 이영수의 새로운 교정의 구도 가운데서 설자리가 없게 함으로써 자연 도태하는 결과를 가져오게 하였다. 그러므로 그 사건을 가리켜서 '한국 합동 장로교회의 박형룡과 구정치인들의 워털루'였다고 할 수 있을 것이며 '박형룡 자신의 비운의 워털루'였다고 말할 수 있을 것이라고 주장하는 분들이 꽤 되는 줄 안다. 그러나 이와 같은 주장을 하는 분들에 대한 반론을 다음과 같이 두 가지로 나누어서 결론적으로 논술하고자 한다.

첫째로, 아버지 박형룡이 총신대학교 캠퍼스 광주 이전 실패를 책임지고서 총신대학교 총장직을 사임하였고 총신대학교로부터 영구 은퇴하게 된 것은, 이미 고령(75세)이 되었던 아버지 박형룡으로 하여금 그의 생애의 마지막 7년을 「박형룡박사저작전집」 20권을 저술할 수 있도록 인도하셨던 하나님의 특별한 역사적 섭리에 기인한 것으로 저자는 확신하고 있음을 말하고자 한다. 만일 아버지 박형룡이 총신대 캠퍼스 광주 이전과 연루되어서 1971년에 총신대학교와 총신대 신학대학원으로부터 영구 은퇴하지 않았더라면, 그래서 너무 짧았다고 할 수밖에 없었던 7년의 기간(1972~1978년)마저 없었더라면, 그의 대표작이요 불후의 명작으로 후세에 길이 남을, 또는 우리 주님 재림하실 때까지 남게 될 「박형룡박사저작전집」 20권의 저술을 어떻게 수행할 수가 있었을 것이며, 그것의 완성을 아버지 박형룡이 소천 5개월 전에 이루어 놓고 가실 수가 있었겠는가. 이렇게 생각만 하여도 절로 감탄하게 되는 이 놀라운 하나님의 섭리를 강조하고 또 강조하여도 지나침이 없다고 생각하는 것이다.

그러므로 아버지 박형룡의 1971년 총신대학교 초대 총장 사임은 '박형룡의 워털루'가 결코 아니었고 오히려 하나님께서 박형룡더러 한국교회와 하나님의 영광을 위하여 「박형룡박사저작전집」 20권을 저술하라고 베풀어주신 하나님의 축복이었음을 깨닫고 우리 모두는 하나님께 감사하며 영광을 돌려보내야 할 것이다.

둘째로, 강조하고 싶은 것은 신정치인 이영수의 리더십 하에서 총신대학교와 합동장로회 총회 산하의 전국교회 중에서 박형룡은 은퇴하여 물러갔지만 그가 가르쳤던 정통보수신학(정통개혁주의신학)은 보존되어 꾸준히 가르쳐졌고 변함없이 전파되어 왔다는 이 역사적으로 중요한 사실을 우리가 간과하여서는 안 된다는 것이다. 총신대 캠퍼스 광주 이전 실패사건을 계기로 하여 총신대학교 이사회와 합동 장로회 총회 안에서 구정치인들인 박형룡파 합동교단 설립 공로자들이 대거 퇴진하고 신정치인 이영수로 대표되는 개혁세력이 등장하는 교정 체제의 신구 교체가 확실하게 이루어졌음에도 불구하고, 합동 장로회 총회 안에서 모든 사람들의 예상을 뒤엎고 박형룡의 정통보수신학이 유지될 수가 있었던 것이다. 비록 박형룡 자신이 총신대학교 총장에서 갑작스럽게 물러나면서 격식에 맞는 예우 없이 영구 은퇴를 감수하여야 했다고 하여 그것이 아버지 박형룡을 실패자로 만드는 이유가 될 수는 없지 않는가? 더욱이 아버지 박형룡의 총신대학교로부터의 영구 은퇴(1971년) 후에도 총신대학교와 합동 장로회총회 산하 전국교회에서 아버지 박형룡이 가르쳤던 정통보수 신학을 계속 전수하고 가르치고 있었음이 사실이므로, 총신대학교 영구 은퇴 시에 신체제하의 총신대 이사회로부터 받은 푸대접(?) 때문에 아버지 박형룡에게도 옛날 나폴레옹에게 있었던 것과 같은 워털루의 패전이 있었다고 우리가 어떻게 말할 수 있겠는가?

그리고 총신대 캠퍼스 이전계획 실패의 사건이 합동 장로회 총회 안에서 신구정치인들의 세대교체를 가져오게 하면서 박형룡과 구정치인들의 퇴장을 초래하였으나 그들의 '몰락'이라면 '일시적인 몰락'을 가져왔었던 것이기 때문에 '몰락'이라는 말이 적당치 않은 줄 안다. 그것은 박형룡파 구정치인들이 2013년 현재 우리 합동 장로교단 설립공로자들로서 존경을 받고 있기 때문이요, 더욱이 그들이 경외하였던 그들의 지도자 박형룡의 이름과 그들이 협력하였던 박형룡의 정통보수신학이 우리 합동 장로회 총회 안에서 계속 보존되고 있기 때문이다.

아버지 박형룡은 미국 프린스턴 신학교를 졸업하고 미국 남침례교신학교 대학원에서 박사과정을 마치고 조선 평양으로 돌아와서 평양장로회신학교의 교수로서 일제 치하에서 조선장로교회를 위하여 교회정치 활동을 시작하였다. 이 교정 활동의 초기로부터 비롯하여 1959년 한국장로교회의 대분열이 있은 후에 그가 설립한 합동 장로교회의 부흥성장과 합동 장로교회가 직영하였던 총회신학교와 총신대학교의 육성 발전을 위하여 그의 교회정치 활동이 절정에 도달하였던 그의 교정 활동의 말기에 이르기까지 그는 늘 책상 앞에 앉아서 성경을 읽고 기도하면서 그가 연구하고 가르쳤던 교의신학의 진리의 교훈에 의거하여 교정 활동을 전개하여 나갔다. 따라서 작은 실패들은 있었으나 큰 실패는 전혀 없었다고 말할 수 있다.

이렇게 된 것은 무엇보다도 성령 하나님이 역사하였고 한국 장로교회의 교역자들과 성도들의 큰 존경심과 두터운 신뢰심을 얻어서 누릴 수 있기 때문이라고 생각한다. 그리고 그의 교정 활동의 초기로부터 말기에 이르기까지 교회정치가 박형룡에게는 엄청난 난관들과 시련들을 통과하여야 할 때가 많았지만 성공의 연속만 있는 것으로 보였고, 더욱이 한국 교회사적으로 중요한 순간순간에 처하여 아버지 박형룡은 올바른 결정을 하여 이기고 또 이기는 승리의 역사를 창조할 수 있었던 것도 성령 하나님의 도우심 때문이었다고 생각하며 감사한다.

박형룡의 아들인 본서의 저자는 1970년대 초에 합동 장로교회의 '떠오르는 별'이 되어 나타나 박형룡파 구정치인들 또는 합동교단 설립 공로자들을 퇴진케 하고 결과적으로 박형룡의 총신대 초대 총장직 사임과 총신대학교로부터 영구은퇴가 즉시 이루어지도록 했던 신정치인 이영수에 관하여 이미 본서의 앞부분 여러 곳에서 언급을 하였고 논평을 하였다. 그러므로 그에 관하여 끝으로 몇 마디만 더 한다면 다음과 같은 것일 것이다.

신정치인 이영수는 13년(1972~1985년)간의 합동 장로회 총회에서 1인 체제로서의 교정활동 때문에 그를 열렬히 지지하는 추종자들이 있었던 반면에 그를 비판하며 그의 퇴진을 원했던 정적들이 있었던 것도 사실이다. 따라서 그에게는 신정치인으로서 여러 가지 공과(공로와 과실)가 있었으나 그 공과를 논술하는 것은 본서의 저자가 하여야 할 일이 아니기 때문에 이를 저명하신 한국 교회사학자 여러분들에게 위임하고 싶은 마음을 갖고 있다는 이야기이다.

다만 1971년에 총신대학교를 중심하여 합동장로교회의 지도자들의 신구세대 교체를 단행하는 과정에서, 신정치인 이영수가 그 자신의 은사였던 박형룡을 너무나 신속하고 명예스럽지 못하게 영구 은퇴하도록 하였다는 사실이 그의 실책 중의 하나였다는 것을 「나의 아버지 박형룡」이라고 제목이 붙은 본서를 계속 써 내려가고 있는 이 순간에도 마음속에 간직하고 있다는 것을 말하고 싶다. 그럼에도 불구하고 신정치인 이영수에게는 그의 은사였던 아버지 박형룡에 대한 경모심이 있었다는 것을 새삼스럽게 이야기하고 싶은 것이다.

이영수의 스승 박형룡에 대한 경모심은, 아버지 박형룡이 소천하시던 날 아침(1978년 10월 25일) 저자가 대전신학교에서의 아침 강의를 하려고 오전 6시 반에 고속버스로 서울을 출발하여 대전중앙교회(이영수 목사담임) 앞에 도착하였을 때(오전 8시 30분경) 교회 정문 앞에 서 있었던 이영수의 말 가운데 나타나 있었다. 그는 말했다. "박 교수님, 정말 큰일났어요! 아버님이 돌아가셨습니다. 곧바로 서울로 아버님 댁으로 돌아가세요. 저도 곧 뒤따라가겠습니다. 웬 세상에 이런 일이 있을 수가 있을까요."

아버지 박형룡의 서거를 알리는 이영수의 떨리는 짧은 몇 마디 말 가운데서 아버지 박형룡의 죽음 앞에서 받았던 엄청난 충격과 그가 느꼈던 비애와 회한을 역력히 읽을 수 있었다. 이 짧은 몇 마디 말을 대전중앙교회 정문 앞에서 했었던 이영수의 눈에는 눈물 방울들이 고여서 빛을 발하였던 것을 지금도 기억하고 있다. 그런고로 이와 같은 것들이 신정치인 이영수의 스승이었던 박형룡에 대한 경모심의 표현이 아니었다고 한다면 또 무엇이 그의 박형룡에 대한 경모심의 표현이었다고 말할 수 있겠느냐 하는 것이다.

신정치인이었던 이영수의 스승 박형룡에 대한 경모심은 저자가 목격했고 경험한 대로는 아버지 박형룡의 소천 후에도 두 차례에 걸쳐서 드라마틱하게 나타났다. 첫 번째로는 앞서 말한 대로 저자가 한국 교계에서의 경험 부족과 또 시행착오적인 실수로 인하여 총신대학교를 잠시 동안 떠나서 서울 방배동에 가서 소위 복구총신을 세운다고 하고 있었을 때에 이영수가 저자에게 총신대학교로 돌아올 것을 권유하기 위하여 보냈던 메시지 가운데 뚜렷하게 담겨 있었다. "박 교수님, 총신대학교로 돌아오세요. 이 학교가 아버지가 세운 학교가 아닙니까?" 신정치인 이영수가 이렇게 길 잃은 양처럼 곤경에 빠져 있었던 박형룡의 아들 박아론에게 총신대 복귀를 권유하면서 구조의 손길을 폈던 것은, 무엇보다도 그가 옛 스승 박형룡에 대하여 갖고 있었던 경모심 또는 더 강력히 말하여 '그의 향수와 사랑' 때문이었던 것은 두말할 나위가 없는 줄 안다.

그리고 두 번째로 신정치인 이영수가 박형룡의 소천 후에도 박형룡에 대하여 갖고 있었던 경모심을 표현한 기억할 만한 사례로서 저자가 총신교수로 복귀한 직후에 가정에서 아버지 박형룡의 3주기 추모예배를 드렸을 때(1981년 10월 25일)였다. 이때 이영수는 추모예배 설교자로서의 초청을 쾌히 수락하였으며 예배 후에 식사모임까지 참석하였고 그가 떠날 때에 남기고 갔었던 몇 마디 말이 있었는데 반복인 줄 알면서도 그것을 또 언급하고 인용하고자 한다.

이영수는 박형룡의 아들인 박아론에게 이렇게 말하였다.

> "박 교수님, 위로와 격려를 받으세요. 앞으로 이와 같은 선친님의 추모예배를 계속 드리십시다. 얼마나 좋습니까? 매해 드려도 좋습니다."

여기서 결론짓고자 하는 것은 아버지 박형룡의 1971년에 있었던 총신대 캠퍼스 광주 이전 실패로 말미암는 총신대학교 총장사임과 총신대학교로부터 영구은퇴의 사건이 박형룡의 신학자와 교정가(교회정치가)로서의 생애의 '종국적인 패배'를 의미하는 것이 아니었고 차라리 박형룡 생애의 '종국적인 승리'를 의미하는 것이었다는 해석이 올바르고 타당성 있는 해석이라는 것이다. 되풀이하여 이야기하는 것이 되거니와 만일에 아버지 박형룡이 1971년에 총신대학교로부터 영구은퇴하고 그의 서울 봉천동 자택에서 은거하면서 저술하는 일에 그의 소천 전 7년을 보내지 않았더라면 그의 소천 이전에 그의 불후의 대작인 「박형룡박사저작전집」 20권의 완성은 불가능하였을 것이 명약관화하기 때문이다. 그리고 만일 아버지 박형룡이 그의 「박형룡박사저작전집」 20권을 저술의 시간부족으로 인하여 미완성으로 남겨놓고 세상을 떠났었더라면 그의 한국 장로교회와 특히 「한국정통보수신학」에 대한 공헌도가 절반으로 감소되었을 것이고 아버지 박형룡이 미완성으로 남겨놓은 그의 「저작전집」은 그것이 몇 권이든 간에 역사의 흐름 가운데서 미완성적인 것이기 때문에 소실되거나 아니면 교계와 세인들의 기억에서 잊혀질 가능성이 높았을 것이다.

이렇게 생각할 때에 아버지 박형룡의 1971년도 총신대 총장 사임과 영구은퇴의 사건은 이유야 어쨌든 간에 '옛날의 나폴레옹의 워털루'가 결코 아니었으며 오히려 우리는 그것을 아버지 박형룡으로 하여금 그의 「저작전집」 20권의 완성을 향하여 나아가도록 그에게 길을 열어주었던 '하나님의 초자연적 섭리의 역사'였다는 것이다. 따라서 신학자 박형룡의 생애에 있어서 그가 거두었던 '최종적인 승리'라고 말하는 것이 옳다는 결론을 여기서 자랑스럽게 내리고자 한다.

그러면 아버지 박형룡의 1971년 총신대학교 총장 사임과 영구은퇴의 사건이 차라리 신학자로서 박형룡의 '최종적 승리'였다는 주장과 관련하여 다음과 같은 회의주의적인 질문이 있을 수 있다. 즉 그것은 신학자 박형룡의 총신대학교로부터의 영구은퇴가 그의 「저작전집」 20권을 저술할 수 있는 시간의 여유를 주었다는 의미에서 그의 신학자로서의 승리였다는 해석은 이해할 수 있으나, 박형룡이 총신대캠퍼스 광주 이전 계획 실패로 말미암는 책임을 지고 총신대학교 총장직을 사임함과 동시에 박형룡을 도와서 합동 장로회 총회 안에서 정통보수를 세웠고 지켜왔었던 합동교단 설립공로자 구정치인들의 전수퇴진은 박형룡으로 하여금 합동 장로회 총회 안에서의 미래적인 교회정치적 활동을 불가능하게 만들었으므로 이는 분명히 교정가로서 박형룡의 '결정적이요 최종적인 패배'를 뜻하는 것으로 보아야 옳지 않은가 하는 질문인 것이다.

이와 같은 질문에 대하여서도 저자는 1971년에 발생하였던 '총신대캠퍼스 광주 이전 계획'의 책임을 물어 총장 박형룡과 총신대학교 구정치인 이사들 전수의 사임사건이 있었음도 불구하고 그 사건이 결코 아버지 박형룡의 신학자로서나 교정가로서의 '최종적인 패배'를 뜻하지 않았었으며 오히려 그의 '최종적인 승리'를 말해 준 것이었다는 입장을 견지하고자 한다. 조금 앞에서 신정치인 이영수가 합동교단 설립공로자들이었던 박형룡파 구정치인들을 퇴진하도록 만들었고 합동 장로회 총회에서 신구지도자 세대교체를 단행한 후에 이영수 1인 지도체제를 구축하였던 것은 사실이었으나 그럼에도 불구하고 신정치인 이영수는 그의 은사 박형룡에 대한 경모심을 마음속에 늘 간직하고 있었음을 누누이 본 저자는 이야기하였고 강조하였던 바 있었다.

지금 여기서 언급하고 싶은 중요한 사실은 신정치인 이영수가 퇴진시키기를 원하였던 인사들은 혹시 합동교단 설립 이후 약 10년(1960~1970년)간을 총회정치를 주도하여 왔었던 구정치인들이었으며 박형룡 자신은 아니었는지도 모를 일이다. 그 이유는 신정치인 이영수가 그의 은사였던 박형룡에 대한 경모심을 갖고 있었기 때문이다. 여기서 또 한 가지 유념하여야 할 사실은 이영수의 은사 박형룡에 대한 경모심에는 박형룡이 가르쳤던 '정통보수신학'을 존중하는 마음이 포함되어 있었다는 것이다.

그러기에 1980년대 초기에 있었던 합동 장로회 총회 안에서 발생한 비주류파의 이탈과 합동신학원의 설립 등으로 말미암아 야기되었던 정치적 혼란기에 처하여 이영수는 서울 방배동의 비주류 신학교에서 가르치고 있었던 박형룡의 아들 박아론을 총신대학교 신학대학원으로 복귀하도록 하여 아버지 박형룡의 '정통개혁주의 신학'이 계속 가르쳐지고 있는지를 살펴보는 감시자(a watchdog)의 역할을 하도록 하였던 것이다.[225)]

이렇게 하여 박형룡의 아들 박아론을 총신에 복귀시켜서 정통개혁주의 신학의 '워치도그'를 하도록 함으로써 이영수 1인 지도체제하의 약 13년의 총회정치 기간 동안에 총신대학교 신학대학원에서는 옛날 총신대학교 초대 총장이었던 박형룡의 정통개혁주의 신학의 입장에서 벗어남이 없이 신학이 가르쳐졌었고 신학연구가 진행되어왔었다는 것이다. 이와 같은 사실이 바로 신정치인 이영수가 합동 장로회 총회 안에서 13년의 총회정치 기간 동안에 박형룡의 정통보수신학의 보존과 발전에 끼쳤던 공헌이었다고 말할 수 있는 줄 안다.

그러므로 신정치인 이영수가 박형룡의 정통보수신학을 지키고자 하는 노력을 그의 13년간의 총회 정치기간에 기울였음에 힘입어서 그후 현재까지 30년 가까운 기간 동안에도 합동 장로회 총회 지도자들과 총신대학교 교수들의 꾸준하고 변함없는 열심으로 말미암아 2013년 현재까지 성경의 신적 권위성과 하나님의 절대주권 사상을 믿는 박형룡의 정통개혁주의 신학의 입장이 총회적으로 계속 지지를 받고 있으며 총신대학교 교실에서 가르쳐지고 있다. 이러한 사실을 감안할 때에 1971년에 있었던 아버지 박형룡의 총신총장 사임과 그의 영구은퇴가 오히려 아버지 박형룡의 신학자와 교정가로서의 생애에 있어서 '최종승리'였음을 선포하고 축하하고자 하는 마음이 복받쳐 오르는 것을 어찌 하겠느냐 하는 것이다.

Chapter 03

아버지 박형룡은 위대한 아버지였다

평소에 두 자식에 대한 아버님의 사랑이 어머니만큼
가시적이고 섬세하게 느껴지지 않았던 것은 사실이다.
그러나 그러한 사랑의 미비함이
아버님의 한 번의 심오한 사랑의 표현으로 말미암아
회복되고 온전해졌던 것을 나는 느끼곤 하였다.

Chapter 03
아버지 박형룡은 위대한 아버지였다

본서 1장 '아버지 박형룡은 위대한 신학자였다'와 2장 '아버지 박형룡은 위대한 교회정치가였다'를 쓸 때 저자는 어떤 사건이나 사실들에 대한 관찰과 검토 후에 객관적 결론을 유도하는 논문작성 방법을 사용했다. 이제 이 방법을 잠시 유보하고 3장 '아버지 박형룡은 위대한 아버지였다'를 쓸 때에는 의식적으로 세밀한 관찰과 집중적인 검토와 분석을 하기보다는 아버지 박형룡과 관련된 여러 가지 사건들과 사실들을 일화로 구성하고 수필 문장 양식으로 써나가면서 그 가운데서 독자 여러분들이 본서의 3장 안에 존재하는 메시지와 결론들을 찾아내서 이해하도록 유도하는 수필문학적 방법을 사용할 것임을 말해두고자 한다.

3장의 내용을 일화로 구성하여 수필문학적으로 표현하는 것으로 만족한다고 하지만 그렇다고 하여 본 내용을 전개하는 과정에서 저자의 메시지나 의도하는 바 결론들에 관한 언급과 암시가 전혀 없을 것이라는 이야기는 아니다. 차라리 분명히 있다고 보아야 할 것이다. 다만 그것들이 1장과 2장에서만큼 가시적이거나 강조적이지는 않을 것이라는 이야기이다. 본서의 제3장은 마치 '보물찾기' 같아서 독자들이 깊이 생각하고 열심히 찾으려고 할수록 더 많은 보물을 찾게 될 것이다.

이제부터 아들인 저자 자신과 아버지 박형룡과 관련된 다섯 가지 일화들을 기술하고자 한다. 아무쪼록 독자 여러분들께서는 이 다섯 가지 일화 또는 스토리들을 읽고서 '아버지 박형룡은 위대한 아버지였다'는 본 저자의 진실된 고백에 대하여 많은 공감을 표시해 주시기를 기대하는 바이다.

추억 속의 아버지

아버지의 무릎베개 (그 사랑이 너무 좋았네)

너무 오래전의 이야기이기 때문에 그 해와 그때를 기억해내어 말하기가 어렵다. 애써서 아득한 기억을 더듬어 말을 한다면 우리 가족이 아버님과 함께 일본 도쿄에서 신사참배 반대로 인한 망명생활을 시작하였던 1938년부터 두 해가 지난 1940년이었던 것 같다. 그때가 더웠다 추웠다 하다가 이제 막 추위가 시작하려는 늦가을의 어느 날인 것 같다.

아버님과 나는 조선 평양으로 떠나는 어머니와 동생을 전송하려고 도쿄역까지 가는 지하철 열차를 탔다. 그런데 아버님께서 내가 외투나 점퍼 같은 것을 옷 위에 걸치지 않은 것을 보시고 전송을 마치고 귀가하면 늦은 밤일 터인데 날씨가 추워지면 어떻게 할까 걱정하셨던 것을 기억한다.

그때 나는 일곱 살쯤 된 어린이로서 우리 가족이 모두 합쳐서 4~5년을 살았던 도쿄시의 세다가야꾸의 우나네쪼에 있었던 주택 가까이의 유치원에 다녔는데, 자식이 신사참배 할 것이 걱정이 되어 아버님이 집에서 먼 거리에 있었지만 아동들에게 신사참배나 궁성요배를 강요하지 않는 사립초등학교 및 중학교였던 다마가와 학원으로 나를 보냈다. 거기서 내가 막 1학년 공부를 마쳐갈 때였다. 그리고 나의 동생인 박모세는 나보다 두 살 아래로 다섯 살짜리 어린이였는데 내가 다녔던 우리 집 가까이의 유치원에 막 들어갔을 때였다.

어머니가 친정댁이 있는 조선의 평양시로 떠나면서 동생을 데리고 간 것은 '동생이 나이가 너무 어렸기 때문에 어머니가 떠나 있는 동안에 아버지가 잘 보살필 수 있을까?' 하고 염려하셨기 때문이었다.

나의 어머니 박순도 여사는 1907년 음력 6월에 조선 평양에서 평안남도 대동군의 군수를 지냈던 부호 박기석의 4녀 중 3녀로 태어난 분이었다. 어머니의 아버님, 그러니까 나의 외할아버지는 유교신앙이 철저했던 분으로서 많은 전답을 소유하여 많은 소작인들을 거느리고 농사를 지었고 큰 소출을 거두어들였던 대농으로서 일제 치하의 어려운 시기에 정치에도 손을 대어 평안남도의 제일 큰 군(郡)이었던 대동군의 군수를 역임하시기도 했다. 따라서 나의 외할아버지는 미국 유학을 하였다고 하기는 하나 집안이 가난하였고 키도 작았고, 더욱이 기독교를 믿을 뿐만 아니라 기독교의 목사들을 가르쳐서 내보내고 있다고 하는, 그러니까 평양신학교에서 선생을 하고 있다고 하는 박형룡 청년에게 자신의 네 딸 중에서 제일 귀염둥이였던 나의 어머니를 시집보내는 일을 마음속으로 한사코 반대하셨던 것이다.

그런데 이처럼 불가능하게 보였던 이 일이 어떻게 성사되었는가 하는 것은 오직 박형룡 청년을 자신의 사위로 맞이하고 싶어하였던 나의 외할머니(가명 : 최옥희 여사)의 큰 욕망 때문이었던 것이다. 나의 외할머니는 본래가 독실한 불교신자였으나 그 당시에 일제 치하에서 조선

박형룡 박사와 박순도 여사

민족이 당하고 있었던 고난과 비애를 '허사가'라는 복음성가를 불러서 달래주면서 그리스도의 복음으로 잠자던 민족 혼을 깨어나게 했었던 부흥사경사 이성봉의 집회에 어느 날 참석하였다가 죄를 회개하고 예수를 믿으셨다. 그 다음부터는 외할아버지의 반대와 핍박과 엄격한 유교적 규율하에 있었던 일가 문중의 권속들의 항의에도 불구하고 열심히 신앙생활을 계속하셨다고 한다. 그러던 중에 어느 주일 날 외할머니가 나가던 교회의 예배시간에 설교자로 온, 키가 작으나 아주 멋있는 양복을 입었고 박력이 넘치는 한 청년 목사의 설교를 듣고 은혜를 받음과 동시에 외할머니는 그에게 홀딱 반했다는 것이다. 외할머니가 홀딱 반해버렸던 그 청년 목사의 이름 석 자가 바로 지금 이 이야기를 써 나가고 있는 필자의 아버지 박형룡의 이름이었던 것이다. 그 이후 이야기의 진행과 결말은 독자 여러분이 이미 짐작하여 알 수 있겠으므로 오히려 말하지 않는 것이 현명한 일로 알아서 생략한다.

어머니가 일본 도쿄에서 객지 생활한 지 2년, 아버님과 결혼한 지 8년이 되는 해(1940년)에 멀리 일본으로부터 조선 평양에 있는 친정집으로 부모님을 뵈려고 가는 길이었기에 어머니는 굉장히 흥분한 모습이었고 어머니를 보내는 아버지는 그때에 일곱 살의 어린이였던 나의 눈에도 아주 만족스럽고 흐뭇해하는 인상을 보여주셨던 것 같다. 한 달 동안 어머니가 조선 평양에 가겠다고 하셔서 한 달 동안 내가 어머니와 헤어져 있어야 할 것을 생각하고 어머니가 플랫폼으로부터 객실차에 올라탈 때에 나는 "엄마!" 하고 울었더니 아버지는 내 손을 꼭 잡고서 "네 엄마는 곧 돌아올 거야!" 라고 하시면서 나를 위로하여 주셨던 것이 기억난다.

그런데 아버지와 내가 이렇게 만족스러우면서도 섭섭하게 1개월 동안 조선 평양에 가 있을 어머니를 도쿄역에서 전송한 후에 세다가야꾸우나네쪼에 있었던 우리 가족의 주택으로 돌아가는 길에 적지않은 문제가 발생하였다. 그것은 우리가 일본 도쿄 시내 한가운데 위치하고 있었던 도쿄역에서 도쿄시의 도심을 도는 순환 지하철을 타고 신주쿠역에 도착했을 때가 밤 11시 반쯤 되었는데, 거기서 우리가 집으로 가기 위해 갈아타야 했던 교외선 전철노선의 마지막 열차가 떠난 지 15분이 되었다는 것이다. 역원의 말을 들어보니 다음 열차의 출발 시간은 그 다음날 새벽 4시 반이라는 것이었다.

아버지가 시간 계산을 잘못하여 도쿄역에서 어머니와 동생을 좀 더 일찍 떠나보내고 돌아왔어야 할 것을 그렇게 하지 못하였기 때문인 것이다. 지금의 국제 도시 뉴욕이나 대한민국 서울의 길거리 같았더라면 하루 24시간 중 언제든 택시를 잡아 탈 수 있었겠으나 그 당시의 도쿄는 일본이 중일전쟁을 하고 있었던 때였는지라 늦은 밤의 택시 운행을 엄격히 통제하였고 요금도 굉장히 비쌌던 것으로 기억한다.

아버지는 나더러 따라오라고 하셨다. 따라갔더니 그곳은 신주쿠역의 본관을 나와서 별관으로 가는 통로였고 거기 계단이 있었다. "여기서 내일 아침 전철이 개통될 때까지 우리는 쉬어야 한다. 한 다섯 시간 말이다. 얘야, 넌 잠이 오느냐?" 라고 아버지는 내게 물으셨다. "예, 아버지" 라고 대답했더니 "내가 앉아서 잠을 청할 터이니 너는 내 무릎을 베고 잠깐 자도록 해봐!" 라고 아버지가 말씀하셨다.

나는 일곱 살 그 나이가 되기까지 아버지 무릎을 베고 누워본 적이 없었다. 어머니와 달리 아버지는 말씀을 별로 안 하셨고, 우리 두 형제를 사랑하셨던 것은 분명하나 가까이 와서 계신 적은 그렇게 많지 않았기 때문이었다. 내가 주저하는 것을 보고 아버지는 "어서, 오라니까" 하면서 나를 부르셨다. 나는 잠이 막 오려던 때라 "예!" 하고 대답하고서 곧바로 계단에 먼저 앉아 계셨던 아버지께로 가서 아버지가 시키신 대로 아버지의 무릎을 베개로 하고 누웠다. 편할 리가 없었다. 바닥이 딱딱한 시멘트 바닥이기 때문이었다. 하지만 이렇게 바닥이 딱딱해서 어떻게 잠이 올까라고 걱정한 것도 잠시였고 나는 곧 깊은 잠에 빠져들어감을 의식하면서 아버지가 입고 있었던 양복저고리를 벗어서 내 몸에 덮어주시는 것을 보는 둥 마는 둥 두 눈을 굳게 감아버렸고 꿈나라로 완전히 떠나갔다. 몇 시간이 경과한 후에 누군가가 내 어깨에 손을 대고 나를 흔들어서 깨어보니 아버지였다. 아버지가 나더러 "잘 잤느냐" 라고 하시길래 나는 "예" 하고 대답은 즉시 했었으나 "아버지, 고맙습니다" 라고 하는 말은 쑥스러워서 하지를 못했다.

그때 일곱 살의 어린나이였지만 아버지가 나를 위해 해주신 일에 대하여 너무나도 큰 고마움을 느끼지 않을 수 없었다. 늦가을이어서 아침저녁으로 싸늘한 날씨였는데 아버지는 자신의 양복저고리를 벗어서 잠자는 어린 자식에게 덮어주셨고 무릎으로 내 베개가 되어서 내가 잠자는 것을 보시면서 신주쿠역 계단에 앉아 이른 아침의 네, 다섯 시간을 뜬눈으로 지새웠으니(아버지가 그런 자세로 주무실 수가 없었을 것이다) 얼마나 고마운 일을 해주셨는가 하는 것이다. 이것이 정말 아버지의 자식 사랑이구나 하는 것을 거기서 느꼈고 어린 나이였지만 마음이 뭉클하는 것을 느꼈던 것을 고백한다.

어떤 아버지가 자기 어린 자식을 위해 그런 정도의 배려를 하지 않겠느냐고 묻겠으나 저자는 자녀들이 어렸을 때에 옛날 아버지가 나에게 그날 그 이른 아침에 일본 도쿄 신주쿠역 바깥 계단에서 베풀었던 배려 또는 사랑의 행위와 비슷한 일을 자녀들에게 해준 일이 별로 생각이 나지 않으니 참으로 부끄러운 일이다.

부끄러움은 우리가 당연히 해야 할 일을 하지 않는 것이요(이유가 무엇이든 간에), 사랑이란 우리가 당연히 하여야 할 일을 하는 것이다(마 7:9~11, 고전 13:4~5).

아버지의 사랑이 담긴 훈계 (훈계는 괴로우나 인생의 양약)

이미 본서의 앞 부분에 언급한 적이 있는 줄 알거니와 아버지 박형룡이 선교사들 모임에서 '신사참배 적극반대'의 발언으로 인하여 평양장로회신학교와 평양시의 3대 미션스쿨(숭실전문, 숭실중학, 숭의여중)의 '자발적인 폐교'가 이루어졌던 직후에 아버지 박형룡은 가족을 이끌고 일본 도쿄로 가서 망명생활을 하면서 조선예수교장로회가 결의한 바 '표준성경주석간행'을 위한 위원장이 되어 주석의 집필과 편찬을 하는 일을 하셨다. 그러다가 그 당시 만주 봉천(심양)시에서 개교하였던 봉천신학교의 교수로 초청되어 가족과 함께 만주 봉천시로 가게 되셨다. 내가 아버님께로부터 책망을 들었던 두 가지 일 중에서 첫 번째 것은 아버지가 태평양전쟁 말기에 만주 봉천신학교의 교수로 일하셨을 때에 발생한 일이었으며, 두 번째는 아버님께서 해방 후에 개명된 동북신학교에서 교수를 하면서 교장으로 계셨을 때에 발생한 일이다. 그러면 먼저 내가 그 시기에 아버님에게 책망을 들었던 첫 번째 일에 관한 이야기를 하면 다음과 같다.

태평양전쟁의 말기에 아버님께서 만주 봉천신학교의 교수로 일하셨을 때에 아버님은 신학교와 교수 사택이 있었던 곳(봉천시의 교외)에서 멀리 떨어져 있지 않았던 '대원초등학교' 4학년으로 나를 전입학을 하도록 했다.

그런데 아버지의 걱정은 열 살 나이의 어린이였던 내가 학교 교실에서 선생님의 호령을 좇아 어린이들이 일제히 기립하여 소위 '동방요배'(일본 천황이 기거하는 도쿄 궁전을 향해 절하는 것)라는 것을 할 때에 그들과 함께 절을 하지 않을까? 하는 것이었다. 아버지는 초등학교 4학년인 나에게 학교 교실에서 동방요배 시에 절하지 말 것을 신신당부하셨다. "아론아! 동방요배는 하나님의 첫째와 둘째 계명을 범하는 것이다. 일본 천황도 사람인데 우리가 왜, 그가 있는 동쪽을 향해 머리를 숙여 절을 하여야 하느냐. 절대로 하면 안 된다"라고 하셨다(출 20:3~6). 어머님도 옆에서 "너, 이따금이라도 하면 안 된다. 알았지?"라고 하면서 아버지의 훈계를 거들어 주셨다.

그런데 공교롭게 이런 일이 발생하였다. 어느 날 부모님이 내가 다니던 대원초등학교 4학년 담임선생님을 집으로 초대하여 저녁 식사를 대접하는 일이 있었는데 식사를 하는 도중에 아버님이 담임선생님에게 묻기를 "우리 아이가 동방요배를 하던가요? 우리는 기독교를 믿는 종교인들이기 때문에 동방을 향해 절하는 것을 죄로 여기고 있거든요"라고 하셨다.

그랬더니 담임선생님이 아리송한 대답을 하는 일이 일어났던 것이다. 그는 이렇게 말하였다. "교실에서 동방요배 시에 병춘(저자의 호적상 이름) 군은 내가 그쪽을 보면 절을 하고 다른 쪽을 볼 때에는 절을 하지 않는 것 같더군요." 그날 저녁식사 대접을 받고 나의 담임선생님이 귀가한 다음에 집에서 벌어진 일은 상상에 맡겨도 충분히 짐작하실 수 있는 줄로 안다. 나는 아버지와 어머니에게 심한 책망을 들었고 벌과 징계를 받았다. 아버지와 어머니의 말씀은 "우리가 이미 네 담임선생님께 네가 동쪽을 향해 절을 하지 않는 것을 묵인하여 주시라고 간곡하게 부탁을 드렸다. 오늘 네 담임선생님을 저녁식사에 초대한 것도 그 때문인 줄 네가 몰랐느냐?"라는 것이었다. 나는 그 일 때문에 어머니께 매를 맞았고 아버지는 화를 참으시려고 애쓰는 모습을 보여주셨다(아버지는 내가 어렸을 때 손찌검이나 매질을 한 적이 한 번도 없으셨다).

나는 그날 저녁에 부모님으로부터 우리 집 현관 마루에서 두 손을 들고 한 시간 동안 서 있는 벌을 받았다. 그리고 부모님으로부터 징계를 받았는데 그것은 그 다음 날 식사 한 끼를 굶는 것이었다. 그 다음 날 아침에 어머니는 내게 아침 식사를 주지 않으셨다. 어머니는 내가 학교에 갈 때에 점심 도시락을 싸서 들려주시면서 눈물을 흘리셨다.

철없는 어린 자식이 어이없이 아침을 굶은 것을 생각하여 우셨던 것이다. 나도 학교로 걸어가면서 울었다. 자꾸만 눈물이 나는 것을 참을 수가 없었던 것이다.[226)]

나는 그 이후로 대원초등학교를 졸업할 때(1945년 2월)까지 담임선생님이 지켜보는 눈앞에서라도 학교에서 동방요배를 다른 아이들을 따라 한 적이 없었다. 정말 한 번도 없었다. 아버지의 실망하고 분노하시는 얼굴과 어머니의 눈물 흘리는 모습이 눈앞에 떠올랐기 때문이었다.

두 번째로 내가 해방 후에 동북신학교(구 봉천신학교)에서 아버지가 교수도 하셨고, 교장으로 계셨을 때에 다시 한 번 아버지로부터 큰 꾸지람을 들었던 이야기를 하고자 한다. 그 때에 나는 우리 집과 신학교로부터 가까운 지역에 있었던 대원초등학교를 졸업하였고 졸업 후에는 봉천시 도심 가까이 있었던 서탑중학교에 입학하여 수업하는 날이면 편도 30분씩 걸어서 수업을 받으러 집에서 학교를 오갔다.

그 당시 서탑중학교는 조선인 교포 자녀들을 교육시키기 위해 설립한 학교였는데 해방 직후에 조선인 교사들이 조선으로 많이 돌아감으로 말미암아 교사난을 겪게 되었다. 그리하여 서탑중학교 당국은 아이들에게 평소보다 짧은 시간을 수업 받는 '단축수업'을 할 수밖에 없게 되었다. 그것이 화근이었다. 나는 학교의 수업시간이 단축되어서 집까지 걷는 시간 30분을 포함하더라도 오후 1시 30분이면 집에 와 있었다. 나는 어린나이였지만 탁구 치는 것을 좋아해서 옆집에 살던 서탑중학교 1학년 아이와 함께 집에서 5분 걸으면 갈 수 있었던 동북신학교의 본관(신학교의 교실과 행정실이 그 안에 다 있었음) 한 귀퉁이의 체육오락실로 달려가서 동무들을 상대로 탁구 치는 일을 학교를 다녀오는 날이면 하루도 빠짐없이 2~3시간을 계속했던 것이다. 심지어 서탑중학교의 급우였던 친구가 집안사정으로 나와 함께 탁구 치러 가지 못했을 경우에는 나 혼자 가서 체육 오락실에서 기다리고 있다가 교실에서 강의 듣기를 마치고 나오는 신학생 아저씨들 중의 한 사람과 상대가 되어서 탁구 치는 일을 오랫동안 계속했었다.

그러던 어느 날 아버님께서는 사람을 통해 그날도 탁구 치는 것이 재미있어서 시간 가는 줄 모르고 있었던 나에게 교장실로 들어오라는 전갈을 보내왔다. 내가 탁구 치는 손을 놓기를 아쉬워하면서 교장실로 들어갔더니 아버님께서는 보자마자 나에게 물으셨다. "아론아, 네가 앞으로 탁구선수가 될 작정이냐?" 나는 곧바로 "아니요"라고 대답했다. "그러면 너는 왜 매일같이 오랜 시간 동안 공부는 안 하고 탁구 치기를 좋아하는지 한번 생각해 볼 마음은 없느냐?" 라고 아버지께서 나에게 물으셨다. 대답하기를 주저하는 나에게 아버지는 책상 옆에 있는 의자에 앉으라고 하셨다. 그리고 아버지는 나더러 성경책을 주시면서 성경 한 구절을 읽으라고 하셨다. 아버지가 읽으라고 시켰던 그 구절이 잠언 19장 15절이었던 것으로 생각한다. "게으름이 사람으로 깊이 잠들게 하나니 나태한 사람은 주릴 것이니라." 아버지께서는 나를 똑바로 보시면서 말씀하기를 "네가 지금 공부 안 하고 탁구를 치면서 게으름을 부리는 것은 너를 망치게 하는 것임을 네가 알아야 한다. 성경말씀이 가르치는 대로 게으름은 너를 잠자는 사람처럼 되게 하여 너를 무능하게 만들고 그리하여 앞으로 너로 하여금 배고픈 인생을 살게 하는 것임을 알지 못하느냐?" 라고 하셨던 것이다. 아버지는 또 이렇게 말씀하셨다. "아론아, 잘 들어라. 네가 계속해서 게으름을 부리면 앞으로 네 인생이 너를 책임지지 못할 것이다. 네 인생이 앞으로 네게 대해 형벌이 될 것이다." 아버지는 마음속으로 울면서 말씀하시는 것 같았다. 나는 그날 그 시간 이후로 탁구 치는 일을 그만두었다. 탁구 치는 것이 나쁜 것이 아니라 탁구 치는 데 빠져 있는 것이 나쁜 것이었는데 나는 다시 한 번이라도 탁구를 치게 되면 그것에 빠지지 않으리라는 자신감이 없었기 때문이었다.

나는 그 이후에 탁구를 치고 싶다는 생각이 날 때마다 만주 심양에서 그날 그때에 내게 아버님이 하셨던 말씀 중에서도 제일 끝에 가서 하셨던 말씀, 즉 "네가 계속해서 게으름을 부리면(계속 탁구 치는 일에 빠져 있으면) 앞으로 네 인생이 네게 형벌이 될 것이다"를 머리에 떠올리면서 탁구 치기를 억제하였고 또 성공적으로 물리칠 수 있었던 것이다.

물론 내가 미국 유학 시에 미국 대학교에서 공부할 때와 미국 신학교와 대학원에서 강의를 듣고 학문 연구를 할 때에 기숙사 휴게실에 마련되어 있었던 탁구대 앞에서 점심 후 휴식시간에 20~30분 동안 탁구 치는 일이 있기는 있었다. 그러나 탁구 치는 일에 30분 이상을 보낸 적은 없었다. 나는 늘 아버지의 나의 게으름에 대한 책망의 말씀을 연상하였고 공부하는 일을 하지 않고 탁구 치는 일에 30분 이상을 소모하는 것은 아버님이 말씀하셨던 바 게으름이라고 생각하였기 때문이었다.

지금 이 글을 쓰면서 한 가지 특별히 생각나는 것은 미국 유학 중에 웨스트민스터 신학교에서 수학하고 있었던 시기에 프린스턴 신학교를 방문한 적이 있었는데 저녁 식사 후에 당시 대학원생으로 프린스턴 신학교에서 강의를 듣고 있었던 이종성 박사(전 장신대학 총장)가 나를 발견하고 "아, 누구신가 했더니 박 형이 아니오. 나하고 가서 탁구 좀 칩시다." 라고 하는 권유를 받아 함께 탁구를 쳤던 일이 있었다.

그런데 나는 2~3번 탁구 경기를 하고 나서 이종성 대학원생이 이상하게 여길 정도로 탁구 치는 것을 빨리 그만 두었다. 옛날 아버지가 충고하셨던 말씀이 생각났기 때문이었다. 그리고 내가 한 가지 부언하고 싶은 것은 그날 거기서 탁구 경기의 상대자가 되었던 이종성 대학원생은 탁구 솜씨가 훌륭했다는 것이다. 나는 그의 상대가 안 될 정도로 나보다 탁구 실력이 월등하였다. 덧붙여 이종성 대학원생은 프린스턴 신학교에서 대학원 공부에 지장이 없도록 탁구 치는 일을 오랜 시간 하지 않았으며 여가 차원에서 매일 식사 후에 잠깐 하였던 것이 확실하다. 그러했기에 그가 오늘날과 같이 큰 신학자가 될 수 있었던 것이 아니었겠는가.

교훈을 동반하지 않는 부모의 자녀들에 대한 책망은 책망이 아니라 부모의 분노의 발산일 뿐이다(잠 13:24, 엡 6:4).

아버지의 놀라운 믿음 (험한 시험 물 속에서 나를 건져 주시고)

1947년 이른 봄의 어느 날 넥타이를 맨 양복 차림의 어떤 동양인 중년 신사 한 분이 봉천시의 교외 대원가에 있었던 동북신학교 교장 사택이었던 우리 집을 노크하고 있었다. 그가 바로 출옥성도 한상동의 파송을 받아 한국에서 온 송상석 목사였다. 일제 말기에 신사참배를 거부한 이유로 평양형무소에서 옥살이를 하다가 민족의 광복이 오자 풀려나온 출옥성도였던 한상동 목사가 드디어 설립을 해놓았던 부산 고려신학교의 학장 자리에 아버지 박형룡을 모시기 위해 송상석 목사는 그의 메신저로 몇천 리 길을 멀다 하지 않고 한국 부산으로부터 찾아왔었던 것이었다.

송상석 목사가 부산으로부터 찾아오기 몇 개월 전부터 해방 후의 중국 동북부 만주지역의 시국이 급변하고 있었다. 일본이 중국을 침략한 이후로 중국 대륙에서 장개석 총통의 중앙군과 더불어 항일전쟁을 수행해 왔었던 모택동의 공산군(팔로군)이 일제의 패망 후에는 곧바로 총뿌리를 장개석 총통의 국민정부 지휘하에 있었던 중앙군에게 돌려대고 공격을 개시, 수개월 만에 중앙군을 격파시켰고 중국 대륙을 장악하면서 중국의 동북부 만주까지 진격하여 중앙군을 무장해제시키고 있었다.

따라서 봉천(심양)시를 포함한 중국의 동북부 만주도 공산화되는 날이 눈앞에 와 있는 것처럼 느껴졌었다. 그러므로 아버지 박형룡과 가족은 해방된 조국으로 지체할 것 없이 돌아갈 것을 결심하였다. 아버지 박형룡의 마음은 해방된 조국 강산과 조국 교회를 향해 달려가고 있었다. 어찌 그의 마음이 해방된 조국 교회로 가서 정통보수신학을 세우고 올바른 신학노선으로 한국 교회와 한국 민족을 이끌어가야 한다는 사명의식으로 다시 한 번 뜨겁게 달아오르지 않을 수 있었겠는가?

여기서 한 가지 생각하여야 할 것은 아버지 박형룡과 가족이 귀국을 결심한 것은 아주 잘한 일이었으나 귀국하는 여행길이 멀고도 아주 험난했기 때문에 아버지 박형룡과 가족에게는 작은 동력선을 타고 귀국하는 풍랑 많은 서해 바닷길에 목숨을 걸어야 하는 시련이 다가오고 있었던 것을 본인들이 알지 못하였다는 사실이다.

아버지 박형룡과 가족이 육로로 해방된 조국으로 돌아가는 길을 생각하였더니 너무나도 어려움이 많아서 낙심할 수밖에 없었다. 왜냐하면 이미 중공군(중국 공산군)이 점령하고 있었던 남만주 지역을 무사히 통과하여 압록강 접안 도시 안동까지 간다 하더라도 김일성의 공산정권이 통치한다고 알려졌던 북조선 땅을 다시 통과하여 서울까지 간다는 것은 그 당시 모든 사람들에게는 상상을 초월하는 어려움으로 느껴졌기 때문이었다.

아버지 박형룡과 가족은 만주 봉천시에 그대로 머물자니 그 지역이 공산화가 될 것이 분명하였으므로 그럴 수 없었고 한국을 향하여 육로로 떠나가자고 하니 너무나 큰 위험을 극복하여야 하는 모험을 감수해야 하였으므로 당장 그럴 수도 없어 이를테면 진퇴양난의 궁지에 놓이게 되었던 것이다. 박형룡과 가족은 하나님께 기도하는 것만이 이 어려운 문제를 해결하는 길이라고 생각하여 매일 가정 예배로 모일 때마다 하나님께 기도로 간구하였고 우리 가족의 각 식구가 개인적으로 기도하는 경우(기상, 식사, 취침기도)에도 빼어 놓지 않고 하나님의 도우심을 간구하는 기도를 하였던 것으로 기억한다.

그러던 어느 날 출옥성도 한상동이 아버지 박형룡에게 보내는 편지 곧 부산 고려신학교의 학장 취임을 요청하는 그의 친서를 갖고서 메신저 송상석이 멀리 한국 부산으로부터 여러 날의 여행 끝에 만주 봉천(심양)시에 도착하여 우리 집 문전에 나타났다. 그를 맞이하는 박형룡과 가족 모두는 하나님의 기적적인 기도의 응답으로 여겨서 감격해하였으며 하나님의 구원의 은총을 한 목소리로 찬양하였다. 그리고 아버지 박형룡과 가족들의 눈에는 송상석 목사가 우리를 공산주의의 재난으로부터 구출하고 우리의 해방된 조국으로 돌아가는 귀국 길을 돕기 위해 하나님께서 특별히 보내신 천사와 같은 존재로 보였으므로 우리 가족은 마음의 옷깃을 여미지 않을 수 없었던 것이다.

옛날 소돔성에서 롯과 가족을 건져내기 위하여 소돔성에 나타났던 천사는 둘이었지만(창 19:1~3) 롯과 롯의 가족을 두 천사가 소돔성으로부터 인도하여 나오게 한 다음에는 두 천사 중의 한 천사가 롯과 직접 대화를 하면서 롯과 롯의 가족을 구원의 길로 인도하였던 것을 생각할 때에(창 19:17~22) 조국의 광복이 있은 후에 만주 봉천시에서 구출의 손길을 기다리고 있었던 아버지 박형룡과 가족에게로 멀리 부산으로부터 찾아왔던 메신저 송상석을 그 한 천사로 비유하여 '하나님이 보내신 천사'라고 묘사하는 것은 잘못된 일이 아니라고 하여야 옳을 것이다.

메신저 송상석을 만주 봉천으로 보내놓고 박형룡이 귀국하여 고려신학교의 학장에 취임할 것을 고대하고 있었던 출옥성도요, 고려신학교의 설립자였던 한상동은 롯과 롯의 가족의 손을 잡고 소돔성 밖으로 이끌어내었던 두 천사 중에서 한 천사가 나중에 롯과 직접 대화하여 롯과 가족의 갈 길을 인도했을 때에는 거기 없었던 다른 한 천사에 비유할 만한 존재가 아니었겠는가 생각된다.

이렇게 하여 아버지 박형룡과 가족의 눈앞에 위기와 재난으로부터 구출하기 위해 하나님이 보내신 천사처럼 나타났었던 메신저 송상석은 우리 집(동북신학교 교장 사택)에 열흘 정도 머물면서 휴식을 취함과 동시에 아버지 박형룡과 가족을 독려하여 귀국 여행준비를 하도록 하였다. 그때가 1947년 여름의 계절이 막 시작할 때였다. 그때의 일들을 회고하면서 특별히 한 가지 인상 깊게 기억에 남는 것은 어머니가 여행준비를 하면서 지금까지 사용하고 있었던 가재도구를 몽땅 버려두고 가야만 한다는 것을 아쉬워하셨다는 것이었다.

박형룡과 가족은 메신저 송상석의 권고와 안내를 받아 만주 봉천으로부터 남만주와 북조선을 거쳐서(38도선을 넘어야 함) 한국 부산으로 가는 육로를 택하는 대신, 남만주의 남단 대련 항에서 소형 동력선에 몸을 싣고 서해를 가로질러 남하하여 인천항에 도착하는 바닷길을 택하였다. 그래도 바닷길로 가는 것이 육지 길로 가는 것보다 위험이 덜하고 신변의 안전보장이 된다는 이유 때문이었던 것이다.

그러므로 어머니는 어머니대로 식구들이 한 사람씩 각각 들 수 있는 짐보따리 하나씩 외에는 가져갈 수가 없었고 가재도구를 모두 버려두고 떠나야 하는 아쉬움이 얼마나 컸겠는가 하는 것은 말할 나위가 없었다. 그리고 아버지는 아버지대로 그의 장서 수백 권(그중의 태반이 영어 원서들)을 몽땅 놓아두고 몇 개의 짐보따리에 열다섯 권 정도의 아주 중요한 신학서적들만을 끼워 넣어서 가져가야 했으니 큰 섭섭함과 괴로움은 아버지 혼자만이 알고 느끼실 수 있는 그런 것이 아니었겠는가 한다.

아버지 박형룡의 소천 후에 그가 남겨놓은 장서들이 많지 않았던 이유는 그가 옛날 평양장로회신학교의 신사참배 거부로 인한 자진폐교 후에 일본 도쿄로 가족과 망명생활을 하려고 떠났었을 때에, 또 만주동북신학교의 교장으로 있다가 해방된 조국으로 뱃길로 귀국했었을 때에, 그리고 6·25 동란 중의 피난민 신학자로 전쟁을 피하여 국내에서 이사를 여러 번 다녔었을 때에 그가 소유하였던 모두 2,000여 권이 넘는 장서들을 사람들에게 기증하셨든지, 방치 또는 소실하였기 때문이었던 것이다.

특별히 어머니에 관하여 말을 한다면 어머니는 앞서 말한 바가 있는 것처럼 일제치하에서 평안남도 대동군의 군수를 지낸 적이 있었던 부호의 딸로 태어나 자라면서 아버지와 결혼하기 전까지 물질적으로 넉넉한 생활을 하고 있었던 것으로 알고 있다. 따라서 아버지가 만주 봉천에서 신학교수 생활을 하는 5년 동안에 쓸 만하고 값이 나가는 가구들이 많지는 않았지만 어머니가 정성껏 마련한 가재도구들을 다 두고 떠나야만 했었던 어머니의 여자로서의 마음을 어린 나이에도 나는 이해할 수 있을 것만 같았다. 나는 '어머니가 아버지께 시집와서 망명교수 생활을 하면서 고생을 많이 하는구나' 하는 생각이 들어서 어머니가 측은히 여겨지기도 하였다. 내가 더욱이 어머니를 좋아하였던 것은 어머니가 젊은 시절에 미인이었고 옛날 평안남도 대동 군수의 딸로서 부호출신이라는 것은 요새 말로 쿨하다고 생각하였기 때문이다. 평소에 어머니는 자식들에 대한 사랑이 굉장히 많으셨으나 자식들의 어린 시절에 교훈으로 말해도 될 것을 체벌을 가하는 일이 가끔 있었다. 그럼에도 나는 어머니가 좋았다. 어머니는 어머니 나름대로 자식들을 사랑하는 어머니 자신만의 방식으로 자식들을 사랑하셨기 때문이었다.

어머니는 우리 집 인근에 살고 있었던 조선인 예수교인들과 동북신학교의 직원 몇 사람의 가정에 우리의 살림 도구들과 특히 어머니가 아끼셨던 실내 가구들을 다 나눠주시고 떠날 준비를 하셨다. 이때 어머님의 마음이 어떠했을까? 어린 나도 짐작할 수 있었다.

드디어 아버지 박형룡과 가족은 1947년 여름의 어느 날 아침에 여행가방 몇 개와 짐보따리 몇 개를 꾸려서 손에 들고 송상석 메신저의 안내를 받으면서 태평양전쟁 말기부터 광복 후까지 5년간을 아버지가 교수생활을 하셨던 정든 땅이었던 만주 봉천시를 떠나 귀국길에 올랐다.

우리는 기차를 타고 봉천시를 떠나서 중국 공산군이 이미 장악해버린 남만주의 여러 도시들을 거쳐서 3일의 고된 여행 끝에 만주 땅의 남단인 요동반도의 항구도시 대련에 도착하였다. 아버지 박형룡과 가족은 대련시의 항만과 부두가 있는 곳 가까이에 여관을 정하였고 하나님께 도착을 감사하는 예배를 드렸다. 그때까지 눈을 지긋이 감고 말이 없었던 송상석 안내자는 우리가 여관에 여장을 풀자마자 바쁘게 움직이기 시작하였다.

그는 박형룡과 가족을 태우고 인천항으로 떠나갈 배를 물색하기에 바빴다. 이틀 밤을 여관에서 자고 난 다음에야 송상석의 활동 결과로 배가 교섭이 되었다. 배가 교섭이 되었던 그날 오후에 박형룡과 가족은 송상석과 함께 광복의 조국 인천항을 향하여 대련항을 출항하기에 이르렀다. 배는 소형 동력선으로 배에는 기관사와 선장과 선원 한 사람이 있어 인천항까지의 운항을 책임져 주었다. 아주 작은 배였지만 선주는 위험이 따라서 그랬는지 승선 요금으로 거대한 돈을 요구하였다. 안내자 송상석이 그렇게 큰 돈을 가지고 만주에 왔었을 리가 없었다. 할 수 없이 아버지 박형룡은 해방 직후에 만주 봉천에서 동북신학교 교장을 하면서 월급을 못 받는 가운데 아버지의 프린스턴 신학교 유학 때에 같은 반에서 공부하였던 동기생 사무엘 크레이그(Samuel Craig : 미국 개혁파 및 장로회출판사 사장이면서 신학자였음)가 아버지께 중국 장개석 중앙군의 육군 대령 편에 보내왔었던 미화 2,000불(지금의 가치로 미화 3만 불) 중에서 그동안 가족의 생활비로 쓰고 남았던 돈 전부를 선주에게 주어 버렸다. 그래도 선주는 선임료가 적다고 하면서 투덜거리다가 배의 출항을 지시하였다.

오랫동안 아버지 박형룡과 가족이 기도하면서 기다렸고 많은 수고와 고난 중에 준비하였던 그 일이, 즉 한국 땅에 정통보수신학을 다시 한 번 심고 세우기 위하여 광복이 찾아 온 조국 땅과 한국 교회로 돌아가는 일이 바야흐로 시작되었던 것이다. 아버지와 어머니, 두 아들(박아론, 박모세), 그리고 송상석 안내자와 3인의 배의 승무원을 모두 합해 8명이 작은 통통선에 몸을 싣고서 망망대해와 같았던 서해바다를 가로질러 해방된 조국을 향하여 뱃고동을 울리면서 출발하는 정말로 역사적인 순간이었다.

이제 아버지 박형룡과 가족이 중국 대련항을 출발하여 이틀 반의 길고도 위험했던 고비들을 하나님의 은혜 중에 넘기고 인천항에 도착하기까지 나의 일생 중에서 잊으려야 잊을 수 없었던 추억이 되어버린 일들을 이야기하고자 한다.

아버지 박형룡과 가족이 작은 통통선을 타고 중국 대련시로부터 서해를 횡단하여 인천항에 도착할 때까지의 항해는 우리가 탔던 배가 파선 직전에 이르렀었기 때문에 마치 옛날 바울이 아드리아 해에서 파선을 당하였던 경험(행 27장)과 유사한 경험을 하였다고 할 수 있겠다. 대련항을 떠날 때에는 날씨가 청명하였으나 그날 밤부터 바람이 세게 불더니 비까지 내리기 시작하였다. 2미터가량 높이의 물결이 선체에 부딪혀서 물이 갑판에 범람하였다. 배의 승무원 세 사람은 물론이요, 배를 타고 있었던 모든 사람들이 물을 퍼내는 일을 밤새도록 하였다.

날이 밝아올 무렵이 되어서야 풍랑과 파도가 잠잠해져서 일차 파선의 위기를 면한 줄 알았다. 그러나 여전히 하늘에는 구름이 끼어 있었고 이따금 비도 내렸다. 레이더 장치도 없었고 무선 통신기기도 제대로 작동되지 않는 낡은 배가 비바람 부는 서해바다를 항해하는 것은 말 그대로 망망대해의 일엽편주와도 같아서 남이 볼 때에는 틀림없이 자살행위였을 것임이 분명하였다. 우리 배는 대련항을 떠난 그 다음날 저녁에 폭풍우를 다시 만나서 비바람과 파도와 싸웠으며 셋째 날 낮에는 한국 영해로 들어가기 직전 거센 바람이 부는 바다가 우리 배의 진로를 가로막아 전복하는 것을 막기 위해 선장과 기관사는 배의 동력을 끄고 배를 바다 위에서 표류시키기도 하였다.

그런데 아버지 박형룡은 서해바다 한가운데서 그와 같은 폭풍우와 거센 파도가 몰아치는 재난 속에서도 배 안에 태연자약한 자세로 계시면서 옛날 사도 바울이 아드리아 해에서 풍랑을 만난 배의 승선자들에게 "내가 가이사 앞에 서야 하기 때문에 하나님이 나뿐만 아니라 이 배를 같이 탄 사람들의 생명을 지켜줄 터이니 안심하라"(행 27:24)고 말한 것처럼 "내가 해방된 조국으로 돌아가서 꼭 할 일이 있으므로 하나님이 이 배와 우리를 버리지 않을 것입니다"라고 계속 말하여 우리 배의 모든 승선자들을 격려하였고 희망을 안겨 주셨던 것이다.

아버님이 강조한 바 "나는 해방된 한국으로 가서 꼭 할 일이 있다"는 말은 해방된 한국에서 보수신학을 세우는 일을 뜻하였음을 의심할 여지가 없다.

나는 아버지의 그와 같은 투철한 사명의식과 하나님께서 아버지 박형룡을 한국으로 데려가서 하나님이 기뻐하시는 뜻대로 '정통보수신학'을 한국 교회 안에서 확립하는 일을 하시기 위해 그와 가족을 서해 바다의 풍랑과 파도로부터 꼭 건져주시리라고 확신하는 아버지의 큰 믿음에 열세 살의 어린 소년이었지만 여지없이 감동하지 않을 수가 없었다.

그러면서도 아버지에 관해 그때 관찰하였던 추가적인 일 한 가지를 더 이야기하고 싶다. 그것은 아버지가 이틀 반의 중국 대련으로부터 인천항까지 목숨을 걸었던 바닷길의 여행 가운데서도 비바람과 파도가 잠시 멎고 조용해졌을 때에는 신학책을 가방에서 꺼내서 읽으시면서 앞으로 한국에 돌아가서 해야 할 신학 강의 준비를 하셨던 것이다. 어머니는 옆에 앉아서 아버지의 그와 같은 행동을 보다가 참지 못하여 아버지가 보던 신학책을 빼어버리셨다. 어머니는 아버지께 책망조로 말하기를 "여보, 당신은 정신이 있어요, 없어요? 지금 이 풍랑과 비바람 중에서 당신은 목사이자 우리 집의 가장으로서 성경을 읽고 하나님께 기도하는 일로 시간을 보내야 하는데 신학원서를 꺼내 읽는 것이 말이 됩니까?" 라고 격한 목소리로 말하셨다.

나는 그때 거기서 아버지를 꾸짖는 어머니의 격한 목소리를 들으면서 이번에는 나의 마음이 아버지 쪽으로 움직이는 것을 느꼈고 깨달았다. 약 일주일 전에 우리가 동북신학교가 있었던 만주 봉천시를 떠나면서 어머니가 알뜰살뜰하게 마련하였던 가재도구들을 인근 가정들에게 나누어 주며 아쉬워하시는 것을 보고 아버지가 망명생활을 하면서 어머니를 너무나 고생시키는구나 하는 생각이 들어 아버지를 원망하면서 내 마음은 어머니에게 가 있었던 것이다.

그러나 이번에는 그렇지가 않았다. 나는 아버지가 옳은 행동을 했다고 생각했기 때문에 내 마음이 아버지 편에 서게 되었던 것이다. 나는 아버지가 망망대해에서 작은 배를 타고 비바람과 물결이 엄습하는 한 가운데서도 하나님이 우리 가족을 구출해 주실 것을 확신한 나머지 기도는 마음속으로 하면서 한국에 도착해서 며칠 후면 부산 고려신학교에서 해야 할 신학강의를 준비하고 계셨다는 것은 그에게 정말 굳세고 경건한 믿음이 있었기에 가능하다고 생각해서 아버님으로부터 큰 감동을 받았다.

더욱이 이 이야기를 써가면서 그때의 일을 회고해보니 아버지의 그때의 행동은 '믿음이 무엇인가를 우리에게 보여주는 위대한 행동'이었다고 다시 한 번 크게 감탄하고 감동함을 금할 수 없음을 고백한다(히 11:1~2). 그렇다고 하여 그때 그 일과 관련하여 어머니의 아버지에 대한 비판이 전적으로 잘못된 것은 아니었다고 생각한다. 아버지 박형룡처럼 귀국 후에 한국에서 정통보수신학을 전파하고자 하는 사명의식이 어머니에게 아버님만큼 투철하지 못했던 것뿐이었다. 어머니도 우리의 기도를 들어주시는 하나님의 응답을 믿었고 풍랑과 파도를 믿음으로 이기게 하시는 하나님의 은총을 믿었던 위대한 신앙인이었음은 틀림없었다(마 7:7~11, 14:24~33).

그리하여 대련시에서 작은 통통배를 타고 출발하여 서해의 비바람과 높은 파도와 싸우면서 악전고투하였던 이틀이 지난 후 삼 일째 되는 날 저녁 황혼에 박형룡과 가족을 태운 배는 구사일생으로 한국 영해로 진입하였고 멀리 인천항의 불빛들이 반짝이는 것이 우리 눈에 들어오기 시작하였다. 이는 정말로 박형룡과 가족이 평생토록 하나님께 감사해야 하고 잊어서는 안 될 하나님의 기적적인 은혜였다.

우리 가족이 탔던 작은 배가 인천 항에 도착하였을 때에 찬란하게 불빛을 발하였던 인천시의 야경은 우리 모두가 마치 천국에 방금 도착한 것 같은 착각을 일으킬 정도로 아름답고 화려해 보였다. 아마도 아버지 박형룡의 정통보수신학을 애호하는 한국 교회사학가는 다음과 같이 그의 한국 교회사 책에 기록할 수 있을 것 같다.

"한국 정통보수신학은 작은 동력선에 실려서 중국 대련을 떠나 한국의 인천항으로 가는 도중에 서해상에서 큰 비바람과 파도를 만났으나 하나님의 은혜로 견디어 내어 침몰하지 않았으며 떠난 지 사흘째 되는 날 저녁에 박형룡과 가족이 천국처럼 아름다운 불빛으로 그들을 환영하는 듯 보였던 인천항에 들어옴으로써 드디어 한국 정통보수신학은 한국 귀환에 성공하였다."

우리가 풍랑(재난)을 만날 때 하나님께 기도하는 것은 믿음이지만 그보다 더 큰 믿음은 우리가 하나님을 의지함으로 풍랑(재난)을 두려워하지 않는 것이다(행 27:24, 마 7:11, 14:24~33, 히 11:1~2).

아버지 곁에 있었던 대구 피난총신 시절과 수영비행장의 이별 (우리 다시 만날 때까지 하나님이 함께 계셔)

네 번째 이야기를 구성하고 있는 두 가지 작은 이야기 중에서 첫 번째 작은 이야기를 먼저 기술하면 다음과 같다. 그때가 대한예수교장로회총회의 결의로 설립되었던 전시하의 장로회총회 신학교가 대구 대신동에 있었던 안두화 선교사의 사택 경내의 한 건물에서 개교한 지 1년 후였던 1952년 가을이었던 것으로 생각된다.

그 당시 나는 한국전쟁 초기에 미군 부대로 들어가서 하우스보이를 했었기 때문에 영어 회화 능력을 갖추고 있어 미군의 한국어 통역관 군속이 될 수 있었으며 한국군에서는 나를 한국군과 미군 사이의 통역을 담당하는 통역장교로 생각하여 내가 그 일을 하는 동안 군복무를 한 것으로 인정해 주었다. 그리하여 나는 1년 9개월간 군복무한 것을 인정받고 한국군에서는 내가 제대자가 되었고 미군에서는 한국어 통역자가 부족해서 그 일을 계속할 수 있도록 하여 1952년 가을부터 아버지가 교수로 일하던 대구 대신동의 장로회총회 신학교의 임시 교수 사택에 기거하면서 대구시 외각에 자리 잡고 있었던 미 제5공군 사무실로 출퇴근하고 있었던 것이다.

어느 날 귀한 손님이 미국에서 와서 내가 기거하고 있었고 우리 가족이 살고 있었던 교수 사택의 한 방을 차지하고 우리와 더불어 한 지붕 아래서 생활하게 되었다. 그분이 바로 당시에 미국 버지니아 주 리치몬드시 소재의 유니온신학교에서 대학원 과정을 마치고 신학박사 학위를 받고 장로회총회신학교의 교수로 임명되어 왔던 계일승 박사였다.

그는 가족이 대구에서 멀리 떨어진 지방에 있었기 때문에 대구 대신동 장로회총회신학교에서 가르치기 위해 우리의 교수 사택에서 작은 방을 쓰면서 혼자 머물 수밖에 없었던 것이다. 계일승 박사는 1959년에 한국장로회총회가 통합측과 합동측 양측 장로회총회로 갈라진 후에 통합측 장로회총회가 직영하는 장로회신학대학교에서 교수를 하였으며 동교에서 총장까지 역임하였던 학자 교수였다. 그분이 사용하고 있었던 방 바로 옆에 내가 이따금 쓰고 있었던 골방 같은 방이 있었기에 나는 현관 뒷마루를 올라와서 내 방으로 가기 위해 계일승 교수의 방을 지나야만 했었는데 이따금 방문이 절반쯤 열려 있을 때 방의 내부를 볼 기회가 있었다. 그 방에 계일승 박사가 미국에서 가져온 많은 신학서적들이 있다는 것을 알게 된 것 외에 그가 책들을 꽂아 놓은 몇 개의 서가들 중 한 서가의 꼭대기 칸에 놓여 있었던 은색의 국제 방송 청취용 대형 라디오에 나의 시선이 집중된 것이다. 그때만 해도 한국은 후진국이었고 전시여서 라디오, TV, 냉장고 등 가전제품을 만드는 기술도 없었고 여건도 마련되지 않았기 때문에 전적으로 외국 제품들에 의존하고 있었던 때였다. 국제방송 청취용 대형 라디오 같은 물건은 값이 굉장히 비쌀 뿐 아니라 구입하기도 어려웠던 시절이었다.

내가 어느 날 계일승 교수의 방에 놓여 있던 라디오를 보기 위해 방

대구 피난총신 시절의 교수사택 뜰에서 저자가 미국유학을 떠나려 할 무렵, 왼쪽부터 어머니 박순도 여사, 저자, 아버지 박형룡 박사, 1953년 봄

문 앞에서 기웃거리고 있을 때 아버지께서 나를 보시고는 부르셨다. 내가 아버지께 갔더니 "너는 거기서 무엇을 보려고 기웃거리고 있었느냐?" 라고 아버지는 곧바로 내게 물으셨는데 나는 당황해서 대답을 못하고 서 있었다. 그러자 아버지는 '내가 다 알고 있다'는 듯한 표정을 지으면서 내게 이야기를 하셨다.

"아론아, 너는 거기서 계 박사의 책들을 구경하고 있었지? 계 박사는 미국에 가서 열심히 공부하고 좋은 신학교에서 박사학위까지 받아오지 않았느냐? 너도 계 박사처럼 책을 많이 읽고 열심히 공부하여 훌륭한 학자가 되어야 하지 않겠느냐?"

나는 "예, 아버지. 그렇게 하겠습니다" 라고 대답하였을 뿐 그 외에 다른 말을 하지 못하고 서 있었다. 그러자 아버지는 "그래, 어서 가 보거라. 너는 내년에 미국 유학을 떠날 준비를 지금부터 해야 하지 않겠느냐. 영어로 신학서적을 읽을 수 있을 정도의 실력을 키워야 하지 않느냐." 라고 하시면서 나를 가도록 해주셨다. 나는 아버지가 쓰시던 서재(작은 마루방)에서 나오면서 아버지께 미안한 마음이 생겨서 되돌아가서 말을 할까 생각하다가 그렇게 하지 않고 내 방으로 돌아갔다.

내가 아버지께 미안한 마음이 들었던 것은 내가 아버지로 하여금 오해를 하도록 해드린 것이었다. 아버지는 내가 계일승 박사가 거처로 썼던 방을 기웃거린 것이 계 박사가 갖고 있었던 영어원서를 구경하고 싶어서였을 거라고 생각을 하셨는데 사실 난 그것이 아니었고 앞서 말한 대로 계 박사님께서 미국에서 가져왔던 라디오를 가까이서 보고 싶었기 때문이라는 것을 아버지는 모르고 계셨던 것이다.

나는 그 당시에 영어회화는 잘했었으나 영어 독서능력은 뒤떨어졌고, 특히 연세대학교 영문학과 2학년생으로 피난지 부산과 대구에서 야간 반에서 공부하였기 때문에 신학이나 철학 분야의 영어원서를 읽어본 적이 전혀 없었고 기독교 신학과 서양 철학을 주제로 하여 저술된 영어 원서들에 대한 관심은 그때만 하더라도 별로 없었던 것이었다. 나는 아버지가 나를 오해한 것을 미안하게 생각하였고 더욱이 아버지가 내게 가졌던 기대와 수준에 내가 못 미친 것을 미안하게 생각하였다. 그러면서도 내가 그때에 있었던 그 일로 말미암아 마음에 한 가지 가슴뭉클한 감동을 받았던 것은 아버지께서는 자식인 나에 대하여 마치 아버지가 자기 자신에게 기대하였던 것과 같은 높은 수준의 것과 최선을 다하는 모습을 기대하고 계시는구나 하는 생각이 머리에 떠올랐기 때문이었다.

그때에는 내가 스무 살로 믿음이 성숙하지 못하였고 천박한 지식과 빈약한 인격 때문에 아버지가 내게 가지셨던 기대를 미처 다 헤아리지 못하였던 것이었다. 그러나 지금 돌이켜 보면 아버지는 아들에게나 타인에게, 더욱이 크리스천들에게는 언제나 최선의 것을 기대하셨고 그것을 말과 행동으로 보여주셨던 위대한 아버지요, 스승이요, 이웃이었고 무엇보다도 훌륭한 목회자였던 것이다. 성도의 삶은 진행형이 아니겠는가? 우리가 다 그리스도의 장성한 분량이 충만한 데까지 자라야 하지 않겠는가?(엡 4:13) 따라서 그때 아버지께서는 아들인 내가 아버지의 기대치에 어긋나는 생각(계 박사의 신학 서적보다 그가 가지고 왔던 국제방송 청취용 대형 라디오를 더 선호하는 것)을 가졌었는데도 아버지는 아들인 내게 대하여 최선의 이미지, 또는 최선의 기대치에 입각하여 내가 계 박사의 거실에 있었던 영어로 된 신학 서적을 구경하려고 그 방 앞에서 기웃거렸다고 판단하고 말씀하셨던 것이 분명하였다.

아버지 박형룡은 성경의 가르침을 좇아서 아들이었던 나뿐만 아니라 모든 크리스천들에 대하여 그리스도의 사상과 인격을 닮아가는 진행형적인 크리스천의 삶을 살고 있을 것을 전제하셨고 기대하여 최선의 인식과 평가 아래 늘 적극적이며 진취적으로 말씀하고 행동하셨다. 이로 미루어 볼 때 얼마나 그가 위대한 아버지였고 성경의 가르침을 그대로 실천에 옮길 것을 힘썼던 크리스천이었는가 하는 것을 생각하게 되며 큰 감동을 받는다.

이제 본 저자가 지금 하고 있는 두 가지 작은 이야기들 중에서 두 번째 작은 이야기를 하고자 한다. 1953년 6월의 비 내리는 어느 날 이른 아침에 아버지와 어머니, 그리고 나는 기차로 대구역을 출발하여 부산역에 도착하였고 즉시 택시를 구할 수가 있어서 택시로 한 시간 걸려 수영비행장(전시하의 경남지역의 유일한 민간인들을 위한 비행장)에 도착하였다. 나의 동생 모세는 감기 기운이 있어 집에서 나와 작별인사를 미리 하고 집에 머물기로 하였다. 그때는 부산에서 수영비행장으로 가는 도로 대부분이 포장되지 않았고 노상에서 검문도 있고 해서 가는 시간이 지금보다 배나 더 소요되었다. 우리는 수영비행장에 오전 11시경에 도착했던 것으로 생각된다. 그런데 벌써 11시 30분경에 일본 도쿄로 갈 예정이었던 4발 프로펠러 비행기가 비행장 건물 밖에 와서 대기하고 있었다. 그때가 전시였다고는 하지만 그리고 그때까지 외국의 비행장이나 공항 구경을 못했던 나였지만 수영비행장이 너무 초라해 보였다. 비행장 건물이 하나밖에 없었고 시골 기차역의 역사처럼 보였던 건물의 홀 한 곳에서 비행기의 탑승을 기다리는 일과 세관 수속과 환송 나온 가족 친지들과 작별인사를 하는 일을 모두 해야 했기 때문이었다.

대구역에서 기차를 타고 떠날 때부터 줄곧 우시던 어머니는 수영비행장에 도착한 다음에 잠깐 울음을 멈추고는 다시 울기 시작하는 것이 아닌가. 아버지는 어머니 옆에 있으면서 처음에는 어머니가 너무 울지 않도록 몇 마디씩 위로의 말을 건네는 것 같았으나 나중에는 아버지도 눈물을 흘리셨고 안경을 벗어서 손수건으로 눈물을 자꾸만 닦으시는 모습을 보이셨다. 그런데 나는 웬일로 눈물도 나지 않았고 울음도 터지지가 않는 것이었다.

이렇게 옛날 미국 유학을 가기 위하여 부산 수영비행장에서 부모님과 작별하는 장면을 기술하면서 회고할 때 내가 그때 거기서 울지 않았고, 눈물을 흘리지 않았던 것은 한마디로 말해서 내가 철이 덜 들어서라고 할 수 있겠다. 나는 그때 어린 마음으로 그 이전에 부모님과 함께 일본 도쿄에서 생활하였고 만주 봉천에서도 어렵고 힘든 삶을 살아 보았기 때문에 외국에 가서 유학하는 삶에 대하여 겁을 먹지 않았고 별 것 아닌 것으로 여겼던 것이다. 그리고 내가 우리 가족에 끼어서 중국 대련시에서 인천항까지 작은 동력선을 타고 서해를 가로질러 폭풍우와 풍랑과 싸우고 견디면서 항해하여 한국으로 돌아온 경험도 있었고, 1950년 6월 25일 북한공산군의 남침으로 말미암아 한국전쟁이 발발한 후 3일 만에 적에게 점령당하였던 서울을 우리 가족 모두가 구사일생으로 탈출하여 긴 피난민의 행렬에 참여하여 피난지 부산까지 갔었던 경험, 한국전쟁이 한창일 때 주한 미군의 한국군 통역장교로 최전방의 전선까지 갔다가 무사히 돌아온 경험 등이 있어서였던지 그때에 내가 한국을 떠나서 미국 유학을 갈지라도 무사히 성공적으로 마치고 돌아오리라는 자신감이 나의 철없는 마음에 생겨났기 때문이었을 것이다.

그러나 내가 그때 미국 유학을 떠나기 위하여 부모님과 작별하면서 미처 생각하지 못하였던 중요한 것은 그때까지는 내가 큰 고생을 하고 어려움을 겪었어도 부모님 슬하에서 겪었던 것이었으나 미국 유학을 떠난 이후에는 부모님을 떠나 있으면서 이국 타향에서 의지할 사람들이 없는 가운데 나 혼자 경험해야 할 고생과 고난이 될 것이라는 사실이었던 것이다. 내가 그때 출발하였던 미국 유학에 11년이라는 긴 세월이 소요될 것을 예측하지 못하였던 것도 내가 눈물을 흘리지 않았던 이유 중의 하나였던 것이다.

우리가 부산 수영비행장 간이 건물의 대합실에 앉아서 비행기의 탑승을 기다리는 20~30분의 짧은 시간 동안에 줄곧 눈물을 흘리셨던 어머니를 나는 위로하였다. "어머니, 울지 마세요. 제가 꼭 성공해서 돌아올게요. 박사학위도 받아가지고 올게요." 그래도 어머니는 말도 하지 않고 울기만 하셨다. 아버지는 옆에서 나에게 말씀하셨다. "오냐, 고맙다. 네가 그런 각오와 결심을 하고 있으니 말이다. 꼭 건강하게 공부를 잘 해야 한다. 편지 자주 하거라." 아버지는 이 말씀을 하신 뒤에 눈물이 많이 나는 듯 안경을 벗어 손수건으로 눈물로 젖은 안경을 닦으셨다.

이제 비행장 건물 앞에 대기중이었던 일본 도쿄로 가는 4발 프로펠러 비행기의 프로펠러가 회전하기 시작하였다. 비행기의 출발, 이륙을 알려주는 구내 방송이 잠깐 있었고 이미 세관검사를 마친 큰 가방 하나와 작은 가방 하나를 손에 들고, 출국 허가의 스탬프가 찍혀 있는 대한민국 여권을 내 양복 주머니에서 확인하면서 나는 "아버지, 어머니. 다녀오겠습니다"라고 작별 인사를 하고 비행기에 탑승하는 출구를 향하여 가는 승객들의 줄에 서서 걷기 시작하였다. 아버지와 어머니는 비행기 탑승구까지 승객들의 움직이는 줄 옆에서 멀리서 따라오셨다. 그러던 중에 어머니가 갑자기 나를 향하여 소리를 지르셨다.

"아론아, 비행기 안에서 점심이 없다고 한다. 도쿄에서 점심 식사를 맛있는 것으로 잘 먹어야 한다." 나는 처음에는 다른 승객들이 지켜보고 있는 데서 왜 어머니가 멀리서 저렇게 소리를 지르실까 하고 좀 멋쩍게 느꼈고 부끄러움 같은 것을 느끼기도 하였다. 내가 비행장 건물 바깥으로 나가서 비행기 트랩을 올라가 비행기 안의 내 좌석에 앉은 다음 비행기 창문 바깥을 보니 비행장 건물 앞에서 손을 흔드는 전송객들 중에 끼어 있는 아버지와 어머니가 보였다. 부모님을 향하여 나도 손을 흔들었을 때 내가 새삼스럽게 느꼈던 마음은 내가 일본 도쿄에 오후 늦게 도착하여 점심을 못 먹을 것을 염려하면서 애처로워 나에게 점심식사 할 것을 신신당부하셨던 어머니의 위대한 사랑에 크게 감동하는 마음이었다. 그날 그때에 부산 수영비행장에서 어머니가 나를 미국 유학으로 떠나보낼 때에 우리 주님께서 거기 계셨더라면 이렇게 말씀하시지 않으셨을까 외람되게 추측해 본다. "여행하면서 아들이 식사 한 끼를 굶을 것을 염려하고 애처로워하는 어머니의 마음과 같은 사랑의 마음은 이 세상 어디에서도 찾아볼 수가 없으리로다."(요 15:13과 비교)

나는 11년의 긴 미국 유학생활의 기간 중에 부모님과 고국을 그리워할 때마다 내가 부산 수영비행장을 떠날 때에 아버지가 눈물에 젖은 안경을 손수건으로 닦으시던 그 인자하셨던 모습과 어머니가 아들의 점심식사를 염려하면서 애처로워하셨던 그 사랑의 마음의 훈훈함이 나를 압도하여 나로 하여금 신학적 학문 연구의 길에서 나의 발걸음을 확고히 하였고 재촉하여 주었다는 사실을 강조하고자 하는 것이다.

이러한 아버님과 어머님의 사랑의 두 모습은 외관상 모습은 달랐지만 그 깊고 참된 사랑의 내용은 같았기 때문에 나는 미국 유학을 하는 11년의 기간뿐 아니라 그 이후에 내가 귀국하여 총신대학교에서 교수로 봉직하였던 35년의 세월, 그리고 그 이후에 아버지, 어머니께서 모두 하늘나라로 가셨고 내 가정은 미국에서 거주하고 있으면서 단신으로 한국을 왕래하여 몇몇 신학교에서 자비량 교수로 신학을 가르치고 있는 2013년 현재에 이르기까지 나의 생각 속에 간직해 두고 있는 바 이 두 가지 사랑의 모습이 나의 삶과 나의 하나님을 위한 선지교육의 사역에 큰 영감과 동력을 제공하여 왔었다고 고백하여도 지나침이 없다고 말하고 싶다.

나를 태우고 일본 도쿄로 가는 비행기는 비행장 활주로를 잠시 동안 달린 끝에 드디어 이륙하였다. 나의 비행기 좌석 창문을 통하여 내려다보니 눈 아래 시야에 수영비행장 건물이 성냥갑 한 개처럼 작게 보였고 한국 산천과 강산이 시시각각으로 멀어지는 것을 느꼈다. 이상한 것은 바로 그때였다.

하나님께서 그때까지 주지 않았던 눈물을 내게 주신 것이었다. 나는 눈물이 나기 시작하였다. 내가 탑승하였던 비행기는 가운데 통로가 있었고 통로 좌우에는 두 개의 좌석이 짝이 되어 종렬로 배치되어 있는 구조였다.

그런데 그날 비행기의 승객은 별로 많지 않았으며 나의 바로 옆 좌석은 다행스럽게도 비어 있었다. 나는 눈물이 막 나오는 대로 마음껏 울 수 있었다. 나는 세상에 태어나서 처음으로 부모님을 떠나서 이국 먼 곳으로 가서 혼자 있어야 할 생각을 하니 눈물이 나왔다. 또 다른 한 가지 이유는 아직 한국전쟁이 정전으로 끝나지 않았던 때였으므로 아버지와 어머니가 혹시 전쟁의 피해를 입으면 어찌할까 하는 염려 때문에 울었다.

거기에 추가하여 평소에 울지 않으셨던 아버님께서 눈물로 안경이 젖어서 손수건을 꺼내어 안경을 닦으시던 모습이 생각나서 울었다. 끝으로 무엇보다 어머니가 아들이 혹시 그날 도쿄에 오후 늦은 시간에 도착하여 점심을 굶을 것을 걱정하여 안절부절못하면서 괴로워하셨던 사랑의 모습을 생각하고 울었다. 또 앞으로 미국 유학의 기간 중에 어머니가 보여 주셨던 그와 같은 모정의 사랑을 경험할 수 없을 것을 생각하고 크게 울었다.

울면서 갔었던 세 시간 반의 도쿄까지의 비행기 여행은 끝났고 나는 일본 요꼬하마에서 3일 후에 미국으로 가는 배를 타야 했으므로 일본 도쿄 YMCA에서 이틀 밤을 자기 위하여 곧바로 YMCA 호텔로 떠났다. 나를 데리고 가려고 하네다 비행장에 나왔던 한국인 직원이 있었는데 나는 그분의 이름을 지금은 잊어버리고 있으나 한 가지 기억나는 것은 나보다 7~8년 연장자였고 독실한 크리스천이었다는 사실이다. 그는 내 얼굴을 유심히 본 후에 말하기를 "미스터 박, 눈이 충혈되어 있는 걸 보니 지금까지 많이 운 것 같아 보이네요. 아마 고국을 떠나 부모님 생각에 슬펐던 모양이지요?" 라고 하였다. 그러나 나는 그의 말 그대로 시인하지 않았다. 나는 그렇지 않다고 우겼다. 만일 내가 그의 말을 시인한다면 내가 그분의 눈에 아직 코흘리개 청소년으로 보일 것을 염려하였기 때문이었다.

그날 늦은 오후에 도쿄 YMCA에서 여장을 풀고 식당에 가서 저녁식사를 일찍 마친 다음에 내 방으로 돌아가서 잠자리에 들면서 나는 또 울었다. 이번에는 몇 시간 전에 YMCA 직원이 물었던 질문에 내가 부정적인 대답을 하였던 것이 그날 오전에 부산 수영비행장을 떠났을 때에 아버님과 어머님께서 아들인 나에게 보여주셨던 그 사랑의 마음의 모습에 보답을 하지 못한 것 같아서 눈물이 또 갑자기 흘러내렸던 것이다. 아마도 그날 YMCA의 숙소에서 흘렸던 눈물은 옛날 베드로가 닭 울기 전에 예수 그리스도를 세 번 부인한 뒤에 흘렸던 회개의 눈물과도 같았던 것이 아니었겠는가?(마 26:69~75) 어쨌든 그날은 나의 생애에서 미국 유학을 하기 위해 처음으로 부모님의 슬하를 떠났던 첫 날로서 그날 늦게 시작한 나의 눈물이 이런저런 이유로 그날 저녁까지 계속되었던 눈물의 날이었다. 이 책의 이 부분을 쓰면서 그날을 회고하여 보니 정말 그날은 나에게 기쁘면서도 슬픔의 날이었다. 또한 매우 감동적이며 교훈적인 날이었음에 틀림없다고 말하고 싶다.

나의 미국 유학의 노래 (미국으로 떠났던 유학생 박아론의 노래)

비 내리는 수영비행장에서
내가 4발 프로펠러 비행기를 타고
태평양 건너 미국 유학을 떠날 때에
전송 나온 아버지와 어머니와 내가
모두 울었네 크게 울었네.

이국 만리 타향에서 접시 닦고 풀 깎으며
고학하여 공부했던 그 날들이 너무 길었어도
11년을 하루같이 일심으로 내 속에
굳게 굳게 변치 않고 품었던 뜻은
하나님의 은혜 중에 어느 날 내가
박사학위 받아들고 금의환향하여
아버지 어머니 앞에 어엿이 서서
큰 절 올리는 그것이었다오.

"자녀들의 의식주와 건강을 염려하는 어머니의 사랑은 위대한 사랑이다. 왜냐하면 그것들은 자녀들의 생존과 직결되어 있기 때문이다. 그러나 자녀들에게 하나님의 나라의 건설과 그 의의 구현을 위하여 일하는 사람들에게는 하나님께서 의식주와 건강을 포함한 인생의 모든 행복들을 틀림없이 복으로 주신다고 하는 것을 가르치는 어머님의 사랑은 가장 위대한 사랑이다. 왜냐하면 그것은 어머님이 자녀들에게 행복한 인생을 누릴 수 있는 가장 효과적인 방법을 가르쳐 주는 사랑이기 때문이다"(마 6:25~33).

아버지의 지상에서 삶의 끝 시기
(만세 반석 열리니 내가 들어 갑니다)

이 다섯 번째 이야기를 구성하고 있는 두 가지 작은 이야기들 중에서 그 첫 번째 이야기를 하면 다음과 같다.

아버지 박형룡이 소천하시던 1978년 그해 늦은 5월의 어느 토요일 오후에 종전처럼 서울 봉천동의 자택을 가족과 함께 방문하였더니 아버님은 나를 서재로 데리고 가서 내 앞에 「박형룡박사저작전집」의 첫 권 교의신학을 꺼내놓으셨다. 그 책의 마지막 장을 내게 보여 주시면서 "아론아, 네가 나의 저작전집의 편집인이라는 것이 여기 이렇게 명시되어 있지 않느냐. 편집인인 네 이름을 적어놓아야 한다고 내가 역설하였단다"라고 말씀하셨다. 아버님은 책과 나를 번갈아 보시면서 굉장히 흐뭇해하셨고 기뻐하시는 모습을 보이셨다. 그때에 아버님이 나에게 보여주셨던 책(저작전집 1권, 교의신학 서론)에는 정말 나의 이름이 「저작전집」의 편집인으로 기록되어 있었다. 그 바로 위에는 저자 박형룡이라고 적혀 있었으며 내 이름 바로 아래에는 저작전집 간행위원회 대표 정문호라고 적혀 있었다.

아버님께서 '박형룡박사저작전집 간행위원회'의 위원들(정문호, 박기형, 김장환, 박경남, 임승원, 오광수, 김진택, 안중섭, 박일웅, 이성택, 이삼성 등 제씨)에게 편집인으로 내 이름이 기록되어야 한다고 강력히 주장하셨던 이유는 한국 교회사와 한국신학사에서뿐만 아니라 세계신학사상사적으로도 불후의 명작으로 평가받아야 마땅한 「박형룡박사저작전집」(20권)과 더불어 아버님 자신의 이름이 역사에 남게 될 때에 아들인 나의 이름도 함께 동반적으로 남게 될 것을 소원하셨기 때문인 줄로 나는 믿고 있다. 참으로 감사한 일이다. 그날 아버님께서 이 못난 아들에 대한 큰 사랑과 아들의 한 평생에 빛 된 순간들이 있도록 하기 위하여 애쓰셨던 그 깊은 뜻을 미처 헤아려 깨닫지 못하였었다.

그러나 아버님께서 지상의 생애와 사역을 마감하고 천국으로 떠난 이후로 시간이 가고 세월이 흐를수록 아버님의 큰 사랑과 깊은 뜻을 깨닫게 되어 아버님의 영전에 고개 숙여 감사하게 되었으며 그토록 위대하셨던 아버님을 짧은 지상의 수십 년이라고 할지라도 나로 하여금 아버님으로 모실 수 있게 하셨던 하나님의 사랑과 은혜를 정말 만 입이 있으면 그 입 다 가지고 언제나 그리고 영원토록 찬송할 것을 새삼스럽게 다짐하는 바이다.

현재 생각하고 있는 것은 내가 아버님에게 받았던 「박형룡박사저작전집」 20권의 편집인이라는 직함이 아버님으로부터 받았던 최대의 선물이었을 뿐만 아니라 나의 생애 최고의 명예요 영광이었다는 사실인 것이다. 나는 주저함 없이 말하거니와 내가 미국의 신학대학교 대학원으로부터 받았던 철학박사 학위보다도 서울 총신대학교의 총장 직무대행(지금 생각하니 총장이건 총장 직무대행이었건 상관이 없었다. 내가 실제로 하였던 일은 총장의 위치에서 총장의 일을 하였기 때문이다.)이었다는 사실보다도, 그리고 김대중 대통령으로부터 교육 공로를 인정받아 받았던 대통령 훈정포장과 훈장과 상급보다도 「박형룡박사저작전집」 20권의 편집을 도우면서 내가 갖게 되었던 아버님의 저작전집의 편집인이라는 직함이 내게는 더 명예스러웠고 영광스러웠으며 앞으로도 변함없이 영구히 그럴 것이라는 사실을 강조하고 싶다.

박형룡 박사 설교집들

이제 그 당시 「박형룡박사저작전집」 간행위원회의 위원장이었던 정문호 목사에 관하여 몇 마디 이야기를 한다면 그는 총신이 아니라 고신(고려신학교)을 졸업했으나 아버지 박형룡의 설교집을 읽는 가운데 큰 은혜를 받았고 그리하여 아버지 박형룡의 신학적 제자요, 믿음의 아들로 자부하였던 분이셨다. 그는 「박형룡박사저작전집」 20권을 간행함에 있어서 재정적인 후원자들을 모으며 보수신학의 동지들을 규합하는 일을 헌신적으로 하여 저작전집의 간행을 성사시켰던 대공로자이셨다.

나는 이 지면을 빌려서 「박형룡박사저작전집」 간행위원장 정문호 목사님과 간행위원 여러분들(박기형, 김장환, 박경남, 임승원, 오광수, 김진택, 안중섭, 박일웅, 이성택, 이배영, 이삼성 목사 등)에게 심심한 감사의 말씀을 드리며 그들이 주야를 가리지 않고 애쓰셨음을 크게 치하하는 바이다.

이렇게 하여 다섯 번째 이야기에서 첫째 이야기를 여기서 마칠 수 있겠으나 이 첫째 이야기 중에서 1978년 늦은 봄의 어느 날 아버님께서 서재에서 나에게 그의 저작전집 20권이 나오게 된 것을 알려주신 다음에 이미 나와 있었던 저작전집의 제1권이었던 교의신학 서론을 나에게 보여 주시면서 크게 기뻐하셨던 것이 생각난다. 왜 그렇게 아버님이 그의 저작전집의 간행을 기뻐하셨는가 하는 이유 설명을 지금 회고적으로 고찰하고 판단하는 대로 시도함으로써 이 다섯 번째 이야기의 첫째 이야기가 독자 여러분들에게 더 큰 감동과 교훈으로 다가서게 될 것이라는 느낌이 들기 때문에 나는 그 일을 잠시 동안 하고 나서 첫째 이야기의 기술을 마치고자 한다.

아버지 박형룡이 그날 서재에서 아들인 저자에게 「박형룡박사저작전집」의 간행이 시작된 것을 알려주셨고 또 이미 나와 있었던 저작전집의 제1권 교의신학 서론을 보여 주시면서 크게 기뻐한 이유는 물론 지금까지 이야기한 바와 같이 아버님의 소원대로 아들인 나의 이름이 저작전집의 각 권 끝 페이지에 편집인으로 나와 있었기 때문이었을 것이다. 그러나 이유가 그것뿐이었던 것은 아니었을 것이다. 내가 짐작컨대 더 큰 이유가 있었을 것이다. 그것은 「박형룡박사저작전집」의 출간이 시작되었고 저작전집 20권 중에서 처음 몇 권의 책들이 고고성을 지르며 나오게 됨을 보고 아버님은 그의 저작전집 20권의 완간이 이제는 눈앞에 와 있다고 생각하여 그의 아타나시우스적인 진리관에 입각하는 목적의식의 충족함을 느꼈기 때문이었을 것이라고 생각한다.

아타나시우스(Athanasius, 296~373)는 애굽 알렉산드리아 태생의 초대교회 교부로서 니케아교리대회(Council of Nicea, 325 A,D.)에 알렉산더 주교를 보좌하는 집사(Deacon)로 참석하여 그 당시에 예수 그리스도의 반신반인설을 주장하였던 아리우스(Arius, 초대기독교의 이단자)를 정죄하고 출교시키는 일에 선봉에 섰다. 그리고 그 다음 해에 사망한 알렉산더 주교를 계승하여 알렉산드리아의 주교가 된 이후로 평생을 아리우스주의적 이단과 투쟁하

제81회 생신을 맞이한 박형룡 박사, 1977년 봄

는 일에 바쳤고 '진리의 투사'라는 칭호를 얻은 초대 기독교의 정통주의 지도자였다.

아버지 박형룡이 옛날 아타나시우스가 가졌던 진리관에 입각하는 목적의식의 충족함을 느꼈다는 뜻은 아타나시우스가 예수 그리스도를 진리로 믿는 진리관(요 14:6)에 입각하여 올바른 성경적인 신앙과 그것 위에 세워진 정통신학을 전파하고 세우고자 하는 목적의식을 갖고 초대교회 시대에서 살았으며 또 교리적 투쟁을 계속하였던 것을 본받아 한국 교회에서 그리스도와 그의 말씀을 진리로 믿는 진리관에 입각하여 성경적으로 올바른 신앙의 교의적인 열매로서의 정통보수신학을 한국 교회 안에서 가르치고 세워 나가고자 하는 목적의식을 갖고 지금까지 살아왔었다는 것이다. 그리하여 그의 「박형룡박사저작전집」 20권의 출간은 그것을 통하여 그의 사후에 "그리스도의 복음진리의 참된 교훈이 이 땅에서 영속하는 일"에 그가 반드시 일조할 것을 의심하지 않았고 확신하였기 때문에 그런 의미에서 우리가 박형룡의 옛날 아타나시우스가 가졌던 진리관과 똑같은 진리관에 입각하는 그의 목적의식이 만족함을 느꼈고 마음에 충족되었을 것이라는 말을 할 수 있는 줄 안다.

아버지 박형룡은 위대한 아버지였다. 평소에 두 자식(아론과 모세)에 대한 아버님의 사랑이 어머니만큼 가시적이고 섬세하게 느껴지지 않았던 것은 사실이었다. 그러나 그와 같은 사랑의 미비함이 아버님의 한 번의 심오한 사랑의 표현으로 말미암아 회복되었고 온전해졌던 것을 나는 느끼곤 하였었다.

예를 들면 앞서 말한 대로 아버님은 나를 저작전집의 출간사업에 편집인으로 참여시키기를 원하셨다. 그리고 저작전집의 제1권이 나왔을 때에 그것을 나에게 보여 주시면서 내가 편집인으로 되어 있다는 것을 알려주시며 그렇게 기뻐하셨던 모습이야말로 얼마나 크고 심오한 사랑의 표현이었는가 하는 것을 나로 하여금 깨닫고 감격하게 하였던 것이다.

아버님은 「박형룡박사저작전집」의 저자로서 아들인 나를 편집인으로 아버님과 함께 역사에 남기를 원하셨던 것이다. 그 일이 이루어져가는 것을 보시고 흐뭇해하셨고, 기뻐하셨던 아버님이 보여 주셨던 마음속으로부터 우러나오는 자식 사랑의 표현이야말로 아버지 박형룡을 위대한 아버지로 입증하는 증명서와 같은 것이었다는 사실에 대하여 우리 모두가 수긍하지 않을 수 없으리라고 생각하는 것이다.

본서의 3장 '아버지 박형룡은 위대한 아버지였다'의 다섯 번째 이야기의 첫 번째 작은 이야기에서 성 아타나시우스가 나오는 것은 이 첫 번째 이야기가 아버지 박형룡의 저작전집의 간행과 관련이 되어 있었기 때문이었고 또 그의 진리의 투사로서의 일면을 강조하기 위함이었던 것이다. 그러나 아버지로서 박형룡의 인격과 사랑을 이야기할 때에는 성 아타나시우스보다도 성 프란시스와 관련시켜서 이야기를 전개시키는 것이 좋을 줄 안다. 그러므로 다섯 번째 이야기의 두 번째 작은 이야기에 가서는 위대한 아버지 박형룡을 이야기할 때에 성 프란시스를 등장시키고자 하는 것이다.

그런데 다섯 번째 이야기의 첫 번째 작은 이야기를 하면서 아버지 박형룡의 저작전집 출간과 관련하여 성 아타나시우스를 이야기하게 되었으니 아버지 박형룡과 성 아타나시우스의 유사점을 잠깐 언급하고 이야기를 마치도록 할 것이다.

아버지 박형룡은 '한국의 아타나시우스'라고 불릴 정도로 아타나시우스와 유사점들이 많았다. 아타나시우스가 4세기 초의 초대 기독교계에서 아리우스적인 이단 교리를 물리치고 성경적인 초자연적 기독론을 세우기 위하여 투쟁하여 진리의 투사라는 칭호를 받은 것처럼 박형룡은 세계 2차 대전 전후의 한국 교회에서 신신학이라고 알려졌던 신정통주의 신학의 침투를 방지하기 위하여 투쟁하면서 정통신학의 대표자로 알려졌던 신학자였다.

아타나시우스는 서방 기독교계의 지도자로서 45년의 사역기간 중에 17년을 이단주의자들의 공격 때문에 쫓겨 다녔고 다섯 번을 유럽 북방 골지방으로부터 남쪽으로는 북아프리카의 리비아 사막까지 유배를 가는 망명생활을 하였다. 이처럼 박형룡도 일제 치하의 평양장로회신학교의 교수시절부터 대한민국 건국과 한국전쟁의 정전 후에 사당동 총신대학교에서의 학장교수 시절까지의 40년 동안에 13년을 망명생활과 피난생활을 하였으며 망명생활을 했을 때에는 남쪽의 일본 도쿄로부터 북방의 중국 동북부 심양에 이르기까지 한국으로부터 수천리 떨어져 있는 이국타향을 헤매고 돌아다니는 망명자로 살아야 했던 것이다.

그리고 아타나시우스가 니케아 대회에서 아리우스를 패배하게 한 다음부터 그의 남은 생애 동안 아리우스주의자들을 몰아내기 위하여 두 가지 교리 즉 그리스도의 신성과 성경의 신적 권위성을 가르치는 일에 전적으로 헌신한 것처럼 박형룡도 한국 장로교회 안에서 신정통주의 신학의 확장을 방지하고 종교다원주의적 에큐메니칼 운동을 물리치기 위하여 두 가지 교리 즉 성경의 완전 영감론과 기독교 유일 종교성을 가르치는 일에 전력투구를 했었던 것이다. 아타나시우스를 보고 온 세상(이단과 불신앙)과 맞서서 이기는 아타나시우스(Athanasius Contra mumdum)라는 말을 했었던 것처럼 박형룡을 보고 우리는 온 자유주의 신학을 맞서서 이기는 박형룡(Hyung Nong Park Contra Liberalism)이라는 말을 할 수 있었을 것이다.

그러면 지금부터 독자 여러분들께서 듣기를 고대하고 있었던 다섯 번째 이야기의 두 번째 작은 이야기를 하고자 한다.

아버님은 1978년 10월 25일 오전 5시 30분 서울 봉천 3동 자택의 침실에서 주무시다가 하나님의 영원하신 부르심을 받으셨다. 아버님은 돌아가시기 3~4일 전부터 감기가 시작되었고 입맛이 없다고 하시면서 음식을 잘 드시지 않으셨다. 또 음식을 드시면 하설이 일어나기도 하였다.

근처에 있는 내과의원의 원장이 왕진을 왔다 가면서 "감기에 소화불량이 된 것이니 염려할 필요가 없고 2~3일 약을 복용하면서 휴식을 취하면 될 것입니다"라고 말했다. 그러던 중 아버님이 수프를 먹고 싶다고 하셔서 내 처가 러시안 수프를 정성스럽게 만들어 가져다 대접을 하였다. 아버님은 맛있다고 하면서 한 그릇을 다 드셨다. 소화도 잘되셨던 것 같았고 그날 밤은 잠도 잘 주무셨다. 그런데 아버님 건강에 대해 안심하고 있었던 우리 가족에게 큰 충격을 던져 주셨으니 이틀 후인 10월 25일 새벽에 주무시다가 이 세상을 떠나 하나님 품으로 가셨던 것이다.

아버님이 돌아가시기 이틀 전에 감기 기운과 가벼운 소화불량이 있었던 가운데 러시안 수프를 청하여 맛있게 드셨던 일 그리고 그 일과 관련된 본 저자의 해설과 설명을 집중적으로 하고자 한다.

왜냐하면 아버님께서 감기 중에도 러시안 수프를 맛있게 드시면서 좋아하셨고 기뻐하셨던 그 모습에 관하여 그리고 아버님의 그와 같은 모습에 대하여 본 저자가 할 수 있는 설명과 해설을 기술하는 것이 다섯 번째 이야기의 두 번째 작은 이야기이기 때문이다.

아버님은 그날 나의 처가 준비하여 대접해 드렸던 러시안 수프를 정말 맛있게 좋아하시면서 또 기뻐하시면서 잡수셨다. 그 일과 이 사실에 대한 증인은 나 자신과 러시안 수프를 대접해 드렸던 나의 처이다. 러시안 수프를 드시면서 아버님께서 그렇게 좋아하셨고 기뻐하셨던 그 모습을 그날 그때 거기서 나와 나의 처가 직접 목격하였기 때문이다. 나는 그 당시 아직 50세가 안 된 철이 덜 들었다고 할 수 있는 젊은 총신 교수가 아버님의 아들로서 어렴풋이 느꼈었던 것을 지금 본서 3장 '아버지 박형룡은 위대한 아버지였다'는 다섯 번째 이야기의 두 번째 작은 이야기를 엮어가면서 더욱 절실하고 강력하게 느끼게 되었음을 고백하는 바이다.

그날 그때 느꼈었고 지금은 더욱 절실하고 강력하게 느끼게 되어 고백하고 있는 바 그것, 그 사실은 도대체 무엇이었겠는가? 그것은 직전에 기술한 다섯 번째 이야기의 두 번째 작은 이야기 중에 있었던 일을 비롯하여 지금까지 아버지 박형룡과 관련되어 있었던 많은 일들을 모두 망라하여 고찰한 바대로 아버지 박형룡은 '한국 땅에 태어났었던 성 아타나시우스'였을 뿐만 아니라 '한국 교회가 낳은 성 프란시스'였다라고 하는 그 사실, 그 위대한 사실인 것이다. 아버지 박형룡은 성경이 가르치는 그리스도적인 복음진리를 그 내용으로 하는 진리관에 입각하여 바른 신앙과 바른 신학을 수호하고 전파하는 아타나시우스적 목적론을 갖고 한국 땅에서 일생을 하나님께 헌신하였던 위대한 하나님의 종이었다.

총신대학교 총장 직무대행을 65세 정년으로 사임한 뒤에 찾아간 아버지 묘소(경기도 파주), 2000년 봄

또 한편 아버지 박형룡은 인생의 일상적인 삶 가운데 존재하는 하나님의 보통 은혜적인 은총들을 감사하고 즐거워하면서 근면하고 검소, 소박한 삶을 날마다 살았고 어린아이처럼 순결하고 진실한 마음을 갖고 이웃사람들에게 친절과 도움을 베풀었으며 그리스도의 사랑과 겸손의 인격을 본받기를 힘썼던 성 프란시스(Imitatio Christi)적인 삶을 한국 교회 안에서 실천하였고 살아가면서 하나님께 영광을 돌렸던 하나님의 위대한 종이었다.

특별히 저자의 생각으로는 다섯 번째 이야기의 두 번째 이야기는 아버지 박형룡의 성 프란시스적인 삶의 모습을 보여주는 내용의 것이 되는 줄 안다. 아버님은 성 프란시스처럼 우리의 일상적인 삶 가운데 존재하는 하나님의 보통은혜적인 축복들을 감사하며 즐거워하는 인생을 하루하루 살아가셨던 것이다.

감기가 걸려 입맛이 없었을 때에 며느리가 만들어다가 대접해 드리는 러시안 수프를 맛있게 드시면서 이와 같은 일상 속의 하나님의 축복으로서의 작은 행복을 즐기셨고 즐거워하셨던 아버님의 삶의 모습이야말로 우리가 어찌 그것을 성 프란시스적 삶의 모습이라고 호칭하면서 감탄하며 흠모하지 않을 수 있겠는가 하는 것이다.

성 프란시스(St. Francis of Assisi, 1182~1226)는 로마 가톨릭 교회가 숭배하는 성인일 뿐 아니라 오늘날까지 세계인들(people all over the World)이 사랑하고 있는 바 종교적으로 윤리·도덕적으로 거룩한 삶을 살았으므로 인류의 모범이 되었다고 여겨서 숭상하며 경외하고 있는 성자 또는 성인들 중에서도 첫 번째로 손에 꼽는 인물이다.

그는 이탈리아의 아시시에서 출생하여 44년을 살았고 이탈리아의 아시시에서 세상을 떠났는데 그의 44년의 짧은 인생 가운데서 로마 가톨릭 교회의 수도사로서 예수 그리스도의 지상에서의 공생애 3년간의 삶과 사역을 모방하여 문자 그대로 그것을 생활로 옮겨서 실천하였던 위대한 신앙인이었다. 프란시스는 1182년에 이탈리아의 아시시에서 의류 판매업을 하였던 돈 많은 상인의 아들로 출생하였다. 그는 아버지가 부자였기에 학교에서 공부를 열심히 하지 않고 나쁜 친구들과 어울려 방탕한 삶을 한동안 살다가 인근 도시와 전쟁이 일어났을 때에 군대에 끌려가서 전쟁의 비참함과 고난을 경험하고 구사일생으로 집으로 돌아온 다음부터 인생관이 바뀌기 시작하였다. 그는 인생의 허무함을 느끼기 시작하였다.

그는 산 속에 들어가 혼자 있으면서 하나님께 간절히 기도하는 생활을 계속하였는데 어느 날 예수 그리스도께로부터 "무너져가는 내 집을 세우라"고 하는 음성을 들었다고 한다. 그리하여 젊은 프란시스는 가톨릭 교회의 수도사가 되어서 문자 그대로 어김없는 그리스도 모방을 스스로 생활화하였고 또한 그것을 실천할 것을 그의 추종자들에게 요구하였다. 그가 수도사로서 보여주었던 크리스천 라이프는 그리스도의 겸손과 같은 겸손을 소유하는 것을 최대의 미덕으로 여기고 추구하는 한편 그리스도가 지상적인 삶 가운데서 경험하였던 가난을 그대로 모방하는 것을 라이프스타일로 삼고 살아갈 것을 의도하는 크리스천 라이프였던 것이다.

성 프란시스는 이와 같이 그리스도 모방을 실천으로 옮기는 것이 그리스도인의 삶이라고 인식하였고 그 자신이 그렇게 살았기 때문에 수도사의 삶의 목적을 이러한 크리스천 라이프의 학습과 전파에 두어야만 했었던 것이다. 그리하여 그리스도 모방을 표방하는 크리스천 라이프를 원근 각지에 전파하기 위하여 그를 추종하고 있었던 수도사들의 무리들을 정예화하고 확대시켰는데, 그것이 오늘날 로마 가톨릭 교회 안에 존재하고 있는 프란시스 수도사종단(the franciscan order)의 역사적인 기원이요, 유래인 것이다.

주후 1224년 9월 14일 수도사 프란시스는 베르나(Verna)기도원에서 40

일간의 금식기도를 하던 도중에 예수 그리스도의 십자가의 상흔(the Stigmata)이 그의 육체에 발생하게 되었다고 한다. 성 프란시스는 그의 육체에 생겨난 그리스도의 다섯 가지 상처(The Five Wounds of Christ) 때문에 몸이 아프기 시작하였고 치료하였으나 효과가 없었으며 병세가 악화되어 1226년에 고향인 아시시에서 마지막 숨을 거두었던 것이다.

이제 본 저자는 아버지 박형룡이 한국의 아타나시우스라고 일컬음을 받을 만한 존재였었을 뿐 아니라 한국 교회가 낳은 성 프란시스라고 호칭을 할 만한 존재였음을 주장하고 두 분(성 프란시스와 박형룡) 사이에 존재하는 유사점 두 가지를 이야기하고자 한다.

이 두 분 즉 아버지 박형룡과 성 프란시스 사이에 존재하는 바 본 저자가 지적하고자 하는 그리스도 모방의 겸손과 그리스도 모방의 가난한 삶이라는 두 가지 유사점 중에서 먼저 그리스도 모방의 겸손과 관련하여 두 분의 이야기를 하면 다음과 같다.

성 프란시스는 앞서 지적한 대로 수도사로서의 삶 속에서 겸손을 그리스도인의 삶의 최대 미덕으로 알고 실천에 옮긴 분이었다. 성 프란시스는 정말 자신이 성경에 나오는 예수 그리스도가 사용한 이 소자 중 하나라는 표현 중에서 소자(마 9:42)보다도 자기 자신이 작은 존재인 것을 믿었던 것이다. 그리고 그는 모든 사람들과 모든 존재들을 하나님의 피조물이요, 하나님의 형상 소유자로 알고 존경심과 애정으로 대하였다.

성 프란시스에게는 거지와 교황이 다 똑같은 하나님의 피조물이요, 하나님의 형상 소유자였기 때문에 그런 의미에서 차이가 없었고 산 속에서 지저귀는 새들이나 숲속에서 뛰놀고 있는 다람쥐들이 똑같이 하나님의 피조물인 것을 생각하여 그들에 대하여도 사랑으로 대했다.

그리고 성 프란시스는 그의 겸손한 만물 평등사상에 입각하여 해를 형제 해라고 불렀고 달을 자매 달이라고 불렀으며 죽음도 하나님의 인류를 향한 섭리의 도구로 쓰임받는다고 하여 형제 죽음이라고까지 하면서 친근감 있게 불렀던 것이다.[227] 물론 여기서 우리가 알아야 할 것은 성 프란시스의 앞에서 설명한 바와 같은 만물 평등사상이 개혁주의 신학의 입장과 부합하는 것은 절대 아니라는 것이다. 가령 해와 달과 별들이 하나님의 피조물들이기는 하나 하나님의 형상의 소유자는 아니므로 그것들에게 인격을 부여하고 하나님의 심오한 사랑의 대상으로 삼는 것은 잘못이다.

이제 저자가 지적하고자 하는 바는 아버지 박형룡의 겸손함은 성 프란시스의 겸손과 비교하여 조금도 뒤떨어지지 않는 겸손함이었다는 사실이다. 아버님께서 자기 자랑하는 것을 들어본 사람이 아무도 없었다. 아버님은 동년배의 교계 인사들에게는 물론이고 자기 자신보다 나이가 적은 후배 목사들, 심지어는 자신이 가르치고 있었던 신학생 전도사들에게도 경어를 사용하였다.

아버님은 신학자로서도 대단히 겸손하였다. 그의 「교의신학」 각 권의 머리말에서 아버님이 자신의 저술을 "나의 화원에 다른 사람들의 꽃 몇 개를 옮겨 심어 놓은 것이다"라고 술회하면서 편술이나 역편이라고 하려고 하였으나 출판사의 권면 때문에 '지음'이란 말을 기입하게 되었다고 하셨다.[228] 더욱이 우리 모두가 놀라지 않을 수 없는 것은 아버님은 세계 각국 신학교 및 교회 방문여행을 하시면서 이탈리아의 로마를 방문하여 사도 바울이 갇혀 있었던 지하 감옥과 그가 참수되어 머리가 땅에 세 번 굴렀다고 하는 곳마다 샘물이 솟아났다고 하여 3천동이라고 불리는 바울 순교당을 순례했었을 때에 아버님은 그 당시 그가 한국 서울 소재 장로회총회신학교의 학장이었음을 다 잊어버리고 이렇게 겸손하고 마음 아프게 회개하는 기도를 하였던 것이다.

"주여, 이 죄인 감히 설 수 없는 거룩한 곳에 섰나이다. 주의 봉사에 몸을 아끼고 생명을 아끼어 죽을 만한 때에 죽지 못한 이 죄인이 성 사도의 수난 수신하신 성소에 감히 섰나이다. 무력한 이 죄인을 성신의 권능으로 도와주사 신절을 굳게 지켜 죽도록 충성하게 하옵소서."[229)]

다음으로 아버지 박형룡과 성 프란시스 사이에 존재하는 그리스도 모방의 겸손과 그리스도 모방의 가난이라는 두 가지 유사점 중에서 두 번째 유사점인 가난(Porerty)과 관련하여 두 분의 이야기를 하면 다음과 같다.

성 프란시스에게 있어서 가난은 앞서 말한 바와 같이 기독교인의 라이프 스타일(생활방식 또는 삶의 모습)이요, 절대적 가난을 생활화하는 것은 그리스도 모방이라고 확신하였기 때문에 그 자신이 일평생을 절대적 가난 속에 살아가면서 가난이라는 그리스도인의 라이프스타일을 예찬하였던 것이다. 그리고 그는 그의 추종자들과 함께 수도사들의 회합 또는 단체를 조직하면서(나중에 이것이 프란시스 수도사 종단으로 발전) 세 가지 규칙을 선포하였으니 그것은 첫째가 자기 소유를 팔아서 가난한 자에게 나누어 주는 것이며(눅 18:22), 둘째는 아무것도 가지고 다니지 않는 것이며(눅 9:1~3), 셋째는 십자가를 지는 것(마 16:24)이었던 것이다.

성 프란시스에게 가난이 중요하였던 것은 아무것도 소유하지 않으면 사람이 자유로워질 수가 있고 정말 자유로운 자만이 그리스도를 마음껏 섬길 수 있다고 생각하였기 때문이다.

프란시스가 처음에 그의 추종자 수도사들과 함께 전도단을 구성하여 전도하러 다녔을 때에 사람들이 그들의 남루한 옷차림과 거지처럼 쓰레기통을 뒤져서 먹을 것을 찾는 모습에 역겨움을 느껴서 돌을 던졌다고들 하였으나 나중에는 어떻게 저렇게 아무것도 없고 가난의 고생을 견디어야 하는 거지떼와 같이 보이는 그들이 행복하여 전도하러 다니며 하나님을 찬양하는 노래를 부르고 다닐 수 있을까를 생각하게 되어 프란시스와 그의 수도사들의 무리가 지나갈 때마다 꽃을 던져주며

종을 울려서 환영하였다는 이야기가 있다. 그러므로 여기서 우리가 깊이 생각하고 깨달아야 할 중요한 사실은 성 프란시스가 가난을 예찬하였고, 절대적 가난을 실천하였던 것은 가난 자체가 가치성이 있어서가 아니라 가난은 우리들로 하여금 예수 그리스도의 삶을 닮아가는 소박한 인생을 살도록 하여 복음을 전파할 수 있는 자유와 참된 행복을 누릴 수 있도록 이끌어 줌을 믿어 의심치 않았기 때문인 것이다.

성 프란시스는 전도단을 이끌고 전도하러 다니지 않을 때에는 음식을 위하여 구걸하는 일은 절대로 하지 않았고 수도원 생활을 하면서 스스로 농사를 짓고 일하여 식물을 먹는 일을 실천하였다는 것이다(살후 3:10, 12).

그리고 성 프란시스는 가난함으로 살 수가 있었던 검소하고 소박한 삶의 순간순간들을 하나님의 보통은혜의 축복인 줄 알고 기뻐하였고 행복감을 느꼈었던 것이다. 그는 수도원 식당에서 빵 두 조각과 한 그릇 수프를 식사로 먹으면서 그 맛을 음미하여 행복을 느꼈고 그에게는 산 속에서 흐르는 시냇물에 떠내려 오는 가을 낙엽을 손으로 건져서 그것의 오색찬란한 아름다움을 조물주 하나님의 창조의 솜씨로 감상하면서 하나님의 은총을 찬양하였고 기뻐하였던 소박한 삶의 즐거움들(simple pleasures of life)도 있었던 것이다.

또 성 프란시스에게 유명한 이야기가 있다. 어느 날 성 프란시스는 산 속에 새들이 많이 모여 있는 곳을 찾아가서 그들에게 하나님의 뜻을 전달하였다. 새들도 하나님의 피조물로 하나님이 사랑하신다는 내용의 메시지였다. 새들은 그곳에서 돌아다니지 않고 조용히 서서 성 프란시스의 이야기를 경청하였다고 한다. 이야기가 끝나고 나서 성 프란시스가 새들을 보고 "너희들은 이제 가도 좋다"라고 하니까 새들이 성 프란시스의 허락을 받고 난 다음에서야 일제히 날아가 버렸다는 이야기인 것이다.[230]

로마 가톨릭은 성인이 물리적 이적을 행하는 것을 믿고 있으나 우리 개혁주의 신앙인들은 그것을 믿지 않는다. 그러나 성경말씀은 가르치기를 하나님에게 불가능이 없다(마 19:26)라고 하지 않는가. 만일 하나님이 이와 같은 일을 성 프란시스를 통하여 섭리하셨다면 이와 같은 일이 물론 발생하였을 수 있었을 것이다.

그러므로 성 프란시스는 그 자신이 이와 같이 하나님의 통치하에 존재하는 하나의 형제자매적인 세계를 믿는 믿음을 실천에 옮기기 위하여 소박하고 꾸밈없는 자연 그대로의 삶을 살면서 행복해하였고 이렇게 하나님의 보통은혜적인 대자연의 축복들을 의식화하는 삶 가운데서 사람들이 참으로 행복할 수 있다는 메시지를 성 프란시스는 그의 시대에서 그를 추종했던 프란시스 수도사들의 무리에게 그리고 그 외의 많은 사람들에게 분명히 전달하고 있었던 것이다.

성 프란시스는 이렇게 평생 가난하여 빵 한두 조각과 수프 한 그릇으로 배를 채웠고 밤에는 노숙하며 한센병 환자와 입 맞추고 새들과 이야기하고 다람쥐들과 함께 뛰어놀았던 소박하고 꾸밈없는 그리고 사랑의 삶을 통하여 그 자신이 행복할 수가 있었고 나아가서 그리스도 모방과 하나님에 대한 조물주 신앙을 실천궁행하였던 위대한 신앙인이었던 것이다.

그러면 아버지 박형룡에 대하여 가난과 관련하여 말할 수 있는 이야기는 무엇이 있는가? 아버지 박형룡은 성 프란시스처럼 절대적 빈곤을 겪고 누리면서 가난을 찬양하는 가난의 예찬자는 아니었다. 왜냐하면 아버지 박형룡에게 성 프란시스와 크게 다른 점이 있었다면 그것은 박형룡은 아타나시우스적 목적론, 즉 기독교의 역사적인 정통교리와 그것에 토대하는 올바른 신학을 지키고, 가르치고자 하는 변증적이고 호교적인 목적론을 소유하고 있었다는 것이었다.

박형룡은 그의 변증적이고 호교적인 목적론을 성취하여 나아가기 위하여 중국 유학과 미국 유학도 했었고 귀국 후에는 결혼하여 자녀도 낳았으며 평양장로회신학교와 대구 피난총회신학교와 서울 남산장로회총회신학교와 서울 사당동 총신대학교와 신학대학원에서 신학을 가르치면서 교수도 하였고 교장과 학장직을 맡아서 일하기도 하였던 것이다.

그러면서도 아버지 박형룡은 신사참배를 반대하여 구름처럼 떠도는 망명생활을 일본 도쿄와 만주 봉천에서 두 번씩이나 하였고 한국전쟁 시에는 경북 대구 총회신학교에서 피난 교수생활을 하기 직전 일 년을 한 봇짐에 책들과 가재도구들을 내버리고 이 도시, 저 도시로 이사다녀야 했었고 돈이 떨어져서 하루 앞날의 식사할 일을 걱정해야만 했었던 상대적 빈곤 속에서 가족과 함께 살았던 날들이 많았다는 것을 우리는 기억하고 유념하여야 할 것이다.

그런데 아버지 박형룡은 하나님께서 그에게 사명으로 부여하였던 정통적 기독교의 변증적이고 호교적인 목적론을 실행하기 위하여 가난한 신학교 교수 생활을 하면서 가족과 함께 경험하였던 상대적 빈곤의 삶으로부터 그가 터득하게 되었던 소박하고 사치할 줄 모르는 생활을 오히려 하나님의 보통은혜적인 축복인 줄 알고 하나님께 감사하면서 그것을 누렸고 즐거워하였던 것이다.

앞서 수차례 걸쳐서 말한 바와 같이 아버지 박형룡이 대구 피난총신 시절에 임시 교수사택의 엉성한 서재에서 빈 사과상자를 책상으로 하고 그 앞에 앉아서 불평 한마디 없이 기쁘게 책을 읽고 신학연구를 하던 그 모습이라든가 서울 사당동 총신의 초창기에 동교의 교수도 하였고 학장도 하시면서 햇빛이 뜨거워서 머리에 벙거지 같은 중절모를 쓰고 무거운 책가방을 손에 든 채 사당동 고개(헐떡고개)를 명랑한 표정을 하고 넘어가고 오던 모습을 그 누구라도 직접 보았었더라면 아버지 박형룡의 그와 같은 성 아타나시우스적이고 성 프란시스적인 모습에 감탄하며 큰 감동을 받지 않을 수가 있었겠는가 하고 묻고 싶은 것이다.

여기서 한 가지 밝히고 싶은 이야기가 있다. 아버지 박형룡의 옛날 대구 피난 총신시절에 빈 사과상자 책상 앞에 앉아서 정통신학을 신학생들에게 가르치기 위하여 스토아(Stoics : 주전 4세기의 극기주의 철학자)적으로 책을 읽고 강의를 준비한 것은 그의 성 아타나시우스적인 모습이라고 할 수 있겠으나 그가 빈 사과상자 책상 앞에 앉아서 책을 읽고 신학강의를 준비하였을 때에 그가 그 일을 기쁘게 즐거워하면서 에피쿠러스(Epicurus : 주전 4세기의 쾌락주의 철학자)적으로 하였다면 그의 그와 같은 모습은 성 프란시스적인 모습이었다고 평가할 수 있는 줄 안다.

또 아버지 박형룡이 옛날 사당동 초창기 총신 시절에 신학생들을 가르치기 위하여 벙거지 같은 모자를 쓰고 무거운 책가방을 손에 들고 사당동의 헐떡고개를 스토아적인 표정을 지으면서 넘나들었다면 그것은 분명히 그의 아타나시우적 모습이었다고 말할 수 있었을 것이다. 그러나 그가 사당동 총신캠퍼스에 모여 있었던 신학생들을 가르치기 위하여 벙거지 모자에 도보로 사당동의 헐떡고개를 기뻐하면서 에피쿠러스적인 표정(신령한 쾌락주의적 표정)을 지으면서 넘어가고 넘어왔었다면 박형룡의 그와 같이 행동하였던 그 모습은 분명히 성 프란시스적 삶의 모습이었다고 우리가 마땅히 평가함이 옳은 줄 안다.

아버지 박형룡이 기독교의 변증적이고 호교적인 목적론을 위하여 신학교수 생활을 하면서 겪었던 상대적인 빈곤 속에서 그가 의도하였고 또 그렇게 살아갔었던 소박하고 사치함이 전혀 없는 삶이야말로 성 프란시스가 그리스도 모방(imitatio christi)을 문자 그대로 실천하기 위하여 쓰레기통에서 식물을 찾고 노숙을 하는 절대적 빈곤의 삶을 살면서 한센병 환자들에게 그리스도의 사랑을 전하였고, 새들과 하나님 이야기를 나눔으로 기뻐하였으며 인생의 참행복을 느꼈던 성 프란시스의 가난하고 겸손한 삶과 개혁주의적 안목으로서 견주어 볼 만한 검소하고 겸손한 삶을 사셨던 것이다.

아버님은 무더운 여름철에 산속의 기도원을 집회 인도하러 다녔을 때에 바로 길 옆을 흘러가는 시냇물에 두 발을 담그고 시원하다고 하면서 기뻐하셨고 봉천동 언덕 위에 있었던 자택의 정원을 산책하시면서 저녁 하늘에 찬란하게 빛을 발하고 있었던 별 떨기들을 쳐다보시면서 감동하셨고 시를 지어 읊기도 하셨다. 바로 아버님의 삶 속에서 우리가 찾아볼 수 있었던 그와 같은 순간들이 아버님께서 하나님의 보통은혜적인 삶의 작은 기쁨들을 즐기고 즐거워하면서 소박하고 진실하고 순결한 삶을 대자연에 대한 애정과 하나님에 대한 조물주 신앙(롬 1:25)을 갖고 살아감으로 말미암아 그가 우리들과 만인에게 보여주었던 성 프란시스적인 삶과 비교할 만한 성자적인 삶의 순간들이 많았었다고 생각하는 것이다.

아버님이 살아계셨을 때에 그의 삶 속에서 누렸던 하나님의 보통은혜적인 축복으로서의 작은 기쁨들을 아들인 저자가 기억하는 대로 세 가지로 구별하여 차례대로 이야기한다면 첫째로는 아버님은 떡을 좋아하셨고 서양식 메뉴에 나오는 빵도 맛있게 드셨다는 것이다. 떡은 찰떡, 설기떡, 송편 등 무슨 떡이든 간에 다 좋아하셨고 잔칫집에 초대받아 가시면 제일 먼저 떡을 담은 그릇이 식탁 어디에 있는가를 살펴보시고 그 앞에 앉기를 원하셨다. 양식을 드실 때에는 먼저 나오는 빵을 좋아하셔서 흰 토스트 빵이든 잡곡 빵이든, 이탈리아 빵이든 간에 많이 드시고 나서 아버님은 소식을 하셨는지라 본식의 음식을 못 드시고 아쉬워하는 모습을 보인 적도 종종 있으셨다. 이렇게 아버님이 떡을 드시길 좋아하셨고 양식의 빵을 선호하여 그것을 맛있고 즐겁게 드셨던 때가 바로 아버님이 하나님의 보통은혜적 축복으로서의 작은 기쁨들 중의 하나를, 즉 특별히 좋아하셨던 음식을 드시는 기쁨을 누리고 계셨던 순간이었던 것이다.

둘째로 아버님은 어린아이들을 좋아하셨다. 특히 이 부분을 쓰면서 생각나는 것은 아버님이 총신대학교로부터 영구 은퇴하신 다음에 봉천동 자택에서 「박형룡박사저작전집」을 저술하셨던 7년 기간에 우리 가족이 일주일에 꼭 한 번씩 봉천동 자택으로 아버님과 어머님을 찾아 뵈었는데 그때마다 아버님은 서재에서 나오셔서 두 아이들(손녀와 손자)과 이삼십 분 동안 이야기하셨고, 놀아주셨던 것을 기억한다.

큰 딸(안나)과, 작은 아들(필립), 두 아이를 무릎에 앉혀놓고서 "안나야!" "필립아!" 하고 아이들의 이름을 부르시면서 귓속말로 무엇인가를 물어보기도 하셨고 재미있고 유익한 이야기를 아이들에게 들려주시기도 하셨던 것이다. 출생시에 두 아이에게 성경인물의 이름을 따라서 안나(Anna, 눅 2:36)와 필립(Philip, 요 1:43)이라는 이름을 지어준 분도 아버님이셨다. 또 아버님은 돌아가시기 1, 2년 전이었던 그 해에 큰 딸 안나의 생일을 기억하고 선물을 사들고 우리 가족들이 살고 있었던 서울 남현동 집을 찾아오셔서 축하하시고 가신 적도 있었다. 여느 해에는 아버님과 어머님은 우리 가족이 봉천동 자택을 일주일에 한 번 방문하였던 토요일에 안나와 필립의 생일선물을 준비하셨다가 아이들에게 주시는 일도 잊지 않으셨던 것이다.

이렇게 하여 아버님이 자택에서 손녀, 손자들을 기쁘게 맞이하여 더불어 이야기하고 재미있게 시간을 보내셨던 그때가, 또 아버님이 손녀의 생일에 선물을 들고 버스를 타시고 30분이나 되는 길을 오셔서 축하해 주시고 가셨던 그해 그때가 바로 아버님이 하나님께로부터 받은 바 보통은혜적 축복으로서의 작은 기쁨 하나를, 즉 어린 손녀, 손자 사랑의 기쁨을 정말 행복스럽게 누렸던 순간이었던 것이다.

그리고 셋째로는 아버님은 일기 쓰는 일을 즐겨하셨다. 본 저자는 아버님께서 총신대학교 영구 퇴임 후에 봉천동 자택에서 7년 동안 「박형룡박사저작전집」 20권을 쓰시던 그의 생애의 마지막 시기에 매일같이 기록해 놓으셨던 일기책들을 갖고 있었는데 그것들을 보면 근면 성실성과 사실적 정확성이 그 특징으로 돋보였었다. 아버님은 본래가 근면

성실한 분이셨는데 일기를 쓰시면서 아버님 본래의 근면성과 성실성이 일기책 각 권에 잘 반영되어 있었던 것이다. 놀라운 것은 7년 동안을 날마다 하루도 빠짐없이 일기를 쓰셨다는 것이요, 더욱 놀라운 사실은 일기의 분량이 매일같이 크게 다를 바 없이 비슷하게 유지되고 있었다는 것이다. 이것은 보통 어려운 일이 아니었을 터인데 아버님은 이 일을 해내셨던 것이다. 그 이유는 무엇보다도 아버님께서 일기 쓰시는 것을 즐거워하셨기 때문이었을 것이다.

그리고 아버님은 본래가 세상 어디에 모셔다 놓아도 그의 진실성에 있어서 누구에게도 뒤떨어지지 않는 분이셨는데 일기를 쓰시면서 그의 본래의 진실성이 사실적 정확성으로 모습을 바꾸어서 일기책들 각 권에 나타나도록 하셨다고 말할 수 있겠다. 가령 예를 들어 '오늘 오전에 K목사가 방문하셨는데 잠시 담소하다가 점심 전에 귀가하셨다'라는 문장이라든지 '오늘 오후에 아론 목사가 학교에서 집으로 가는 길에 들렀는데 학교 일이 걱정된다고 하여 학교 일을 함께 의논하다가 아론 목사는 저녁식사를 하고 내일 강의준비를 해야 한다고 하면서 빨리 귀가하였다.'라는 문장을 보면 아버님의 진실한 성격만큼이나 아버님이 일기책에 기술한 이 문장들이 사실적인 정확성을 띠고 있음을 발견하고 아들인 본 저자는 한편 놀라면서 또 한편으로 감탄하지 않을 수 없었던 것이다.

아버님의 일기책에 기록된 문장들의 사실들과 사건들을 기술하는 정확성은 그 이유가 무엇보다도 아버님께서 일기 쓰는 일을 좋아하셨고 그날그날 사실들과 발생하는 사건들을 회상하여 기록하는 일에 기억력과 판단력을 총동원할 수가 있었기 때문이었을 것이라고 말할 수 있을 것이다. 어쨌든 아버님께서는 이렇게 매일같이 일기 쓰는 일을 하는 것과 좋아하시는 식물(떡과 빵)을 드시는 것과 어린 손자, 손녀를 귀여워하고 사랑으로 대하는 일을 하나님의 보통은혜적 축복으로서의 세 가지 작은 기쁨들로 여기면서 그것들을 소유하고 누리는 일에 「박형룡박사저작전집」 20권을 저술하는 그 큰 일 외에 여가선용적인 차원에서 열심을 내셨고 몰두하셨던 것이다.

아버지 박형룡과 성 프란시스 사이에 존재하는 그리스도 모방의 겸손과 그리스도 모방의 가난이라고 하는 두 가지 공통점 또는 유사성을 설명하면서 지금까지 이야기한 것을 머리에 떠올려서 결론을 짓는다면 다음과 같다.

아버지 박형룡은 성 프란시스와 비교하여 그리스도 모방의 겸손에 있어서 결코 뒤지지 않았다는 것이다. 성 프란시스는 길 가는 한센병자에게 가까이 가서 그 입에 입맞춤하는 겸손을 보였다고 한다면 박형룡은 욕설을 퍼부으면서 자기 멱살을 붙잡았던 학생 제자 출신의 목사에게도 웃음을 잃지 않고 사랑스럽게 타이르는 겸손이 있었다.

성 프란시스가 그리스도가 말씀한 소자(마 18:6)보다도 자기 자신을 훨씬 더 작은 자로 여겨서 사람들 앞에서 자세를 굽혔고 산 속의 새들을 벗으로 삼고 살아가는 것을 즐거워하였던 겸손을 소유했었다면 박형룡은 세계 각국 신학교 시찰 여행 중에 로마에 들렀을 때에 3천동 바울 순교당에 가서 그 당시에 한국 서울의 대 장로회총회신학교의 학장이었던 그가 "주여, 성 사도 순교하신 이 성소에 연약한 죄인이 왔나이다. 이 죄인도 우리 신도들과 함께 이 피의 감화의 움직임을 받는 성도의 반열에 들게 하옵소서."라고 하는 기도를 하는 겸손을 보여주셨던 것이다.

그리고 아버지 박형룡은 성 프란시스와 비교하여 그리스도 모방의 가난에 있어서도 결코 뒤떨어지지 않았다. 성 프란시스는 지붕 없는 노천에서 잠을 잤고 어떤 때는 식물을 쓰레기에서 찾아 먹으면서 돈 한푼 없는 절대적 빈곤의 삶을 그리스도 모방이라는 이름 아래 예찬하고 살았다. 하지만 아버지 박형룡은 일평생을 가난한 신학교수의 생활을 하는 상대적 빈곤의 삶 가운데서 그리스도를 닮아가는 삶을 그의 인격 속에서 추진하였고(엡 4:13) 기독교의 변증적이고 호교적인 목적론을 위하여 전적으로 헌신하였다. 그러면서도 손녀, 손자 사랑과 일기 쓰는 것과 음식물 애호와 같은 하나님의 보통은혜적 축복으로서의 작은 기쁨들을 누리면서 또 즐거워하면서 순박하고 허례허식이 없고 위선이 없는 마음으로 가난한 삶(마 5:3)을 살았으므로 우리 마음의 중심을 보시는 하나님께서(마 18:35, 시 131:2, 사 26:9) 천국에서 한국인 성 프란시스 박형룡을 칭찬하시고 대접하시고 큰 상급을 주셨을 것(또는 그리스도의 재림시에 큰 상급을 주실 것)을 믿어 의심하지 않는 바이다.

이제 3장 '아버지 박형룡은 위대한 아버지였다'의 모든 이야기를 끝마치기 전에 저자의 아내 김성혜가 저자에게 시아버지 박형룡에 대하여 평가하여 이야기한 것을 독자 여러분들에게 잠깐 소개하고자 하는 바이다.

본서의 저자의 아내는 본 저자와 1966년에 결혼한 이후로 아버지 박형룡의 소천시(1978년)까지 12년의 기간 동안 며느리로서 시아버지 박형룡을 가까이서 모셨던 경험에 근거하여 남편인 본 저자에게 다음과 같은 이야기를 하였다.

아내는 나에게 말하기를 "이 세상에 태어나서 시아버지와 같은 성자를 만난 적도 본 적도 없었다"고 하면서 "자신이 이 세상에서 제일 존경하였고 지금도 제일 존경하는 분은 로마 교황청의 교황도 아니고 빌리 그래함 목사도 아니며, 시아버지 박형룡이다"라고 강조하기를 잊지 않았다.

계속하여 아내는 말하기를 "시아버님께서 화를 내시거나 혈기를 부리시는 것을 한 번도 보지 못했고 남을 욕하거나 비방하는 말을 하시는 것을 한 번도 들어본 적이 없었다. 시아버님은 거짓말이나 농담을 전혀 하지 않았고 소위 덕담이라는 것도 한 적이 없었으며 강단 위에서

나 강단에서 내려와서도 상스럽고 야비한 말을 한 번도 한 적이 없었다. 저는 시아버님이 고린도전서 13장에 사도 바울이 쓰셨던 사랑의 정의와 특징(고전 13:4~7)들을 그대로 실천에 옮긴 분으로서 사도 바울을 닮은 분이셨다고 생각한다" 라고 하였다.

시아버님 박형룡에 관한 평가 또는 간증은 여기서 끝나지 않았고 다음으로 이어졌으며 다음에 이어졌던 아내의 간증을 듣고서 저자는 큰 충격과 아울러 큰 감동을 받았다. 독자 여러분들께서도 다음과 같은 시아버지 박형룡에 관한 저자의 아내의 간증을 읽을 때에 놀라움과 큰 감동을 받으리라고 생각하는 바이다. 아내의 간증 스토리를 이해하기 위해서는 그것의 배경적인 설명이 필요한 줄로 안다.

우리가 1966년에 결혼한 후에 어머니의 소원대로 어머니가 땅을 팔아서 얻은 돈으로 서울 상도동 자택 옆에 붙여서 지은 양옥 2층집에 들

미국 필라델피아에서 가족들(저자와 아내 김성혜 사모, 딸 박안나와 사위 스티브 바오즈, 아들 박필립과 며느리 김문정)과 함께, 1998년 여름

어가서 일 년을 부모님을 모시고 살았었다. 그런데 고부간의 갈등이 있었다. 어머니는 옛날 일제시대에 평남 대동군 군수의 딸로서 명문 부자집의 가정에서 자랐기 때문에 굉장히 멋이 있으면서도 권위주의자였다. 거기다가 어머니가 아버지를 좇아서 외국 망명생활을 오랫동안 하셨고 한국전쟁 시에는 피난생활을 하면서 겪었던 시련과 고난 그리고 병약한 둘째 아들(본 저자의 동생)로 인한 스트레스로 말미암아 성격이 예민하셨다. 아버님은 고부간의 갈등이 있었기 때문에 아들 부부와 따로 사는 것이 좋겠다고 느껴서 근처에 살고 있었던 본 저자의 먼 사촌 형님이셨던 분의 큰 집에 방 한 칸을 빌려서 아들 부부가 임시로 가서 살도록 주선하고 계셨다.

어느 날 본서의 저자는 외출 중이었는데 고부갈등이 또 일어났었고, 심상치 않은 양상을 띠게 되었다고 한다. 이때 이 광경을 옆에서 보고 계셨던 아버님이 나서서 고부갈등을 중재하셨는데 어머님의 강한 반발에도 불구하고 아버님은 고부갈등을 끝까지 중재하셨다고 하였다. 아내는 오랜 시간이 흐른 다음에 나에게 이런 사건을 자세히 이야기해 주면서 나에게 시아버님은 예수 그리스도처럼 온유하고 겸손하셨지만 또한 바른 말씀을 언제나 하시는 분이셨어요." 라고 고백하는 말을 들었다.

아내의 시아버지 박형룡에 대한 고백과 간증을 기술하는 일을 마치면서 사족 같은 이야기를 하나 한다면 그것은 본 저자가 아내에 대하여 미안스럽게 생각하는 일이 한 가지 있다는 것이다. 본 저자는 결혼 초기에 아내에게 약속하기를 "앞으로 내가 우리 가족과 함께 미국으로 가서 미국신학교에서 교수생활을 하게 될 터이니 그때에 당신은 미국대학교대학원 과정에서 공부하고 졸업하여 당신도 교수가 될 수 있을 것이오" 라고 하였던 것이다. 그런데 그 일이 아직까지도 이루어지지 않고 있으므로 저자는 아내에 대하여 빚진 종이 되어버린 셈이다. 이 일이 성사되지 못한 이유는 변명하는 것 같지만 어머니가 극구 반대하셨고 또한 아버님께서도 내가 총신대학교 신학대학원에서 아버님처럼 교수로서 종신할 것을 원하셨기 때문이었다.

그러나 아내에게 바라는 것은 그렇게 존경하는 시아버지 박형룡의 며느리로서 시아버지의 오래 참는 사랑과 온유하고 겸손한 인격을 본받으면서 위대한 기독교신앙인으로서 우리 주님 재림하시기 직전 시대인 이 시대를 살아가는 그것인 것이다. 아내는 한국의 명문 이화여자대학교 출신으로 학문적인 꽃은 많이 피우지 못하였지만 이미 열심히 신앙생활을 하면서 하나님의 은혜를 체험하는 일을 하고 있다.

그러나 무엇에도 비길 수 없이 중요한 사실은 아내가 한국의 성 아타나시우스였고 한국 교회의 성 프란시스라고 일컬음을 받을 만했던 시아버지 박형룡의 며느리였다는 사실인 것이다. 아내가 시아버지 박형룡의 며느리였다는 사실은 본 저자가 아버지 박형룡의 아들이었다는 사실만큼이나 감회가 깊고 영광스러운 사실일 것이다.

이 감회가 깊고 영광스런 사실을 늘 생각 속에 간직하고 앞으로 이 땅에서 남은 날 동안 박형룡의 아들과 며느리는 '오늘날도 아버지 박형룡의 아들이요 시아버지 박형룡의 며느리이다'라는 사실에 대하여 하늘을 우러러 한 점도 부끄러움이 없는 삶을 살아야 하겠고 이 감회가 깊고 영광스런 사실에 대하여 아버지 박형룡처럼 '진리의 투사'요, '사랑과 자비의 사람들'로서 앞으로의 남은 삶을 살아감으로 말미암아 조금이라도 보답함과 갚아드림이 있어야 마땅할 줄로 안다.

"성 아타나시우스와 성 프란시스는 상호보완적이다. 사랑이 없는 진리의 증거는 공허하고 진리의 증거가 없는 사랑의 베풂은 감상적이다. 사랑이 진리의 증거를 뒷받침하여 주고 진리의 증거가 사랑의 베풂에 의로움을 부여하는 곳에 하나님의 나라가 존재한다."(요 14:6; 고전 13:3, 6; 요일 4:8, 10, 11; 요 4:23)

내가 만난 박형룡

신복윤, 정문호, 김동권, 서기행, 장차남,
정성구, 서철원, 홍정이, 박형용, 신청기, 김대승

신복윤 교수 (합동신학대학원대학교 명예총장)

1947년 말쯤으로 기억된다. 당시 조선신학교(현 한신대학교)에서 퇴학 처분을 받은 학생들 중 40여 명의 학생들이 노량진의 어떤 큰 저택에서 아무런 기약도 없이 다만 한국교회를 사상적으로 바로 세워보겠다는 소박한 꿈을 품고 기도하면서 때를 기다리고 있었다. 그들은 1947년 봄에 조선신학교 김재준 교수의 자유주의적 가르침에 항거하여 장로회총회에 진정서를 제출하고, 총회의 결정을 기다리고 있는 중이었다.

그 진정서의 내용을 요약하면 대략 이런 것이었다.

"개혁교회는 성경에 절대권위를 두고 그 위에 건설된 교회입니다. 신구약 성경은 하나님의 말씀이니 신앙과 본문에 대하여 정확무오한 유일한 법칙입니다. 그러므로 우리는 먼저 '신앙은 보수적이나 신학은 자유' 라는 조선신학교의 교육이념을 수긍할 수 없습니다. 근대주의 신학사상과 성경의 고등비평을 항거합니다. 자유주의 신학과 합리주의 신학을 배척하는 것입니다."

1935년에 저술하신 박형룡 박사님의 「기독교근대신학난제선평」이라는 책이 당시 학생들의 결정적인 길잡이가 되었다. 이 책은 자유주의 신학이 무엇인지에 대해 학생들로 하여금 눈을 뜨게 한 책이다.

마침 그때 부산 고려신학교는 중국 봉천(현 심양)에서 해방이 되었으나 아직 귀국하지 못하고 계시던 박 박사님을 교장으로 모시기로 결정하고 송상석 목사님을 그 청빙대표로 파송하였다. 송상석 목사님은 중국으로 가시는 도중에 서울에 들러 저희 학생들을 찾으셨다. 박 박사님을 모시러 가는데 학생들의 편지가 필요하다는 것이었다. 그리고 그 편지를 보시면 박 박사님은 크게 용기와 힘을 얻을 것이라는 것도 잊지 않으셨다. 그래서 학생 중에 문장력이 있는 분이 편지의 내용을 작성하고, 나는 그 편지를 붓글씨로 옮기는 작업을 맡았다. 송 목사님은 봉천에 가서 그 편지를 박 박사님에게 전달하셨고, 박 박사님은 그 편지를 읽으시고 큰 용기를 얻으셨다고 서울 도착 후에 친히 말씀하셨다.

박 박사님은 1947년 9월에 서울에 도착하셔서 그 다음 달부터 부산 고려신학교에서 일을 시작했다. 그런데 한편 박 박사님은 부산에 가기도 전에, 전 평양신학교의 영향력 있는 인사들로부터 보수주의 신학교를 서울에서 재건하자는 강한 열망을 전달받고 있었다. 그러나 박 박사님은 고려신학교와 또 이 학교가 표방하는 개혁의지에 운명을 같이 하기로 결심하고 부산으로 내려가셨다. 물론 우리 학생들도 그를 따라 부산으로 내려갔다.

그러나 박 박사님은 고려신학교에서 일하시면서도 거기에 계속 머무르는 것을 불안하게 생각하고 있었던 것 같다. 고려신학교는 총회 산하에 있어야 하며, 전국 교회의 지원을 받아야 한다는 것이 그의 생각이기 때문이었다. 1948년 6월 중순경 마침내 박 박사님은 고려신학교에 사직서를 제출했다. 약 50여 명의 학생들도 그를 따르기로 결심했다. 당시 많은 사람들은, 신사참배 회개에 대한 고려신학교 측의 끊임없는 촉구가 너무 지나치다고 염려하면서, 전체적으로 회개에 대한 촉구가 온건해졌으면 하는 바람을 보이고 있었다. 그때 상황에서는 훈계보다는 오히려 권면과 관용이 더 나을 것이라고 사람들은 이야기하고 있었다. 이것이 박박사님이 고려신학교를 떠나면서 가졌던 불만이 아니었겠나 생각된다. 그는 우리가 신사참배 문제를 지나치게 강조하고 있으며 그렇게 함으로써 많은 선량한 사람들을 공격하고 있다고 생각하고 있었다.

박형룡 박사님은 신앙과 인격에 있어서, 그리고 신학적 확신에 있어서 어느 누구보다도 존경을 받으실 만한 분이시다. 우리 학생들은 그를 성자라고 불렀다. 일본 신사참배를 피해 일본과 중국 등지를 피난민으로 떠돌아다니시면서 주님에 대한 신앙의 지조를 보여 주셨다. 자유주의 신학이 홍수처럼 범람하는 시대에 성경적인 개혁주의 신학을 확고히 견지하면서, 한국 교회를 자유주의에서 지키시고, 수많은 후학들을 가르치며 지도하셨다. 그리고 저술하시는 일도 게을리하지 않으셨다.

나는 그를 스승으로 모시고, 그에게서 신앙과 인격을 배우고, 신학훈련을 받은 것을 항상 기쁘고 행복하게 생각하고 있다. 말씀이 없고 과묵하셔서 인간적으로는 좀 재미가 없는 분이었으나, 제자를 사랑하는 마음은 늘 따뜻했다. 내가 대학원을 졸업하자, 그때 유럽 여행 중에 계시던 박 박사님은 신학교 교무처장(계일승 박사)을 시켜 신윤복 목사에게 강의시간을 배정하라고 할 정도로 자상하셨다. 나의 생애에서 잊을 수 없는 한 가지는, 그 어른이 나의 결혼을 주례해 주셔서 지금까지 근 50년 동안을 그의 사랑을 기억하면서 행복하게 살고 있다는 사실이다.

실천은 안 되었으나 나의 유학의 길도 열어주시고, 자유주의적인 학교에 마음을 두면 조심하라고 타일러 주시기도 하셨다. 나는 사당동 총신대학교와 합동신학대학원대학교에서 약 30년 동안 조직신학을 강의하면서, 박 박사님이 저술하신 책(교의신학)만을 교과서로 사용하였다. 그렇게 함으로 스승에 대한 존경심을 조금이나마 표현하고 싶었기 때문이었다. 당연히 나는 그를 한국 교회에서 최고의 목자요, 신앙인이요, 신학자요, 그리고 지도자로 생각하고 있다.

정문호 목사 (예손교회 원로목사)

박형룡 박사님의 설교집을 손에 들고...

1945년 8월 15일 해방을 맞이했다. 16살이 되던 해, 1946년 1월에 본 교회(은률읍)에서 이기선(李基宣) 목사를 모시고 사경회가 있었다.

어머님을 따라 집회에 시간마다 참석하여 큰 은혜를 받고 신앙의 소년이 되었다. 기도와 성경 읽기에 심취하고 있을 때였다. 본 교회 별관 독서실에서 「신학지남」(1918년 창간), 「성결교회의 활천(活泉)」 잡지(1922년), 그 외의 여러 목사님들의 설교집을 보았다. 그 가운데 박형룡 박사님의 「믿음을 지키라」(1941년 2월 발행)는 설교집을 발견하고 손에 들고 읽다가 '나를 기념하라' 는 제목의 내용을 읽고 예수님의 십자가의 사랑에 사로잡혀 눈물을 많이 흘렸다. 나도 박형룡 박사님과 같은 목사가 되겠다고 결심하였다.

서울에서–박형룡 박사님과의 아쉬운 만남

1949년 3월 38선을 넘어왔다. 험난한 공산주의 치하에서 19년의 생활을 청산하고 친구와 단둘이 월남하여 대한의 품에 안겼다. 바로 그 해 6월 26일 백범(白凡) 김구 선생께서 저격당했다는 소식을 듣고 슬픔과 함께 다음 날 옹진에서 서울로 올라와 동대문과 종로 일대를 배회하면서 거지와 같은 생활을 하는 중에 종로2가 YMCA 앞에 '박형룡 박사

신학강좌' 라는 포스터를 보고 가슴이 벅차 2층으로 뛰어 올라갔다.

몇 시간 동안 박 박사님의 얼굴을 보고 또 보고 강의를 들었지만 잘 깨닫지 못했다. 그곳은 모 신학교 장소였다. 용기가 나지 않아 친히 박사님을 만나보지 못하고 아쉽게도 그곳을 떠나고 말았다.

나는 결심하고 육군 포병학교 하사관 교육대에 지원 입대하여 군인 생활을 하게 되었다(1949년 7월~1952년 3월). 1950년 6월 25일 사변이 일어나 전쟁에서 나는 상이군인이 되어 부상병으로 부산 육군병원에서 제대하게 되었다.

그후 이경석 목사의 인도로 고려신학교에 입학하여 7년 과정을 마치고(칼빈대학 4년과 본과 3년) 서울 경기노회에서 목사 안수를 받았다(황금천 노회장). 그리고 대전 중부교회에서 10년간 시무하고 서울 신용산교회 담임목사로 부임하게 되었다(1971~1991년).

박형룡 박사님을 따라 다니다.

나는 목회와 부흥회를 인도하는 일에 분주한 시간을 보내면서 박 박사님이 설교하는 곳마다 따라다녔다. 그때 우리 총회에서 개최하는 목사장로기도회가 충현교회에서 열렸다. 목사가 되어 처음 참석하는 기도회라 시간마다 은혜를 받았다.

박사님의 특강시간을 마치고 광고시간에 총회 총무인 안용준 목사가 "기쁜 소식을 전하겠습니다" 하고 광고를 했다. "박형룡 박사님의 「교의신학」 책 7권이 완간되어 나왔으니 모두 구입하시기 바랍니다"라고 했다. 그러자 본 교회 담임목사께서 "교회에서 책장사 하는 거요?" 라고 큰 소리를 치며 앞으로 나와서 책을 집어던지며 저자인 박 박사님께 다가가서 "당신이 책임지시오!" 라고 큰소리를 쳤다. 그때 박사님께서 "나는 죄인입니다. 용서하십시오" 라고 대답하셨다. 그때 나는 앞줄에 앉아 분명히 그의 모습을 보았다. 과연 "성자다운 박 목사님" 하고 더욱 존경하게 되었다.

목사님의 봉천동 자택에 자주 찾아다녔다.

1976년 1월 우리 신앙의 동지들(고 박기형, 오광수, 정인원, 이배형, 그리고 정문호)이 청계산기도원에 모여 함께 기도하고 외롭게 지내시는 박 목사님을 위로차 찾아갔다. 여러 가지 대화를 하는 가운데 탁자 위에 탈고된 '비교종교학'이란 원고를 보게 되었다. 제가 "왜 출판하지 않습니까?" 하고 묻자 목사님의 대답이 "간절하지만 형편이 허락하지 않습니다"라고 말씀하셨다. 목사님의 모습을 보고 동정에 사로잡혀 나는 다시 물었다. "책 전체를 출판하려면 경비가 얼마나 필요합니까?" "거대한 자금이 들지요. 여러 목사님들께서 시도했으나 실패했지요." 나는 용기가 생겼다. "내가 하겠습니다."

박사님의 전집 출판-박사님의 은혜를 갚을 때가 왔구나!

기도하는 마음으로 "제가 책임지고 해드리겠습니다"라고 말씀을 드렸더니 목사님은 "어찌 큰일을 하시겠습니까?"라고 하시며 깜짝 놀라셨다. 여러 목사님들이 "정 목사는 할 수 있습니다. 목사님 기도해 주세요!" 하였고 기도를 받고 그때부터 출판위원회를 조직하고 위원장직을 내가 맡고 모금하게 되었다.

전국 교회를 순회하면서 큰 교회마다 찾아다니며 부탁하였다. 성과는 전혀 없었다. 나는 개인적으로 친한 목사님들께 부탁하였다. 고 박경남 목사, 이성택 목사께서 각각 50만 원씩 보조해주셨다. 그리고 정태성 장로(초량교회), 백남조 장로(부전)님께 호소하였더니 각각 100만 원씩 보조해주셨고, 한나병원장 사모 이순희 권사 200만 원, 당시 신용산교회 서위은 권사 100만 원, 그 외에 한두 사람이 보조해주셨다. 그리고 내가 부흥회를 인도한 교회에서 사례 받는 대로 출판기금으로 기증하여 출판을 무사히 계속 진행하였다. 나머지 기술적인 문제는 현대교회 임승원 목사님이 책임지고 완성하셨다.

출판에 정성을 다하면서 박사님과 친해졌다. 나는 박사님을 찾아뵙는 것을 큰 기쁨으로 여겼다. 모두 하나님의 은혜로 생각하고 성의를 다하여 박 목사님을 섬기게 되었다.

외로운 박사님을 위로하다.

내가 신용산교회에서 20년간 시무하는 중에(1971~1991년) 1975년부터 매년 1회 한 달 동안 말씀의 운동을 시작하였다. 그 운동은 목연회(牧研會) 회원(15명)이 중심이 되어 명칭 '성서대학'이라고 정하고 성경을 가르치는 학교를 개설하였다. 박 박사님을 초대 학장으로 모시고 개강설교와 특강을 통하여 은혜 받는 일을 계속 하였다. 그런데 박 박사님은 출판 감사예배도 드리지 못하고 세상을 떠나 천국으로 가셨다.

슬픈 소식

1978년 10월 25일 바로 수요일 아침 8시경 박순도 사모께서 전화를 하셨다. 떨리는 음성으로 "우리 박 목사님이 소천하셨어요." 나는 급히 달려갔다. 목사님께서 매일 6시 전에 일어나 기도를 하셨는데 일어나지 않아 깨우니 벌써 가셨다는 것이다. 나는 덮어놓은 흰 이불을 열어 보았는데(생전 처음 보았다.) 천사의 얼굴같이 빛나는 것이 아닌가! 목사님! 하고 얼굴을 대고 하염없이 울었다. 부족한 사람이 목사님의 하관식 설교를 하게 되었다. 그 후에도 종종 목사님의 둘째 아들, 병석에 있는 모세를 찾아 위로하는 일을 계속하였다.

박사님께로부터 그때 받은 '십자가의 능력'이 나로 하여금 지금도 83세의 나이로 청계산 기도원에서 일주일에 7번씩 설교하는 원동력이 되고 있다. 부족한 사람이 목사님을 섬기게 되었다는 것을 생각하면 생각할수록 하나님의 은혜에 감사하면서 목사님을 그리워하며 만나 뵙게 될 그날을 기다리며 하루하루 살고 있다.

아! 나의 위대한 스승이여, 나는 당신이 교훈하신 말씀으로 힘을 얻어 지금까지 살고 있습니다.

>>> 한국 정통 보수신학의 기둥이자 등대

김동권 목사 (진주교회 원로목사, 증경총회장)

나는 오늘처럼 한국교회가 신학적으로 혼탁하고 또 목회자의 경건성이 문제되고 있는 때에 고(故) 박형룡 박사님께서 신학교 때 가르쳐 주신 「조직신학」 7권(서론, 신론, 기독론, 인죄론, 구원론, 교회론, 내세론)으로 말미암아 성경적 보수신학을 계속 지켜 나갈 수 있게 해 주셨음에 감사를 드린다. 그리고 나는 한국교회가 요즘처럼 신학적으로, 도덕적으로 혼란하고 어려울 때 박형룡 박사님이 계셨더라면 얼마나 좋았을까? 하는 생각도 해본다.

박형룡 박사님은 우리 교단을 보수신학으로 세우신 분이시다.

박형룡 박사님은 일찍이 한국 초대교회 부흥사 김익두 목사님의 설교에 감동받아 예수를 영접하고 그 후 평양 숭실전문을 졸업하시고 미국에서 명문 프린스턴신학교에서 찰스 하지와 워필드, 메이첸 박사에게서 개혁주의 정통 보수신학을 수학하시고 졸업 후 귀국하시어 평양 숭실전문학교에서 강사로, 산정현교회 전도사, 평양 장로회신학교에서 교수로 그리고 1935년에는 「기독교근대신학난제선평」이라는 귀한 책을 저술하시어 한국교회에 개혁주의 정통 보수신학이 무엇인가를 알리는데 큰 공을 세우셨다. 이 책을 통해 자유주의 신신학은 성경유오설을 믿으며 성경말씀과 반대된다는 것을 분명히 밝히셨다.

그리고 평양 장로회신학교를 계승한 남산 장로회신학교 교장으로 봉직하셨고 성경유오설을 주장하는 김재준과 결별하고(1954년) 또 WCC 가입문제로 통합 교단과 결별하고(1959년) 칼빈주의 개혁주의 신학 위에 우리 합동교단을 세우시고 사당동 총신대학이 오늘의 발전이 있게 한 기초석을 놓은 참으로 위대한 인물이시다.

우리 교단은 지금 박형룡 박사님의 그 신학, 그 신앙을 지금 계속 계승해 나가고 있음에 감사한다. 나는 박 박사님의 신학과 수준 높은 학문 그리고 신앙과 삶이 일치된 모습에 감사와 존경을 드린다.

박형룡 박사님은 신학교 교훈을 몸소 실천하신 분이시다.

나는 박 박사님께서 장차 한국 교회를 이끌고 나갈 신학생들을 위해 만드신 "신자가 되라, 학자가 되라, 성자가 되라, 전도자가 되라, 목회자가 되라"라는 교훈은 박 박사님께서 친히 몸으로 실천하신 교훈이라고 생각한다. 박 박사님은 친히 신자로서 예수를 본받는 삶을 사셨고, 전도자로서 예수 그리스도를 전하는 삶을 사셨고, 학자로서 학생들을 가르치셨고, 목자로서 양떼들을 먹이셨다. 그리고 예수님을 닮은 겸손의 모범자로 성자의 삶을 사셨다. 이 신학교 교훈은 신학생들에게만 필요한 교훈이 아니고 오늘 모든 목회자들에게 항상 필요하고 힘써야 할 목회의 교훈이라고 생각한다. 목회자가 이 다섯 가지 신학교 교훈에 충실한다면 한국 교회는 크게 부흥할 것이요, 또 목회자는 물론 한국교회는 사회로부터 존경받게 될 것이다.

나는 박형룡 박사님께서 신학생들에게 준 교훈은 오늘 한국교회 목회자들도 시급히 실천해야 할 교훈이라고 생각한다. 나는 진실로 박형룡 박사님을 존경한다. 하나님께서 한국 교회를 사랑하셔서, 또 우리 교단을 사랑하셔서 박형룡 박사님을 선물로 보내주셨다고 생각한다.

박형룡 박사님은 우리가 본받아야 할 겸손한 학자이시다.

박형룡 박사님은 신학교에서 강의 시간에 강의하실 때도 신학교 교장으로서가 아니라 아주 겸손한 선생님으로서 강의하셨다.

사실 박 박사님의 겸손은 그의 제자들뿐 아니라 박 박사님을 만나본 사람들은 한결같이 '박 박사님은 겸손한 학자이시다'라고 말하고 '존경한다'고 말한다.

그는 강의 시간에 큰 소리로 말씀하지 않으셨다. 말씀도 작게 하셨다. 그러나 그 말씀 한마디 한마디는 모두 귀한 진리의 말씀이었고 버릴 말씀은 한마디도 없었다. 박 박사님은 키는 작은 편이었으나 풍채는 존경스러웠으며 얼굴은 순진스러운 순수함으로 충만하였다. 그러나 학교 채플시간에 말씀을 증거하실 때는 열변을 토하는 웅변가적인 모습도 보이셨다. 설교는 원고 설교를 하셨다. 이는 하나님 말씀 증거에 실수가 없게 하기 위함이었다. 학생들과 얼굴을 마주치어 인사를 하실 때도 항상 고개를 숙이시고 인사를 받으셨다. 강의 시간에 학생들의 질문을 받으실 때도 항상 존댓말로 대답하셨다. 나는 박 박사님이 한 번도 정장을 하지 않으신 모습으로 학생들 앞에 나타나신 것을 보지 못했다. 항상 넥타이며 양복을 반듯하게 입으셨다. 나는 한 번도 박 박사님이 고성을 내는 것을 보지 못했다. 참으로 박 박사님은 겸손하셨다. 그러므로 우리는 그분을 가리켜 성자라 말하기도 한다.

박 박사님은 정말 하나님께서 한국 교회 보수신앙을 위해 보내주신 보배라고 생각한다. 나는 그분의 개혁주의 보수신학, 그의 인품, 그의 절개, 그의 겸손, 그의 삶, 그의 순수함을 본받기를 소원하며 기도한다. 나는 아직까지 이런 귀한 분을 만나보지 못했다. 나는 박 박사님을 존경하며 사랑한다. 박 박사님은 한국 교회 정통 보수신학의 기둥이시요, 어두운 밤에 등대이셨다.

서기행 목사 (대성교회 원로목사, 증경총회장)

나는 박아론 박사님이 집필한 「나의 아버지 박형룡」이라는 책 출판에 존경하는 박형룡 박사님에 대해 글을 쓸 수 있게 된 것을 기쁘게 생각한다.

박형룡 박사님은 한국의 최대 보수신학자요 한국교회를 세계 교회 앞에 가장 자랑스러운 교회로 드러내는 일에 가장 큰 영향력을 끼치신 분이시요 한국교회의 큰 별이시다.

대한예수교장로회 총회(합동)는 박형룡 박사님의 신학과 신앙과 성경관에서 뿌려진 아름다운 씨앗에서 자라난 열매이다. 박형룡 박사님은 일제의 학정과 6·25 동란 중에 그리고 혼란한 한국 교회 신학사상 속에서도 전혀 굽히지 않고 오직 성경 말씀 수호와 예수님 중심 신앙, 그리고 개혁주의 신학, 칼빈주의 신학을 가장 크게 그리고 아름답게 빛내주신 분이시다.

나는 1950년부터 김일남 목사님, 전상성 목사님(51인 신앙동지회원) 밑에서 신앙교육을 받았다. 51인 신앙동지회는 성경유오설을 주장하는 신신학자 김재준 목사를 우리 교단에서 추방했다. 그리고 박형룡 박사님을 남산장로회신학교 교장으로 모시는 일을 주동했다. 김일남 목사님과 전상성 목사님은(한 분은 충청도, 한 분은 경상도 분이심) 남의 잘못이나 단점을 말하지 않기로 유명하고 반면에 남의 장점을 칭찬하는 데 좀 인색하셨는데 박형룡 박사님에 대해서는 지나칠 정도로 자랑하시고, 칭찬하시어 나는 그분을 한번 만나 뵙기를 원했다. 그리하여 나는 총신을 가기로 결심했다.

나는 1955년 남산장로회총회신학교 예과에 시험을 보고 합격하여 입학을 했는데 교장 박형룡 박사님은 계시지 않았다. 나는 깜짝 놀라 '박형룡 박사님이 왜 안 계시는가?' 하고 물었더니 박형룡 박사님은 성지순례를 위해 외국에 나가셨다고 했다. 마음에 아쉬움이 있었다.

한 학기를 마치고 2학기 등록을 하고 등교했더니 박형룡 박사님이 계셨고 박 박사님께서 학교 채플시간에 사도 바울이 순교하신 일에 대해 말씀하시면서 울고 또 우시면서 예수 그리스도의 십자가를 질 수 없으면 그리스도의 사람의 반열에 설 수 없다고 하시면서 비장한 결의를 보여 주셨다.

나는 박 박사님의 설교 말씀에 많은 은혜를 받았고 눈물도 많이 흘렸다. 나는 이때 나도 예수님의 복음을 위해서라면 순교의 자리에까지도 나가야겠다고 다짐했었다.

학교에서 총신 학우회 주최로 박형룡 박사님의 수연예배를 드리려고 준비했는데 박형룡 박사님께서 나는 일제 신사 참배 반대운동을 하느라고 어머님의 수연 예배를 못 드린 불효자식이라면서 거절하시는 것을 보고 박형룡 박사님은 위대한 신학자일 뿐 아니라 위대한 효자요 도덕과 윤리의 큰 나무(巨木) 인 것을 알게 되었다.

그러므로 나는 목사가 된 후 대성교회에서 목회할 때 6년 동안 매년 어버이주일이면 꼭 박형룡 박사님을 초청해 강사로 모시고 하나님의 말씀을 듣게 되었고 온 교우들에게 어버이주일에 참 효자를 보시라고 광고해 많은 교우들이 박형룡 박사님의 설교 말씀에 은혜를 받곤 했다.

나는 1955년 박형룡 박사님께서 신학교 교장으로 계실 때 입학을 했고 총신 본과 1학년을 마치고 군에 입대했다(군번 10236198). 군대에서 제대할 무렵 WCC 문제로 총회신학교가 혼란한 가운데 있다는 말을 들었다. 나는 이때 목포 주재 선교사로 계신 라빈손 선교사님의 따뜻한 사랑의 음성을 들으면서 신학교 문제로 유혹과 아울러 약간의 흔들림도 있었다. 그래서 기도 중에 박형룡 박사님께 편지를 써 올려 보내드리면서 'WCC는 무엇이며 나는 어느 신학교로 복학을 해야 하겠는가?' 라고 문의를 했다. 박 박사님으로부터 10일도 안 되어서 정성스럽게 양면지 5장 안팎으로 가득히 쓴 답장을 받았다.

박 박사님의 편지 내용은 WCC 에큐메니칼은 신본주의가 아니요 인본주의요 성경말씀대로 믿지 않는 종교다원주의이니 에큐메니칼 신학교로 가면 절대 안 된다고 구구절절이 말씀해주셨다. 나는 박 박사님의 편지를 받고 복학해 계속 신학교를 다녔고 1962년 12월 13일 박형룡 박사님께서 신학교 교장으로 계실 때 56회 졸업생으로 졸업을 했다. 나는 박형룡 박사님의 그 편지에 감동을 받고 그 영향으로 지금 합동측 목사가 되었고, 그분의 편지를 생각하면서 2013년 제10차 WCC 부산총회를 반대하는 총회 WCC대책위원회 위원장으로서 최선을 다했는데 그것은 군대 있을 때 받은 박형룡 박사님의 편지 영향 때문이라고 생각한다.

나는 지금 성경대로 믿고, 성경대로 살고, 성경대로 일하는 목사로 살기 위해 기도하면서 애를 쓰고 하나님을 의지하고 하나님의 도움을 구하고 있다.

나는 총신 운영이사장으로 있을 때 박형룡 박사님의 사모님이 소천하셨다는 소식을 듣고 조문 가서 입관예배를 인도하였고 이때 박아론 박사님의 동생 박모세 씨에 대해 자세한 이야기를 들었다. 그리고 홍정이 목사님을 통해 박형룡 박사님과 박순도 사모님은 지병을 갖고 있는 둘째 아들 박모세 씨의 쾌유를 위해 매일 가정예배를 드리면서 간절히 눈물로 기도했고, 박순도 사모님은 박 박사님의 가정예배 설교 말씀을 노트에 받아 적으셨다는 말씀을 전해 듣고 많은 감동을 받았다. 가장(家長)으로서 가정의 큰 십자가와 그 상처를 싸서 등에 짊어지고 하늘나라로 가신 큰 별 박형룡 박사님과 사모님을 존경하고 사랑하고 한없이 자랑하고 싶다.

>>> 위대한 신학자요 위대한 설교자, 박형룡 박사

장차남 목사 (온천제일교회 원로목사, 증경총회장)

내가 신학도로 박형룡 박사를 만난 것은 신학연구와 목회생활에 이정표가 되었기에 큰 행운이었다. 소년시절부터 간혹 목사님들에게서 '박형룡 박사'의 존함을 귀동냥으로 알았고 신학교 입학 전인 1950년대 말경엔 김린서 목사가 편집한 「주기철 목사의 순교사와 설교집」을 통해 박형룡 박사를 접하였고 김양선 목사가 저술한 「한국기독교해방 10년사」를 통해서는 1930년대 이후, 박형룡 박사의 신학적 교회사적 위치를 가늠하게 되었다. 특별히 그 책 부록에 수록된 박형룡 박사의 '성경의 영감'이란 논문과 김재준 교수의 '축자영감설과 성경무오설에 대하여'란 논문은 성경관에 대한 두 분의 논지를 대비해 볼 수 있어 신학을 지망하는 내게 크게 유익했다.

그러다가 1960년 총회신학교에 입학함으로써 비로소 박형룡 박사의 모습을 직접 뵐 수 있었고 채플 시 그의 말씀도 듣게 되었다. 그때에 L. 벌코프 저서로 신복윤 교수가 번역한 「기독교신학개론」(1958년 발행)을 사서 읽었는데 표지를 넘기면 첫 페이지에 '조직신학을 가르쳐 주신 은사 박형룡 박사님에게 이 역서를 드립니다'라고 헌증문을 넣었다. 그래서 더욱 박 박사님을 존경하며 표상으로 여기게 되었다.

나는 제44회 총회에서 연동측의 이탈로 총회가 양분된 후 첫 번째로 맞는 신학년도에 입학하였다. 당시 학제대로 예과 1학년에 입학하였는데 모든 게 어수선하고 과도기여서 기숙사는 총신과 장신이 같이 쓰고 학교는 다르게 다녔다. 기막힌 것은 입학하고 보니 우리가 다닐 총회신학교는 시설로서의 학교가 없었다. 남산의 조선신궁 자리를 사용해 오다가 자유당 정권의 국회의사당 건축결정으로 철거통고를 받고 남산교사에서 퇴거하였기 때문이다. 장신측은 이내 대광고등학교에 청원하여 구 교사를 임시 교사로 사용하는 한편 광나루에 마련한 현재의 부지에 교사를 건축하고 있었지만 총신측은 선교부와의 단절로 빈손이어서 남산에 위치한 대한신학교(현 안양대학교)가 마침 야간이어서 낡은 콘센트 건물로 비가 새는 그 학교를 빌려 쓰게 되었다. 기숙사는 학교의 지시로 도원동 기숙사에 입주했다. 회현동에 남자 기숙사가 있었고 후암동에는 여자 기숙사가 있었다. 나는 예과생활을 도원동에서, 본과부터는 회현동에서 기숙사 생활을 했다. 세 곳의 기숙사는 총신과 장신 학생들이 함께 썼다. 처음에는 한방에서 지내는 룸메이트이면서 학교는 각각 달리 가기도 하여 나도 장신 학생과 한방에서 지냈다. 그러다가 차츰 어떤 방은 총신 학생방으로, 다른 방은 장신 학생방으로 대물림하게 되었다.

총회가 나뉘고 신학교가 나뉜 뒤 총회신학교 이사회에서는 기존의 박형룡, 명신홍 박사에 김치선, 김홍전 박사를 교수로 임명했다. 그러나 김홍전 박사는 끝내 학교에 나오지 않았다. 입학 당시의 이사장은 총회신학교 설립 이사장이며 설립자 대표인 권연호 목사가 다시 맡았고 교장은 총신과 장신이 하나일 때 교장서리였던 노진현 목사가 그대로 계속했다. 그러나 2학기엔 이사장을 노진현 목사가 맡고 교장은 박형룡 박사가 다시 맡았다. 그후 나는 권연호·노진현·박형룡 이 세 분과 특별한 관련을 가지게 된다. 권연호·노진현 목사는 각 7년여씩 목회를 배우고 보좌한 관계이며 박형룡 박사는 총신생활 7년간(예과 · 본과 · 대학원) 은사로 모신 관계이다.

박 박사님에게는 본과에서 교의신학과 변증학·험증학을 배웠는데 교의신학은 서론에서 종말론까지 3년간 계속 배웠다. 또 대학원에서 2년간 수학하고 논문을 쓴 고로 박 박사님의 수업을 5년간 줄곧 받은 셈이다. 박 박사님의 교수방법은 무미건조하여 재미있는 강의가 아니었다. 교탁에 강의교본을 펴 놓고 의자에 앉은 채 필요한 부분만 건너 뛰어가며 읽어 내려가는 식이며 질문에 대한 자상한 답변도 거의 없었다. 그의 강의 원본은 고색창연하며 지워야 할 부분과 첨가해야 할 곳은 새로 써서 달거나 때워 붙인 것으로 아주 특별하여 총신 박물관에 소장할 가치가 있다.

대학원에선 주로 영문서적을 텍스트로 하여 박 박사께서 지정한 책을 수강자가 한 장(chapter)씩 번역·요약하여 유인물을 만들어 배부·발표케 한 후 논평하는 형식을 취했다. 나는 우문선 목사와 같이 대학원장 박형룡 박사를 지도교수로 하여 교의신학 논문을 써서 Th.M 과정을 마쳤다. 같이 공부한 분들 중 여섯 분은 기독교교육학, 한 분은 구약학 논문을 썼다.

그러나 박형룡 박사의 설교는 강의 때와 달리 내용의 충실은 물론 시의적절하고 감동을 주었다. 원래 박 박사는 뛰어난 연설가였다고 한다. 그는 숭실대학 시절 강사로서 명성이 높아 설교자와 강연자로, 때로는 부흥집회도 인도하였는데 어떤 해는 학생신분으로 70회나 연사로 나설 만큼 인기강사였다. 평양 장대현교회의 여신도인 평남 대동군수를 지낸 부호 박기석 씨의 부인이 박형룡의 전도 강연에 감동을 받고 그의 딸 박순도 양과 혼인하게 하였을 정도이다. 1920년 4월에는 목포 양동교회에서 숭실대학 전도대의 수석강사로 그해 갓 졸업한 박형룡이 1300여 명의 청중에게 '천의 검'이란 제목으로 세 시간 동안 전도 강연을 하여 큰 반향이 있었다. 하지만 이날 그의 설교가 불온하고 과격한 언사가 있었다고 하여 피검되어 그해 6월에 징역 8개월의 언도를 받아 실제로는 10개월간 감옥생활을 했다. 이러한 그였던지라 중요한 때, 중요한 자리에서 하는 큰 설교는 박형룡 박사를 덮을 사람이 없을 정도이다. 내가 그의 설교에 가장 큰 감명을 받은 것은 1960년 12월 13일 고신과의 합동총회 시 설교였다. 그때 승동교회에 만장한 양 교단의 목사·장로 총대 및 방청객들 앞에서 '믿는 일과 아는 일에 하나가 되어'라는 제목으로 눈물 뿌려 외친 그 말씀은 온 청중의 마음에 깊은 감동을 안겨 주었다. 신학생인 나도 방청석에서 이 역사적인 설교를 직접 들었다.

박형룡 박사님은 태산북두라 할 만큼 학식과 인품이 고매하여 함부로 대하기 어려운 분이었다. 그래서 학생들 사이에 저런 분이 어떻게 자식을 두었을까 하는 우스개 소리도 나왔다. 그러나 신앙에 투사인 그가 인격의 성향에선 성인형(聖人形)이었다. 한번은 수업 중에 한 학생이 김린서 목사가 '한국 교회는 왜 싸우는가?'라는 팸플릿에서 박형룡 박사를 격하게 비난한 일로 울분을 토하니 박 박사님은 헛웃음인 채, 다만 '그래요' 할 뿐 일체 응대치 않고 넘어갔다. 그는 신학과 신앙에서 때로는 답답할 만큼 외통수였지만 또한 고려신학교 교장 취임 강연인 '사도적 신학 소론'이 보여주듯 무조건 일방적이 아닌 정도(正道)로서의 대로(大路)를 보여준다. 그것이 바로 대인의 풍모이다. 분열 당시의 총회장 노진현 목사는 그의 회고록에서 '합동측 대표자는 박형룡 박사이고 통합측 대표자는 한경직 목사였다. 사실 이 두 분은 하나도 격렬한 부분이 있거나 그러한 태도를 보이지 않았다. 이분들을 따르는 사람들이 격렬한 싸움을 한 것이다'라고 평했다.

내가 경험한 일로 1976년 첫 설교집을 간행하여 은사인 박형룡 박사에게 우편으로 증정하였더니 곧 이런 답서가 왔다. 어려운 한자가 많으므로 한글을 괄호 안에 넣어서 여기 그대로 옮긴다.

'玉稿說教集(옥고설교집)과 惠書(혜서)를 拜受(배수)하고 感謝無地(감사무지) 하나이다. 聖職(성직)을 擔任(담임)한 지 歲久年深(세구연심)하지도 않았고 餘暇(여가)를 얻을 만한 處地(처지)에서 奉仕(봉사)하시는 바도 아니신데 벌써 說教集(설교집)을 刊行(간행)하시니 急速(급속)한 進步(진보)에 驚歎不勝(경탄불승)하나이다. 況且(항차) 玉稿(옥고)의 內容(내용)이 組織的(조직적)이고 思想豊富(사상풍부)하여 幽深(유심)한 感化力(감화력)을 가졌음에리요? 龍山古舍(용산고사)에 忍苦修學(인고수학)을 지나 今日(금일) 聖役(성역)에 赫赫(혁혁)한 成功(성공)은 苦盡甘來(고진감래)요 悲盡興來(비진흥래)라. 罔極神恩(망극신은)을 何以盡謝(하이진사)리요? 昔日(석일)의 同苦者(동고자) 此人(차인)도 松茂栢悅(송무백열)로 慰喜不己(위희불기)합니다. 切願(절원), 今後(금후) 聖役學究(성역학구)에 日益前進(일익전진)하여 大成 又 大成(대성또대성)하소서. 淸風落葉(청풍낙엽)에 老心(노심)은 秋意漸深(추의점심)하여 人生晩秋(인생만추)의 孤寂(고적)을 自感(자감)하나 後進學友(후진학우)들의 成功(성공)을 傳聞(전문)할 때 慰安激勵(위안격려) 多大(다대)합니다. 鄙巢(비소)는 一同安過(일동안과)하니 神護(신호)와 念德所致(염덕소치)이외다. 恩安善務(은안선무)하소서.'

一九七六年十月二三日(1976년 10월 23일)
教下 朴亨龍 頓首(교하 박형룡 돈수)
張次男 牧師 座下(장차남 목사 좌하)

이 서한에서 보듯이 박사님은 43년 연하의 어린 제자에게도 '장차남 목사 좌하'라 하고 은사님 자신은 '교하 박형룡 돈수'라고 한껏 낮추시어 배수하는 입장에서 정말 송구한 마음이었다. 언제나 예절과 겸손이 몸에 배었고 생활화된 어른이었다.

박형룡 박사의 심중에는 항상 한국 교회가 있었다. 그는 한국 교회를 위해 일한 신학자였다. 1970년 내가 부산중앙교회 부목사로 재직할 때 교회창립 25주년을 맞아 기념예배를 드렸는데 강사로 초빙된 박 목사님이 전한 설교 제목은 '모범적 교회'(살전 1:1~10)였다. 1975년 내가 속한 부산노회 100회 기념예배에 강사로 초빙된 박 목사님이 전한 설교 제목은 '위기에 교회의 전진'(출 14:15~20)이었다. 그는 전국 목사·장로 기도회나 전국교역자수련회 강사로 말씀을 전할 때에 거의 오늘의 현실에서 교회가 나아갈 올바른 방향을 제시했다. 나는 박 박사님께서 신학자이면서 교회와 밀착된 사역을 수행하신 전범을 오늘의 신학교수들이 본받아야 할 것으로 여긴다. 1968년 내가 부산노회로 이명왔을 때에 박형룡 박사는 부산노회원으로 이듬해에 서울로 이명해 가서 한 회기만 같은 노회원이었지만 서기가 그의 결석계 제출보고 하는 것을 듣고 말석의 젊은 목사로서 깊은 인상을 받았었다. 그가 만년에 부산에 오셨을 때 전화가 와서 찾아가 뵈었는데 노은사(老恩師)께서는 부산과 경남의 신앙과 신학동향을 물으시고 한국 교회의 장래를 염려하는 말씀을 하셨다. 나의 착오로 다른 책에서는 이 일이 박 박사님이 소천하시기 이삼 년 전이라 했으나 사실은 두 달 전이었으므로 그때의 말씀이 내게는 유지로 느껴졌다.

나는 일찍부터 박형룡 박사를 위대한 신학자, 위대한 호교자, 위대한 설교자, 위대한 교육자로 인식해 왔다. 과연 박형룡은 한국 교회사에 길이 남을 진정한 거인으로 선교사가 주도하던 시대의 유산을 승계하면서 한국인이 주도하는 시대의 주역으로 준비된 인물이었다. 그가 위대한 역사의 인물이 된 것은 그의 학구적 성향과 활동적 성향 그리고, 경건적 성향이 학자형, 지사형, 성자형으로 훈련·승화되어 지난 세기의 장장 50년간 한국 장로교회의 중심에서 한국 교회를 위하여 하나님의 장중에 사용된 까닭이었다. 나는 이것이 한국 교회의 큰 복이라고 믿는다.

박형룡 박사야말로 베자가 그의 흠모하는 칼빈의 전기를 쓰고서 칼빈의 생애를 한마디로 말했던 것처럼 '비방하기는 쉬우나 본받기는 어려운 모범자였다'고 생각한다.

>>> 위대한 주의 종 박형룡 박사

정성구 교수 (전 총신대 총장, 명예교수)

나는 박형룡 박사 아래서 7년을 공부했다. 즉 학부와 신학대학원과 대학원까지 장장 7년 동안 나는 그의 학문과 신앙과 덕을 배웠다. 박형룡 박사는 위대한 보수주의 학자이면서 대 칼빈주의 학자였다. 나는 20대 초반에 박형룡 박사의 문하생이 되어 그의 임종과 장례식까지 그 어른을 지켜보았다. 박형룡 박사는 박윤선 박사의 뜨거운 열정과는 대조적으로 참으로 조용한 성자형이며 그의 삶 자체가 경건의 모델이었다. 설교나 강의에는 높낮이가 거의 없으며, 잘 준비된 원고를 그냥 읽어 가는 수준이었다. 특별히 강조될 부분이 있으면, 몸을 약간 앞으로 꾸부리는 수준이었고, 설교의 클라이막스에는 양팔을 수평으로 올리는 정도가 고작이었다. 그러다가 영적으로 뜨거움이 있을 때는 잠시 감정을 억제하면서 침묵을 하곤 했다. 박형룡 박사가 침묵할 때는 성령의 충만으로 가슴이 뜨거울 때였다. 박형룡 박사는 일생 동안 아무리 작은 집회의 설교나 강의에도 반드시 위에서 아래로 쓰는 양면 괘지에 정갈하고 아름다운 명필로 완전원고를 만들어서 설교했다. 참으로 학자다운 기품이 넘쳤다. 그런데 그러한 글들이 모아져서 논문이 되고 설교가 되고 책이 되어 나왔다. 그리고 후일 그 원고에 더 보완할 것이 있든지 참고서적을 읽는 중에 새로운 것이 발견되면 그 내용을 정갈하게 써서 마치 아카디온을 연상하듯이 계속 증보해 나갔다.

나는 키가 작은 탓도 있지만 신학교에 다닐 때는 꼭 앞자리에 앉아서 교수들의 강의를 경청했다. 곧잘 질문도 하곤 했다. 한번은 나는 박형룡 박사의 강의가 마칠 때쯤 되어서 질문을 던졌다. 박형룡 박사는 학생들의 질문을 거의 받지 않는다. 질문하면, "다음 단으로 넘어갑니다"라든지 "차차 배우게 될 것입니다" 정도로 넘어갔다. 그런데 내 질문의 내용은 "그런 논리를 밝혀주는 학자들은 어떤 사람들이 있습니까"라는 것이었는데, 다음 단으로 넘어가자고 할 수도 없고, 차차 배우게 될 것이라는 말을 할 수도 없었다. 그럭저럭 시간이 지나고 나도 잊어버렸다. 그런데 그로부터 몇 개월이 지난 후에 나는 노량진에 있던 박형룡 박사님 댁을 방문하게 되었다. 그런데 박 박사님은 그의 서재에 나를 안내하고는 흰 봉투를 하나 주셨다. 나는 무슨 영문인지 몰라 "박사님! 무엇입니까"라고 물었더니 3개월 전에 정 전도사가 질문했던 학자들의 이름과 저서들을 발견했다면서 정갈하게 써 주신 것이었다. 나는 지금도 박형룡 박사의 신학자로서의 기품과 섬세함을 잊을 수가 없다. 수업시간에 한 학생의 질문에 그렇게 성실히 자료를 찾아 주신 것이다. 나도 세월이 흘러 40년 이상 교수 노릇을 했지만 아직도 은사의 학문과 인격과 덕에 미치지 못함을 늘 부끄럽게 생각하고 있다.

박형룡 박사는 채플 시간에도 나에게 대표기도를 가끔 시켰다. 아마도 박 박사님의 기억에 늘 남아 있는 학생이었던 것 같다. 그리고 대학원(Th.M) 시절에는 내 논문의 부심으로 알뜰한 지도를 아끼지 않으셨다. 그리고 1968년 나는 나의 일생에 중요한 일이 세 가지 있었다. 즉 목사안수 받는 것과, 결혼하는 것, 그리고 석사학위 논문을 쓰고 석사학위(Th.M)를 받는 것이었다. 그런데 나는 성격이 좀 특별해서 다른 사람의 눈에는 얌전한 듯 보이지만 굉장히 저돌적이고 한번 마음 먹으면 기어이 뜻을 이루기 위해서 전부를 거는 승부근성을 가졌다. 다시 말하면 나는 보통 세 가지 네 가지를 한꺼번에 해치운다. 어떤 이들은 한 가지도

힘드는데 어떻게 한꺼번에 둘, 셋을 그렇게 신속하게 처리하느냐고 하는 사람도 있다. 사실 일생에 가장 중요한 것은 결혼이고, 그보다 더 중요한 것은 목사안수 받는 것이요, 현실적으로 발 앞에 떨어진 것은 신학석사 학위를 받는 것이었다. 그런데 나는 인생일대의 가장 중요한 세 가지를 한 주일 단위로 다 처리했다. 일주일에 하나씩 해결해 나갔다. 결혼하고 목사 되고 학위 받고 한 것이 참으로 숨가쁜 것이었다. 그때 박형룡 박사는 내게 말하기를 "열매가 주룽주룽하외나. 축하하외다" 했다. 나는 그 말씀을 지금까지 잊지 않고 있다. 실은 내가 총신대학에서 강사로 시작하게 된 것은 당시 대학원장으로 계시던 박형룡 박사의 도움이 컸다. 1967년 2월 내가 「화란어 문법의 연구」란 책을 내고 박 박사님께 드렸더니 "이제는 가르치시오"라고 했다. 그 후에 나는 헬라어와 화란어를 가르치는 강사로 시작해서 오늘까지 이르게 된 것이다.

나는 박 박사님의 사랑을 잊지 못해서, 박 박사님의 댁이 다시 봉천동으로 이사 왔을 때 자주 찾아뵈었다. 그때는 이미 연로해서 모든 것을 다 그만두고 고요히 쉬시는 때였다. 그러나 나는 한 번 스승은 영원한 스승이므로 자주 댁으로 찾아뵈었다. 1978년 10월 25일 박 박사님은 고요히 주무시다가 주님의 부르심을 받았다. 빈소에 도착해서 여러 일을 돕고 있는데 상주인 박아론 박사는 지방에 강의 갔다가 오후에야 도착했다. 나는 장례의원으로서 장례식, 하관식까지 참여했다.

그로부터 3년 후인 1981년에 박형룡 박사의 전집 20권이 출판되었다. 당시에는 정문호 목사님과 임승원 목사님의 숨은 공이 컸었다. 박 박사님의 전집 광고에 추천사로는 그 당시에 총신의 학장인 나와, 고신대학 학장인 오병세 박사, 감리교 신학대학 윤성범 박사, 장신대학 이종성 박사, 전 서울신대학장 조종남 박사가 추천했다. 그때 나는 추천자로서 다음과 같이 말했다.

"한국 교회의 교부이시고 정통신학의 기수이신 박형룡 박사의 저작전집 20권이 완간된 것은 기쁜 일이 아닐 수 없다. 박 박사는 신학을 위해서 이 세상에 오셨다가 신학으로 세상을 마치신 어른이시다. 나는 학문은 그 사람의 인격과 분리될 수 없다고 생각한다. 그런데 박 박사께서는 그야말로 신학과 신앙, 학문과 경건의 조화를 이루었던 어른이시다. 나는 박 박사의 문하에서 7년간 공부하는 중에 그의 학문과 인격에 많은 감화를 받았다. 그는 진실한 신학자이며 늘 잔잔한 미소를 잃지 않는 선한 목자이며, 위대한 감화력을 가진 설교자이며, 누구도 범접할 수 없는 고결한 인격의 사람이었다. 그의 신학은 언제나 역사적 칼빈주의 신학과 신앙 위에 굳게 서 있었다. 그의 신학 방법은 언제나 무오의 하나님 말씀에 기초하고, 역사적으로는 어거스틴, 칼빈, 카이퍼, 바빙크, 핫지, 워필드 등의 개혁주의 노선을 따르고 있다. 그러므로 평소 박 박사님의 말씀과 같이 그는 역사적 정통보수 신학을 한국 교회에 소개하고 지켜 나아가는 것을 그의 필생의 사업으로 생각하셨다. 1935년 박 박사의 걸작인 「신학난제선평」이 출판되었을 때 마포삼열 박사는 말하기를 '조선예수교장로회 신학교 교수 박형룡 박사는 본서로써 교회 일반과 특별히 목사 선생 제위에게 위대한 봉사를 하시는 것이다'라고 평했다. 이제 50년이 지난 오늘 박 박사님의 저작전집이 한국 교회와 후학들에게 위대한 봉사가 되기를 소원하는 바이다.

나는 위의 추천사에서 박 박사님께 대한 거의 모든 것을 핵심적으로 지적한 듯하다. 나는 박 박사님이 돌아가신 후에 1년에 한 번씩은 꼭 사모님을 찾아뵈었다. 나는 그것이 제자의 도리라고 생각했다. 그래서인가 사모님이 세상을 뜨시고 얼마 후 박형룡 박사의 아들 모세 씨가 세상을 떠나자 내가 장례식을 인도했다.

나는 박형룡 박사에 대한 바른 평가를 하기 위해서 1987년부터 그에 관한 자료를 모으고 작은 책이라도 내고 싶었다. 그래서 1989년에 총신대 출판부에서 나온 「총신의 맥과 뿌리—총신과 박형룡」이란 170 페이지의 책을 내었다. 그 과정에서 나는 박 박사님께 대한 여러 자료를 찾는 중에 1988년으로 생각되는데, 김정걸 집사에게 묻기를 "혹시 박형룡 박사에 대한 무슨 자료가 없을까요?" 했다. 그때 김정걸 집사는 박형룡 박사님의 남은 책들과 유품은 모두 박아론 박사께서 가져갔고, 이것은 쓰레기로 버린 것인데 혹시 이런 것도 도움이 될는지 모르겠다고 했다. 사과 박스 한 상자 분량이었다. 그리고 그것은 한갓 쓰레기처럼 보였다. 그러나 나는 잘 알고 있었다. 그것은 박 박사님께서 만주 봉천(지금의 심양)신학교 교수 시절(1940년께)에 작성하고 장신과 총신에서 가르치시던 육필로 된 조직신학 교안이었다. 박형룡 박사의 육필원고가 하마터면 쓰레기 소각장으로 갈 뻔했지만 나는 그것을 소중히 간직하게 된 것이다. 박 박사의 손때 묻은 개혁신학의 원형을 가지고 있는 것은 내가 그에게서 7년을 배웠기에 그 눈이 뜨였다고 볼 수 있다.

그리고 또 한 가지 잊지 못할 것은 내가 세계 장로교회 선교사 신내리 목사님 집에 출입할 때였다. 그는 1960년대부터 박형룡 박사의 육성 녹음된 교의신학 강의를 모두 가지고 있었다. 나는 그에게 부탁해서 비싼 값을 주고 그것을 구입했다. 그러므로 한국 칼빈연구원과 박물관에는 한국의 개혁주의 신학의 산파역을 했던 박형룡 박사의 원자료가 있는 셈이다.

내가 이런 부족한 글이나마 남기려는 것은 한국 보수주의 신학의 원조, 즉 칼빈주의 신학의 원조의 흐름이 어떻게 해서 여기까지 왔는가를 밝히기 위함이다. 나는 일생 동안 하나님께 감사하고 또 감사한 것은 이처럼 위대한 주의 종 박형룡 박사의 문하생이 되어 감히 그의 그림자라도 따라가 보려고 노력해온 점이다.

나는 박형룡 박사가 서거하던 날 다음과 같은 시를 써서 총신대보에 게재했다. 그것은 스승에 대한 사랑의 시였다.

큰 스승 박형룡 박사를 애도하면서

"가시고 난 후에사
못나서 못난 제자들이
이러히도 虛虛한 뜨락에 모였습니다.

校庭의 뒷동산에 불타는 丹楓은
主를 사랑하는 님의 忠節이
저러히도 붉게 불들게 했습니까?
돌아선 바위는
八旬을 眞理守護에 바친
님의 情熱이 속으로 굳어버린 것입니까?

아가페는
모두의 가삼마다에 심어두고
님은 저만치 가서 아브라함의 품에 안기고…

그 손길,
그 눈빛,
어머님 품처럼 따스하더니만…
하여서,
이 空虛는 메울 길 없습니다.
크고도 크신 스승님.

잔잔한 가라치심.
애절한 십자가의 證據들
두고 가신 따사한 말씀들은
아린 가삼들에 밀물처럼 지미어 오고…

苦難의 半世紀
에클레시아의 아픔을 일흔 번에 일곱을 더 참으시더니.
못나서 못난 제자들로 인하여
벧엘의 이끼 낀 돌 사이로
목자의 땀방울이 촉촉이 배어들면

그제사
열린 하늘을 향하여
목놓아 울었겠지요
歷史의 오메가는 主님의 것
그날을 기다리는 강단에 서서
오늘의 디모데가 되어야 할 텐데…

–총신대보 1978년 10월 25일

* 이 글은 2011년 필자의 「내가 만났던 100명의 개혁주의 학자들」이란 책에서 「죽산 박형룡」 부분을 그대로 옮겼음을 밝힌다.

>>> 한국 교회 신학의 공로자 박형룡 박사

서철원 교수 (전 총신대 신대원장, 조직신학 교수)

1884년 5월경 미국 선교사들이 복음을 가지고 한국에 들어올 때는 나라의 힘이 거의 다 소진되어 앞날이 매우 위태로운 때였다. 한 세대가 지나기 전에 나라가 없어지는 그런 비극적인 상황이었다.

이때 미국 선교사들은 낙심하고 절망적인 상태에 있는 한국 백성들을 복음으로 위로해 주고 새로운 활력을 제시하였다. 그들은 복음만 가져온 것이 아니라 나라의 앞날이 심히 불안하여 온 백성들이 괴로워할 때 천년기의 소망으로 백성들의 힘을 북돋우어 낙심하지 않고 삶을 이어가게 하였다.

그리고 복음 선포가 어느 정도 진행되어 믿는 사람들이 일어나게 됨으로 복음 전파로 생겨난 교회들을 말씀으로 봉사할 사역자들을 기르는 일을 시작하였다. 평양에 신학교를 세우고 1901년부터 목사후보생들을 모아서 가르치기 시작하였다. 이때는 모든 신학분과들의 가르침을 선교사들이 다 맡아 진행하였다.

그러던 중 1910년 나라가 일본에 합병되었다. 그래도 신학교는 1937년 신사참배 문제로 폐교되기까지 선교사들에 의해서 운영되고 가르쳐졌다. 조선신학교는 한국인들이 가르쳤지만 여러 교단들은 조선기독교단으로 통합되어 온갖 자유로운 신학과 혼합주의가 극심하였다. 한국교회가 신사참배에 참여하였다.

해방이 되자 교단들이 다시 자기 교단으로 복귀하였고 신학교도 교단별로 세웠다. 이때 장로회신학교가 세워져서 한국인들이 신학을 가르치게 되었다. 그러나 혼합주의가 심하였고 바른 신학을 알 수 없게 되었다.

이때 박형룡 박사가 정통개혁신학의 기치로 장로회신학교에서 신학을 가르쳤다. 자유주의가 상당히 침투하여 신학적으로 바른 판단을 할 수 없을 때 성경의 무오를 강력하게 주창하였다. 박 박사는 성경이 정확무오한 하나님의 말씀이란 기치를 높이 쳐들었다. 그리하여 바른 신앙은 성경대로 믿는 신학이어야 함을 강조하였다. 이것만으로도 박형룡 박사는 보수 정통주의자로서 자리를 굳게 하였다.

박형룡 박사의 영향 때문에 한국 교회는 성경을 그렇게도 사랑하고 읽고 외우는 일에 열심하는 교회로 만들어졌다. 더욱 깊이 한국 교회에 뿌리 내린 신앙은 성경대로 믿어야 구원에 이르고 성경대로 믿는 신앙만이 바른 기독교신앙이라는 확신이다.

박 박사가 성경무오의 교리를 강하게 주창함으로써 대부분의 한국 교회가 성경대로 믿는 보수교회가 될 수 있었다. 성경의 정확무오성을 믿지 않는 교회는 전혀 성경적인 기독교일 수 없다는 관념을 박 박사는 강하게 인각시켰다. 그리하여 아무리 자유주의 신학을 신봉해도 자기를 자유주의 신학자라고 공개적으로 표명할 수 없도록 상황이 전개되었다.

또 박형룡 박사는 칼빈주의의 엄정한 신학을 전개하고 가르쳤다. 하나님의 주권을 강조하여 우리로 하여금 믿게 하는 것도 하나님이 하시고 우리의 모든 삶도 다 하나님이 주재하신다는 개혁신학의 기본을 강하게 주장하여 성도들을 위로하고 힘을 더하였다.

하나님의 주권을 강조함과 함께 인간의 전적인 타락을 강조하여 하나님의 은혜가 아니면 우리가 도저히 구원받을 수 없는 자들임을 강하게 강조하였다. 전적으로 하나님의 은혜로 믿어 구원 얻음을 강조함으로 백성들로 믿음의 확신을 갖게 하였고 위로를 받게 하였다.

박형룡 박사는 하나님의 주권적인 선택을 강하게 개진함으로 한국 교회로 하여금 하나님이 나를 은혜로 택하셨다는 확신과 자부심을 갖게 하였다. 그리하여 개혁신학의 선택교리가 한국 백성의 마음에 깊이 인각되어 나는 선택된 하나님의 백성이란 확신을 갖게 함으로 어려운 상황에서도 흔들림 없는 믿음생활을 할 수 있게 하였다.

또 기독교의 배타성을 강조함으로 기독교에만 구원이 있고 다른 종교로는 구원이 전적으로 불가함을 한국 백성들의 가슴에 깊이 새기게 하였다. 그러므로 그리스도가 하나님의 아들로서 유일한 구주임을 굳게 믿게 함으로 한국에 널리 신봉되었던 불교나 유교나 다른 외래 종교 또는 토속신앙은 결코 구원종교가 될 수 없다는 확신을 한국 백성들의 가슴에 깊이 인각시켰다.

지금 한국에 종교다원주의가 널리 퍼졌어도 대부분의 그리스도인들이 예수 그리스도만이 유일한 구주라는 배타적인 신앙을 가지고 살 수 있는 것도 다 박 박사가 남긴 유산이다.

박형룡 박사는 이에서 나아가 카알 발트의 신학이 교묘히 전개된 현대신학이라는 것을 강조하되 성경무오 교리를 깨는 신학임을 강조하여 한국 교회에 깊이 인각시켰다. 이로써 한국 교회로 하여금 현대신학의 거센 물결을 이겨낼 수 있게 하였다. 지금도 대부분의 한국 교회가 현대신학으로 기울지 않고 보수신학을 견지할 수 있는 것은 박형룡 박사의 공헌이라고 해야 한다.

그리고 일제 탄압시기부터 고난당하는 한국 교회와 백성을 위로하기 위해서 천년기의 소망을 일으켜 백성들로 낙심하거나 좌절하지 않고 미래의 소망을 갖고 살 수 있도록 격려하였다. 그리하여 지금도 한국 교회 전반이 천년기론이 정통신학임을 확신하고 있다. 특별히 목회자들이 보수와 자유주의의 판가름을 무천년기론이 아니라 천년기론에 두고 있다. 그리고 구체적인 신학내용은 화란 개혁신학의 전통을 이은 루이스 벌코프의 조직신학으로 가르치고 개진하였다.

신학적으로 매우 어둡던 시절 많은 혼합주의적인 신학사상이 널리 퍼져 있을 때 박형룡 박사는 성경무오의 강한 주창과 성경적인 기독교를 세우는 데 혼신의 힘을 발휘하였다. 그리하여 그의 신학을 따르는 교회가 한국에서 큰 교회가 되었다.

앞으로도 100년 동안 한국 교회가 보수교회로 남는다면 그것은 다 박형룡 박사의 변증적 신학의 전개의 공이다.

>>> 내가 만난 스승

홍정이 목사 (안디옥교회 원로목사, 증경총회장)

"그러나 너는 배우고 확신한 일에 거하라 너는 네가 누구에게서 배운 것을 알며, 또 어려서부터 성경을 알았나니 성경은 능히 너로 하여금 그리스도 예수 안에 있는 믿음으로 말미암아 구원에 이르는 지혜가 있게 하느니라. 모든 성경은 하나님의 감동으로 된 것으로 교훈과 책망과 바르게 함과 의로 교육하기에 유익하니, 이는 하나님의 사람으로 온전하게 하며 모든 선한 일을 행할 능력을 갖추게 하려 함이라."(딤후 3:14~17)

한 사람이 세상에 태어나서 존경하고 사랑하는 스승을 만나게 된 것만큼 값진 일은 없을 것이다.

특히 신앙생활 여정에서 성도가 존경하고 사랑하는 목회자를 만나고, 신학도가 선지학교에서 존경하고 사랑하는 스승을 만나고, 후배 목회자가 존경하는 선배 목회자를 만나 지도를 받고 자란다는 것은 그 무엇과도 비교할 수 없는 행복이요 기쁨이 될 것이다. 왜냐하면 사람이 누구를 만나고 가까이하느냐에 따라 삶이 변화되기 때문이다.

학문과 인격을 겸비한 한국 교회 보수신학의 대 스승 박형룡 박사

나는 신학교 때 친구 김충남 목사를 통해 박형룡 박사의 조직신학 원고를 정리하는 일로 3년여 동안 박 박사님 댁에서 생활하며 지낼 수 있었던 것이 하나님의 축복이요, 자랑감이요 나를 변화시킨 큰 계기가 되었다고 생각한다.

나는 박 박사님의 학문과 경건, 예절 그리고 겸손, 근면, 검소하심에 대해 머리를 숙이는 바이다. 흔히 존경하는 사람도 가깝게 지내면 흠이 많이 발견되어 실망하게 된다고 하는데 나는 신학교에서 박 박사님께 가르침을 받을 때보다 가정에서 그분의 삶을 보면서 더욱 존경하게 되었다.

박 박사님은 진실로 성자이셨고 학문과 경건, 신행(信行)이 겸전하신 분이셨다. 나는 한국의 목사님들 가운데 그 누구도 박 박사님과는 비교될 수 없을 만큼 박 박사님은 신행이 겸전하신 분이라고 생각한다. 박 박사님은 친히 총신 교훈을 "너는 학자가 되라, 너는 신자가 되라, 너는 성자가 되라, 너는 전도자가 되라, 너는 목회자가 되라"고 정하셨다. 이는 박 박사님의 신앙과 인격이 어떠한 분이심을 보여주고 있다. 나는 이러한 신학교 교훈은 세계 모든 신학교 교훈 중 가장 모범적인 교훈이라고 믿는다. 한국에 보수 신학자 박형룡 박사님이 계셨고 또 우리 총회 신학교(총신대) 설립자가 박 박사님이셨다는 것은 한국 교회와 우리 교단에 큰 축복이라고 생각한다.

박 박사님은 집에서 평소에 말이 없으셨다. 그리고 시간만 나면 책상에 앉아 학문연구에 집념하셨다. 박 박사님과 사모님과의 대화는 주로 식사 후 커피를 나누면서 하셨다. 그리고 박 박사님의 식사는 꼭 사모님께서 정성스럽게 챙기셨고 항상 식사는 함께 하셨다. 그리고 사모님과의 대화 때는 항상 존칭어를 쓰셨다. 사모님 역시 그리하셨다. 그런데 박 박사님은 청년 때 아주 말이 빨랐고 걸음걸이도 빨랐다고 한다. 그리고 아주 미남이셨다고 한다. 박 박사님은 웅변을 잘하시어 상도 받으셨다고 한다. 결혼 전 서로 사귀실 때는 사모님이 적극적이셨다고 한다. 그런데 박 박사님께서 말씀을 천천히 그리고 적게 하시게 된 동기는 은혜 받고 난 다음 말에 실수 없게 하려고 많은 노력을 하신 결과라고 한다. 그러나 설교하실 때는 젊으셨을 때 웅변가의 모습이 나타나 보이곤 하셨다. 그리고 박 박사님은 옆에서 누가 어떤 제자에 대해 안 좋은 이야기를 하면 그 말씀을 안 들으시려고 일어나 그 자리를 피하시곤 하셨다. 나는 박 박사님께서 제자들에게 나쁘다고 하는 말을 들어본 일이 없었다.

특히 박 박사님 댁 가정예배는 감동적이었다. 평일에는 오전, 방학 때는 오전, 오후로 두 번 드렸다. 예배 때마다 찬송은 10장씩 불렀다. 박 박사님께서 조직신학 원고 정리로 인해 가정예배 때 말씀 준비가 약한 것같이 느껴지시면 사모님은 박 박사님께서 말씀 증거를 하신 후 잘 이해되지 않았던 부분에 대해 질문을 하셨다. 만일 이런 일이 오전 예배 때 있었다면 박 박사님은 저녁 예배 전 15분 정도 책상 앞에 앉아 가정예배 인도를 위해 말씀을 준비하시고 예배를 인도하셨다. 그럼 사모님께서는 박 박사님의 설교말씀을 깨알 같은 글씨로 노트에 받아 적으셨다. 나는 사모님의 그 노트를 30여 년 동안 개인적으로 보관하고 있다가 나이가 들어가는 중 너무나 귀한 노트이어서 「박형룡 박사 가정예배 365일」이라는 제목으로 2003년도에 쿰란출판사에서 책을 출판하게 되었다.

이런 박 박사님과 사모님 가정에서 내가 3년여를 함께 생활하며 지냈으니 얼마나 많은 것을 배웠는지 말로 다 표현할 수 없다. 그러므로 나는 오늘 나의 나 된 것은 첫째는 하나님의 은혜요 다음은 박 박사님과 사모님께서 나를 사랑해 주시고 가르쳐 주신 은공(恩功) 때문이라고 생각한다.

사모님이신 박순도 여사는 평양 대동 군수 따님으로 미모의 여성이셨다. 그리고 중국에 계실 때 장개석 총통 부인이셨던 송미령 여사와 함께 학교를 다니셨다고 한다. 사모님은 아주 두뇌가 명석하셨고 찬송을 좋아하셨고 유머가 뛰어나셨다. 외부에서 박 박사님과 친하게 지내시는 분에게서 전화가 오면 먼저 사모님께서 전화를 받으시는데 먼저 유머로 인사한 후 박 박사님을 바꾸어 주신다. 사모님은 나에게 대화하는 법, 식사하는 법(양식) 등을 가르쳐 주셨고 보수신앙을 위해, 또 피난생활 중 고생하셨던 이야기며 그동안 인생살이에서 얻은 경험담 등을 많이 말씀해 주셨다. 그리고 기도생활에도 본을 보여 주셨다.

박형룡 박사님은 비록 체구는 작은 편이셨으나 그가 한국 교회 보수신학에 끼친 공(功)은 오고 오는 세대에 영원히 빛날 거성이셨다는 것은 그 누구도 의심할 여지가 없을 것이다.

본 책은 박형룡 박사님의 아드님이신 박아론 박사께서 집필하셨는데 나는 이 책의 편집인으로 수고하였다. 본 책에는 박형룡 박사님을 가장 가까이에서 본 제자들의 이야기를 함께 수록하였는데, 그분들은 박형룡 박사님에 대하여 일관된 평가를 내리고 있다.

정문호 목사(신용산교회 원로)는 "나는 박 박사님을 찾아뵙는 것을 큰 기쁨으로 여겼다. 나는 박 박사님께서 설교하는 곳마다 따라다니면서 설교말씀의 은혜를 사모했다. 박 박사님은 나의 위대한 스승이었다" 라고 했고, 박형용 박사(웨스트민스터신학대학원대학교 총장)는 "그가 없었다면 오늘날의 한국 교회가 보수적인 교회로 남아 있을 수 있었을까" 라고 말하며 "한국 교회에 좋은 스승, 좋은 멘토를 주신 하나님께 감사한다" 고 말하고 있다. 또한 장차남 목사(증경총회장, 온천제일교회 원로)는 "박 박사님은 언제나 예절과 겸손이 몸에 배었고 생활화된 어른이시고 위대한 신학자, 위대한 설교자, 위대한 교육자, 한국 교회사에 길이 남을 진정한 거인이요, 본받기 어려운 모범자" 라고 했고, 정성구 교수(전 총신대 총장)는 "박 박사님은 한국 보수신학의 원조" 라고 했다.

정규오 목사(증경총회장, 광주중앙교회 원로)는 "나의 신학, 신앙 인격의 모델" 이라는 논문에서 대학자로서 박 박사님, 교계 전체를 보신 박 박사님, 대

설교가로서 박 박사님, 인격자이신 박 박사님이라고 했고, "주님 부르시는 그날까지 그의 신학, 그의 신앙, 그의 신앙지조, 그의 인격, 그의 사람됨을 존경하고 따르기를 계속할 것이다"라고 했다.

더 나아가 「죽산 박형룡 박사의 생애와 사상」(박용규 엮음)에서 노진현 목사(증경총회장, 부산 중앙교회 원로)는 "나는 오랫동안 박 박사님과 상종하는 동안 한 번도 박사님이 농담하는 것을 들은 적이 없고 흐트러진 자세를 본 적도 없다. 그분은 전 생애를 칼빈주의 개혁주의 신학으로 목회할 수 있는 목회자 양성을 위하여 바쳤다"라고 했고, 한병기 목사(증경총회장, 부산 부전교회 원로)는 "총회신학교의 표어 '신자가 되라, 학자가 되라, 성자가 되라, 전도자가 되라, 목회자가 되라'는 말씀은 박 박사님께서 친히 정하신 것이다. 박 박사님은 한국 교회에 위대한 공적을 남기신 분이시다"라고 했다.

김의환 박사(전 총신대 총장)는 "한국 교회 100년사의 역사에서 박형룡 박사님은 분명히 추종을 불허하는 독보적 보수신학자였다"라고 했고, 서철원 박사(전 총신대 신대원장)는 "한국 교회가 전통적인 삼위일체 교리에 굳게 설 수 있었던 것은 박형룡 박사님의 신학적 공헌이다. 그는 대 신학자이시다"라고 했다.

그리고 김길성 교수(총신대 총장 대행)는 그의 저서 「총신의 신학전통」에서 "박형룡 박사는 한국 교회에 장로교 신학을 정립시킨 신학자였고, 현대 자유주의 신학의 도전을 원천봉쇄하는 일에 성공했다"고 평가했다.

나는 이렇게 귀한 죽산(註 참조) 박형룡 박사님을 가장 가까운 곳에서 뵙고 배울 수 있었던 일에 대해 영광스럽게 생각하며 한없이 하나님께

註 : 박형룡 박사의 호(號)를 죽산(竹山)이라 함은 평북 벽동에 죽산 박씨가 많이 살고 있었기 때문이다. 박아론 박사께서 부친께 아호(雅號)가 없으시냐고 물었더니 '내가 무슨 잘난 사람이라고 아호를 쓰겠는가? 구태여 쓴다면 죽산이라고 하지'라고 하셨다고 함으로 호가 죽산으로 쓰이게 되었다고 함.

감사하는 바이다. 이 책을 통해 우리 교단이, 그리고 나아가 한국 교회가 박형룡 박사님께서 물려주신 칼빈주의 신학, 개혁주의 신학을 계속 계승해 나가게 되기를 간절히 기도한다.

박형용 교수 (웨스트민스터신학대학원대학교 총장)

인생의 행로에서 좋은 사람을 만난다는 것은 큰 복이 아닐 수 없다. 사람이 태어나서 좋은 친구를 만나는 것이 복된 일이요, 좋은 배필을 만나는 것도 복된 일이며, 또한 좋은 스승을 만나는 것도 복된 일이다. 총신 63회(1969년 12월 졸업)는 그런 의미에서 이상에 언급한 세 복 중의 한 복을 얻은 사람들이다. 그 당시 총신 교수로 봉직한 스승들은 박형룡 박사, 박윤선 박사, 최의원 박사, 간하배 박사(Harvie Conn), 이상근 박사, 박아론 박사, 김의환 박사, 명신홍 박사, 차남진 박사, 김득룡 교수 등의 정교수들과 김희보 목사, 이순한 목사, 박희천 목사 등의 강사가 수고하고 계셨다. 총신 63회는 이런 훌륭한 교수들 밑에서 훈련 받을 수 있는 특권을 누렸다. 총신 63회가 교문을 나선 지 벌써 40년의 세월이 흘렀다. 옛말처럼 강산이 세 번이나 변한 시간이다. 이제 40년을 뒤돌아보며 우리의 삶과 목회현장에 큰 영향을 미친 스승이신 죽산 박형룡 박사와 제자들 간에 있었던 일화들을 더듬어 보고자 한다.

넘어갑네다.

박형룡 박사는 한국 보수신학의 기초를 놓으신 분이다. 주경신학 분야에서 기초를 놓으신 분이 박윤선 박사라면 조직신학 분야에서 기초를 놓으신 분은 박형룡 박사이시다. 박형룡 박사는 자신의 조직신학을

"다른 사람들의 화원에서 꺾어 모은 꽃다발"이란 표현으로 겸양의 덕을 보이신다. 박형룡 박사의 조직신학은 루이스 벌코프(Louis Berkhof)의 조직신학을 골격으로 삼고 많은 개혁주의 학자들의 저술이나 논문을 사용하여 완성한 작품이다. 총신 63회 졸업생들은 박형룡 박사의 저술을 교재로 삼고 조직신학을 배울 수 있는 특권을 누렸다. 박형룡 박사께서 강의를 하실 때는 거의 모든 시간 의자에 앉아서 강의하시곤 했다. 그리고 교재의 중요한 부분을 읽으시고 약간의 논평을 하신 후 "넘어갑네다"라고 말씀하시고 다음 단락 혹은 다음 장으로 넘어가시곤 했다. 그렇게 한 학기를 공부하면 대략 교재의 절반 정도 진도가 나간다. 학기말이 되어 박형룡 박사께서 기말시험을 위해 예제를 주시겠다고 하자 학생들은 서너 문제의 예제만 예상하면서 모두 다 즐거워했다. 왜냐하면 교재 전체로 한다면 시험 범위가 너무 많기 때문이었다. 다음 시간 예제를 받아든 학생들은 놀라움을 금치 못했다. 박형룡 박사가 준비한 예제는 교재 전체를 세세한 부분까지 모두 포함하고 있었기 때문이다.

그리고 한 가지 덧붙일 것은 수업 시간에 지각하는 학생들에게 박형룡 박사는 "만도는 미도보다 낫습네다"라는 말씀을 하시곤 했다. 아주 오지 않는 것보다 늦게라도 오는 것이 낫다는 의미이다. 그런 말을 들은 학생들은 다음에는 늦지 않겠다는 각오를 다짐하곤 했다.

박형룡(朴亨龍)과 박형용(朴炯庸)

조직신학 수업을 시작할 때 한 가지 재미있는 일화가 있다. 그것은 이름과 관련된 일화이다. 다른 교수님들은 강의 시작 전에 학생들의 출석을 점검하기 위해 1번부터 시작하여 학생들의 이름을 호명하곤 했다. 그런데 조직신학 시간에는 출석 부르는 관습이 사라졌다. 그 이유는 63회 동기생 중에 박형용이란 이름을 가진 학생이 있었기 때문이다. 그래서 박형룡 박사는 학생들의 이름을 불러 출석 점검하는 것을 자주 건너뛰곤 하셨다. 가끔 출석을 부를 경우 박형룡 박사는 이름을 부르는 대신 일번, 이번 하시면서 번호를 사용하셨다.

출석 부르는 것과 관련하여 또 한 가지 재미있는 사실은 변증학 시간에 있었던 일이다. 변증학은 박형룡 박사의 아들이신 박아론 교수가 가르치셨다. 박아론 교수는 미국에서 공부하고 귀국한 지 얼마 되지 않은 상태였다. 박아론 교수는 선친의 이름을 함부로 부를 수 없었던지, 아니면 좀 어색하게 생각했던지 선친의 이름과 같은 이름을 가진 박형용 학생 때문에 63회 동기들을 가르칠 때는 출석을 자주 점검하지 않으셨다. 그런 이유로 결석한 학생이 덕을 본 경우도 있었다. 필자(박형용)와 박아론 교수와의 관계는 그 이후에도 계속된다. 필자가 미국 유학을 마치고 1977년부터 1980년 합동신학교가 설립되기까지 모교인 총신대학교 신대원 교수로 봉직한 바 있다. 이 기간 동안 필자(박형용)와 박아론 교수가 함께 교수로 봉직하게 되었다. 필자로서는 박아론 교수님이 스승이 되고 박아론 교수는 필자가 선친의 이름과 같은 이름을 가진 상황이 되었다. 그런 이유로 박아론 박사는 필자의 이름을 "박형용 박사" 혹은 "박형용 교수"라고 부르지 않고 그냥 "박 박사" 혹은 "박 교수"로 부르곤 하셨다.

필자(박형용)가 합동신학대학원대학교에서 총장 및 교수로 28년을 봉직하고 2008년 은퇴 후 서울성경신학대학원대학교 총장으로 봉직할 때의 일이다. 하루는 박아론 박사로부터 전화가 걸려 왔다. 필자가 어떤 일이신지 묻자 박아론 박사께서 자신이 「새벽기도의 신학」을 재판했는데 필자에게 추천서를 써 달라는 것이었다. 그래서 필자가 어떻게 제자가 스승님의 책의 추천서를 쓸 수 있겠느냐고 거절의 의사를 말씀드렸다. 그런데 박아론 박사님이 잠시 멈칫하시더니 "아버지가 아들의 책의 추천서를 쓸 수 있지 않은가"라고 말씀하시면서 추천서를 쓰라고 하셨다. 결국 필자는 그 책의 추천서를 쓰게 되었다.

박형용의 외국 편지 검열관 박형룡 박사

필자는 신학교 재학 시절 미국과 노르웨이의 친구들로부터 편지를 받곤 했다. 1960년대 후반에 외국으로부터 편지를 받는 것은 그리 흔한 일이 아니었다. 그것도 신학생이 외국의 친구로부터 편지를 받는 것은 더군다나 흔하지 않은 일이었다. 그런데 필자는 가끔씩 외국 친구들로부터 편지를 받곤 했는데 신학교의 편지 배분 책임을 맡은 직원이 필자의 편지를 박형룡 박사에게 전달하곤 했다. 그도 그럴 것이 학생 박형용이 외국으로부터 영문 편지 받을 것을 전혀 기대하지 못했기 때문이다. 필자의 편지는 먼저 박형룡 박사의 검열을 필한 후 필자에게 전달되곤 했다.

한번은 1968년 필자가 신대원 2학년이었을 때 이런 일이 있었다. 미국 버지니아(Virginia) 주 코베스빌(Covesville)에 살고 계시는 베티 베닝톤(Betty Bennington)이 박형용(Hyung Yong Park) 앞으로 편지와 함께 약간의 돈을 체크(check)로 보낸 적이 있었다. 하루는 박형룡 박사님이 경건회 인도를 마친 후 강당 입구(총신대학 구 건물, 그 당시 그 건물을 비둘기 집이라 불렀음)에서 필자와 마주치게 되었다. 박형룡 박사님께서 "박 조사, 이거 박 조사 편지 아니야?" 라고 말씀하시면서 체크가 든 편지를 개봉된 채 건네주시는 것 아닌가. 이렇게 박형룡 박사는 신학생 박형용의 편지를 검열하시곤 했다. 모두 다 이름 때문에 생긴 일이었다.

박형룡 박사와 대천 해수욕장

필자 가족이 윤영탁 교수 가정과 홍정길 목사 가정과 함께 1978년 여름 피서를 대천 해수욕장으로 갔었다(박형룡 박사는 1978년 10월 25일 소천, 당시 81세). 마침 대천 해수욕장을 약간 빠져 나온 한 동네에 거처를 정하고 여름휴가를 즐길 수 있게 되었다. 1978년은 필자가 36세의 젊은 나이로 총신 신대원 조교수로 시작한 지 한 해를 넘긴 해이다. 대천에서 한 이틀쯤 지냈을 때 60세가 훨씬 넘은 시골 교회의 할아버지 목사님이 논길을 통해 우리 숙소로 헐레벌떡 달려 오셨다. 그래서 어찌된 일이냐고 물으니 그 목사님께서 "여기 박형룡 박사님이 와 계신다는데 내가 찾아뵙고 인사드리려고 이렇게 달려 왔다"고 하셨다. 36세 된 새파란 필자는 몸 둘 곳을 찾을 수 없을 정도로 민망했지만 박형용이란 이름 때문에 생긴 것으로 돌리고 웃을 수밖에 없었다. 이 사건은 윤영탁 교수가 증인으로 그때 일을 회상하면 항상 생각나는 일화이다.

주는 자도 박형용 받는 자도 박형용

필자는 기네스북에 오를 만한 한 문서를 소유하고 있다. 그 문서는 바로 필자의 총회신학교 졸업 증서이다. 필자의 신학교 졸업장에는 제63회 박형용, 주후 1942년 1월 20일생, 이분은 본교 신과 3년 전 과정을 이수하였기로 본장을 수여함, 주후 1969년 12월 11일 운영 이사장 노진현, 재단 이사장 백남조, 교장 박형용으로 되어 있다. 어떤 이유에서인지는 알 수 없으나 63회 졸업 증서에는 교장의 이름을 박형룡이 아닌 박형용으로 기재했다. 결국 졸업 증서를 주는 자도 박형용이요 받는 자도 박형용이 되었다. 주는 자는 교장이요 받는 자는 졸업생이었다.

박형룡과 3000만 환 사건

총신 역사상 1957년경에 있었던 3000만 환(화폐 개혁 전) 사건은 기분 좋은 사건이 아니다. 해방 후 총신은 일본 점령 시대 때 신사(神社)로 사용되었던 장소(남산)를 임시 교사로 사용하고 있었다. 그 당시 총신의 교장은 박형룡 박사였고 총무 과장은 박래승 목사였으며 서무주임은 김창준 장로였다. 그런데 마침 그 당시 숭의여고(남산 밑 옛 KBS가 있던 근처) 교지를 정부로부터 불하 받는 데 큰 역할을 한 박호근 장로가 총신 부지도 정부로부터 불하 받도록 해 주겠다는 제안을 했다. 그의 교섭 비용으로 총신에서 지출한 금액이 3000만 환이었다. 이 사건은 그 당시 학교의 모든 관계자들이 잘 알고 진행된 사건이었다. 특히 총신을 경제적으로 돕고 있던 선교사들도 잘 알고 있었다. 그런데 그 당시 교단 내에는 신학적 허용주의를 용납하는 에큐메니칼(Ecumenical) 쪽과 보수 개혁주의를 주장하는 복음주의 쪽(National Association of Evangelicals, NAE쪽으로 호칭됨)의 팽팽한 대립이 있었던 때였다. 총신 교장이신 박형룡 박사는 복음주의 쪽에 서 계셨다. 이를 못마땅하게 여긴 선교사들과 교단 내의 에큐메니칼 주장자들이 박형룡 박사와 3000만 환 사건을 연계시켜 NAE 쪽을 공격했고 결국 교장 박형룡 박사, 총무과장 박래승 목사, 그리고 서무주임 김창준 장로가 도의적 책임을 지고 물러난 사건이 있었다. 이런 연유 때문에 이 사건을 언급할 때는 "박형룡 박사의 3000만 환 사건"으로 통하게 되었다.

그런데 박형룡 박사와 이름이 같은 이유로 인해 필자와 이 사건을 연계시켜 잘못 이해하는 경우가 있어 곤혹스러울 때가 있다. 1995년 2월 7일(화)자 국민일보는 노진현 목사님의 「진실과 증언」이라는 책 출판을 계기로 "1백 년 한국 교회사 산 증인"이라는 제하의 기사를 실었다(이지현 기자). 노진현 목사님은 거의 한 세기를 사신 한국 교회 형성기의 산 증인이시다. 그런데 국민일보는 당시 기사에 3000만 환 사건을 언급하면서 "합동신학교의 박형룡 박사의 신학기금 유용사건으로 알려져 왔다"라는 기사를 실었다. 필자의 항의와 정정 요청을 받은 국민일보는 1995년 2월 9일자에 다음과 같은 정정 기사를 실은 바 있다.

> "지난 7일자(일부지방 8일) 22면 1백 년 한국 교회사 산 증인 제하의 기사 가운데 『1959년 「44차 예장총회」에서 장로교단이 합동과 통합으로 분열된 원인은 신학적 견해 차이와 합동신학교 박형룡 박사의 신학기금유용사건으로 알려져 왔다. 그러나 노 목사는 교단분열의 원인은 에큐메니컬운동과 복음주의 운동의 대립이었다고 증언했다.』 부분에서 「합동신학

교 박형룡 박사」는 「총회신학교 박형룡 박사」의 오기였음을 알려드립니다. 현재 합동신학교 박형룡 목사와 총회신학교 박형룡 목사가 동명이인으로 빚어진 착오였음을 알려드립니다."

이처럼 필자는 박형룡 박사와 이름이 같다는 이유 때문에 여러 가지 재미있는 일화를 가지고 있다. 하나님의 섭리로 박형룡 박사나 필자가 같은 장로교회에 속했고, 같은 개혁주의적 신학 전통에 서 있게 되었고, 같은 교단에 속했었고, 같은 신학교와 연관을 갖게 되었기 때문에 이런 일화가 생겼다고 생각한다. 달리 표현하자면 하나님께서 필자에게 훌륭하신 박형룡 박사를 만날 수 있는 계기를 마련해 주셔서 그분을 알고, 그분에게 배우고, 약간의 삶의 경험들을 공유하게 해 주셔서 필자의 삶을 더 풍요하게 해 주셨다고 생각한다.

나가는 말

박형룡 박사는 참으로 큰 인물이시다. 하나님이 역사의 격랑(激浪)기를 살아 온 한국 교회를 위해 박형룡 박사를 크게 사용하셨다. 그가 없었다면 오늘날의 한국 교회가 이처럼 보수적인 교회로 남아 있을 수 있었을까 생각해 본다. 그는 보수주의 신학자로서 당시 김재준 박사를 중심으로 번져 나가는 자유주의 신학을 견제하기 위해 「신학정론」을 출판하여 개혁주의 신학을 진작시키셨다. 박형룡 박사는 그 당시 평양신학교에서 발간한 「신학지남」이 폐간된 상태였기에 신학의 정론지의 필요를 느꼈을 것이다. 박영희 박사는 "박형룡 박사는 성경무오 사상으로 일관한 신학자였다. 그의 교리 신학이 어떤 면에 있어서 보수주의 신학의 입장을 대변했고, 대변자의 역할과 울타리가 됨으로 해서 한국 교회 신학발전에 크게 이바지했다"라고 평가한다. 한국 교회에 좋은 스승, 좋은 멘토를 주신 하나님께 감사한다.

신청기 목사 (필라총신대학 학장, 미주합동총회 총회장)

나는 하나님의 소명을 받아 목사가 되기 위하여 총신대학을 졸업하고 총신신학대학원으로 진학하였다. 내가 하나님께 감사하는 가장 큰 이유는 한국 신학계에서 가장 유능한 교수님들을 만나 신학을 배우게 되었다는 자부심이다. 특별히 주경신학에는 주석을 완간하신 박윤선 박사님, 조직신학에는 조직신학을 완간하신 박형룡 박사님, 그리고 내가 전공하기를 원했던 기독교교육학에는 김득룡 박사님을 만나 목회의 기반을 든든하게 쌓게 되었다는 것이다. 그 이후 한국 교계에서 일하든, 미국으로 유학을 와서 계속 공부를 하든 그 누구에게도 지지 아니하고 당당하게 신학을 말할 수 있게 되었다. 진리와 거짓을 분별할 수 있는 기초가 든든하기에 언제나 담대하게 말할 수 있었다.

금번 박형룡 박사님의 회고록을 쓰시는 박아론 박사님 역시 내가 존경하는 스승이시다. 내게 조직신학을 가르치시던 박형룡 박사님은 내게 많은 영향을 주셨다.

성격이 매우 온유하신 스승이셨다.

성경 민 12:3을 보면 "이 사람 모세는 온유함이 지면의 모든 사람보다 더하더라"고 기록되었는데 그 모습을 나는 박형룡 박사님을 만나면서 다시 보게 되었다. 언제나 작은 미소를 지으면서 화를 내지 않으시고 차근차근 조직적으로 신학을 가르쳐 주셨다. 그 성격의 온유함은 그 어느 스승에게서도 찾아보기 힘든 모습이었는데, 나는 그분의 온유함을 닮으려 부지런히 기도하며 자신을 단련하였다.

지식과 존영을 지니신 스승이셨다.

성경 대하 1:12을 보면 "그러므로 내가 네게 지혜와 지식을 주고 부와 재물과 영광도 주리니 네 전의 왕들도 이런 일이 없었거니와 네 후에도 이런 일이 없으리라" 고 기록하였는데 나는 박형룡 박사님을 만나면서 하나님께서 그에게 지혜와 지식을 주셨고 재물과 영광도 주셨다고 생각하였다. 박형룡 박사님의 강의 노트는 지식의 보고를 보는 듯하였다. 한평생 제자들을 가르치시기 위하여 준비하신 강의 노트는 낡고 찌든 듯이 보였으나 날마다 연구하시어 새로운 지식이 누더기처럼 첨가되어가는 노트였다. 한 자라도 빠트릴까 조심조심 읽어가는 모습은 학자의 모습이셨다. 성급한 학생들에게는 지루함과 졸음을 가져다주었지만 내게는 조금도 지루함 없이 신중함과 신학의 심오함을 더해 주는 시간이었다.

지금 서점에는 여러 종류의 조직신학 서적들이 판매되고 있으나 박형룡 박사님의 조직신학을 능가하는 책을 찾아볼 수는 없다. 박형룡 박사님은 참으로 위대한 신학자이셨다. 언제나 제자들에게 존경받고 천국에서도 하나님께 면류관을 받으실 스승이시다.

체력과 박력을 지니신 스승이셨다.

많은 지식을 탐구하다 보면 몸이 연약해지기 쉬운데 내가 만난 박형룡 박사님은 언제나 체력이 매우 건강하게 보였다. 그러므로 강의를 결강하는 날이 없으셨다. 매 강의 시간마다 충실하게 가르치셨다. 또한 박형룡 박사님은 박력을 지닌 스승이셨다. 한국 교계가 신신학으로 요동칠 때도 흔들림 없이 진리파수를 위하여 박력 있게 전진하시었다. 오늘날 한국의 보수신앙의 깃발을 높이 그리고 깊게 세우셨다.

그러므로 세월이 흐르고 흘러서 우리는 그 스승의 옛 모습을 이 땅에서 다시 볼 수 없으나 언제나 만나고 싶은 스승이시다. 언젠가는 반드시 볼 수 있으리라. 아멘.

>>> 박형룡 박사를 회고하며

김대승 교수 (Geneva College at CUTS 교수, 한인선교교회 원로목사)

먼저 한국이 낳은 세계적인 신학자, 박형룡 박사님께 총신에서 교의신학을 두 학기(1968년) 배울 수 있는 기회를 주신 하나님께 감사한다.

박 박사님은 항상 단정한 모습에 흐트러짐이 없으셨고, 과묵하셔서 다가서기에 어렵게 느껴졌던 것으로 기억된다.

강의 시간에는 오직 강의에만 집중하시고 잡담이나 사담은 없으셨다. 높고 깊은 학문의 세계를 평소에 과묵하셨던 것과는 대조적으로 거침없이 강의해 나가실 때 철부지와 같은 학생들은 박 박사님을 경이롭게 바라보며 열심히 강의를 받아 적는 데 급급할 뿐 감히 질문하는 학생들도 찾아볼 수 없었다.

초대 교장 감부열 박사님의 뒤를 이어 총신에서 2대(1953년), 3대(1961년), 7대(1969년) 교장을 역임하시며 총신(대학부 포함)의 기틀을 세우신 것을 볼 때 박 박사님은 학문적 권위와 함께 누구도 부인할 수 없는 인격과 덕망을 지니신 분임을 깨닫게 된다.

총신 재학 시절 아드님 되신 박아론 박사님은 나에게는 용산고와 연세대 동문이 되시므로 박아론 박사님의 강의를 들으며 부친의 뒤를 잇는 대 신학자로서 부친 박형룡 박사님과 더불어 더욱 존경하게 되었다.

신용산교회 부교역자로 있을 때 담임으로 계셨던 정문호 목사님께서 박형룡 박사님의 「저작전집」을 출간하는 데 힘쓰셨던 일이 아름답게 회상된다.

신학계에 큰 획을 그으시고 가셨지만 박형룡 박사님의 학문과 인격은 남겨 놓으신 총신의 교훈(1. 신자가 되라 / 2. 학자가 되라 / 3. 성자가 되라 / 4. 전도자가 되라 / 5. 목자–목회자가 되라)과 함께 언제까지나 사라지지 않을 것이다.

저자 후기

나는 몇 번이나 생각하였다. 나 같은 죄 많은 사람이 어떻게 한국교회가 낳은 진리의 투사요 성자 아버지 박형룡에 관하여 회고록을 감히 쓸 수 있겠는가 하는 것이었다. 그러나 내가 다시 생각한 것은 나 같은 죄인 아들이라 할지라도 나 자신에 관하여 쓰는 것이 아니요 아버지 박형룡에 관하여 쓰는 것이므로 내가 하나님 앞에서 뜨거운 회개의 눈물을 흘려 모처럼 하나님의 사죄의 은총의 덧입힘을 받으면서 글을 쓰고 책을 펴낸다면 오히려 하나님께 영광이 되고 본서의 독자 여러분들에게는 감동을 주고 은혜를 끼칠 수 있으리라는 생각이었던 것이다.

이와 같은 나의 생각을 좇아서 나는 아버지 박형룡에 관하여 아들인 저자가 쓰는 회고록이라고 할 수 있는 본서를 하나님께 기도하면서 저자 자신의 너무나도 모자람과 죄인 됨(아버지 박형룡에 견주어서)을 뉘우치는 회개의 눈물을 흘리면서 본서를 쓰기를 시작하였고 그리하여 만 2년의 세월을 거친 후에 드디어 하나님의 특별하신 은혜 중에 너무나도 감격스러운 오늘날의 책의 완성을 보게 된 것이다.

따라서 나는 이 책을 쓰면서 회개의 눈물을 많이 흘린 것은 물론이요, 이 책을 쓰는 기간 중에 아버지 박형룡의 위대함과 반비례하는 나의 못난 사람됨과 죄인 됨을 생각하여 긴 한숨과 흘러내리는 눈물로 얼룩졌던 괴로운 밤들이 많았던 것을 독자 여러분들에게 지금 고백하는 바이다.

그런데 한 가지 독자 여러분들께서 알아야 할 중요한 사실은 저자가 본서를 써내려가는 동안에 발하였던 탄식과 흘렸던 눈물의 배후에는 세계적인 신학자였고 복음 진리의 수호자였으며 만인이 우러러볼 만한 성자였던 아버지 박형룡과 비교하여 자신의 너무나도 초라하고 못난 사람됨과 죄인 됨에 대한 아들 되는 저자의 지극히 반성하고 진실로 통회하는 마음만이 그 유일한 이유로 존재하였던 것은 아니었다는 것이다. 또 한 가지 다른 이유가 배후로 존재하고 있었다. 아버지 박형룡은 프린스턴의 정통신학자 찰스 핫지와 미국 웨스트민스터 신학교의 개혁주의 신학자 존 머리와 어깨를 나란히 할 만하였던 한국의 총신대학교가 낳은 세계적인 정통 개혁주의 신학자였고, 초대교회의 성 아타나시우스를 닮았던 한국 교회에서의 위대한 진리의 투사였고 또한 우리가 한국 교회의 성 프란시스라고 일컬을 만큼 성자였다. 그러한 아버지 박형룡이 오늘날 한국 장로교회 안에서뿐만 아니라 한국 기독교계에서 그의 이름과 존재가 서서히 잊혀져가고 있다는 이 엄청난 사실을 슬퍼하고 안타까워하는 마음이 그의 아들 되는 본 저자의 마음속에 또 다른 이유로 존재하고 있었던 것이다.

그러므로 나는 본서의 제목을 「나의 아버지 박형룡」 대신에 "아버지 박형룡을 잊으셨나요?"라고 붙일 것을 잠시 고려하기도 했었던 것이다. 그러므로 저자가 펴내는 본서는 아버지 박형룡을 조명하고 그가 세계적인 정통신학자였음과 세계적인 교회 정치가였음과 그리고 한국교회가 낳은 성자였음을 조명하고 밝히며 깨우쳐주는 '마지막 촛불'이라고 말할 수 있을 것이다.

만일 내가 「나의 아버지 박형룡」이라는 책을 쓰지 못하였다면 아버지 박형룡이 위대한 신학자였음과 위대한 교회정치가요 위대한 '크리스천 쎄인트'였음이 모두 다 믿을 만하고 가시적인 확증을 받지 못한 채

과거 역사의 어두움 속으로 사라져 버릴 것이 본 저자의 눈에는 똑똑히 보이고 있다고 말한다면 그것은 지나친 말이라고 우리 중에서 자신 있게 말하면서 반대할 분들이 몇 분이나 있겠는가 묻고 싶은 것이다.

그리고 본 저자가 덧붙여서 말하고 싶은 것은 본서와 본서의 저술이 아버지 박형룡에 대하여서는 아버지 박형룡이 위대한 존재였음을 밝히고 조명하는 마지막 촛불이라고 말할 수 있다고 한다면 박형룡의 아들인 본 저자에게 있어서는 본서와 본서의 저술은 진정한 학자요 성자였던 아버지와 너무나 닮지 않았고 동떨어져 있었던 이 아들의 사람됨(신앙, 인격)과 삶, 그리고 학문 연구에 대하여 개혁과 변화를 가져다주는 마지막 기회가 될 수 있다는 뜻에서 진정으로 나의 손에 들려진 '마지막 촛불'이라고 말할 수 있겠다는 것이다.

짧게 쓰려고 생각하였던 편집 후기가 너무 길어진 것 같다. 이제 여기서 편집 후기 쓰기를 모두 마치면서 친애하는 독자 여러분들에게 한 가지 양해를 구하고 싶은 일이 있다. 그것은 본 저자가 본서에서 본의 아니게 20세기 미국이 낳은 위대한 정통 개혁주의 신학자 제이 그레샴 메이첸(J. Gresham Machen, 1881~1937)에 관하여 잠시 언급은 하였으나 아버지 박형룡을 한국의 메이첸이라고 부르기까지 하면서도 박형룡의 존경하는 스승이었던 그에 관하여서는 더 많이 쓰고 소개하고 이야기를 하지 못하였다는 사실이다. 이 일에 대하여 본 저자는 독자 여러분들에게 양해와 넓으신 아량을 베풀어 주실 것을 요망하는 바이다.

한국 가요의 어떤 한 구절, "떠날 때는 말없이"를 변경하여 이 편집 후기를 마칠 때에는 말없이가 아니라 말을 하면서, 즉 본서의 수많은 독자 여러분들에게 본 저자는 인사의 말씀을 드리며 마치려고 한다.

"친애하는 독자 여러분! 제가 지금 계획하고 있는 다음 책에서 여러분들을 뵐 때까지, 주 안에서 강건하시고 안녕히 계십시오."

우리 주님께서 방금 다시 오실 것만 같이 보이는
구름 몇 점이 떠다니는 서울 용산의 푸른 가을 하늘 아래서.

2013년 10월 어느 날 오후에
불초 박아론 돈수

>>> 주석

부록

1) 본서의 저자는 2002년 12월 2일에 「세월 따라 신학 따라」라고 하는 '수필 문학적인 제목의 책'을 저술하여 기독교연합신문사 발행으로 간행한 적이 있다. 그러나 이번에 본서의 저자가 펴내는 「나의 아버지 박형룡」은 그때에 저술한 책과는 달리 저자가 한국 교회 전체를 보는 시각에서, 그리고 좀더 아버지 박형룡이 설립하였고 거기서 뼈를 묻은 합동장로회 총회와 총신대학교 신학대학원에 대하여 애정을 느끼면서 저술한 책이라는 것을 말해 두고자 한다.
2) 저자의 선친인 박형룡 박사는 1978년 10월 25일 서울시 관악구 봉천동 자택에서 82년의 생애를 마치고 하나님의 부르심을 받았다. 그때에 아들인 저자의 나이는 44세였으니 저자가 1934년 12월 2일에 출생했기 때문이다.
3) 가령 예를 들면 박형룡 박사의 「교의신학 제1권」 '서론'에서는 그의 「기독교 변증학」에서 나오는 유신논증이 다시 나오고 있고, 한편 「기독교 변증학」에서 논술된 유신논증의 여러 가지 이론은 「교의신학 제2권」 '서론'에 가서 하나님의 속성에 관한 연구로 발전하게 됨을 본다.
4) 박형룡, 「교의신학(제1권 : 서론)」, 서울, 백합출판사, p.16.
5) 박형룡, "한국 장로교회의 신학적 전통", 신학지남 제43권 3집, p.19~22을 참조하라.
6) 상게서., p.16.
7) Idem.
8) 상게서., p.17.
9) Idem.
10) 상게서., p.18.
11) Idem.
12) 상게서., p.19.
13) 박아론, "한국 장로교회의 신학적 전통", 신학지남 제43권 3집, 권두언 중에서.
14) 박형룡, "한국 장로교회의 신학적 전통", 신학지남 제43권 3집(1976년 가을호), p.16.
15) 민경배, 「한국 기독교회사」, 서울, 대한기독교서회, 1972, p.309.
16) 민경배, 「한국 기독교회사」, p.311을 참조하며, 장희근, 「한국 장로교회사」, 부산, 아성출판사, 1970, pp.356~360을 참조하면 좋을 것이다.

17) 장희근, 「한국 장로교회사」, 부산, 아성출판사, 1970, pp.454~458을 참조하라.
18) 박형룡, 「교의신학(제1권 : 서론)」, 서울, 백합출판사, 1964, pp.324~325을 참조하라.
19) 상게서., p.328.
20) Idem.
21) 상게서., pp.328~329을 참조하라.
22) 이런 말들을 박형룡 박사가 애용한 까닭에 자유주의 측에서 박형룡 박사를 보고서 '이단심판관'이라는 말까지 하도록 자극을 주었는지도 모를 일이다.
23) 박형룡 박사는 그의 「교의신학(제1권 : 서론)」에서 자신의 저술을 비유하여 "다른 사람들의 화원에서 꺾어 모은 꽃다발"이라고 하였다.
24) 박형룡, 「교의신학(제1권 : 서론)」, 서울, 백합출판사, 1964, 서문 p.1.
25) 상게서., p.2.
26) 박형룡, 「교의신학(제1권 : 서론)」, 서울, 백합출판사, 1964, p.242.
27) 박형룡, 「저작전집」 14(신학논문 하권), 서울, 저작집간행위원회, 1978, p.2.
28) 상게서., p.4.
29) 신학의 목적관, 사명에 대한 의견의 차이는 이미 1935년 평양 신학교의 학술지였던 "신학지남"에 기고한 김재준 교수의 글이 도화선이 되어 박형룡 박사와 김재준 교수 사이에 있었던 신학논쟁에서 나타났다.
30) 장희근, 「한국 장로교회사」, 부산, 아성출판사, 1970, p.358.
31) 상게서., p.360.
32) Idem.
33) 박형룡, 「저작전집」, "저작전집 출간에 즈음하여", p.2.
34) 아들인 본서의 저자가 어머니 박순도 여사에게 직접 들은 이야기이기 때문에 축자적인 정확성은 없으나 대체적으로 내용적인 정확성은 독자들이 믿어도 좋을 것이다.
35) 박형룡박사저작전집 제8권 「신학난제선평(상)」에 기재된 마포삼열(Samuel A. Moffet) 박사의 영문 서문 중에서 인용한 것임(서울, 기독교교육연구원, 1978, pp.4, 5)
36) 저자의 저술 「현대신학은 어디로?」(1970년)는 그 후에 「현대신학연구」라고 개명되었고 내용도 개정 보완되어 같은 출판사(기독교문서선교회)에서 계속 간행하여 판수를 거듭하면서 현재에 이르고 있다.
37) 「기독교근대신학난제선평」은 이미 저자가 기술한 바와 같이 아버지 박형룡 박사의 평양신학교 교수 시절인 1935년에 저술, 출간되었으나 그때부터 43년 후인 1978년에 내용적으로 추가, 보완하여 그해 9월에 「박형룡박사저작선집」이 간행될 때에 그것에 편입되어 8권(상)과 9권(하)으로 다시 나오게 되었다.
38) 아버지 박형룡 박사의 아들이요, 본서의 저자인 본인은 1960년부터 1964년까

지 4년 동안 뉴욕시 NYU(New York Unirersity) 대학원에서 조직신학(변증학)을 전공하여 철학박사 학위과정을 마쳤으나, 학위논문이 주임심사 교수의 진보주의 신학사상과 부합하지 않는 이유로 수차 시정 제출하였으나 불합격하여, 일단 학위취득을 포기하고 귀국하여 아버님이 학장으로 계셨던 총신(총신대학교 신학대학원)에서 교수로 봉직하게 되었다. 그러다가 수년 후에 다시 도미하여 캘리포니아 주에 있는 CGST(California Graduate School of Theology)에서 NYU대학원 박사 과정에서 제출했던 것을 수정, 보완하여 제출한 결과 비교적으로 신속하게 캘리포니아 신학대학원으로부터 조직신학 분야의 철학박사(Ph. D)를 수여받았다. 본인의 박사학위 논문의 제목은 '코넬리우스 반틸과 폴틸리히의 신학에 있어서의 계시 개념 비교연구(A Comparative Study of the Concept of Revelation in the Theologies of Cornelius Vantil and Paul Tillich)'였다. CGST(캘리포니아 신학대학원)의 후신격인 모 신학대학원이 한국에서 한국인 경영자 목사들에 의하여 설립, 발족되었던 이유로 동신학대학원이 주목의 대상이 된 적이 있었다. 그러나 본인이 1971년에 박사학위를 취득할 무렵에는 미국인 총장과 이사장의 리더십하에 미국 내에서 명성 있는 신학교수들을 학교 교수 및 강사로 모시고 동신학대학원이 초교파적으로 목회자 양성과 신학발전을 위하여 기여하는 바가 컸었다. 오늘날 한국교계에서 본인 외에 특히 한국 장로교회(합동)에서 널리 알려져 있는 전 총신대학교 총장 박영희 박사와 전 합신(합동신학대학원 대학교) 총장 신복윤 박사가 본인과 똑같은 캘리포니아 신학대학원으로부터 철학박사 학위를 받은 분들인 것을 여기 말해둔다.

39) 아버지 박형룡 박사가 미국 남침례교신학교 대학원으로부터 철학박사 학위취득을 받은 박사학위 논문의 제목은 「자연과학으로부터 오는 반기독교적 추론들(Anti-Christian Inferences from Natural Science)」로, 「박형룡박사저작전집」 제15권 학위 논문편에 전문이 수록되어 있다. 이 학위 논문은 모두 6장으로 되어 있는데, 각 장에서 자연과학의 비기독교적 추론(비평)들로부터 기독교 신앙을 변호, 변증하는 일을 성공적으로 수행하고 있다. 본 논문에서는 그 당시(20세기 초)의 많은 기독교 신학자들과 자연과학자들의 저술들이 인용, 거론되었고 또 논문의 구성 조직이 짜임새가 있고 명료하다. 더욱이 지적해야 할 것은 정통개혁주의 신앙과 신학의 입장에 본 논문의 필자가 확고히 서 있음이 그 내용 중에 나타나 있다는 사실이다. 이 학위 논문이 21세기 현금에 기독교 변증학계에 새삼스럽게 발표된다 하더라도 많은 공감과 유익을 주었을 것이고, 자연과학의 도전으로부터 기독교 신앙을 수호하는 일의 성공자로 찬사를 아낌없이 받을 것이 확실하다.

40) 20세기 최대의 현대 신학자라고 일컬음을 받는 칼 바르트(Karl Barth, 1886~1968)는 그의 대표작인 「교회교의학(Kirchliche Dogmatik)」을 36년간

(1932~1968) 집필하고서도 미완성으로 남기고 세상을 떠났는데, 「교회교의학」은 4부 12권으로 되어 있고 총 페이지 수가 10,000페이지를 넘는다. 그의 다른 많은 저서들을 제외하고 칼 바르트의 「교회교의학」만을 계수하여 10,000페이지가 넘는다는 사실에 비추어 보면 아버지 박형룡 박사가 세상에 남기고 가신 「박형룡박사저작전집」이 총 8,000페이지가 된다는 것은 단순히 페이지만으로 보면 그렇게 자랑스러워 보이지 않는 것은 사실이다. 그럼에도 칼 바르트는 그의 조직신학인 「교회교의학」을 36년 동안 쓰고서도 미완성으로 놓고 갔으나, 아버지 박형룡 박사는 그의 조직신학인 교의신학을 포함하는 그의 모든 저술들이 담겨 있는 「박형룡박사저작전집」을 그의 최종 노년 은퇴기 7년 동안에 완벽하게 써놓고 가셨다는 것은, 20세기 최대의 현대 신학자 칼 바르트를 아연실색하게 할 정도로 그의 학문적인 근면성과 성실성을 보여주며 또한 그가 비상한 노력형의 신학자였음을 보여주는 위대한 사건 또는 사실이다. 오늘날 세계 교회 앞에서 우리 한국 교회가 정말 자랑할 만하고 특히 총신대학교가 정말 자랑할 만한 것임을 깨닫고 우리 모두가 하나님께 무궁한 영광과 찬양을 돌려드려야 옳을 것이다(박아론 저, 「현대신학연구」, 서울, 기독교문서선교회, 1989, 제1부 제1장 칼 바르트의 생애와 저술, pp.21, 22 참조).

41) 박형룡 박사는 전 생애에 걸쳐서 신학교에서 신학생을 가르쳐서 목사가 되게 하는 '목사양성'에만 헌신한 것으로 알려져 있으나, 박형룡 자신이 청년 시절에 평양장로회신학교에 처음 교수로 부임했을 때 같은 평양 시내 소재 산정현교회에서 수년간 목회를 한 적이 있었고, 산정현교회 당회장으로서 경남 마산시 문창교회에서 시무 중이던 주기철 목사를 산정현교회 담임목사로 모셔오는 일을 하신 분도 박형룡 박사였다. 그리고 그는 신사참배 거절로 평양장로회신학교가 폐교된 다음 일본 망명을 거쳐서 중국 동북부 심양에서 봉천신학교 교수를 할 때, 또 해방된 서울 남산에서 장로회신학교 학장으로 있을 때와 한국전쟁 시에 대구 피난총신 시절에 교수할 때, 그리고 한국전쟁이 정전으로 끝나고 환도 후에 서울 사당동 신 교사에서 총회신학교 학장으로서 총회신학대학교 교수요, 총장으로 일하면서 그의 40여 년의 신학 교육의 역사에 종지부를 찍을 때에도 신학교 경건회 시간을 중요시하여 신학생들이 수업을 받는 1주 4일 동안 날마다 경건회를 개최하였다. 그 자신은 그렇게 빈번히 개최되는 신학교 경건회 시간에 외부에서 학장 또는 총장으로서 업무 수행이 요구될 경우를 빼고서는 한 번도 빠짐없이 참석하여 경건회를 인도하고 설교를 하든지, 아니면 다른 교수나 초청 강사가 예배를 인도하고 설교할 때에는 교수석에 앉아서 경청하는 일을 계속 하였다. 이처럼 박형룡 박사는 큰 신학자만이 아니라 큰 목회자라고 일컬을 만한 분이었다고 생각한다. 그리고 한 가지 더 강조하고 싶은 것은 박형룡 박사는 일찍이 한국 교회가 낳은 위대한 설교가들 중에서도 몇 손가락에 꼽힐 만큼 위대한 설교가였다는

사실이다. 설교를 친필로 작성한 원고를 갖고서 강단에서 읽어가는 낭독설교자가 어떻게 위대한 설교가였겠는가라고 묻는 회의주의자의 질문에 대해 본 저자는 다음과 같이 대답하고자 한다. 박형룡 박사는 신학교 교실에서 학생들에게 교재나 교과서를 시종 읽어주는 낭독강의를 하였음에도 그가 위대한 신학자였다는 사실은 변함이 없는 것처럼, 그가 교회에서 설교할 때에나 신학교 경건회 시간에 설교할 때에 시종 설교원고를 보면서 설교하는 낭독설교를 했었음에도 그가 위대한 설교자였다는 사실은 변함이 없다. 그 이유는 서너 가지가 있다.

첫째로, 박형룡은 강의할 때나 설교할 때에 준비되어 있는 강의 또는 설교로부터 내용적으로 이탈하지 않고 내용 전체를 정확하게 수강자 신학생들과 회중 성도들에게 전달할 것을 원했기 때문이었다. 교실에서 한 시간이라는 짧은 강의시간(60분 또는 90분)에 '정통개혁주의 신학'을 학생, 목사 후보생들에게 가장 많이 정확하게 가르치고 전달하기 위해 박형룡 박사가 마치 교재 또는 교과서를 그대로 읽어가는 것 같은 낭독강의를 하신 것처럼, 교회와 신학교 경건회에서 짧은 설교시간(30분)에 그가 애써 며칠 동안 정성스럽게 준비, 작성한 설교원고의 내용을 정확하게 전체적으로 교회 성도 회중에나 경건회 참석자 신학생들에게 전달하기 위해 마치 설교원고를 그대로 읽어가는 듯한 낭독설교를 하지 않을 수 없었다는 이야기가 되는 것이니, 우리가 어찌 이해하고 수긍하지 않을 수 있겠는가.

둘째로, 박형룡은 신학생들 앞에서 신학강의를 할 때에나 교회 성도들 앞에서 설교할 때에 신학강의나 설교의 본질적 내용 외에 많은 예화를 이야기하거나 웅변을 토하고 만담과 조크를 하여 청중을 울고 웃도록 하는 쇼맨십을 발휘하는 일을 싫어하셨다. 신학강의는 하나님의 진리의 선포이자 가르침이고 설교는 하나님의 구원의 복음을 전파하는 것일진대, 이와 같이 신성하고 고귀한 과업의 수행에 있어서 세상 이야기와 지저분한 만담과 쇼맨십이 개입하게 된다면 진리탐구와 복음전파의 순수성과 헌신적인 노력에 손상을 주지 않을까 염려했기 때문이었다. 박형룡은 이와 같은 부수적이고 2차적인 동작들과 행위들이 개입하지 않는다고 하여 신학강의나 설교가 지루하고 권태로워 듣는 이들을 깨닫게 하고 설득력을 발휘하는 일을 하지 못하리라는 생각은 전혀 하지 않으셨던 것이다. 왜냐하면 신학강의를 듣는 신학생 또는 목사 후보생들과 설교를 경청하는 교회 성도들의 마음 가운데 은혜와 감동을 주고 깨달음과 생각의 변화를 가져오는 성령님의 역사(Testimonium Spiritus Sancti)를 정말 믿었기 때문이다.

셋째로, 박형룡은 신학강의나 설교의 본질적 학습과 터득이 그것들의 커뮤니케이션의 기교보다 훨씬 중요하다고 생각하여 신학생들에게는 교재 낭독강의를 그리고 교회 성도들에게는 원고 낭독설교를 하는 일을 언제나 즐겨

하였다고 할 수 있겠다. 박형룡은 교재 낭독강의를 하고 원고 낭독설교를 하면서도 마음은 자신감과 만족감으로 가득차 있었을 것이라고 본 저자는 추측해 마지않는 바이다. 그 이유는 박형룡 박사를 평생 곁에서 지켜본 결과로서 엄청난 사실, 즉 그의 신학강의는 그가 비상한 노력형의 신학자로서의 자신을 공개하는 것이요, 그의 설교는 그의 일상적인 하루하루의 삶의 강력한 뒷받침을 받고 있다는 한가지 사실을 깨달았기 때문이었다. 아버지 박형룡 박사가 초창기 총신 시절에 조직신학 교수로서 강의시간에 그의 저술 「교의신학」 책을 그대로 읽어가는 식의 강의를 하였다고 하여 그 당시의 일부 총신재학생들로부터 무실력, 무능교수라는 비평을 듣게 된 사건도, 그가 평생을 근면과 성실함으로 신학을 연구하였던 비상한 노력형의 신학자였다는 사실 앞에서 완전히 정당성의 빛을 잃어버리고 마는 것이다. 그리고 또 미리 준비한 원고를 교회 또는 신학교 강단에서 그냥 읽어가는 듯한 원고 낭독설교를 변함없이 행한 그가 어떻게 한국 교회에서 최상급에 속하는 설교자였다고 할 수 있겠는가 하고 묻는 회의주의자들의 비난도, 박형룡 박사는 앞서 말한 것처럼 비록 그가 원고 낭독설교를 하였다고 할지라도 두 가지 사실 때문에, 즉 설교 한 편을 쓰고 만들기 위하여 성경연구, 기도, 묵상 등 심혈을 기울이는 노력을 하였다는 사실과, 특히 그가 자신의 설교의 내용과 설교가 주는 교훈에 비추어 한 점 부끄러움이 없는 성도의 삶을 살았던 한국 교회가 낳은 성자였다는 사실 때문에 춘설이 따뜻한 봄햇살에 녹아버리듯이 다 녹아버리지 않을 수 없는 것이다.

42) 박형룡(편집인 : 박아론) 「박형룡박사저작전집」 20권. 서울. 한국기독교교육연구원. 1983. '전집출간에 즈음하여' 중에서 인용. pp.23

43) 박형룡 박사는 1964년에 「교의신학 1권 서론」의 출판에서 시작하여 교의신학 7권 내세론」을 1974년에 저술, 출판함으로써 「교의신학」 일곱 권의 출판을 완료하였는데, 이 「교의신학」 일곱 권이 1977년부터 간행된 「박형룡박사저작전집」 20권 중에 처음 7권의 자리를 차지하게 되었다.

44) 박형룡 저, 「교의신학」(제3권 : 인죄론), 서울, 은성출판사, 1968년, 머리말, p.1

45) 상게서, 머리말 p.2

46) Cornelius Van Til, The Defense of the Faith(Revised and Abridged), Philadelphia: the Presbyterian and Reformed Publishing company, 1963, pp.396, 397

47) 박형룡, 「교의신학」(제3권 : 인죄론), 서울, 은성문화사, 1968년, 머리말, pp.1, 2

48) 「박형룡박사저작전집」 제14권 신학논문 하권, 제13장 한국 교회, 한국 장로교회의 신학적 전통, p.389

49) 상게서, 서문, pp.16, 17

50) The Webster's New Word Dictionary of the American Language(2nd

Edition), New York; the World Publishing Company, 1970, p.1329

51) 박형룡,「교의신학」 제6권 교회론, 서울, 은성문화사, 1973, 머리말 p.2

52)「박형룡박사저작전집」 제1권「서론」, 서울, 기독교교육원, 1977, '(성경영감의 교리에 이의)', 3. 최초 원본에만 적용된다는 단언, p.336

53)「박형룡박사저작전집」 제7권,「내세론」, 서울, 기독교교육원, 1977, 역사적 천년기전 재림론, 3. 최근의 도안, pp.250, 251

54) 상게서, 3론의 병립(전천년론, 후천년론, 무천년론), pp.277, 278

55)「죽산 박형룡 박사의 생애와 사상」(편집인 : 박용규), 김희보 교수의 논문 '총신과 박형룡' 중에서 p.158 참고, 서울, 총신대학교출판부, 1996

56) 상게서, 동일 논문 중에서 p.162 참고

57) 상게서, 동일 논문 중에서 p.165 참고

58)「죽산 박형룡 박사의 생애와 사상」(편집인 : 박용규), 신복윤 교수의 논문 '박형룡 신학의 한국 보수신학사적 의의' 중에서 p.473, 서울, 총신대학교출판부, 1996

59) 상게서, 동일 논문의 pp.492, 493 인용

60) 본서의 저자는 신학자 박형룡에 대한 한철하 박사의 '후기적인 평가'가 집중적으로 담겨 있는 "세계 교회의 엘리야"라는 논문을 분실하고 찾지 못하고 있는 상황에서 본서를 집필하고 있는 까닭에, 한 박사의 해당 논문을 정확하게 인용 못하고 있음을 본서의 독자 여러분들은 너그럽게 이해하고 관용하기를 앙망하는 바이다.

61) '신학자 박형룡 직후 시대'의 한국 개신교 신학계에서 총신대와 고신대의 신학대학원 교수들을 포함하여 모든 한국 보수주의계 신학대학원 교수들 중에서 신복윤 박사와 한철하 박사만큼 신학자 박형룡에 대한 평가가 적극적이고 극찬하는 모습을 보이고 있는 교수나 신학자를 찾을 수 없다는 것은 사실이라고 하지 않을 수 없다. 특별히 아버지 박형룡 박사가 '설립자'나 다름없고 '초대 총장'까지 역임한 총신대학교 신학대학원 교수들 중에서 전 합동신학대학원 대학교 총장 신복윤 박사와 아세아연합신학대학원 대학교 설립자 한철하 박사와 같은 '신학자 박형룡 예찬론자'가 앞으로 총신대학교 신학대학원 교수들 중에서 많이 나올 수 있게 되기를 박형룡의 아들인 저자는 희망하는 바이다.

62) Charles Hodge's Systematic Theology(An Abridged Edition) Edited by Edward N. Gross, Phillipsburg, W. J. : Presbyterian and Reformed Publishing Company, 1997, Preface, p.16

63) 상게서, 같은 페이지

64) 상게서, 같은 페이지

65) 신학자 박형룡은 본서의 저자가 앞서 말한 바 있거니와 그 자신이 신학을 창

작하지 아니하고 다른 신학자들(선진 고전적 정통개혁주의 신학자들)의 화원에서 여러 개의 꽃을 꺾어다가 모아 놓은 꽃다발과 같다고 술회하였다. 또 그는 이와 같은 자신의 신학을 하는 태도를 보고서 술이부작(述而不作)의 태도라고 하였다(박형룡 「교의신학」 7권의 서문 중에서 인용).

66) Charles Hodge's Systematic Theology(Abridged Edition by Edward N. Gross Grand Rapids Michigan : P & R Publishing), 1988, Preface, p.19

67) 상게서, p.19에서 인용

68) 본 저자는 오래전 11년 동안 미국 유학을 한 적이 있었는데 그 미국 유학 기간중 2년간(1956~1957)을 웨스트민스터 신학교에서 M. Div생으로 수학하였다. 그때에 1학년에서는 코넬리우스 반틸 박사에게 기독교 변증학을 배웠고, 2학년에 가서는 존 머리 박사에게 조직신학을 배운 기억이 지금도 생생하게 떠오른다. 그때 존 머리 박사를 본 저자의 기억은, 존 머리 교수는 한마디로 근면과 성실함이 그의 삶에 확연하게 나타났고 그의 얼굴 표정에서 그것을 읽을 수 있었다. 그 당시 미국의 웨스트민스터신학교 캠퍼스가 오늘날처럼 개발되기 전이라 허름한 2층 목조건물이었던 학교 도서관에서 도서관 시간이 끝나기 전까지 도서대출과 반납을 위해 출입한 분이 존 머리 교수였었던 것이 기억난다. 그 당시 존 머리 교수는 독신이었는데, 웨스트민스터 신학교의 주건물이었던 메이첸홀 3층에 위치한 학생 기숙사에서 기거하고 있었다. 어느 날 저자가 제출이 늦어진 리포터를 전달하려고 존 머리 교수의 방문을 노크했는데, 리포터를 접수하는 동안 열린 문틈으로 보이는 머리 교수의 방은 온통 책으로 뒤덮여 있었던 것은 물론, 심지어 침대 위에도 도서가 흩어져 있었고, 방바닥에도 여기저기 책들이 쌓여 있었던 것을 볼 수 있었다. 한마디로 존 머리 교수는 책벌레, 공부벌레였다는 것이다. 그리고 특별히 기억에 남는 것은 존 머리 박사는 말을 별로 하지 않는 침묵형이었으며, 얼굴 표정이 늘 준엄하였으나 인자함이 엿보이는 얼굴을 하고 있었기 때문에 주위 사람들을 편안하게 만드는 분이었다.

69) 박형룡 저, 「교의신학 내세론」 제7권, 서울, 은성문화사, 1973, 서문 중에서 인용.

70) 박형룡 박사가 그의 대표작인 「교의신학」을 가리켜서 다른 신학자들의 화원에서 꽃을 꺾어다가 만든 꽃다발 신학과 같다고 하였다고 하여, 박형룡 박사가 겸손히 자기비하의 표현을 한 것을 그대로 받아들여 신학자 박형룡이 무실력, 무능력하였다고 인식하고 있는 신학도와 신학자들이 만일에 있다면 그것은 사려 깊지 못한 일이라고 생각한다.

71) 이미 지적한 대로 존 머리 박사는 웨스트민스터 신학교 교수 시절에는 독신으로 가르치면서 살았기 때문에 외국인 학생들을 초청하여 식사 대접을 할 수 있는 가정이 없었다. 그는 웨스트민스터 신학교 본관 메이첸홀의 3층에

있었던 학생 기숙사에서 한 방을 빌려서 기숙하였고, 늘 웨스트민스터 신학교 기숙사의 식당에서 식사를 하면서 그 당시의 웨스트민스터 신학교 기숙사의 사생들에게 식사의 벗 노릇을 할 수 있었던 것이다.

72) John Murray, The Collected Writings of John Murray, Vol 1, Edinburgh : The Banner of Truth Trust, 1976, p.3

73) 상게서, p.12

74) 「박형룡박사저작전집」, 제19권 설교2, 서울, 한국기독교교육연구원, 1983, 설교 남은 백성 중에서 p.45

75) 상게서, 동일설교 중에서 p.46

76) Webster's New Word Dictionary of the American Language, New York : The World Publishing Company, 1970, Definition of the word, "statesman", p.1391.

77) 상게서, definition of the word, "politician", p.1103.

78) 김영재, 「한국 교회사」, 서울, 합신대학원출판부, 1992, p.238

79) 박용규, 「한국기독교회사2」, 서울, 생명의 말씀사, 2004, p.610

80) 상게서, p.240

81) 박아론, 「기독교의 변증」, 서울, 문서선교회, 1988, 제1부 20세기의 큰 변증학자들 제3장 박형룡 1. 생애 중에서 p.66

82) 박용규, 「한국기독교회사2」, p.615

83) 상게서, p.619

84) 박용규, 「한국기독교회사2」, p.620을 보면 저자 박용규는 아버지 박형룡에게 "한국 정통주의 신학의 대부"라는 명칭을 수여하였다.

85) 박아론, 「새벽기도 이야기」, 서울, 기독교문서선교회, 2010, 제4장 일사각오 신학이야기, 2절 제 1계명제일주의(158~172) 참고

86) 박아론, 「기독교의 변증」, 제3장 박형룡, 1. 생애 중에서 pp.65,66.

87) 박용규, 「한국기독교회사2」, p.719

88) 박용규, 「한국기독교회사2」, pp.709, 712 참고

89) 상게서, p.712

90) 채기은, 「한국 교회사」, 서울, 기독교문서선교회, 1997, p.107.

91) 박용규, 「한국기독교회사2」, p.709

92) 상게서, p.724

93) 상게서, 같은 페이지

94) 상게서, p.723

95) 상게서, 같은 페이지

96) 상게서, 같은 페이지

97) 민경배, 「한국기독교회사」 서울, 연세대학교출판부, 2007, p.545

98) 박아론, 「세월 따라 신학 따라」(어느 보수신학자의 회고록), 서울, 기독교연합신문사, 2002, 주기철 목사의 「일사각오의 신앙」(pp.101~103) 참고
99) 박용규, 「한국기독교회사2」, p.723
100) 박아론, 「기독교의 변증」, 3.1 20세기의 큰 변증학자 박형룡 중에서 p.65
101) 상게서, 3.1 20세기의 큰 변증학 박형룡(64~68) 참고
102) 박용규, 「한국기독교회사2」, p.599. 상게서, p.603
103) 상게서, 동일 페이지
104) 상게서, pp.599, 600
105) 상게서, p.600
106) 상게서, p.603
107) 상게서, p.609
108) 상게서, p.610
109) 박아론, 「기독교의 변증」, 1.3 20세기의 큰 변증의 박형룡(64~84) 중에서 p.65
110) 상게서, 동일 페이지 인용
111) 민경배, 「한국기독교회사」, p.495
112) 상게서, p.496
113) 상게서, 동일 페이지 인용
114) 박형룡, 「박형룡박사저작전집」 8권 「신학난제선평 상권」, p.195
115) 상게서, 동일 페이지
116) 상게서, 동일 페이지
117) 아버지 박형룡은 「기독교근대신학난제선평」을 저술하여 출판에 부쳤던 1935년부터 12년이 지난 1947년에 책으로 나온 코넬리우스 반틸의 저서 「신현대주의」(칼 바르트와 에밀 브루너의 신학의 평가)를 읽고서 한때 칼 바르트의 신학을 '신정통신학' 이라고 부르지 않고 '신현대주의(신자유주의)'라고 부르기도 하였다.
118) 박아론, 「현대신학연구」, 서울, 기독교문서선교회, 1989, 제1부 제1장 칼 바르트, 3. 그리스도관의 '그리스도와 창조' 와 4. 인관의 '시간 속에 있는 인간' pp.51~54 참조
119) 채기은, 「한국 교회사」, 서울, 기독교문서선교회, 1977, p.107
120) 박아론, 「세월 따라 신학 따라」(어느 보수신학자의 회고록), 서울, 기독교연합신문사, 2002, 보수신학 확립을 위한 망명교수 생활 청산(117~119)과 풍랑과 싸운 귀국길(119~121) 참고
121) 채기은, 「한국 교회사」, 서울, 기독교문서선교회, 1977
122) 채기은, p.84
123) 채기은, p.112
124) 박용규, 「한국기독교회사 2」, p.954

125) 상게서, 같은 페이지
126) 채기은, 「한국 교회사」, p.114
127) 고려신학교의 설립자요 초대이사장이었던 한상동은 아버지 박형룡에 대하여 언제나 자신을 제자로 여겼고(평신에서 박형룡에게 가르침을 받았음) 신학과 신앙의 큰 선배로 박형룡을 존경하고 사모하고 깍듯이 섬겼다. 한상동이 박형룡과 가족을 조국 광복 후에 만주 봉천 시에서 모셔와서 부산고려신학교 학장으로 추대한 것만도 굉장히 큰 정성을 기울인 것이었다. 아버지 박형룡이 1년 동안 고려신학교 학장직을 수행할 때에 박형룡과 가족을 위해 한상동은 그가 시무하던 초량교회 목사관을 제공하였으며, 자신과 부인은 교회 구내에 있던 사찰집사 주택으로 옮겨가 살았다는 것은 그의 너무나도 헌신적인 섬김의 자세를 보여주는 것이 아니고 무엇이었겠는가. 그리고 그 당시에 부산중학교 3학년이었던 본서의 저자가 관찰하였던 바로는 한상동이 아버지 박형룡을 찾아와서 얘기를 나눌 때에는, 늘 정면으로 박형룡의 시선과 부딪칠까 염려하여 얼굴을 약간 떨구고 눈길을 옆으로 보내면서 이야기를 하던 모습이 굉장히 감동적이었다고 말하지 않을 수 없다.
128) 박용규, 「한국기독교회사2」, p.956
129) 상게서, p.957
130) 상게서, p.957
131) 박용규, 「한국기독교회사」, p.84
132) 「한국기독교의 역사III」(해방 이후 20세기말까지), 서울, 한국기독교역사학회 발행, 2009, p.85
133) 박용규, 「한국기독교회사」, p.957
134) 상게서, p.959
135) 「한국기독교의 역사III」(해방 이후 20세기말까지), pp.86, 88와, 박용규, 「한국기독교회사2」, p.957
136) 채기은, 「한국 교회사」, pp.107~110
137) 「한국기독교의 역사」, p.87
138) 상게서, p.88
139) 채기은, 「한국 교회사」, p.108
140) 박용규, 「한국기독교회사2」, p.937
141) 상게서, p.940
142) 상게서, p.941
143) 상게서, p.940
144) 박용규, 「한국기독교회사2」, p. 940.
145) 「한국기독교의 역사III」, p.88
146) 박용규, 「한국기독교회사2」, p.944

147) 채기은, 「한국 교회사」, p.114
148) 박아론, 「신학따라 세월따라」(어느 보수신학자의 회고록), p.139
149) 상게서, 동일 페이지
150) 김영재, 「한국 교회사」, p.299
151) 「한국기독교의 역사」, p.85
152) 김영재, 「한국 교회사」, p.300
153) 「한국기독교의 역사」, p.85
154) 상게서, p.86
155) 채기은, 「한국 교회사」, p.128
156) 상게서, 동일 페이지
157) 박용규, 「한국기독교회사」, p.960
158) 채기은, 「한국 교회사」, p.128
159) 「한국기독교의 역사」, p.86 / 박용규, 「한국기독교회사2」, p.965
160) 김영재, 「한국 교회사」, p.299
161) 채기은, 「한국 교회사」, p.129
162) 「한국기독교의 역사」, p.88, 그리고 박용규, 「한국기독교회사2」, pp.944, 945
163) 상게서, p.89
164) 민경배, 「한국기독교회사」, 서울, 연세대학교출판부, 2007, p.564
165) 상게서, p.565
166) 박용규, 「한국기독교회사 2」, p.950
167) 「상게서」, p.948
168) 민경배, 「한국기독교회사」, p.565
169) 박용규, 「한국기독교회사 2」, p.951
170) 그 당시에 김치선은 신사참배를 반대하다가 가족과 함께 일본 도쿄로 가서 망명생활 중에 가정교회사역과 도쿄신학교 도서관을 이용하는 신학연구에 열중하고 있었던 줄 안다.
171) 「한국기독교의 역사」(한국기독교역사학회 편), p.90
172) 상게서, p.91
173) 상게서, 동일 페이지
174) 상게서, p.92
175) 김영재, 「한국 교회사」, p.305
176) 박용규, 「한국기독교회사 2」, p.990
177) 상게서, p.992
178) 상게서, p.993
179) 김영재, 「한국 교회사」, p.307
180) 「박형룡, 박형룡박사 저작전집 XVII」(세계견문록), p.121

181) 상게서, p.77
182) 상게서, 동일 페이지
183) 상게서, 동일 페이지
184) 상게서, 동일 페이지
185) 상게서, pp.197~198 참고
186) 상게서, p.344
187) 상게서, 동일페이지
188) 박용규, 「한국기독교회사 2」, p.951. 본서의 저자는 박용규의 김양선의 발언의 인용을 재인용하였다.
189) 박용규, 상게서, pp.608~609 참고
190) 박용규, 「한국기독교회사 2」, p.985와 「한국기독교의 역사」, p.91 참고
191) 「한국기독교의 역사」, p.91
192) 박용규, 「한국기독교회사 2」, p.988, 그리고 「한국기독교의 역사」, p.92
193) 상게서, p.1012(박용규가 민경배의 「한국기독교회사」를 인용한 것을 재인용)
194) Harry A. Rhodes & Archibald Campbell, History of the Korea Mission, Presbyterian Church in the U.S.A. New York ; Commision on Ecumenical Mission and Relations, p.416
195) 박용규 「한국기독교회사 2」, p.989
196) 1959년에 한국 주류장로교회의 경기노회에 있었던 '총회파송 총대선출'의 전모와 진상을 알기 위하여 박용규 저 「한국기독교회사 2」, p.999를 읽기를 권유한다.
197) 상게서, p.1002
198) 상게서, p.1004
199) 「한국기독교의 역사」, pp.92, 93
200) 박용규, 「한국기독교회사 2」, p.1005
201) 상게서, p.1008
202) 박용규, 「한국기독교회사」, p.1012를 보면 민경배가 그의 「한국기독교회사」(p.481~483) 중에서 선교사 마삼락의 한국 장로교회의 제3차 분열에 관한 이유 설명의 발언을 박용규가 재인용하고 있다.
203) 「한국기독교의 역사」, p.95
204) 「한국기독교의 역사」, p.94와 채기은 저, 「한국 교회사」, p.137
205) 채기은 저, 「한국 교회사」, 동일 페이지
206) 박용규, 「한국기독교회사 2」, p.976
207) 「한국기독교의 역사」, p.93
208) 「한국기독교의 역사」, p.94 참고
209) 박용규, 「한국기독교회사」, pp.967~968 참고

210) 「한국기독교의 역사」, p.95

211) 박아론, 「세월 따라 신학 따라」 중에서 총신교수 3명의 사임 사건, pp. 165, 166 참고

212) 노진현, 「진실과 증언」(회고록), 서울, 도서 출판 하나, 1995. 이 책의 전권을 참고하였음.

213) 이환수 저, 「이때는 어떤 때인가?」(교회창립 30주년 기념설교집) 서울, 청암 출판사, 1978, 박형룡의 '추천의 글' 중에서 참고

214) 상게서, 박형룡의 '추천의 글' 중에서, 참고

215) 「한국기독교의 역사」, 서울, 한국기독교역사학회, 2009, pp.87, 88 참고

216) 김영재, 「한국 교회사」, 서울, 합신대학원출판부, pp.302, 303 참고

217) 김남식, 「해원 정규오 목사」, 서울, 해원기념사업회 출판부, 2007, p.164

218) 「죽산 박형룡 박사의 생애와 신학」, 서울, 총신대학교 출판부, 1996, 정규오의 논문, '나의 신학, 신앙, 인격의 모델', pp.186~194 참고

219) 2011년 12월 31일로 작성된 합동측 장로교회의 총회보고서를 보면 아래와 같은 숫자들이 합동측 장로교회와 통합측 장로교회를 비교하여 제시되어 있다.

구 분	합 동	통 합
교회수	11,512	8,305
교역자수	30,189	23,632
교인수	3,009,188	2,852,125

220) 박아론, 「세월 따라 신학 따라」(부자 2대 기록), 서울, 기독교, 연합신구분문사, 2002, pp.184

221) Harvey Cox, The Secular city, London : SCM Press, 1966, pp.25, 26 참고

222) 박아론, 「세월 따라 신학 따라」(부자 2대 기록) 이영수 목사의 권고와 총신귀환, pp.210~212 참고

223) 김의환의 「죽산 박형룡 박사의 생애와 사상」(서울, 총신대학교 출판부, 1996) 중에서의 '추천사' (pp.22~23) 인용

224) 박형룡의 신학적 제자들이요 개인적 숭배자들이었던 이분들의 명단과 박형룡 평가는 「죽산 박형룡 박사의 생애와 사상」(1996년 간행) 가운데 이분들이 기고하여 기재되었던 논문들의 제목 또는 그 논문들의 내용 중에서 인용한 것들이다.

225) 박형룡의 아들인 본서의 저자 박아론은 총신대학교 신학대학원에서 삼십수 년간의 교수 재직기간에 정통개혁주의 신학을 많은 신학생 전도사들(목사후보생들)에게 가르쳤다는 것 외에는 별도 자랑할 것이 없다. 그러나 내가 행하여 왔던 바 "한 가지 중요한 역할"이 있었으니 그것은 나의 총신교수 재직기간(1965~1999)에 죽산 박형룡의 "정통보수신학"(정통개혁주의 신학)의

"와치도그(Watch Dog)" 노릇을 하는 역할이었던 것이었다. 박형룡의 아들인 본서의 저자 박아론이 이와 같이 아버지 박형룡의 「정통개혁주의 신학」에 대한 "와치도그의 역할"을 총신대학교신대원 재직기간에 꾸준히 그리고 열심있게 함으로써 총신대학교와 총신대신학대학원에서 죽산 박형룡의 "정통보수신학"이 보존되었고 계속하여 가르쳐져서 오는 일에 미력이나마 기여하였던 것은 사실이 아니었던가?

그런데 박형룡의 아들인 본서의 저자가 2000년에 총신대학교와 총신대 신학대학원을 떠난 후에 현재까지 또는 미래에 가서까지 이 일을 할 수 있는 분들로서 조직신학의 K교수와 역사신학의 P교수, 그리고 그들 외에도 총신대와 신대원의 많은 저명한 교수님들에게 기대를 걸어보고 있다.

226) 그것은 내가 어린 초등학생이었음에도 불구하고 회개의 눈물을 흘린 것이었을 것이다.

227) 저자가 성 프란시스에 관하여 말하고 있는 내용은 Catholic Encyclopedia: St. Francis of Assisi에서 가져온 것이다.

228) 박형룡 「내세론」(교의신학 제7권), 서울, 은성문화사, 1973, 머리말 중에서.

229) 「박형룡박사저작전집 17」, 세계견문록, 서울, 한국기독교교육원, 1983, 마메티옴 지하옥과 삼천동 바울순교당, pp.228~232.

230) 성 프란시스에 관하여 말하고 있는 내용은 성자와 천사와 성경과 기도 등 주제들을 취급하는 Catholic Online으로부터 온 것이다.

>>> 박형룡 저작 및 신학 논문

1) 저작

〈연대 미상의 프린트판〉

신학난제선평, 서울, 총회신학교, 311쪽.

내세론, 서울, 장로회신학교, 49쪽.

교회론, 서울, 장로회신학교, 129쪽.

신론(상), 서울, 장로회신학교, 163쪽.

신론(하), 서울, 장로회신학교, 249쪽.

기독론, 서울, 장로회신학교, 40쪽.

인죄론, 서울, 장로회신학교, 398쪽.

구원론, 서울, 장로회신학교, 124쪽(증보판, 331쪽).

기독교 변증학, 서울, 장로회신학교, 183쪽.

기독교 험증학, 서울, 장로회신학교, 160쪽.

〈연대 미상의 인쇄본〉

기독론, 서울, 장로회신학교, 129쪽.

교의학 서론, 서울, 장로회신학교, 206쪽.

교의신학(제1권 : 서론), 서울, 칼빈출판사, 367쪽.

신론(상), 서울, 장로회신학교, 96쪽.

내세론, 서울, 장로회신학교, 379쪽.

교회론, 서울, 장로회신학교, 349쪽.

험증학, 서울, 장로회신학교, 169쪽.

〈연대별 단행본〉

1953, 우리의 피난처(설교집), 서울, 은총문화협회, 316쪽.

1954, 믿음을 지켜라(설교집), 서울, 은총문화협회, 297쪽.

남은 백성(설교집), 서울, 은총문화사, 218쪽.

1955, 역경의 은총(설교집), 서울, 기독교문서선교회, 252쪽.

표준성경주석 : 로마서, 서울, 장로회신학교, 274쪽.

표준성경주석 : 고린도전서, 서울, 장로회신학교, 130쪽.

표준성경주석 : 고린도후서, 서울, 장로회신학교, 245쪽.

표준성경주석 : 갈라디아서, 서울, 장로회신학교, 140쪽.

1961, 기독교 변증학, 서울, 성암출판사, 320쪽.

1962, 신론(하), 서울, 장로회신학교, 335쪽.

1963, 구원론, 서울, 장로회신학교, 339쪽.

인죄론, 서울, 장로회신학교, 335쪽.

교의신학(제3권 : 인죄론), 서울, 백합출판사, 419쪽.

교의신학(제5권 : 구원론), 서울, 백합출판사, 426쪽.

1964, 교의신학(제1권 : 서론), 서울, 백합출판사, 367쪽.

1967, 교의신학(제2권 : 신론), 서울, 백합출판사, 511쪽.

1970, 교의신학(제4권 : 기독론), 서울, 백합출판사, 426쪽.

1973, 교의신학(제6권 : 교회론), 서울, 백합출판사, 387쪽.

교의신학(제7권 : 내세론), 서울, 백합출판사, 378쪽.

1977, 교의신학 전7권(전집), 서울, 백합출판사.

신학난제선평, 서울, 백합출판사, 751쪽.

1978, 박형룡 저작전집(20권), 서울, 한국기독교교육연구원.

1~7 교의신학

8 신학난제선평(상)

9 신학난제선평(하)

10 비교종교학

11 변증학

12 험증학

13 신학논문(상)

14 신학논문(하)

15 학위논문

16 주석(목회서신, 기도서)

17 세계견문록

18 설교(1)

19 설교(2)

20 설교(3)

2) 신학논문

1928, 차대에 종교가 소멸될까?, 신학지남 10/3. 5. 5~10쪽.

종교복멸은 왜, 신학지남 10/4. 7. 15~22쪽.

미와 숭엄에 신공, 신학지남 10/5. 9. 15~19쪽.

1929, 심리학과 영혼의 존재, 신학지남 11/2-3. 3~5쪽.

전쟁에 대한 기독교의 태도, 신학지남 11/2-3. 3~5쪽.

시온에 귀로, 신학지남 11/5-6. 9~11쪽.

1930, 인도주의 신종교, 신학지남 12/2. 3. 7~11쪽.

종교의 권위, 신학지남 12/3. 5. 19~24쪽.

무신론의 활동과 기독교의 대책, 신학지남 12/4. 7. 12~18쪽.

1931, 성자생활의 가치, 신학지남 13/6. 11. 33~36쪽.

1932, 성광에 수주, 신학지남 14/1. 1. 5~10쪽.

현 사상의 역사적 배경, 신학지남 14/2-15/1. 3~1933, 1.

예레미야서 강해, 신학지남 14/4, 5, 6. 7, 9, 12.

교회생활의 몇 가지 요소, 신학지남 14/6. 11. 12~19쪽.

현 과학은 진화론을 의문한다, 신학지남 14/6. 11. 35~40쪽.

1933, 반신학적 경향, 신학지남 15/2. 3. 13~20쪽.

유형교회의 합리성, 신학지남 15/3, 4. 5, 7.

케노시스 기독론(Kenotic Christology), 신학지남 15/5. 9. 18~21쪽.

신비적 속죄론, 신학지남 15/6. 11. 2~3쪽.

1934, 스웨덴붉과 신예루살렘 교회, 신학지남 16/2, 3, 5. 3, 5, 9.

칼빈의 예정론, 신학지남 16/4. 7. 28~37쪽.

그리스도의 죽음, 신학지남 16/5. 9. 61~66쪽.

1935, 사회복음의 신학, 신학지남 17/4. 7. 13~19쪽.

신본주의냐 인본주의냐?, 신학지남 17/6. 11. 19~24쪽.

1936, 기독과학(크리스챤 사이언스), 신학지남 18/1, 2, 3. 1, 3, 5.

신약의 그리스도는 사실이다-기독신성론의 일단편, 신학지남 18/4. 7. 25~31쪽.

영국 대과학자의 신앙, 신학지남 18/6. 11. 8~12쪽.

1937, 종교론, 신학지남 19/1-20/1. 1~1938, 1.

성 죤 크리소스톰, 신학지남 19/3. 5. 38~44쪽.

1938, 신경소론, 신학지남 20/2-6. 3~11쪽.

1939, 바울의 회심, 신학지남 21/1. 1. 18~23쪽.

신의 자비와 자연의 고통, 신학지남 21/6. 11. 9~12쪽.

인성의 요구와 기독교, 신학지남 22/2. 3. 9~13쪽.

1940, 신관념의 유래, 신학지남 22/1. 1. 15~18쪽.

신약의 변증적 요소, 신학지남 22/2. 3. 12~15쪽.

기독교 윤리에 의한 변증, 신학지남 22/3. 5. 9~12쪽.

양심에 의한 유신논증, 신학지남 22/4. 7. 11~14쪽.

칼빈주의와 신칼빈주의, 신학지남 22/5. 9. 10~12쪽.

1949, 신학의 필요, 신학정론 1. 1. 4~10쪽.

바울의 대송영, 신학정론 1. 1. 47~53쪽.

선지학교의 중건, 신학정론 1. 1. 58~62쪽.

1950, 정통과 신정통, 신학정론 2/1. 2. 9~24쪽.

1951, 근세 신학의 보수적 태세, 로고스 1. 12. 5~9쪽.

1953, 성령과 성경, 신학정론 3/1. 1. 1~15쪽.

인성의 요구와 기독교, 신학정론 3/1. 1. 22~33쪽.

1954, 성경관의 제상, 신학지남 23/1. 2. 3~11쪽.

골로새서의 현대적 교훈, 신학지남 23/1. 2. 54~62쪽.

신학의 3대 체계, 신학지남 232. 7. 3~26쪽.

선지자 미가의 금언, 신학지남 23/2. 7. 80~89쪽.

1957, 만세반석-사 26:4, 로고스 8. 1. 5~8쪽.

1958, 에큐메니칼 운동의 교리와 목적, 신학지남 24. 6. 11~22쪽.

복음주의 신앙의 현세, 신학지남 24. 6. 26~33쪽.

우리 교회와 이적치병, 신학지남 24. 6. 38~49쪽.

1960, 근본주의, 신학지남 25/1. 9. 12~24쪽.

변신론, 신학지남 26/1. 12. 14~26쪽.

개혁주의 신학의 역사적 고찰, 로고스(총) 12. 12. 10~16쪽.

1961, 근본주의 신앙, 파수군 106. 1. 24~29쪽.
이교와 타협하는 선교의 사신, 파수군 111. 9. 11~15쪽.
그리스도의 부활의 의의, 신학지남 27/1. 9. 9~16쪽.
사회복음과 천국복음, 로고스(총) 13. 10~16쪽.
1962, 칼빈의 현대적 의의, 신학지남 29/1. 5. 5~10쪽.
칼빈 신학의 기본원리, 신학지남 29/1. 9. 5~10쪽.
어거스틴의 위대한 감화, 신학지남 10/3. 5. 20~31쪽.
1963, 신학교육의 난제와 그 해결, 신학지남 30/1, 2. 3, 6.
신경과 신도게요, 신학지남 30/3. 9. 3~16쪽.
성경영감의 교회적 교리, 신학지남 30/4. 12. 3~10쪽.
복음주의 신앙의 현세, 로고스(총) 15. 12. 11~17쪽.
1964, 한국 교회의 자유주의, 신학지남 31/1. 9. 3~14쪽.
섭리와 역사, 신학지남 31/2. 12. 15~24쪽.
칼빈주의의 후대 이적관, 로고스(총) 16. 12. 12~16쪽.
1965, 전도자의 세계, 신학지남 32/1. 4. 3~16쪽.
성화의 필요와 근거, 신학지남 32/2. 7. 1~2쪽.
하나님의 선택과 전황, 신학지남 32/2. 7. 9~14쪽.
선택과 전도, 신학지남 32/3. 11. 3~8쪽.
복음적 신학의 권위, 로고스(총) 17. 12. 9~13쪽.
1966, 현대 신학의 동향, 신학지남 33/1. 3. 3~12쪽.
전도자의 내면생활, 신학지남 32/2. 6. 3~13쪽.
이교에 대한 타협문제, 신학지남 33/3. 9. 3~8쪽.
선택과 신인협동론, 신학지남 33/4. 12. 3~13쪽.
신학도의 학을 위한 자격, 로고스(총) 18. 12. 15~21쪽.
1967, 그리스도 안에서의 선택, 신학지남 34/1. 3. 2~10쪽.
법적 권위와 실질적 권위, 신학지남 34/2. 6. 1~2쪽.
신구 신도게요의 대차이, 신학지남 34/3. 9. 6~13쪽.
신조 제1조, 로고스(총) 19. 12. 12~14쪽.
1968, 신학지남 50년, 신학지남 35/1. 3. 3~8쪽.

WCC 에큐메니칼 운동의 원리와 교리, 신학지남 35/2. 6. 3~12쪽.

루터와 칼빈의 성례관 비교, 로고스(총) 20. 12. 50~60쪽.

1969, 구약과 신약의 신앙적 통일, 신학지남 36/2. 7. 7~10쪽.

목사가 미신자의 결혼주례를 허함이 가능한가?, 신학지남 36/3. 10. 117~120쪽.

통일교 원리비판, 로고스(총) 21. 12. 24~37쪽.

1970, 하나님의 시험과 진노, 신학지남 37/3. 9. 9~18쪽.

1971, 배교의 원인, 신학지남 38/3, 4. 12. 4~5쪽.

성령의 세례와 충만, 신학지남 38/3, 4(합). 12. 6~13쪽.

1975, 신학지남의 한국 신학사적 의의, 신학지남 42/4. 12. 12~28쪽.

1976, 한국 장로교회의 신학적 전통, 신학지남 43/3. 9. 11~22쪽.

박형룡 신학의 내용과 범위

박아론 박사

일제 강점기 말 박형룡 박사의 장남으로 태어난 박아론 박사는 용산고등학교를 졸업하고 연세대학교 영문학과를 수료한 뒤 미국으로 건너가 알마 기독교대학교, 뉴욕시 비브리칼 신학대학원대학교, 유니온 신학교대학원, 뉴욕대 대학원, 캘리포니아 신학대학원을 졸업하였다. 총신대학교 교수, 대학원장, 신대원장, 부총장, 총장(직무대행) 등을 역임하였고, 한국 신학교육에 평생 공헌한 공로로 2000년 대통령 근정포장과 훈장을 수여받았다. 아내 김성혜 사모와의 사이에 1녀(박안나) 1남(박필립)을 두었다.

나의 아버지 박형룡

초판 발행 2014년 4월 10일
초판 2쇄 2014년 9월 18일

지 은 이 박아론
발 행 대한예수교장로회총회
기 획 대한예수교장로회총회 박형룡박사기념사업추진위원회
편집·제작 대한예수교장로회총회 출판사업국

주 소 서울시 강남구 영동대로 330
전 화 02-559-5655~7
팩 스 02-564-0782
인터넷서점 www.holyonebook.com

출판등록 제1977-000003호
ISBN 978-89-8490-639-6 03230